坪井正五郎

日本で最初の人類学者

川村伸秀 著

弘文堂

前頁写真：坪井正五郎

はじめに

面白い。こんなユニークな人が日本にいたというのが面白い。最初に坪井正五郎の名前と出会ったのは、寺田和夫著『日本の人類学』を読んだときであったから、もうだいぶ以前のことになる。親本は思索社から出ていたが、読んだのは角川文庫版だった。いまも手許に頭蓋骨の描かれた赤い表紙の文庫本がある。この本によって坪井正五郎という人が、いわば日本人としては最初の人類学者であり、日本人の先住民族はコロボックルであるという奇妙な論（?）を唱えて学界に論争を巻き起こした人物であることを知った。もっともそのときは、あくまでも日本人類学史のなかの一人物に過ぎなかった。ただ、そこに載っていた坪井の狂歌「遺跡にてよき物獲《え》んとあせるとき　心は石器《せっき》　胸は土器土器」〔六七頁〕はいい得て妙、思わずニヤリとさせられたことを覚えている。

坪井が単なる歴史上の一人物から、にわかに興味の対象として立ち上がってきたのは、文化人類学者の山口昌男さんが雑誌『へるめす』に断続的に連載した一連の論考を毎回、楽しみにしながら読んでいたときのことである。そこには三越呉服店専務取締役・日比翁助《おうすけ》、画家の淡島椿岳・寒月父子や久保田米僊、あるいは俳人にして国文学者の沼波瓊音《ぬなみけいおん》、民俗学者の山中共古《きょうこ》（笑《えむ》）、ダンサーの花園歌子などなど、これまで一般には忘れられていた人物が山口さんの筆に乗って次々と登場してきた。しかも彼等は個々に孤立しているのではなく、横のネットワークでどんどんつながっていくのも楽しい驚きであった。連載はのちに『「敗者」の精神史』として岩波書店から一冊の本にまとめられた。登場してきたのはいずれも興味をそそられる人たちばかり、そして坪井正五郎もそのうちの一人であったが、歴史上の色褪せた過去の人類学者というよりは、三越のブレーン組織・流行会や児童用品研究会の主要メンバーとして活躍し、新しい玩具まで考案してしまう極めて魅力的な、いきいきとした人物としてであった。例えば、こんな一節がある。

　人類学者坪井正五郎は、戯作者気分を大に備えていたらしく『みつこしタイムス』第八巻第一一号によれば、玩具を一つ考案している。「マーストヘンゲル」というもので、次のような説明が付けられている。

《理学博士坪井正五郎先生の新考案玩具、この他六つ切り五つ切等珍妙な絵も沢山あります、この四つ切のをまわし廻せば二百五十種、五つ切のをまわせば千二十四種の奇抜な不思議な絵が出来ます。坊ちゃん《ママ》やお嬢さんたちがいろいろマースト、いろいろヘンゲル！》

「廻すと変化る」というのは、後年の柳家金五楼の「スワルトバートル」とか「フンデルアン」の類のおふざけである。ここに、趣味の中に埋没している人類学者の戯作精神を見出すのは何となくおかしく興味深い。〔七八〜七九頁〕

人類学者でありながら、玩具を考案？　しかもその玩具の名前は「マーストヘンゲル」！　こんなおかしなことを考える学者というのは一体どんな人なのだろうか。そのとき思い出したのが、「遺跡にてよき物獲んとあせるとき　心は石器　胸は土器土器」という件《くだん》の狂歌であった。なるほど、こんな人ならあの歌を詠んだとしてもおかしくはない。そして筆者は一遍に坪井正五郎のファンとなってしまった。山口さんはその後も『知の自由人たち——近代日本・市井のアカデミー発掘』や『内田魯庵山脈——〈失われた日本人〉発掘』のなかの一部で坪井を取り上げていたが、一度掻き立てられた坪井への興味は、もはやそれだけでは満足できなくなっていた。坪井正五郎という人にはまだまだ隠れた魅力が潜んでいそうだ——その思いはますます強くなっていった。

その後、筆者は機会があって山口さんに監修者になってもらい、明治・大正期に活躍した、山口さんいうところの「知の自由人たち」の文章を集めて〝知の自由人叢書〟というシリーズを編集する機会に恵まれたとき、ぜひ坪井正五郎で一冊を編んでみたいと思った。坪井の著作目録は斎藤忠《ただし》編『日本考古学選集　第三巻　坪井正五郎集　下巻』に一通り載ってはいたが、調べてみると坪井の文章はまだまだ残されていた。そのとき山口さんと相談して決めた編集方針は、坪井には人類学・考古学関連の文章が数多くあるが、考古学関連のものは『日本考古学選集　第二・三巻　坪井正五郎集　上・下巻』に主要な論文は収録されているし、また人類学関連の文章は現在の時点では知見も古く、専門家は別としても、一般には不向きであるので除き、いま読んでも充分に面白いと思われる文章を中心にして編むというものだった。これは〝知の自由人叢書〟の第一回配本『うしのよだれ』として、平成十七（二〇〇五）年九月に上梓された。このとき筆者は、これらの文章を集めた関係から「解題」を執筆したのだが、実は本書の一部はこのときに書いた文章がもとになっている。

「解題」を書く際に、更に坪井とその周辺について調べてみて驚いたのは、彼が生涯五十年の間に残した業績がいかに多いかということであった。おそらく坪井がいなければ、日本の人類学・考古学の出発は相当の遅れをとっていたことだろう。それほどに、彼が果たした役割は大きく、その業績も坪井正五郎その人でなくては不可能であったろうというものが多々ある。坪井の個々の業績については、山口さんの著作のほかにも、例えば『日本考古学選集　第二巻　坪井正五郎集　上巻』に掲載されている斎藤氏の「学史上における坪井正五郎の業績」では考古学を中心とする坪井の生涯について書かれていたし、先に触れた寺田の『日本の人類学』や坂野徹氏（科学史）の労作『帝国日本と人類学者――一八八四―一九五二年』では、人類学史のなかでの坪井に多くの頁が割かれてもいる。しかしそのいずれもが坪井を部分的に捉えたもので、全体像を描こうと意図されたものではない。こんな面白い人を丸ごと捉えた伝記を、何故誰も執筆しないのだろう。坪井の生涯をトータルに知りたい、それが本書を執筆した動機である。

執筆に際しては、坪井とかかわりのあった人物についてできるだけ広範囲に網をかけ、説明を加えるよう心掛けた。何より人間に興味をもっていた坪井は、人づきあいの幅も広く、職業でいえば学者はもちろん、在野の研究者、作家、画家、政治家、官僚、企業人、職人、軍人等々その数も実に多かった。そうした人々を知ることで、坪井が明治という時代の文脈《コンテキスト》のなかでどういう立ち位置にいたのかが、自ずと見えてくると思われたからだ。

ただ、ここで触れておかなくてはならないことがある。坪井の生涯を描く場合、彼の人種に対する考えを避けて通れないということである。特に、明治三十六（一九〇三）年大阪で開催された第五回内国勧業博覧会で〝生身の人間展示〟を行った人類館事件は、近年多くの批判を浴びてきた。坪井がこの〝生身の人間展示〟に賛同を示したのは事実であるし、さすがに坪井ファンの筆者といえどもそうした彼の行動を肯定することはできない。しかし坪井の人種論にはかなり複雑な問題がからんでおり、本書において筆者はできる限り客観的立場に立って彼の行動を把握しようと努めたつもりである。

もう一つ述べておきたいのは、坪井に関してこれまでそうと伝えられてきたなかに、案外間違いが多いということである。例えば、坪井の弟子である鳥居龍蔵の自伝『ある老学徒の手記——考古学とともに六十年』は、彼が生きた時代の人類学の状況を記録した貴重な回想録には違いないのだが、鳥居自身が同書のなかで「この年〔明治三十八年〕九月〔正確には八月二十八日〕、私の長男龍雄が生れ、私はそのときより日記をつけ始めた」〔一一六頁〕と記している通り、若いころのことは記憶に頼って書いていることが多いためか、細かな点で記憶違いが散見され、それは坪井に関係している部分にも及んでいる。本書では可能な限り、関連資料にあたって調べるよう心掛けた。その結果、鳥居の記述を含め、間違いと思われるところは訂正することができたと思っている。もっとも坪井の行動は広範囲に及んでおり、本書も多くの文献に頼っているために誤った記述を含んでいないとは限らない。今後、そうした間違いは訂正されるべきであるし、筆者もそうあることを望んでいる。

人類学というそれまで日本にはない新しい学問を根づかせるためには、多くの困難が伴ったであろうことは想像に難くない。それでも坪井は人類学の重要性を信じ、一歩一歩その道を切り拓いていった。しかもそのやり方は真面目一辺倒の堅物としてではなく、笑いの精神を以て突き進んでいった坪井正五郎という人の生き方は、とてつもなくユニークである。本書を読んで明治の日本にこんな面白い人がいたのかということを、多くの人に知っていただけたなら、筆者としてとてもうれしい。

目次

第一部　人類学へ

第二部 人類学から

＊本文左端中央にある各図版は坪井正五郎の『留学日記』からのもの。

凡　例

一　年代表記は本書が扱っている内容から、元号を用いることとし、適宜（　）内に西暦を示した。また、欧米での出来事については逆に西暦で示し、元号を（　）内に入れた。

二　年齢については、引用文を除き、満年齢で表記した。

三　引用文の旧漢字は一部を除いて新漢字に改めたが、旧仮名遣いのものはそのままとした。但し、変体仮名・合略仮名については現代表記に改めた。引用文中、総ルビのものは一部を省略、またルビのないものは適宜補ったものもある。その際は新仮名遣いを用いた。

四　引用文中の註および、引用文献の頁数は〔　〕を用い、割註の形とした。

五　本文中の人名中故人については、通用に従って敬称を省略したが、一部例外もある。

六　引用文のなかには、今日の人権意識に照らすと差別的表現や語句が含まれているが、文章が書かれた時代背景、歴史・資料的価値を考慮してそのままとした。読者のご寛容を願いたい。

第一部　人類学へ

◉「一八八九（明治二十二）年十月三日、昼過ぎ二時よりフランス国マザリヌ町二十八番地にて人種学万国公会席上坪井正五郎演説の図」『留学日記』より、本書一三四頁参照

第一章　誕生——正月五日出生故、正五郎と名附申候

坪井正五郎は、歴史上に名を残す医者の家に誕生した。奥医師でもあった父・信良は、幕府崩壊後も十五代将軍だった徳川慶喜に従い、家族を連れて静岡へと移り住んだ。家の近くにあった幕府直轄の旧薬草園で正五郎の博物学的興味は目覚め、九歳にして信良により『草花画譜』と名づけられた博物画集を描く。

坪井正五郎の父は信良、祖父は信道といい、どちらも名医として歴史に名を残している。祖父の坪井信道は、美濃国（現・岐阜県）池田郡脛永《はぎなが》村に、寛政七（一七九五）年正月二日に生まれた。伝記家・森銑三が、『おらんだ正月——日本の科学者たち』のなかの坪井信道を取り上げた章で述べているところによれば、十歳（数え年）のときに父を亡くし、寺の住職をしていた兄・浄界の許に引き取られた。同著で「これが信道の苦労の仕始めだったのです」〔『森銑三著作集 第五巻』四五五頁〕と森が述べているように、信道はこの寺の下働きに始まり、その後あちこちに預けられながら、苦労を重ねて医者の道を歩んだ。こうして、いったんは医者（漢方医）となった信道だったが、文化十二（一八一五）年、偶然手にした蘭方医・宇田川榛斎《しんさい》の著書『医範提綱』（オランダの医師たちの解剖に関する学説を記した書）に魅せられ、榛斎の塾で蘭方医学を学び直す決心をする。安永三（一七七四）年には『解体新書』も出版され、日本の医学の主流は漢方から蘭方へと移りつつあった。学資を貯めて江戸へ向かった信道だったが、

途中、浄界から金が必要であると聞かされ、兄のために資金を投げ出してしまう。のちに漸く江戸へ出て榛斎の塾への入塾は果たしたものの、半年もするともともと少なかった蓄えも尽きてしまった。森銑三の『学芸史上の人々』にある信道についての次の一節が凄まじい。

> 五ツ時（午後八時）の門限まで業を受けて、帰りには以前に経験のある按摩となって稼いで、得た銭で家賃を払ひ、灯油を買ひ、なほ余りで米を買はうといふ計画だつた。しかし、（中略）月々の雑費を差引くと、もう米どころか、粥もすゝられぬ始末だつた。仕方なしに菓子屋で道明寺糒《ほしいい》の粉を買つて来て、その一合五勺《しやく》を一日の食糧に充てゝ、それを水で溶いたのをすゝつて、辛うじて飢えを凌いだ。さうして半年間を持ちこたへた。
>
> 文政四（一八二一）年三月のことだつたといふが、運悪く按摩の頼み手もなくて、殆ど食べぬ日が七日も続いた。〔『森銑三著作集〔第五巻〕』一八七頁〕

信道の窮状を知った榛斎は信道を食客として寓した。こうして漸く勉学に専念することができるようになった信道は、文政十二（一八二九）年には独り立ちし、深川上木場三好町で医者を開業、安懐堂という蘭学塾を開くまでに至った（その後、安懐堂だけでは手狭になったため、冬木町にもう一つ、日習塾も開いている）。腕のいい信道のところには、自然に門弟も集まってくるようになり、そのなかには緒方洪庵もいたことが知られている。信道が水戸藩医青地林宗の長女くめを娶ったのは、天保二（一八三一）年のことで、すでにこのとき信道は三十六歳になっていた。二人の間に、長男・信友、次いで長女・牧が誕生した。嘉永元（一八四八）年、牧と結婚したのが信道の門弟の一人で坪井家の養子となった信良である。この年の十一月、癌にかかって余命幾ばくもなかった信道は、枕元で二人の仮祝言を執り行い、それからほどなくして享年五十三歳でこの世を去った。

父・信良は文政六（一八二三）年八月二十八日、越中国（富山県）高岡の医師・佐渡養順の次男として誕生した（以下、信良についての記述は宮地正人編『幕末維新風雲通信——蘭医坪井信良家兄宛書翰集』の「解説」に多くを負っている）。名を良益といい、信良という名前は、坪井家に養子に入ったときに改名したものである。信良は天保十一（一八四〇）年、十七歳のとき、京に出て蘭方医・小石元瑞の許で医学を学んだが、向上心旺盛な信良はそれだけでは満足できず、天保十四年、江戸へ出ると信道の日習塾の

門を叩いた。信道は信良を見所があると判断すると坪井家の養子とし、当時大坂で適塾を開いていたかつての弟子・緒方洪庵の許で三年間学ばせようとした（実際には、一年も経たないうち信道重病の知らせを受けて江戸に戻ることになったのだが）。これは、長男の信友が病弱で頼りなかったため、信良を信友の補佐役にと考えたからである。事実、信道の死後、信友は家督を継いだが、実際に坪井家を支えたのは信良にほかならない。

ところで、信良は手塚治虫の漫画『陽だまりの樹』に登場している。この漫画は手塚の祖先であった幕末の医師・手塚良庵をモデルにした一種のビルドゥングス・ロマンともいえる彼の後期の傑作といってよい作品だが、残念なことに信良に関して間違った記述がなされている。信良の名前は適塾塾生だった良庵が、腑分けの場に夜鷹を連れ込んだとして緒方洪庵から破門を告げられそうになる場面に出てくる。その箇所の台詞を引用してみよう。

洪庵「もう貴君にはあいそがつきた」、良庵「先生……」（中略）、洪庵「嘉永二（一八四九）年だったかなわしは恩師坪井先生のご子息を入塾させたのだが……／なまけぐせが強く意見しても無駄なので破門したことがある／彼を含めてかつて破門したのは四人だけだ／わしもこんなことはしたくないのだよ／よろしい…今一度機会を与えよう」（引用は『手塚治虫漫画全集MT330 陽だまりの樹⑤』三三〜三四頁、傍点引用者）。

信良は養子なので、正確には「子息」という表現はあてはまらないが、それは大したことではない。しかし、なまけぐせが強くて適塾を破門されたというのは、問題であろう。これは手塚の資料の誤読からきた間違いではなかったろうか。何故かといえば、洪庵の曾孫にあたる緒方富雄の『緒方洪庵伝』に「附録」として載っている「適々斎塾姓名録」には、嘉永二年の入塾者として坪井信立の名前があり、そこには「有故破門」（二四四頁）と記されているからである。無論、この人物は信良とは別人である。信良が入塾したのは嘉永二年ではなく弘化四（一八四七）年のことであるが、何故か先の「姓名録」にはこの年だけでなく、信良の名前はどこにも記されてない。おそらく信良は通常の塾生とは別格扱いだったのではないだろうか（実子・信友ものちに適塾に入塾しているので、「姓名録」に名前はあるが、破門の文字は記されていない）。そこで手塚は同じ坪井姓の信立という人物を信良と勘違いしたのだと思われる。物語の展開にはさして影響のない箇所といえばそれまでだが、信良の名誉のためにあえてここで付言しておきたい。

さて、嘉永六（一八五三）年、信良は越前藩に召し抱えられ、藩主・松平春嶽（慶永）に仕えた。春嶽は将軍・徳川家定の後継者として一橋慶喜を推していたことから、徳川家茂《いえもち》を推していた老中・井伊直弼《なおすけ》と対立し、安政の大獄で隠居・謹慎処分を受けた（安政の大獄で処刑された橋本左内は、信良の塾生であった）。このときは信良も春嶽に従って越前藩霊岸島中屋敷に移転している。しかし安政七（一八六〇）年、桜田門外の変で井伊大老が暗殺されると、春嶽は再び表舞台へと復帰した。元治元（一八六四）年十一月、信良は幕府奥医師（将軍・大奥付きの医師）となったが、大政奉還後の明治元（一八六八）年、徳川慶喜が駿府（現・静岡市）での蟄居処分を受けたとき、他の多くの幕臣同様、信良も慶喜に随行した。明治二年二月二十一日に開設された駿府病院（同年六月二十日、静岡病院と改称）設立に際して、信良は林研海、戸塚文海らと尽力したあと、東京府病院長などを務め、明治三十七（一九〇四）年十一月九日、八十一歳で生涯を閉じた。

この信良と牧の子として生まれたのが、坪井正五郎である。坪井自身は「坪井正五郎小伝」（『日本之小学教師』第一巻第六号、明治三十二年九月、以下「小伝」と略記）に次のように記している。

生まれたる場所は江戸浜町。生まれたる時は文久三〔一八六三〕年正月五日。〔『うしのよだれ』三八一頁〕

宮地氏によれば、当時信良は政権を得た春嶽に従い多忙であったため、牧は「両国の、母のいる信友宅」〔『幕末維新風雲通信』四四二頁〕に帰って出産した。

安政六（一八五九）年再版の「古板江戸地図」に坪井信道（信友は父の名を襲名）の名前が見える（次頁参照）。ここが坪井正五郎の生誕の地である。宮地氏は信友の住まいを「両国矢ノ倉」〔同書、四一三頁〕であったと述べているが、当時この地域は浜町とも矢ノ倉とも称していた。ノンフィクション作家の近藤富枝氏は、『矢ノ倉は水の匂いにつつまれて――追憶の下町』のなかで矢ノ倉について次のように述べている。

時代により変遷はあるが、間部《まなべ》、柳沢、戸田などの大名が下屋敷を構えていた。嘉永版の江戸切絵図を見ても米沢町、村松町、橘町あたりまでは町家だが、矢ノ倉は依然武士たちに占領されている。（中略）川のほとりは景色がよく、水利の便があり、夏は涼しい。〔二一四頁〕

もっとも、筆者も矢ノ倉を訪れたことがあるが、この

日本橋北内神田両國濱町明細繪圖
両國廣小路
両國橋
長サ九十六間
諏訪因幡守
小笠原左衛門尉
牧野遠江守
一橋殿
松平丹波守
米沢町

辺りは関東大震災、空襲と二度の被害を蒙ったこともあって、ビルが林立するだけで往時の大名屋敷の痕跡は何も残されていない。それでも近藤氏が書いているように、すぐそばを流れる隅田川から川風が吹いてくるから、ヒートアイランド現象のない当時、夏はいまよりずっと涼しかったのは確かだろう。

坪井の誕生については、信良が兄・佐渡三良宛に送った一月六日付書翰でも確認することができる。

昨五日夜五時安産、男児出生仕候。肥大健実、啼声徹耳、此度は無疑大丈夫と存申候。此段御安心可《くだ》被下候《さるべく》。〔『幕末維新風雲通信』一六一～一六二頁〕

「此度は無疑大丈夫」とあるのは、安政五（一八五八）年に最初の男子が生まれたが、難産で生後すぐに死亡しているからである。また、万延元（一九六〇）年には、長女・菊が誕生したが、菊も翌年には夭折しており、正五郎は待望の子どもであった。

一月十九日付書翰にこうある。

荊妻も平産後至極健康、小児も大丈夫。正月五日出生故、正五郎と名附申候。〔同書、一六二頁〕

正月の五日に生まれたことから名付けたと、〝正五郎〟の名前の由来が記されている。「小伝」では省かれているが、現在東京大学大学院情報学環で管理している坪井家資料（以下、「坪井家資料」とあるのはすべてこれを指す）のなかに残された「小伝」執筆用の覚え書きと思われる正五郎自筆の年譜によれば、このあと三月に霊岸島の越前藩邸内に移っている。

先に触れた信良が幕府奥医師に任ぜられた元治元（一八六四）年、この年の八月に、次男・甲子次郎《かしじろう》が誕生（翌年の慶応元年六月に病歿）した。ところが出産後、牧は腹膜炎を起こし、それがもとで九月に亡くなってしまう。正五郎、一歳のときであった。信良の書翰には、このときの正五郎の様子が次のように書かれている。

正五郎事ハ、二歳〔数え年〕、何事ヲモ不知《しらず》、乳母附置候故、却て《ママ》来人之多クテゴタ〳〵スルニ喜居申候。是亦無我無心、可憐。〔同書、二三五頁〕

幼い正五郎が母親の葬儀に人が沢山集まるのを喜んでいた、という記述は痛々しい。同年十二月、信良は幕府医師荒井精兵衛・三保子の間に生まれた娘・よのと再婚したが、二人の間に子どもはできなかった。三保子は精兵衛の後妻で、先妻よしとの間に生まれた清兵衛の子が、幕臣として函館に渡り五稜郭で戦った荒井郁之助である。荒井郁之助はのちに科学者となり、初代中央気象台長を

務めた（原田朗著『荒井郁之助』）。正五郎が東大に入った年に「荒井郁之助氏より陸奥及び後志《シリベシ》の古物を預かり親しく之《これ》を手にし、益々考古の念を強めたり」〔『うしのよだれ』三八五頁〕と「小伝」に荒井の名が登場するのは、血のつながりはないもののこのような姻戚関係にあったためである。

先にも触れたように明治元年、信良が駿府に移り住んだ際に、正五郎も父と共にこの地へとやってきた。市立静岡病院編輯『静岡病院の沿革』には、明治二年九月出版の「静岡藩官職吏員改正概略」から駿府病院関係職員の名前が引用されている。それによれば「病院頭　林紀《つな》（研海）、同並俗事務重立取扱　坪井信良、同並　戸塚文海」〔六頁〕とある。病院頭とは病院長のことである。

駿府に移り住んだとき、正五郎は五歳となっていた。坪井自身は「小伝」で次のように述べている。

　父は旧幕の奥医なりしかば徳川氏に従ひ転住したるなり。静岡に御薬園とて小なる植物園有りて鶴岡某氏管理し居れり。余屢《しばし》ば此所に至り植物培養の状を見、面白き事に思ひ、家に在りても小草を植え、種子を播き、花実を画き、名の知れぬ草には何々草と勝手なる名を命じ楽《たのし》みとせり。又色の異りたる石、形の奇なる石等を拾ひ集めて小箱に貯へ置けり。其頃或る寺に珍物展覧会の催し有りしが余之《これ》を見て早速真似を試み父母に乞ふて二三の小道具を取り出し貰ひ、自ら採集せし草花、小石等と共に陳列し家人朋友に向ひ、好ひ加減の説明をして遊び興じたる事有り。〔『うしのよだれ』三八一頁〕

ここに述べられている御薬園とは、徳川幕府直轄の薬草園のことである。

中国から日本に入ってきて、江戸時代に盛んになった学問に本草学がある。本草学とは、杉本つとむ著『江戸の博物学者たち』によれば「一木一草、路傍の小石といえども、人間生命や健康の保持、病気の治癒に役だつかどうかを大きなテーマとし、そのために、自然を調査し、動植物の生態・形態・生産地などを正確に記述する」〔一六頁〕学問である。御薬園では、この本草学の知識に基づいて徳川家御用達の薬草を栽培していた。つまり、坪井は幼い頃から御薬園を通して本草学と結びついていたことになる。植物に名前をつけることで、処方箋として使用する薬草を他と区別することは本草学の本質にかかわる事柄であり、石に対する関心やコレクションもまた本草学のものである。子どもの遊びであったとはいえ、この記述から後年、日本で最初の人類学者となる坪井が、本草学者としての資質を充分に備えていたことを窺い知ることができる。このことには、のちにもう一度触れてみたいが、ここでは、杉本氏が「本草学は綜合的な自然人文科学といえる。おそらく文化人類学など、その起源の一つをこうした本草学的方法や姿勢に求めても決して誤りにはならないと思う」（同書、一八頁）と述べていることに着目しておきたい。

江戸時代、駿府には駿府御薬園と久能山御薬園の二つがあった。上田三平著、三浦三郎編『改訂増補 日本薬園史の研究』によれば、駿府御薬園のほうが規模が大きく、四千余坪、百十三種の薬草が植えられ、久能山御薬園は六百坪、四十七種の薬草が栽培されていたという（二六頁）（但し「数において不信の点もあるが」（二六頁）とも記している）。駿府御薬園は、寛政二（一七九〇）年には、江戸、京都、長崎と並ぶ「国内で四指に入る」（同書、二五一頁）規模であった。坪井が訪れた御薬園は、このうちの駿府御薬園のほうである。駿府病院は、現在の静岡県葵区追手町の付近にあたり、駿府御薬園があった場所は、駿府城（現・駿府公園）を挟んで反対側に位置している。『静岡病院の沿革』によれば、駿府御薬園は元治元（一八六四）年に徳川幕府の直轄であることを廃されたが、「廃止後も尚ほ薬木薬草を栽培し、明治以降は藩の所轄となつた」（七頁）という。同書によれば、御薬園は病院頭の指揮管理下に置かれており「御薬園掛」として鶴田清次郎の名前が記されている。坪井が「小伝」で「鶴岡某氏」としているのは、おそらくこの人物の記憶違いではなかろうか。また、坪井が「小なる植物園」と記しているように、幕府管理下のときよりは規模もずっと縮小されたものになっていた。

さて、この御薬園で培われた坪井の本草学的趣味は、大きくなるに従って次第に嵩じてくる。「小伝」に次のようにある。

> 草花小石の事に付きては種々小冊子を作りしが追々に失せて、今は唯、九歳の時（明治五年五月）に著したる「草花画譜」（父の命名）上中下三冊（総紙数二十葉の小冊子）を残すのみ。小さき乍《なが》らに着色写生図、果実解剖図、根の形状図、培養注意等を集録し、寄生虫図さへも添えたるは我乍ら可笑《おかし》敷思ふなり。其頃如何なる書を見しや記憶せざれど、多分は父の手許に在りし西洋植物書抔《など》より影響を受けしものならん。（『うしのよだれ』三八一〜三八二頁）

坪井は絵を描く能力にも恵まれていた。のちに発表する数々の文章のなかでヴィジュアルを描き添える必要の

ある際にこの能力を発揮することになる。この『草花画譜』三冊は、坪井家資料のなかにいまも残されている。それを見ると、大きさは八十八×百二十六ミリといたって小さく、豆本のようなサイズの和紙に筆で細かく描き込まれている（左図版参照）。

「小伝」には、「十歳の時（明治六年二月）両親に従ひ東京に帰る」（『うしのよだれ』三八二頁）とある。前年、廃藩置県に伴って静岡病院が閉院となったためで、坪井家は二月十八日に静岡を発ち、二十三日に東京着、五月に下谷仲《なか》徒士《かち》町《まち》（現・御徒町）に居を定める。その間、正五郎は足立寛（陸軍軍医）の許に預けられた。足立は坪井信道の三女・藤の結婚相手で、正五郎の叔父にあたる。このときのことを足立は、三越の流行会・児童用品研究会主催で行われた坪井の追悼会で述べた「故坪井理学博士の追懐」（『三越』第三巻第八号、大正二年八月）のなかで、次のように語っている。

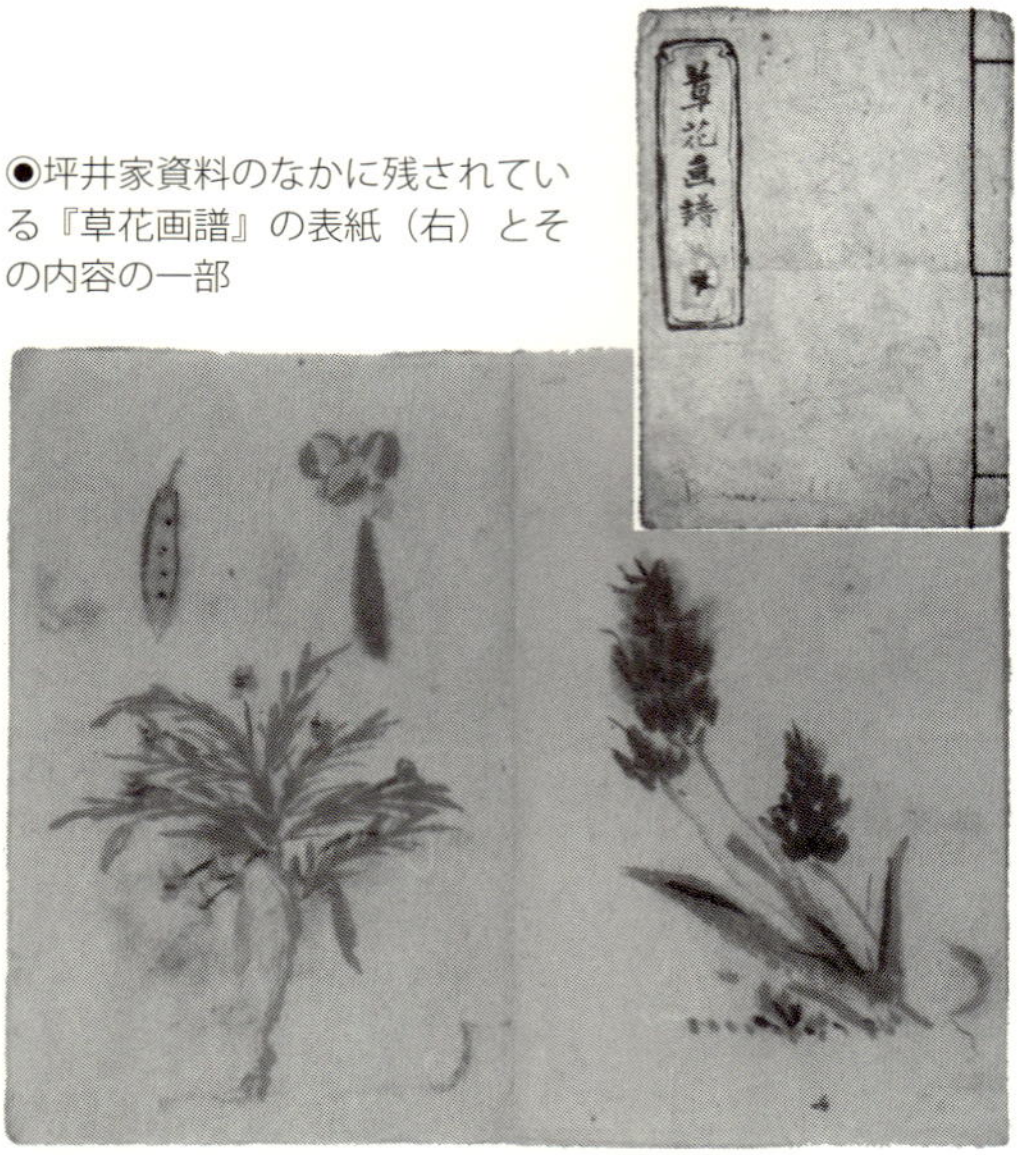

◉坪井家資料のなかに残されている『草花画譜』の表紙（右）とその内容の一部

正五郎は御一新前には東京《こちら》に居りました、それから御一新で静岡に行《ゆ》きました、それから後父の信良が連れて東京に戻りました、其時分には信良もまだ引越《ひきこ》した丈《だ》けで家が無いので、子供が困るからといふので、私が預りませうと言つて私共に置きましたのが八つ九つ位の時分であります（実際には十歳）。画《ゑ》を描く――マア字を書くことも好きだつたが――字よりも画の方が好きでございました。而《そ》して始終何か描いて居りました。（九頁）

足立もまた、坪井に絵の才能があったことを強く印象に留めている。

第二章 学会設立——人類学上の談話会を開かうでは無いか

成長するに従って、坪井の博物学的興味は人類学へと接ぎ木されていった。モースの大森貝塚発掘に刺激を受け、古代の人々を研究すべく、坪井は貝塚発掘にも力を注いだ。そんな折に坪井の友人が見つけたのが、のちに弥生式と命名される土器であった。やがて大学生の坪井は仲間を語らって人類学会を創設する。

明治七（一八七四）年三月、坪井は十一歳で湯島麟祥院内にあった湯島小学校に入学した。「名士の小学時代（一）坪井正五郎君」（『読売新聞』明治四十二年六月二十日）によれば「其頃はまだ定まつた校舎も無いため、湯島麟祥院の本堂の唐紙を外づしてゴチヤ〳〵座り込んで其処で稽古を受け」るという状態であった。「此頃の学科は習字、地理、読本の三科で無暗に暗誦させるのが流行して」いた。

当時の思い出として、坪井は「小伝」のなかに次のように記している。

或る女教師余に向ひ「鶴には何本足が有りますか」と問ひ掛けし時、余りに馬鹿馬鹿しかりし故無言にて居りし為、大に叱られし事有り。余は兼ねて家に在りて種々雑書も読み少しは詩を作る真似抔《など》も為し居りし事とて、小学校の学科は誠に詰まらぬものとの感を生ぜり。（中略）当時名所図会、節用集、何々便覧と云ふ類の書を好み、自らも種々編集著述する所有り。其中「幼学必携」と題する小冊子は今

尚ほ手許に存す。又父の医事雑誌編輯に従事するを見習ひ、何々雑誌抔と題して見聞録様のものを作れり。〔『うしのよだれ』三八二頁〕

すでに、父の蔵書を読み漁り、自ら雑誌のようなものを編集し、さまざまな知識を身につけていた早熟な少年にとっては、鶴の足の数を尋ねられるなど笑止千万なことでしかなかった。すでにこのころから他の子どもとは、知識の量に格段の差があったことが窺い知れる。

また「小伝」には、このころのこととして次のような興味深い記述が残されている。

　東京帝国大学の前身たる開成学校の官費生林繁次氏（今の臨時博覧会事務官林忠正氏）屢《しばし》ば来訪ありしが、余は大に其地位を羨み、官費生とは非常に名誉なる事と思ひ、前途の目的を問はるゝ毎に官費生に成ると答へたり。〔同書、三八二～三八三頁〕

林忠正は、のちにパリでジャポニスム・ブームのきっかけをつくった美術商である。林の義孫にあたる木々康子氏の『林忠正――浮世絵を越えて日本美術のすべてを』によれば、林忠正は明治四（一八七一）年、大学南校（現・東京大学、東京大学の名称は何度か変わったが林の入学時は大学南校だった）に入学したが、皮肉なことに養父の失脚により坪井の羨んだ官費生でいることができなくなり、明治十一（一八七八）年、卒業までわずか七か月を残して大学を退学、パリ万国博覧会会場の通訳としてパリへ渡った。万博終了後も林はパリに留まり、三井物産パリ支店に勤務したのち美術商を営んで浮世絵を数多くパリにもたらし、エドモン・ド・ゴンクールが『歌麿』や『北斎』を書く際に多大の協力を惜しまなかった人物である。この「小伝」が書かれた明治三十二（一八九九）年当時、林は日本政府から翌年に開催される一九〇〇年パリ万国博の事務官長に任命された。林は高岡市に長崎言定の次男（幼名は志藝二《しげじ》）として生まれており、祖父・六代目浩斎長崎愿禎《げんてい》は大槻玄沢、杉田立卿《りゅうけい》に学んだ外科医であった。明治三年、志藝二は富山藩大参事・林太仲《たちゅう》の養子に入り、このとき林忠正に改名している。実の祖父・愿禎の妹とらは信良の実父・養順に嫁いでおり、信良と忠正は叔父・甥の関係にあった。坪井は、忠正がしばしば信良の許を訪れていたと書いている。二人は他家に養子に入ったという同じ境遇に、お互い親しみを感じていたとも想像できる。

さて、湯島小学校に入ったものの、先にも触れたようなあまりの学力の差に「家に帰つてから福沢氏の教へ草

〔福沢諭吉訳のイソップ寓話『童蒙教草』のこと〕、初学読本などを読んで居た」〔「名士の小学時代〔一〕」〕坪井だったが、明治八年二月には湯島小学校を退学、三月に神田淡路町 共立《きょうりゅう》学校（現・開成学園）へと転校した。共立学校は塾舎（＝寄宿舎）生活が習いであった。そのため「自宅程静かならざる」〔「小伝」『うしのよだれ』三八三頁〕環境下では、博物学の標本蒐集と小冊子の編述は一時中止せざるを得なかった。翌年九月、東京英語学校に入学、ここでも坪井は塾舎生活を送ることになったが、共立学校と違って落ち着いて机に向かうことができた。東京英語学校時代には、十五か月をかけて『分類字林』と題する辞書まで編集している。またこのころ、授業中白墨でコップや下駄の形、人形などをこしらえては机の上に並べていたのが教師に見つかり、「坪井さんは中々白墨細工が上手です、此出来ならば満点を付けても宜しいが残念な事には此学校には白墨細工と云ふ学科は有りません」〔「小伝」『うしのよだれ』三八三頁〕とたしなめられるという、茶めっ気たっぷりのエピソードも残している。

　坪井が東京英語学校に入る前年、坪井と縁浅からぬ人物がここに入学している。のちに植物学の泰斗となる白井光《みつ》太《た》郎《ろう》である。やがて二人は食堂で顔を合わせるうちに親しくなる。坪井の父・信良が松平春嶽に仕えたことはすでに述べたが、白井の父・幾太郎も藩士として同じく春嶽に仕えた。光太郎が生まれたのは、坪井も生まれてすぐに移った霊巌島の越前藩邸内である。白井は春嶽の寵愛を受けて育った。白井の「松平春嶽公を偲び奉る」（『福井評論』第六巻第十号、昭和五年十月）によれば、白井の叔父・松田東吉郎（和孝）は春嶽が隠居・謹慎処分を受けたことに憤慨し、井伊直弼《なおすけ》に上書して、切腹した。そのこともあって、春嶽は東吉郎類縁の幼い白井を可愛がり、自ら英語や習字を教えてくれたという。春嶽自身は、オランダ人宣教師グイド・フルベッキの許に白井の親戚にあたる出《で》浦《うら》力雄を遣わして英語を学ばせ、自らはその出浦から英語を学んで白井に教えた。また、白井は赤ん坊のころ、信良から種痘を受けたとも後年、坪井が亡くなったときの追悼演説「故坪井会長を悼む」（『人類学雑誌』第二十八巻第十一号、大正二年十二月）で述べている。二人は東京英語学校で出会うまでお互いの存在を知らなかったようだが、かなり近いところで育っていたことになる。以後、二人は親しい交流が続いた。『白井光太郎著作集　第Ⅵ巻　本草百家伝・その他』に掲載されている木村陽二郎著「白井光太郎伝」によると「白井は絵を描くのが好きだったので、画家になりたいと思った」

◉エドワード・S・モース博士

〔二八七頁〕というから、この辺も坪井と話が合った一因であったかもしれない。

明治十（一八七七）年九月、坪井は十四歳で東京大学予備門へと進んだ。

ところでこの年の六月、一人の米国人動物学者を乗せた船が横浜港に入港した。学者の名前は、エドワード・シルヴェスター・モース。モースが日本を訪れた目的は、腕足類（シャミセンガイやホウズキガイの仲間）を研究するためであった。モースのいた「アメリカ東海岸には腕足類の種類が乏しく、個体数も少ないのが悩みの種だった」〔一二頁〕と磯野《いその》直秀著「エドワード・S・モース」（国立民族学博物館編『モース・コレクション』）にある。そんなとき「日本には腕足類が多いとモースは誰かから情報を得たらしい」〔同図録、一二頁〕。文部省顧問を務めていたデヴィッド・マレーに調査に当たっての便宜を図ってもらうため、モースは横浜から東京へと向かった。汽車がちょうど大森近辺にさしかかったときだった。車窓から外を眺めていたモースの眼に思わぬものが飛び込んできた。貝塚だった。

調査の目的で訪れたモースだったが、開国以来、海外の学問的知識を吸収することに必死だった日本側にとって、モースの来日はまさに渡りに船であった。彼は薦められるままに東京大学で教鞭を取ることになった。

担当は、予備門（のちの第一高等学校）4年2クラス計90名への動物学の初歩的講義と、生物学科生徒（わずか2名）などを対象とする専門講義であった。また10月には、3回連続の公開講義も行っている。〔同図録、一三頁〕

御雇い外国人教師としての地位を得たモースは、さっそく九月から十月にかけて、気になっていた車中から偶然発見した大森貝塚の発掘調査に取りかかった。それにしてもモースは何故それほどまで貝塚にこだわったので

◉E・S・モース画「大森貝塚発掘風景」

あろうか。モース自身は大森貝塚の調査報告書（『大森介墟古物編』）のなかで「メイン州、マサチューセッツ州で、この種の貝塚を何年間も研究してきたので、この日本で同様な調査をしたいと思っていた」〔一〇頁〕と述べている（引用は同書の新訳、近藤義郎／佐原真訳『大森貝塚』による）。

思うに、モースは最初から日本の古代社会を研究しようとして大森貝塚の発掘を行ったのではなかったであろう。その後のモースが大の親日家として知られ、民俗学的資料の蒐集まで行っているので、最初から日本研究を目的として発掘を行ったかのように誤解してしまいそうだが、実際は貝塚を通して自分の専門分野であった腕足類をはじめとする貝類を研究することが主眼だった筈だ。そのために私費まで投じてやってきた日本である。しかし、大森貝塚から莫大な量の土器をはじめとする古代遺物が出土したことは、モース自身にとっても意想外の驚きであったに違いない。こうして大森貝塚調査は、日本考古学への扉を開くこととなった。

この日本最初の貝塚発掘は、10月初旬に英字新聞と邦字新聞で大きく報道され、モース自身も前記の東大公開講義や日本アジア協会での講演で報告したので、一挙に世間の注目を集めることになった。貝塚が古代人の遺跡であることを日本人はこのときはじめて知ったし、それはまた、江戸時代以来すくなからず存在した好古家たちや、やがて人類学への道を歩む坪井正五郎らを刺激して、まもなく各地で同様な発掘や調査がはじめられる。〔磯野直秀著「エドワード・S・モース」国立民族学博物館編『モース・コレクション』一四頁〕

当時どれくらい一般の日本人がこの貝塚発掘に興味を持ったのか判らないが、磯野が述べているように、少なくとも坪井の周りでは相当の関心を呼び起こしたであろうことは間違いなかろう。友人たちからは文学部に入るだろうと見られていた坪井は、やがて予備門から理学部に進み、動物学科を専攻することになるが、その理由を坪井自身は「小伝」で、幼いころの博物学的な傾向に加えて「モールス〔モースのこと〕佐々木氏の動物学者なりとの事実が余を此学科に導きしにも有らん」〔『うしのよだれ』三八五頁〕と述べている。佐々木氏というのは、モースに学んだ佐々木忠次（二）郎のことで、佐々木は大森貝塚発掘にも参加し、飯島魁《いさお》と共に明治十二（一八七九）年七月、日本人だけの手になる最初の発掘調査となった常陸陸平《おかだいら》貝塚を発掘した人物である。坪井はこの年の十一月に佐々木の陸平貝塚発掘についての演説会を聞いて「大に興味を覚えたり」〔同書、三八四頁〕と述べている。

予備門で坪井は渡瀬庄三郎、瀬脇寿雄、福家《ふけ》梅太郎、井上円了、渡辺環、佐藤勇太郎らと知り合った。このなかで最もよく名前が知られているのは、井上円了であろう。井上はのちに哲学館（現・東洋大学）を設立した哲学者で、〝妖怪博士〟〝おばけ博士〟の異名をとった人物である。この名前は、怪奇現象は科学的で説明できるという立場から妖怪研究を行ったことからついたもので、井上は〝こっくりさん〟の謎を実験によって解明した〔『妖怪玄談』〕ことでも知られている。現在、東京都中野区に井上が設計した哲学堂公園が残っているが、科学主義者という割には、入口で幽霊の像に迎えられたり、孔子、釈迦、ソクラテス、カントを祀った四聖堂や〝絶対城〟と名付けられた図書館など風変わりな建物が敷地のあちこちに建立されており、何とも形容し難い不思議な空間《トポス》を形成している。この哲学堂公園については前島康彦著『哲学堂公園』に詳しいが、前島は「ありていにいえば、世にも不思議な公園である」〔ｉ頁〕とまで述べている。明治十二（一八七九）年、坪井はこの井上や渡辺環らと夜話会を組織している。井上が参加していると、夜話会というのも水木しげる氏の『鬼太郎夜話』に登場する妖怪でも連想しがちだが、演説討論会の名称である。このころ大学予備門ではこの種の会がたくさん行われていたようだ。坪井は随筆「うしのよだれ」（『学士会月報』第百三十一号〜第三百二号、明治三十二年一月〜大正二年四月）で次のように伝えている。

　十二三年の頃には三学部〔法学・理学・文学部のこと〕予備門共演説討論会が盛んに行はれて其為の会が幾つも出来た。小梧雑誌には左の通りに書いて有る。

　晩翠社（第一、第三、日曜夜）、夜話会（第一、第三、火曜夜）、十三社（第一、第三、火曜夜）、求益会（第三、火曜夜）、成器社（第一、第三、水曜昼）、戊寅会《ぼいん》（第二、第四、水曜夜）、共話会（第一、第四、水曜夜）、興話会《きょうわ》（毎木曜夜）、賛〔潜の誤植か?〕淵会（第二、第四、木曜夜）、晩成会（第二、第四、金曜夜）、共救社（第一、第二、第四、土曜昼）、講義堂演説（第一土曜夜）

　総数十二。最後のもの丶他は何れも校内の応接所或は教場で開会したのです。第三火曜の夜抔《など》は三ケ所でカン〳〵明りを付けてワア〳〵遣つて居たのですから中々賑かでした。〔『うしのよだれ』一三頁〕

ここで述べられている『小梧雑誌』とは、坪井が当時編集していた筆記回覧雑誌のことである。予備門に入学したころから、坪井は校内での出来事を記した『月曜雑誌』と題する雑誌を始めており、これが『毎週雑誌』と改名し、更に『小梧雑誌』となった。ここには「大学部内の雑報演説の筆記学友の通信投書自分の意見考説等」〔「二十年紀念演説」『うしのよだれ』四一一頁〕を掲載して不定期に発行、明治十八（一八八五）年二月までに第六十八号まで続いた。

　坪井は後年あちこちで講演して、その演説の上手さには定評があったことはよく知られている。例えば、速記者・小野田亮正は『現代名士の演説振』のなかで「氏の講話は、趣味に富んで居る。其博覧精確なる学説に、時々滑稽を交えられ、二三時間に渉る長演説でも、決して聴衆を倦ましめると云ふ事はない」〔二六頁〕と述べているほ

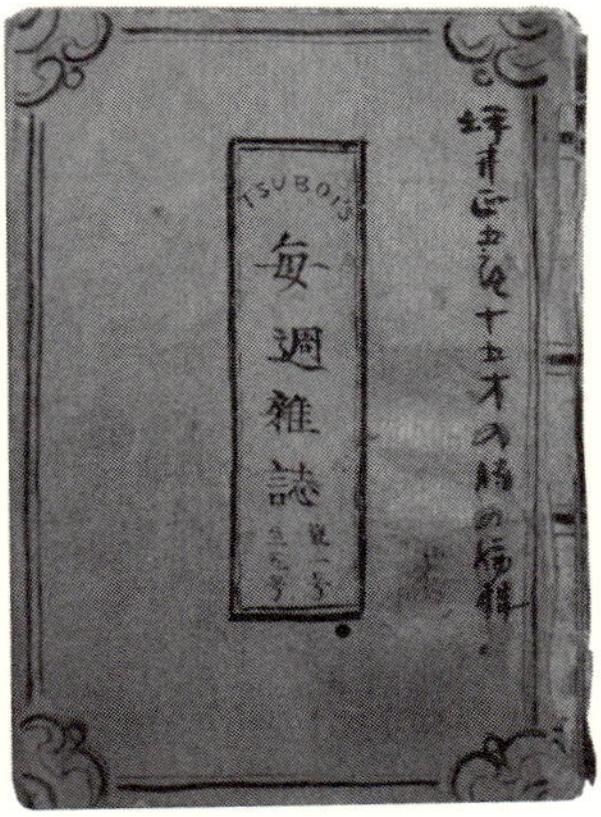

◉坪井家資料にある『毎週雑誌』合本の表紙（第一〜五号）

どだが、学生時代この夜話会で人を惹き付ける技術を磨いたに違いない。

当初、夜話会は各自が得意とするさまざまな内容に弁舌を振るったが、明治十六（一八八三）年に入ると話題は考古学中心のものに変わっていったと坪井は「二十年紀念演説」で述べている。

三月開会第五十九会での演題は、考古雑話（坪井正五郎）、上野国綾瀬の古墳（沢井廉《きよし》）、石斧（福家梅太郎）他に一題。

四月開会第六十会での演題は、考古説（坪井）、古墳考（白井光太郎）、他に一題。

同月臨時開会第六十一会での演題は、古器物を駒場に於て発見す（坪井）、他に四題。

九月開会第六十四会での演題は、考古談（坪井）、考古談（白井）、他に三題。

十一月開会第六十五会での演題は考古談（坪井）、考古談（白井）、他に一題。

十二月開会第六十六会での演題は考古談（坪井）、考古談（白井）。

十七年一月開会第六十七会での演題は考古談（坪井）。

此勢で押して行つたので、夜話会は一時殆ど白井、福家、沢井の三氏と私とが古物遺跡に関する話しをする所の様に成りました。〔『うしのよだれ』四一〇～四一一頁〕

夜話会は必ずしも考古学的話題に興味を持つ人たちだけで形成されていたわけではない。そのため、次第に考古学に興味を持つ「同志者計りの会合を催し思ふ存分此類の談話を為度《した》いとの考へが此数人の間に浮かんで」〔同書、四一一頁〕きた。なかでも福家梅太郎（駒場農学校生徒）が、明治十五年十一月八日、荏原郡上目黒村の土器塚《かわらけ》で古代土器の破片を発見したことは、同好の士にとって自分たちでも発掘ができるのだという自信につながった。「福家氏は何所から遺跡実査の知識を得たと云ふと、それは河野邦之助と云ふ人からで、此人はモールス氏に就て話しを聞いたので有ります」〔同書、四一七頁〕と坪井は述べている。

最初福家はこのことを秘密にしておいて自分だけで発掘するつもりでいたが、たまたま坪井と共に生物学会で行ったモースの講演を聞きにいったとき、「学者は心を広くして各自の見聞を語り合はなければ成らぬ、自分一人で仕上げ様抔《など》と事を秘するが如きは学術進歩を強ゐて遅々たらしめるもので学事に忠実なる者の為すまじき事で有る」〔同書、四一七頁〕と述べるのを聞いて考えを改め、坪井に一緒に調査しようと申し出た。そこで、二十三日には、坪井、福家、佐藤勇太郎（工部大学学生）の三人で、十二月二十五日には坪井、福家、白井の三人で土器塚の発掘を行った。土器塚から出土した土器片は三百以上あり、モースと佐々木忠次郎の二人に鑑定を頼むと大森貝塚と同種のものであることが判明した。坪井はこの調査の結果を福家と共同で「土器塚考」にまとめ、明治十四（一八八一）年十月に創刊された日本で最初の総合学術雑誌である『東洋学芸雑誌』（第十九号、明治十六年四月）に発表した。これが公《おおやけ》の刊行物に掲載された坪井の初めての論文となった。なおつけ加えておくと、坪井がこのあと『東洋学芸雑誌』（第四十号、明治十八年一月）に発表したのは、鳥の羽根の構造について述べた「鳥の羽の組立」という純粋に動物学の論文であった。

　話は前後するが、明治十四年七月に予備門を卒業した坪井は九月、動物学専修を志願して東京大学理学部へと進学した。このとき、モースはすでに東京大学教授を辞めており（明治十二年八月まで奉職）、後任としてやってきたチャールズ・ホイットマンも大学当局との折り合いが悪く、明治十四年八月に契約が切れると早々に帰国した。坪井が進学したときには空席となっていた動物学科主任の席についたのは、この年の十二月に帰国した箕作佳吉《みつくりかきち》である。箕作は明治六（一八七三）年二月、十五歳でアメリカに渡り、その後エール大学とジョンズ・ホプキンズ大学で動物学を修め、更にヨーロッパで動物学の現状を学んで日本に戻ってきたのだった（玉木存著『動物学者箕作佳吉とその時代――明治人は何を考えたか』）。のちに坪井はこの箕作の妹・直子（直）と結婚することになる。

　坪井は理学部には進んだものの、勉強にはあまり身が入らなかった。「小伝」に次のようにある。

　余は暇さえ有れば、否強ゐて暇を作りて、図書閲覧室に入り、人類に関する和洋の書を繙《ひもと》くを平日の業とし、休日には主として遺跡探りの遠足を事とせり。余は人類学と称する学問の存在を知りて之《これ》を修めんと心掛けしにはあらざれども、余の志し所自らの学問の趣旨に適ひ居りしなり。余は先輩及び友人より古物遺跡に関する談話を聞きし事屡《しばしば》なりしが、常に考古学或は進化論の一部として聞きしなり。余は此の如き見方を以て満足する能《あた》はざりき。余は朧気乍《おぼろげなが》らも人類学の面白味を想い遣れり、余は余りに意を人類学に傾けし結果、正課を怠れり。試験不合格。〔『うしのよだれ』三八五頁〕

そして、坪井は一年を落第することとなった。これには息子にはさせたいようにさせるという放任主義をとっていた父・信良も心配して、「親戚某氏」に相談した。「名士の学生時代――大学在学中の事」（『新公論』第二十七巻第九号、大正元年九月）で坪井が記しているところによれば、彼はその「親戚某氏」から呼び出され、「仕度い事を為ると云ふのを何でも彼でも止めろと云ふのでは無いが、何学なりとも卒業し、身を立てゝ親を安心させた上での事とするが宜しい」（『うしのよだれ』三九八頁）と説教された。「親戚某氏」について、坪井は名前を明らかにしていないが、先に坪井家が静岡から東京に戻った際、いったん正五郎を引き取ったとして触れておいた叔父の陸軍軍医・足立寛ではなかったろうか。足立の「故坪井理学博士の追懐」（『三越』第三巻第八号、大正二年八月）には、信良と正五郎の将来について話し合ったというくだりがあり、正五郎が「古道具ばかり弄《いじ》つて困る」という信良に対し、足立は「習つて悪いものは泥棒ばかりであります、其他は何になつたつて宜《よ》からう」（九頁）と助言している。そういった手前もあって、正五郎の説教を買ってでたのではなかろうか。いずれにせよ、「親戚某氏」の言葉には坪井も返す言葉がなかったが、また次のように考えたとも「名士の学生時代」で述べている。

　人類研究と云ふ事は今の大学の学科中に無い、世間にも未ださう云ふ事で一家を成して居る人も無い、併し夫れは今無いと云ふ丈の事で、詰まりは為る人を欠いて居るに過ぎないので有るから、熱心に仕遂げたならば必しも夫れで身を立て、夫れで親の心を安んずると云ふ事が出来ぬとも限るまい。常には其所まで考へを馳せなかつたのですが、反動と云はうか何と云はうか、説諭を受けたのが動機になつて一層決心が固く成つたのであります。（『うしのよだれ』三九八頁）

もちろん坪井はそんなことはおくびにも出さず、「親戚某氏」には親への取りなしを頼み、これからはちゃんと勉強しますとの誓書のようなものまで認めた。このことがあってから、坪井は『三省雑記』と題する小冊子を作って、何時に何々を勉強した等を克明に記した。『三省雑記』などというものを作ってしまうところがいかにも坪井らしいが、人類学への熱は冷めるどころか、ますます嵩じてきて止めようもなかった。

　もっとも、このころの坪井は人類学にだけ入れ込んでいたわけではなかった。「小伝」で「一方に於ては小説家南新二氏甥なる谷村太刀馬氏と交りを結びて狂歌戯文に心を傾けたり」〔『うしのよだれ』三八六頁〕と述べている。

南新二は、いまではほとんど忘れられた作家である。『明治文学全集　第二十六巻　根岸派文学集』に南の追悼作品集である『軽妙集』などから取られた作品が幾つか収められている。この〝根岸派〟というのは、明治十八（一八八五）年に尾崎紅葉らが始めた硯友社のように同じ文学の志を抱いて集まった結社ではない。明治十三、四年ごろ根岸から谷中界隈にかけて住んでいた江戸趣味の文士たちは、よく集まっては酒を酌み交わして酒落を言い合い、ときに揃って旅をした。その仲間が〝根岸派〟あるいは〝根岸党〟と呼び習わされた人々である。明治文学研究者の柳田泉は『幸田露伴』のなかで次のように述べている。

根岸派文人の中心人物は饗庭《あえば》篁村《こうそん》と森田思軒であつた。篁村、思軒を中心として、幸堂得知、須藤南翠、高橋太華《たいが》、関根只好《しこう》、宮崎三昧、幸田露伴、（中西梅花は当然この仲間であつたが、廿四年に早くも狂疾を発して、自然に圏外に去つた）、それに久保田米僊、富岡永洗の二画伯、楢崎海運、《ママ》（紙商、愛書家として有名、淡島寒月の亜流）を加へた十一人がまづ根岸派の正団員ともいふべきもので、客員とも目すべきは、岡倉天心、高橋健三、藤田降三郎、川崎千虎などであつた。〔二七頁〕

柳田はここでは南新二の名前を挙げていないが、先の『根岸派文学集』は編集を担当する予定だった柳田が人選を行ったもので、柳田の死後、その遺志を継いで早稲田大学の後輩にあたる文学史家・稲垣達郎が担当した。饗庭篁村が「南新二君」（『太陽』第二巻第五号、明治二十九年三月）で記しているところによれば、明治九（一八七六）年の夏ごろに鈴木（幸堂）得知や高畠《たかばたけ》藍泉たちと共に南の寓居を訪れて親交を結び、その後昔を語る旧談会を設けて月一回集まるようになった。おそらく、根岸派の中心的立場にあった安政二（一八五五）年生まれの篁村よりも二十歳年上（南は天保六（一八三五）年生まれ、柳田が挙げているなかでは一番年配の幸堂得知でさえ、天保十四（一八四三）年の生まれで八歳年下であった）の南は、江戸趣味の軽妙洒脱な文章を得意としており、柳田は篁村や得知たちが慕った南を根岸派の先達として位置づけたのだと考えられる。

南新二は姓を谷村といったが、南新堀二丁目に住んだ地名にちなんで南新二と名乗った。家は代々幕府に仕える御数寄屋坊主（江戸城内の茶事の世話役）であったが、徳川幕府崩壊後には、書画骨董商、回漕会社、通運会社に勤める傍ら、『東京絵入新聞』『読売新聞』『やまと新聞』等の投書家として活躍した。南には嘉順という兄がいたので、坪井が交わりを結んだという「南新二氏甥なる谷村太刀馬氏」とは、嘉順の子であろう。

坪井家資料にある『小梧雑記』（明治十二年九月～明治十七年一月の坪井の近況を記した冊子、全十冊ある）の第七冊目（この巻は「明治十五年八月一日ヨリ九月一日ニ至ル三十二日間ノ日記ナリ」とある）の八月七日の日付に「小伝」にある「狂歌戯文に心を傾けたり」という言葉の裏づけとなる、次のような文章が残されている。

黄表紙ハ昔日童戯ノ玩具ヨリ記スル所甚□□《不明》滑稽意表ニ出デ見ル者ヲシテ抱腹絶倒セシム其画図言語昔日ノ風俗ヲ考ルニ大益アリ友人谷村氏百余部ヲ蔵ス氏ノ知人又数十部ヲ蔵ス本年四月二日氏ノ家ニ於テ黄表紙会ヲ催フシ終日笑覧セリ席ニ在リシ者谷村氏父子南新二鈴木千代吉ノ二氏及ビ余ナリ

また、同じく『小梧雑記』第七冊目の別の箇所（八月二十五日）には「此日谷村氏ト合編ノ「臍デ茶話呵誌」ニ序ス」と記されている。坪井家資料には『おへ曽で茶話呵誌』という横長の冊子も残されているが、ここには

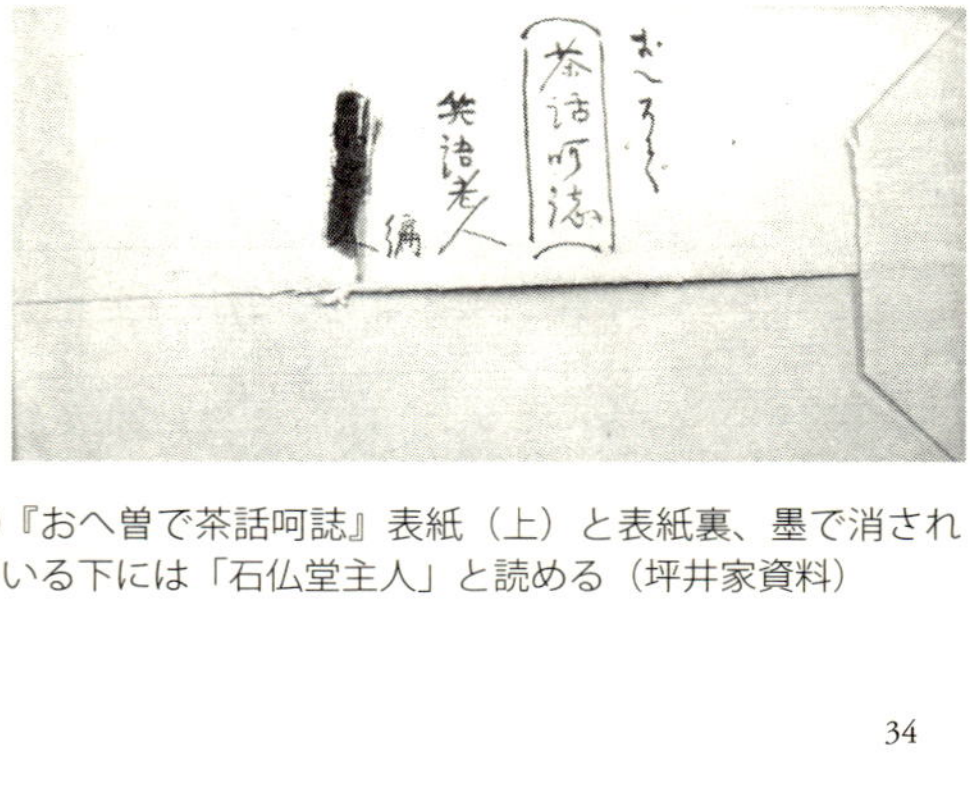

◉『おへ曽で茶話呵誌』表紙（上）と表紙裏、墨で消されている下には「石仏堂主人」と読める（坪井家資料）

「笑語老人編」と坪井一人の編者名しか記されていない（但し、そのあとに「石仏堂主人」と書かれた文字が墨で消してある。「石仏堂主人」についても不明。谷村太刀馬のことであろうか）し、序文もないので完成した冊子は別にあり、こちらは控えか下書きのようなものだったのだろうか（右図版参照）。これを見ると、『おへ曽で茶話呵誌』は実録笑い話集であったことが判る。例えば二つほど抜き出してみると、こんなふうだ。

一　大工愛宕栄次郎妻を要りたるとき余が家に来り「私もご近所の御かたの御すゝめによりまして留守居を一名頂戴致しました」

十　静岡四ツ足と云ふ処に病院あり日々田舎者来りて診察を請ふ故笑ふべき事多かりしが中に最も抱腹すべきは或日病者診察を請ひし時医師（誰なりしか能くは覚えず多分林〔研海〕氏かと思）脉《みやく》を見せよと云ひしに脉と云ふが分からずもぢ〳〵する故へ手を出して見せろと云ひしに始て解かりあゝ手の事でござるか誠にはや粗末で御覧に入れる様な脉では御在りません

のちに詳しく触れるように、坪井が明治三十二（一八九九）年一月から『学士会月報』で連載することになる実録笑い話集「うしのよだれ」の原形は、早くもこのときできあがっていたのである。

明治十七（一八八四）年三月一日、坪井と白井は生物学科の先輩である石川千代松から、義弟で予備門の学生、有坂鉊蔵を紹介された。有坂はその後、工部大学へ進んだのち、海軍中将となった人物である。後年、「日本考古学懐旧談」（『人類学雑誌』第三十八巻第五号、大正十二年五月）で有坂が述べているところによれば、彼もまた坪井同様小さいころから考古学的な事柄に興味を惹かれており、モースの弟子だった石川に連れられてモースの許を訪れたこともある。それまでも有坂は一人で土器の破片等を集めており、坪井と白井に会った際には以前からときどき向ヶ岡で採集を行っているという話もしたのであろう。出会った翌日、三人はさっそく向ヶ岡弥生町で貝塚発掘を試みている。そのとき有坂は貝塚のなかから古い壺の口が出ているのを発見した。有坂は「この壺は共同研究の材料として坪井君の処に預けました」〔同誌、一九〇頁〕と述べている（有坂は更にのちになって「弥生式土器発見の頃の思出」を『ドルメン』第四巻第六号、昭和十年六月に掲載しており、こちらを読むと有坂が一人でいたときに発見したように取れないこともないが、おそらく執筆時期の古い「日本考古学懐旧談」のほうが正確であろう）。

それから五年を経て坪井は、この壺について調べた結果を「帝国大学の隣地に貝塚の跟《ママ》跡有り」と題して『東洋学芸雑誌』（第九十一号、明治二十二年四月）に発表した。坪井は論文のなかで、この有坂が取り出した壺を「少しヒシヤゲた円形で高さは六寸二分〔約十八・六センチ〕、腹の直径は平均七寸五分〔約二十二・五センチ〕、底は別に円板を付た様に出来て居て其直径は平均二寸七分〔約八・一センチ〕、腹壁の厚さは平

◉坪井正五郎画「向ケ岡貝塚ヨリ上野公園ヲ望ム景」

◉弥生式土器（「帝国大学の隣地に貝塚の跟跡有り」に掲載された図。但し、実物を直に石版に写したため左右が逆になっている）

均一分〔約三ミリ〕強、底の厚さは三分〔約九ミリ〕、旋盤を用ゐたる跟《ママ》無く釉《うわぐすり》を施したる跡無し、色は赤みを帯びたる黄色で土中には小砂利が交ざつて居ります、通常の貝塚土器の様に雲母の砕片は混じてはござりませんが肩の部に織り物の跟の有るのは石器時代の物たる好証でござります」〔『日本考古学選集　第二巻　坪井正五郎集　上巻』三〇四〜三〇五頁〕と描写している。ここで坪井はそれほどこの土器が縄文時代のものと異なったものであることを強調してはいないが、『東京人類学会雑誌』（第八十五号〜第百六号、明治二十六年四月〜明治二十七年一月）に発表した「西ケ原貝塚探究報告」のなかで「土器様式名称」の必要性についてはこだわっており、次のように述べている。

　一つの遺跡から出た土器の説明をするに際しても、異つた遺跡から出た土器を比較するに際しても、様式の名称が出来て居ないと屢《しばし》ば同一の言葉を繰り反す必要が起つて来ます。是は実に煩《わずらわし》い事でござりますから、何とかして様式名称を作り度《た》いと兼々《かねがね》望んで居りました。〔『日本考古学選集　第二巻　坪井正五郎集　上巻』三〇一頁〕

　有坂が発見し、坪井が「帝国大学の隣地に貝塚の跟跡《ママ》有り」で報告したものと同様式の土器を私邸から発掘した蒔田《まいだ》鎗次郎《そうじろう》は、明治二十九（一八九六）年五月発行の『東京人類学会雑誌』（第百二十二号）に発表した「弥生式土器（貝塚土器ニ似テ薄手ノモノ）発見ニ付テ」で、「是等ノ土器ハ貝塚土器トハ一種異ナルモノニシテ初テ弥生ケ岡ヨリ発見セラレタル故ニ人類学教室諸氏ガ弥生式ト名付ケラレタルモノ」（三三頁）と述べ、それが明らかに縄文時代の土器とは別種のものであることを明らかにした。現在、縄文式土器とよく対比される〝弥生式土器〟の名称が公《おおやけ》に発表されたのは、これが最初である。弥生式土器は坪井が発見したものではなかったが、坪井の発表した論文がきっかけとなってその発見に結びつくこととなった。

　一年落第したのち、明治十六（一八八三）年七月、坪井は理学部第一年を終えて生物学科へと進んだ。翌年の夏、その生物学科の修学旅行が行われた。白井の「人類学会創立当時における回顧」（『中央史壇』第九巻第四号、大正十三年十月）に再録されている彼の日記によれば、七月八日に東京を発った坪井たち一行は、越後、越中、能登、加賀、越前、若狭、丹後、近江、山城、摂津の十国を巡って動物採集を行い、八月二十八日に戻ってくるという一月半以上に及ぶ旅行であった。同行したのは、動物学科の助手・岡田信利と菊地松太郎、そして白井の四名である〔『白井光太郎著作集　第Ⅳ巻　自然保護・考古学・人類学』四三七頁〕。しかし、このとき行ったのは動物採集ばかりではなかった。坪井は「動物学雑誌発刊事情」（『動物学雑誌』第二百号、明治三十八年六月）のなかでこの旅行について次のように述べている。

　何れも人類学掛《ママ》がつた事の面白味を感じて居る人達。甚しい廻り道に成らぬ限りは古墳も見れば横穴にも潜り込む。仕事を終へてからの雑話は知らず識らず人類学的に傾き、能登島で塚穴を発見した時には電信を以て大学に報じ且つ之《これ》を調査するの許可を得るに至つた。僕は傍ら風俗の観察をも試みたので有るから僕に取つては此旅行は一部分人類学の為に成つたので有る。帰京の上は是非人類学上の談話会を開かうでは無いかと話し合ひ、十月に至り其実顕を見たのが今の東京人類学会の起こりで有る。〔七七頁〕

盛り上がっていた坪井の人類学への思いは、どうやらこの旅行の間に人類学会設立への想いへと固まっていったようだ。旅行から戻った坪井は、芝区西久保城山町五番地に引っ越していた実家に帰っていた。その坪井の家を訪ねた白井は日記の九月一日（「人類学会創立当時における回顧」）に、こう記している（この場には先客の佐藤勇太郎も同席していた）。

坪井いふ、我等古事考ふる友達もすでに五指の数にもあまる様なりたれば、べつに一の会をたてて、大学の動物学教室を借り受け、ここに相集りて各《おのおの》思ふ節を述べ、たがひに益せん事を思ふがいかにや。（中略）我等も至極同感なれば、相談調ひ古物会を創立する事に決議せり。〔『白井光太郎著作集　第Ⅳ巻　自然保護・考古学・人類学』四四三頁〕

実は、坪井はこの相談以前にすでに人類学会設立に動き始めていた。二十九日に修学旅行から戻った翌日、彼は人類学会を開くための教室を貸してもらおうと箕作佳吉の許を訪ねているからである。しかし、このとき箕作は日光に旅行中で会えなかった。坪井が「名士の学生時代」で伝えているところによれば、箕作は「人類研究に同情」を示し、坪井たちの遺跡発掘に同行したこともあったし、また白井の主任教授であった植物学者の矢田部良吉も「人類研究に趣味」を有しており、坪井は「両教授から人類研究に関し直接間接に奨励を受け」〔『うしのよだれ』四〇〇頁〕た。矢田部は先に触れたモースの大森貝塚調査報告書『大森介墟古物編』の翻訳者でもあった。

こうして明治十七年十月十二日午前九時、東京大学理学部植物学教場に「じんるいがくのとも」の名称で最初の人類学会が開かれることになった。このときの出席者について坪井は、これ以降人類学会議（寄合）の内容を詳細に記録した『じんるいがくのともじんるいがくくわい』よりあひのかきとめ』の第一号に十名の名前を記している。これに「二十年紀年演説」で述べている当時の肩書き等を補って記してみると、発起人の坪井（東京大学理学部生物学科生徒）、白井光太郎（同）、佐藤勇太郎（工部大学生徒）の三名のほか、岡田信利（理学部動物学職員）、宮沢（のち池田と改称）作次郎（同撰科生徒）、神保小虎《ことら》（地質学生）、松原栄（同撰科生）、平山順（物理学生徒）、吉武栄之進（化学生徒）、有坂鉊蔵（予備門生徒）の十名であった。

つけ加えておくと、『じんるいがくのとも じんるいがくくゎい よりあひのかきとめ』は坪井の自筆による会の記録で、昭和十五（一九四〇）年五月に東京人類学会により初めて活字化された。ほぼ全文ひらがなで書かれているが、これは明治十六（一八八三）年七月に有栖川宮威仁《ありすがわのみやたけひと》親王を会長として発足した「かなのくわい」の影響によるものである。「かなのくわい」は、学ぶのに時間のかかる漢字を廃して仮名を用いることを主張した会で、坪井もこの主旨に賛同して会に参加していた。「二十年紀年演説」のなかで坪井は「丁度会を立てた頃は「かなのくわい」とて何事も仮字を以て書かうと云ふ説の人々の寄り合ひが活動していた時で、我々大に夫《そ》れにかぶれて居たもので有りますから、此会の名までも仮字書きにし且つ成るべくは漢字の音を採らない様に仕やうと云ふので人類学会と云はずに「何々のとも」と云はうと企てたので有ります」〔『うしのよだれ』四二〇頁〕と述べている。

さて、「じんるいがくのとも」の会合は三回までは非公式に開かれていたが、いつまでも日陰者でいるわけにはいかないと、坪井は明治十七年十一月十二日、大学総理・加藤弘之宛に生物学三年生坪井の名前で「人類学研究会設置之為相談会相開き度候に付本月十六日（日曜日）午前九時より正午迄貴学教場之中一室拝借仕度願上候也」〔同書、四二〇頁〕との書類を提出し、人類学研究会を今後どうするかを話し合うための第四会を開いた。ここで一同相談の結果を今度は坪井と白井の連名で「今明治十七年十二月より毎月第二日曜日午前九時より正午まで人類学会相開き申候に付貴学応接室拝借仕度依て別紙の通り会名目的会員姓名等相副奉願上候に付御許容被下度《くだされたく》此段懇願候也」〔同書、四二〇頁〕と、書類にして提出した。そして別紙には会名として〝人類学会〟を名称として掲げた。これに対し大学側からは「願之趣聴届候事、但講議演説之旨趣万一国法に悖戻《はいれい》し或は政談に渉り候儀と認むるときは貸付方可相断候事」〔同書、四二〇～四二一頁〕の返答があり、以後坪井たちの〝人類学会〟は、大学に正式に認められることとなった。

翌年の明治十九年二月には会報『人類学会報告』（のち『東京人類学会報告』、その後『東京人類学会雑誌』『人類学雑誌』と名称を変更）の発行も開始された。そして同年六月には会報を外国にも送ることになったため、会の名称は〝東京人類学会〟と改称された。

明治二十年七月、東京人類学会の会長を置くにあたって、坪井たちは神田孝平《たかひら》にその役割についてもらうよう

に頼んだ。当時、元老院議官を務めていた神田は、考古学にも関心をもっており、明治十七年には“Notes on Ancient Stone Implements”（『日本大古石器考』）を出版している。あるいは明治文学に詳しい人なら、神田の名前を日本最初の翻訳探偵小説とされる「楊牙児《ヨンゲル》奇獄」（クリストマイエル作）の翻訳者として記憶しているかもしれない（柳田泉著「探偵小説史稿」『続随筆明治文学』）。神田は、坪井たちが蒐集した古物類が動物学教場に置いてあるのを知って、それを見せてもらいに訪ねてきたこともあり、「じんるいがくのとも」の会、第三回目の会合を開いた明治十七年十月二十六日には、会合後に坪井や白井をはじめとする出席者九名が神田の家を訪れ、神田の蒐集品を見せてもらったりもしていた。普通に考えるならば、会長は一番の尽力者であった坪井がなるところであろうが、あえて神田を選んだのは、日本で最初の人類学会を立ち上げるにあたり、単に学生だけの研究会ではないという権威づけを必要としたのであろう。事実、神田が会長になったことで全国から有力な好古家たちがこぞって東京人類学会に入会してきた。

　ところで、これまで述べてきたことからも判るように、坪井たちのやっていたことは人類学というよりは、むしろ考古学に近いものであった。しかし、坪井はあくまでも“人類学”という名称にこだわった。これについて坪井は「二十年紀念演説」で次のように述べている。

> 我々が手にした所の材料の多くは如何にも考古学に於て扱ふやうなもので有りました。併しながら之《これ》が研究に付いて我々の懐いた希望は単に古物遺跡に基いて昔の有様を知ると云ふに止まらず、之を遺した種族の何者たるか、其現存種族との関係如何をも明かに仕度いと云ふに在つたので、我々の仕事は古物遺跡を中心として人種の事を参考に供したのでは無く、人種を中心とした調べの手掛かりに古物遺跡を用ゐたので有ります。（中略）人類学上調ぶべき事項が幾らも有るのに何故此方面に傾きが多かつたかと云ふに其理由は誠に簡単で、比較的容易に手の付けられる事、破壊湮滅《いんめつ》に先だつて成るべく速かに調査する必要の有る事、運動娯楽をも兼ね行ひ得る事等が人々の心を此方に引き付けたので有ります。
> 〔『うしのよだれ』四一九頁〕

　こう述べたように、好奇心の旺盛な坪井は、やがてさまざまな領域にわたってその奇想を発揮していくことになる。

第三章　独　学——人類学研究の為め大学院入学を願ひ度

大学を卒業した坪井は、大学院に人類学科がなかったため設立を願い出て、そこに進んだ。とはいえ、教えられる教授とておらず、独学が坪井のスタイルとなり、フィールドワークが学びの場となった。坪井は近親相姦が多いと噂の静岡、京丸・小俣京丸村を訪ねて真偽を確かめ、削り掛けについて考察をめぐらす。

明治十九（一八八六）年七月、坪井は二十三歳で帝国大学理科大学を卒業した。そのまま大学院に進むのであれば、同じ動物学を専攻するのが順当であろうし、そうでない場合でも通常は、既存のどこかの学部へ進むことを考えるだろう。しかし、坪井の場合は違っていた。あろうことか、それまでに大学院に存在しなかった人類学科を新たに申請して作ってもらい、そこに入ったのである。それほど坪井の人類学への思いは強かったともいえるが、しかし、一介の大学生が望んだ学科設立が、いくら新しいものが次々と作られた明治時代とはいえ、それほど簡単に実現するものだろうか。坪井の弟子の人類学者・鳥居龍蔵は、「日本人類学の発達」（『科学画報』第九巻第六号、昭和二年六月）で次のように述べている。

　坪井氏の大学に於ける人類学は固《もと》より氏の自力によつて造り出されたものであることは明かであるが、それに就て多大なる保護者のあつたことは注意を要す。その保護者は令夫人の兄上たる菊池学長、箕作《みつくり》教授の両氏の指導力のあつたことゝ、当時の大学総

長渡辺洪基《こうき》氏の助力保護のあつたことであります。
〔三五〜三六頁〕
「名士の学生時代」で坪井が述べているところによれば、大学院進学にあたって彼は箕作佳吉《かきち》に、「人類学研究の為め大学院入学を願ひ度と思つて居ますが、そんな事を遺つた所で他日大学なり何所なりで就職の途が見付かりませうか」と相談した。さすがの坪井も、自分一人だけが学者としてこれからも人類学の道を歩み続けていくことに不安を感じていたのであろう。それに対して箕作は、「さう云ふ先の事は誰に聞いたとて解かるものでは無い、必要の学科なら何所かで置きもしやうし、役に立つ人なら何所かで用ゐもしやう、又身を立てゝ途も自ら生じて来るでせう。あなたは誰かどうか仕て呉れるならと云ふ様な依頼心を持つて居るのですか」〔『うしのよだれ』四〇二〜四〇三頁〕と反問され、この言葉に励まされて坪井は将来も人類学の道を進んでいく決意を固めた。

　鳥居が述べているあとの二人についても触れておこう。菊池学長とは菊池大麓《だいろく》のことで、箕作佳吉の兄である。二人の父・箕作秋坪《しゅうへい》は津山藩（現・岡山県を領有した藩）の儒学者・菊池文理《ぶんり》の息子で、医学を学んだ箕作阮甫《げんぽ》の娘・つねと結婚して養子に入った。秋坪は幕府の蕃書調所では、坪井信良と共に外交文書の翻訳に携わった同僚でもあった。安政二（一八五五）年、秋坪の次男に生まれた大麓は、父の実家を継いで菊池姓を名乗った。菊池は慶応二（一八六六）年、イギリスのユニヴァーシティ・カレッジ・スクールに入学、明治三（一八七〇）年には再び渡英してケンブリッジ大学で数学と物理学を学んだ。帰国後は東京大学の教授となり、坪井の卒業時には、帝国大学理科大学学長であった（小山騰《のぼる》著『破天荒〈明治留学生〉列伝——大英帝国に学んだ人々』）。菊池も箕作も、信良のことは秋坪から聞き及んでいたであろう（菊池は幼いころ蕃書調所で英学を学んだので、直接知っていた可能性もある）。

　一方、渡辺洪基は弘化四（一八四七）年、越前藩医・渡辺静庵の息子として生まれた。明治四（一八七一）年、二等書記官として岩倉具視遣外使節団に参加してアメリカに渡り、その後はイタリア・オーストリア公使館駐在の外交官を務め、東京府知事を経て、明治十九年三月、東京大学初代総長に就任した。「日本人類学の発達」によれば、渡辺は同郷の「坪井氏の先代に教えを受け恩義あることを感じ」〔三六頁〕ていたという。これについては、坪井の人類学教室にいたことのある八木奘三郎《そうざぶろう》（静山）も「明治考古学史」（『ドルメン』第四巻第六号、昭和十年六月）

で次のように述べている。

> 渡辺総長が何の為めに坪井さんに対して力を入れたかと曰へば、坪井博士の尊父信良氏は旧越前藩で春嶽公に仕へた侍医であり、洪基さんも矢張り同国人で、而《しか》も始めは蘭学を修めたとの事であるから恐らく信良氏の教へを受けたことがあり、又坪井さんが更に親御《オヤゴ》さんに勝る秀才であつたから、彼是れの関係上、大に尽力されたものと思はれる。〔一五頁〕

渡辺が信良の教えを受けたのは、はたして何時のことであろうか。文殊谷康之著『渡辺洪基伝――明治国家のプランナー』の本文に信良の名前は出てこないが、同書の年譜によれば、渡辺は安政三（一八五六）年、十歳のときに越前藩医学校・済世館で和蘭《オランダ》語を習得したと記されている。同年、信良はこの済世館に招かれて講師を務めているので、おそらくこのときのこととみてよかろう。

八木は「明治考古学史」で、明治期の考古学には、博物館学派と大学派の二大源流があったと述べている。薩摩出身の町田久成《ひさなり》らの博物館学派には薩長の力が集まり（八木は町田が同じ薩摩出身の大久保利通とは仲が悪かったと述べているが、関秀夫著『博物館の誕生――町田久成と東京帝室博物館』によれば、町田の博物館建設の夢を陰で支えていたのは大久保であったとしている）、大学派、殊に人類学会派には幕府関係の子弟が多く集まったと述べているのは注目に価する。どうやら、坪井の背後には、父・信良にまで遡る幕臣の、あるいは山口昌男流にいうならば〝敗者〟のネットワークがあったということができよう。山口さんは『「敗者」の精神史』のなかで、明治政府が勝ち組の薩長によって作られたタテ型の政府だったとすれば、負け派の幕臣たちは学問や趣味の世界でヨコのネットワークを形成していたと述べているからである。

坪井が大学を卒業する年の六月、両毛鉄道敷設に協力するために渡辺が栃木県下足利郡足利町（現・足利市）を訪れた際、町の西端に公園の建設が行われており、その工事現場から古墳が見つかった。武器、装飾品、斎瓮《いわいべ》土器等の出土品を見た渡辺は、学術上価値あるものと判断し、大学が夏休みに入った七月、坪井を連れて再び足利町へとやってきた。渡辺の勧めにより、坪井はこのあと五十日間をかけてすでに所在の判明している古墳に加え、それ以外に新たに足利公園の北にあった二つの古墳発掘に携わっている。その調査結果を坪井は「足利近傍の古墳」と題して『東京人類学会報告』（第八号、明治十九年十

月）で報告した。また、明治十九年十一月三十日に、坪井は東京地学協会でこのときの古墳発掘について演説を行っている。演説には六十五名の来会者があったが、そのなかには渡辺洪基や父・信良、先にも触れた母方の親戚・荒井郁之助、同じく母方の親戚筋にあたる田辺太一（幕末には幕府の外国奉行支配調役並を務め、この当時は元老院議官）、荒井と共に函館戦争で闘った大鳥圭介の姿もあった（「明治十九年十一月　東京地学協会録事」『東京地学協会報告』第八巻第五号、明治十九年）。東京地学協会というのは、渡辺がオーストリア滞在中に知ったウィーン地学協会に刺激を受けて日本での設立を思い立ったもので、明治十二（一八七九）年に誕生した。幕府寄りの公家であった北白川宮能久《よしひさ》親王を社長とし、榎本武揚を副社長、幹事に渡辺、大鳥を含む、これもまた幕臣主導の協会であった。

坪井は、更に明治二十年二月、「足利古墳より掘出《ママ》せし人骨、附《つけた》り数人合葬の事」を『理学協会雑誌』（第三十四号）に発表（のち『東京人類学会雑誌』第十五号、明治二十年五月に再録）、ついで同年六月～十月、同誌に「足利古墳発掘報告」を五回（第四十号～第四十四号）にわたって連載（のち『東京人類学会雑誌』第三十号、明治二十一年八月に再録）し、発掘の内容に細かく触れながら報告した。考古学者の斎藤忠《ただし》氏は、坪井のこの報告について『日本の発掘』のなかで「明治二十《ママ》年代の古墳報告書としては、堂々たる内容をそなえていたものであった。しかも、これは大学を卒業したばかりの若き学徒によってなされたものなのである。この足利古墳の発掘が一つの契機となり、その後の古墳の発掘と研究とを活潑にさせるものがあった」〔一〇頁〕と高く評価している。

さて、大学院に新たに人類学科を設けてもらったとはいえ、坪井には人類学を正式に教えてくれる教授がいたわけではなかった。彼はフィールドワークから直に学ぶほかなかった。そして、よくも悪くもそれが坪井の研究スタイルとなった。師につくことなく自分なりのやり方によって手探りで学んでいくことは、当然そこに自己流の方法が強く表れざるを得ない。海外で出版された人類学の本も数多く読み、その理論や方法を学んでいたとはいえ、坪井人類学のユニークさの一端は、この独学にあったといえよう。

明治十九年十二月二十四日から翌年の一月十五日まで、坪井は静岡県下でフィールドワークを行っている。このときのフィールドワークでは、菅ケ谷で横穴なども調査しているが、興味深いのは秘境とされた京丸・小俣京丸村を訪れていることである。坪井に京丸を訪ねてみるよう勧めたのは箕作佳吉であった。坪井は「人類学上の事実物品採集の為静岡県下を旅行せし事の畧報《りやくほう》」（『東京人類学会報告』第十三号、明治二十年三月）で京丸について次のように記している。

京丸が辺鄙《へんぴ》で有ると云ふ事は東京で聞けば尚更ですが静岡、森町又は此坂下抔《など》でも実に別世界の様に思て居て彼地《かのち》は固《もと》より小数の人の集《あつまっ》て村を立てた所で他村と交際をせぬ故《ゆえ》血族結婚が行はれ且《か》つ夫婦の年齢も五十と二十と云ふ様な違《ちがい》の有るは珍しく無い抔と申して居ます、併し誰が慥《たしか》に見届けたと云ふでも無く慥に聞いたと云ふでも無く念を推して問へば只左《ただざ》様《ようママ》たと云ふ事だと云ふ位な事です、実に彼地へ行たと云ふ人には一人しか遇《あい》ませんでしたが之《これ》とても三十年程前に行たと云ふ老人で村民の有様抔は余り精しくは知らぬ様子でした〔七二頁〕

横溝正史ならこれをヒントに「京丸殺人事件」でも書きそうな気配のする場所である。坪井が『東京人類学会報告』（第十五号、明治二十年五月）に記した「遠江国《とおとうみのくに》京丸、小俣京丸二村の口碑風俗」に従って、その足跡を追ってみよう。坪井は京丸から一里半（約六キロ）手前にある小俣京丸までなら行ったことがあるという案内者と共に、明治二十年一月一日の朝に坂下を発ち、五里（約二十キロ）の険しい道のりを歩いて、午後四時に小俣京丸村へと到着した。ここは山の半腹にあり、傾斜地に麦畑と茶畑があるだけで家もわずかに九軒しかない僻村であった。

坪井は、この村で庄屋をしていた藤原甚七という六十歳計りの老人に会い、村の様子を訊ねた。老人の話によれば、小俣京丸村と京丸村とは親密な関係があって、同じころにできた村であると思うけれども、それについては口碑も記録も残っていない。しかし昔、藤原の家の者がある貴人を守護して戦乱を避けるためにここに隠れた話が伝わっているという。現在京丸村にある三軒の家、および小俣京丸村にある九軒のうち二軒は藤原姓である。

坪井が重ねて血族結婚のことを聞くと、いまでは決してそんなことはなく、他の村へも嫁聟を出したり、また貰ってもいる。昔は両村とも村内の者同士で結婚したので親族婚もあったと伝え聞いているが、そのためなのか京丸村では男女とも次第に死亡して全村が絶滅してしまい、他所の者がきて村を再興した。小俣京丸村でも一時に絶えはしなかったが、昔の血統は残っていないという。

その夜、藤原甚七老の所に泊めてもらった坪井は翌日、二日の朝九時に小俣京丸村を出立、再び険しい道を経て京丸村に着いたのは正午であった。ここは小俣京丸村にも増して傾斜が激しくて平坦な場所に乏しく、村にある三軒の家はそれぞれ別々の地平に建っていた。京丸村も小俣京丸村同様、麦と茶以外には何も栽培していなかった。坪井はここにある三軒の家を訪ねたが、藤原老から得たのと情報に違いはなかった。坪井は次のように述べている。

他所で聞くと二ケ村は世間を知らぬ者の寄り合ひの様に思はれますが実は之《これ》を話す人が此二ケ村を知らないのです、平地に居る者が山谷を越えて辺鄙《へんぴ》へ入るのは困難な事で且無用ですが山間の者が嶮路を蹈《ふん》で都会へ出るのは容易な事で且要用ですから、此方から彼方へ行かぬとても彼方から此方へ来て好く世間の様子を知て居る者も有るのです、〔二九頁〕

これ以前、明治十七年の修学旅行の際にも坪井は「風俗の観察」を試みているが、あくまでもそのときは、生物学科の学生として動物採集の傍らに行ったものであった。しかし、静岡でのフィールドワークは、それまでの考古学的調査だけに留まらない、坪井にとっては初めての本格的な民俗学的な調査をも含むものであった。

このフィールドワークは先にも触れたように十二月から一月にかけて行われた。このとき坪井は小田原、三島、熱海で続けざまに〝削り掛け〟を見たことから、明治二十年三月十三日の東京人類学会第二十八会で「削り掛けの種類及び沿革」を発表、その内容を「人類学上の事実物品採集の為静岡県下を旅行せし事の畧報」を載せた『東京人類学会報告』（第十三号）に併せて掲載している。

〝削り掛け〟というのは、白木の枝を細長く途中まで削り、その削った部分は切り離さず、装飾状に残してあるもののことである（次頁参照）。坪井は、東京の削り掛けは紙で軒に貼りつけ、その柄の長さは一寸（約三センチ）計りだが、小田原では五寸、三島は五寸や一尺（約三十・三センチ）のものがあり、熱海は二尺のもの、大きいためにいずれも紐で縛り釘に掛けてあったと報告している。また、日金山《ひがねさん》（熱海）で見たものは三尺あり屋根裏に差し込んであった。

この削り掛けについては、すでに『東京人類学会報告』（第一巻第五号、明治十九年六月）に掲載された「婚姻風俗集　第三」で、池田作次郎が越後国（現・新潟県）古

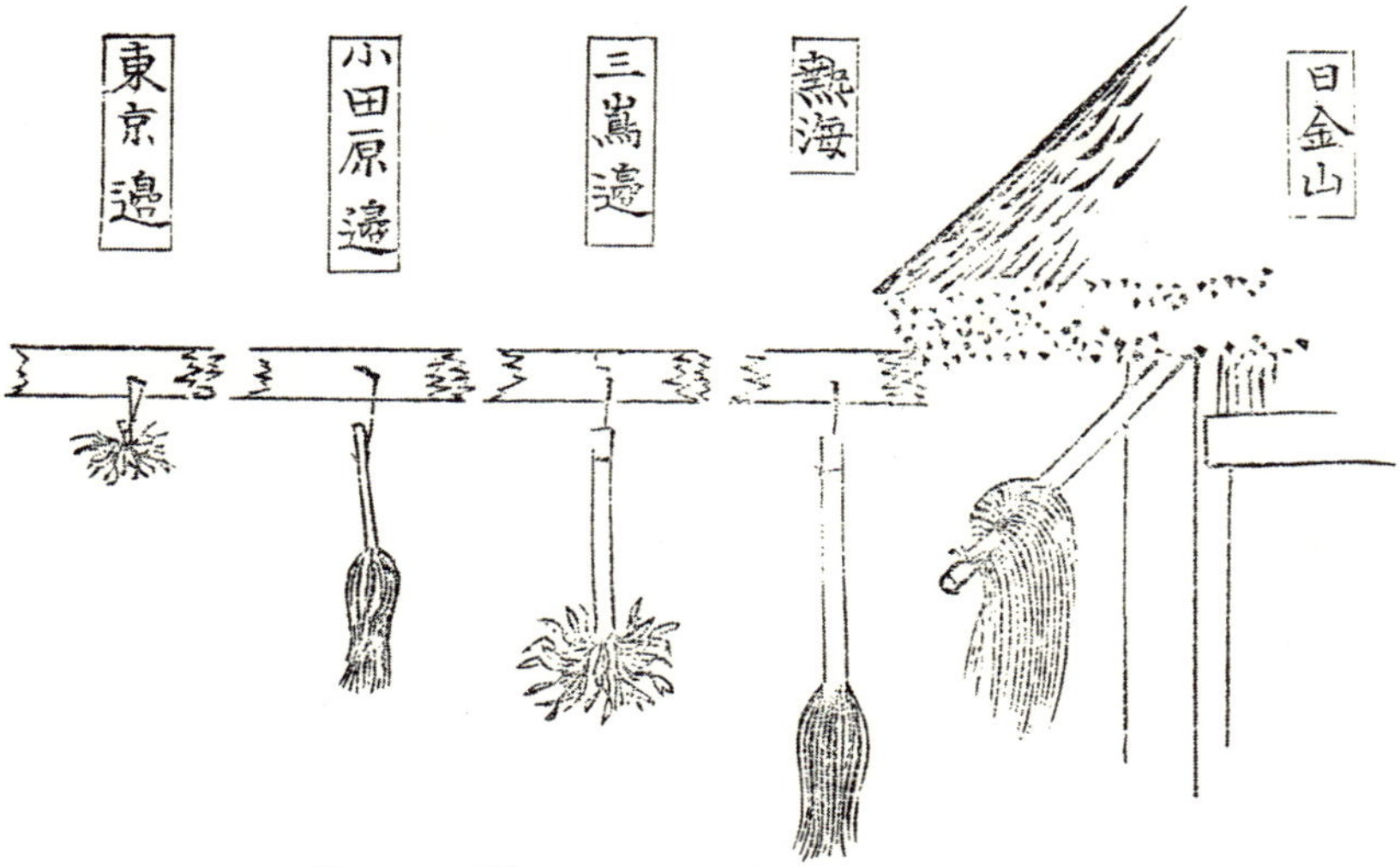

◉坪井正五郎画、各地方において異なる削り掛けの形状

志郡明晶村の風習として、毎年一月十五日、前年に結婚した新夫婦をヌルデの木で作った削り掛けで叩く習わしがあることを、福家《ふけ》梅太郎は同じく一月十五日、讃岐国(現・香川県)高松では〝讃岐祝ひ棒〟と称する削り掛けで男子が婦女子のお尻を打つ風習があることを、それぞれ報告していた。これを読んで以来、坪井は削り掛けのことが気になっていたのであろう。実見した削り掛けから説き起こし、池田、福家の報告を改めて紹介したあとでおよそ次のように述べている。

①(『骨董集』や『耽奇漫録』で触れられている削り掛けの記述を紹介したあと)多くの地方で昔から削り掛けが出産の禁忌として女性を叩くために用いられていたと考えられる。

②女性を叩くのに粥杖《かゆづえ》(場所によって多少異なるが、正月十五日に粥を掻き回す際に用いられる棒を指す)を用いることがあったと『狭衣日記』『枕草子』に記されている。

③アイヌにも同様に削り掛けがあることを『蝦夷産業図説』を引いて説明し、その理由を内地の削り掛けがアイヌに伝わったためではないかと推測している。

④幣帛は削り掛けがのちに紙のものに変わっていったのではないかとし、明治四(一八七一)年刊の高木真蔭著『神葬私考』にあるシカバナの例を紹介する。シカバ

ナとは御幣のような紙を縮り切りにして竹の串にさしたもので葬儀の際に用いられるが、これが削り掛けと御幣の中間に位置するのではないかと推測している。

この論文の最後で坪井は、最初に神を祭る際に使われていた削り掛けが、出産の禁厭として用いられるようになり、更に婦女子を打つ習慣が減じてくると、儀式として軒に掛けるようになり小さくなったのではないか。そして、一方で削り掛けそのものも紙切れを以てするようになって、これが御幣に変じていったのではないかと結論づけた。そして、ほかにも削り掛けの例があれば報告してほしいと結んでいる。この坪井の呼びかけに対して、『東京人類学会報告』（第十五号、明治二十年五月）には、会員から次のような情報や反対意見がもたらされた。

①萩原正倫《まさとも》著「削り掛け二種」　遠江国（現・静岡県）豊田郡森本近傍では、削り掛けで新婦の尻を打つと同時に小さなものを作って門前に釣り下げることを報告（なお、萩原は先に触れた林忠正の弟である）。

②根岸武香《たけか》著「正月十五日武蔵国四郡にて歳神へ奉る種々の物」　武蔵国（現・埼玉県）四郡で正月十五日に歳神へ供える物の形状を図入りで紹介、そのなかで削り掛けの箇所を花と呼ぶことを報告。

③山中笑《えむ》（共古）著「粥杖の起り」　武蔵玉川在駒井村辺りでは正月十四日に粥鍋を掻き回した箸を神棚に供える習慣等を紹介し、本来削り掛けと粥杖とは別物だったのが、どちらも神にかかわるために混同されるようになったのではないか。また粥杖が作物の豊穣を願う予祝儀礼に使われることから、新婦に粥杖で触れるのは子どもを授かるためであろうと報告。

坪井はさっそく、「削り掛け再考」（『東京人類学会報告』第十六号、明治二十年六月）でそれに応じた。①の報告から、必ずしも女性を打つのが止んでから軒に掛けるようになったのではないかもしれない。軒に掛けるのは太陽を祭るためではないかと自説の訂正を行った。また③に対しては、山中は文中でそう述べていないが、女性を打つ棒は粥に関係のあるほうが先で削り掛けがそこに混同したと考えているのであろうと推測した上で、神津島《こうづ》（伊豆諸島の一つ）では正月十四日に樫の箸一膳に二段の花を設けて神に供えるという例を挙げ、この地方にはこの棒で女性を打つことはないし、そういういい伝えもない。粥箸が女性を打つ棒に変化してから削り掛けと混同したとのみはいえないとして、神を祭る際に削り掛けを用いるために神に供える箸にまで花を設けるようになったのであろうと推察している。但し、前回の坪井の報告で削り掛けで女性を叩くのは出産を忌むためであると報告した点については、むしろ山中が述べるように、逆に子どもを授かるためと考えたほうが理にかなっているとした。

　このほか、徳島の鳥居龍蔵（鳥居はのちに坪井の弟子となるが、これはそれ以前のことである）からも報告を受けたとして、阿波国（現・徳島県）勝浦では正月十四日に同地の男子は松の木で「もちもち」と称えながら女子の尻を打つという例があるのを紹介している。また某氏からは、御幣は削り掛けからきたのではなく、神に布や楮《こうぞ》（和紙の原料となる植物）の繊維を奉ったのが始まりであろうとの反論が寄せられたと述べた上で、これに対しては奥羽では削り掛けを神社に収める例や伊豆の島のなかには神棚に供える例があることを挙げて、必ずしも御幣と削り掛けとの縁を否定はできないとした。

　更に『東京人類学会報告』（第十七号、明治二十年七月）でも、坪井は「削り掛け考材料」を掲載した。ここでは、新たに報告が寄せられたとして次の二例を紹介している。

　①杉原重恒の報告　樺太国《カラフト》（現・サハリン）久春古丹《クシユンコタン》から一里半（約六キロ）北にあるトマリヲンナイでは、死者が出ると棺桶を木に吊るし、その下の地面に松の木で作った五～八本の削り掛けを突き刺す。また久春古丹から三里余り北のスシヤで行う熊祭りでは、柱につないだ小熊の周りに削り掛けを突き刺して、そこで神酒《カモシユ》（濁酒）を飲んだのち、熊を殺して柱のあった場所に埋め、そこに削り掛けを刺すという。

　②村田昌寛の報告　周防国（現・山口県）玖珂《くが》郡岩国地方では、祖先の法会の際に盛物饅頭または菓子などの上に削り掛けを刺す。

　また、第十六号で削り掛けと御幣の起源の違いを指摘した某氏から再び反論が寄せられたとして、某氏の考えを次のように要約する。我が国では人にものを贈るとき、木の枝に掛ける習慣があるが、これが神にものを奉る際にも用いられ、麻や絹を榊につけることなどもあるが、転じて棒につけることも起り、更にこれが紙だけを棒に挟むようになり、御幣になった。従って、削り掛けが御幣になったのではない。

　これに対して坪井は、木の枝にものをつけて神に捧げることがあったのは事実であろうが、だからといって御幣が削り掛けから出たという考えを捨てることはできないとした。そして坪井が根拠とする次の四点がもし皆誤りであった場合には、強いて削り掛けの御幣起源説を主張することはしないと述べている。
①アイヌが削り掛けを御幣のように用いること
②本州にも削り掛けを神に供えるところがあること
③御幣の類いに削り掛けに似たものがあること
④削り掛けに似た御幣の類いと通常の御幣との中間にシカバナというものがあること

いささか詳しく坪井を中心とした当時の削り掛けをめぐる考え方を紹介してきた。このあとも山中笑が『東京人類学会雑誌』(第二十一号、明治二十年十一月)に「御幣及び削掛の起り」を、大矢透が同誌(第二十六号、明治二十一年四月)に「削掛と御幣」を報告したが、坪井はこれに対して明治二十一年十月十四日の人類学会第四十四会の際に行った、前年度の総括報告「第四年会演説」(第三十二号、明治二十一年十月)のなかで簡単に触れただけであった。のちに述べるように、坪井の関心が別のところに移ったこともあり、その後彼は削り掛けについて詳しく論じることはなかった。そして、肝心の坪井が触れなくなったため、他からも削り掛けの報告はなされなくなった(ずっとあとの第六十号、明治二十四年三月で鳥居龍蔵が「阿波の削り掛」を報告しているが)。この〝削り掛け〟は充分検討に価する事柄であったと思われるのだが、のちに柳田国男を中心に起こってくる日本民俗学のなかでも、坪井たちの考察を発展させて論議することはなかった。

坪井たちが行った削り掛けについての考察の当否は別として、このことから『東京人類学会報告』『東京人類学会雑誌』が情報共有の場であり、活潑な論争を行うための装置として機能していることが見えてくる。そして、その有効性を知り、最も活用したのが坪井自身であったということができよう。

ちなみに『東京人類学会報告』『東京人類学会雑誌』に記された当時の東京人類学会会員数を見てみると、次のようになる。

第一年(明治十八年) 二十五名
第二年(明治十九年) 百四十名
第三年(明治二十年) 二百十八名
第四年(明治二十一年) 二百十名

『東京人類学会雑誌』誌上では〝削り掛け〟論議と併行して、もう一つの、明治期人類学史上での最も大きな問題にまで発展した〝コロボックル論争〟が始まっていた。しかしそれについてはもう少しあとで触れることにして、ここでは章を改めて大学院時代の坪井の足跡をもう少し追ってみることにしたい。

第四章 風俗測定――風俗漸化を計る簡単法

伊豆諸島調査を間近に控え、道行く人々を眺めていた坪井は、和風・洋風の身なりが混在していることに気づく。人を頭・胴・足の三箇所に分け、どの部分が和風・洋風かをチェックすれば欧化の進み具合が判るのでは、と坪井は考えた。これは今和次郎が「考現学」と命名することになる方法のさきがけであった。

明治二十（一八八七）年四月十四日から五月十六日までの三十二日間をかけて、坪井は伊豆諸島の調査を行っている。静岡のときとは異なり、伊豆諸島へと向かったのは坪井一人ではなかった。今回は東京府の伊豆諸島巡回調査に帝国大学理科大学から参加するという形であった。総勢三十名、そのなかには、東京府の書記官や徴兵検査を行うための軍人などと共に、大学側からは東京人類学会会員でもある岡田信利、宮沢作次郎らも加わった。すでに大学を卒業し、東京農林学校で教職に就いていた白井光太《みつた》郎《ろう》も伊豆諸島の植物を調査する絶好の機会とみて、病気療養を口実に休暇をとって参加している。当時の伊豆諸島はまだ定期便もなく、白井が「伊豆七島巡航日記」（『東京地学協会報告』第九年第四号〜第八号、明治二十年七月〜十一月）で記しているところによれば、「南洋中にありて、岩嶮しく波高く、漂流覆没の患多し。その航行汽船にあらざれば、安全を保する能はざる」（『白井光太郎著作集 第Ⅴ巻 植物採集・雑記』九一頁）場所であった。

坪井は、このときの調査の結果を次のようなタイトル

でそれぞれ発表した。

①「伊豆諸島にて行ひたる人身測定成績の一つ」（『東京人類学会報告』第十六号、明治二十年六月）

②「八丈島の婦人頭髪の長き理由」（『東京人類学会報告』第十七号、明治二十年七月）

③「伊豆国新島《ニイジマ》の盆躍《ママ》」（『東洋学芸雑誌』第九十号、明治二十二年三月）

④「伊豆諸島に於ける人類学上の取調、大島の部」（『東京人類学会雑誌』第二十三号、明治二十一年一月）

⑤「伊豆新島の土俗」（『東京人類学会雑誌』第百十三号、明治二十八年八月）

①は、大島、新島、神津島、三宅島、八丈島で行った身体測定の結果を比較しながら報告したもの。

②は、八丈島の女性は何故黒髪を長く保っていられるかの理由を、髪の毛の取り扱いのよさに求めたもので、黒髪という女性の関心を惹く内容であったことから、女子教育のために創刊された雑誌『以良都女《いらつめ》』（第二号、明治二十年八月）や『女学雑誌』（第七十二号、明治二十年八月二十日）にも転載された。

③は、新島の盆踊りの歌の歌詞を書き留めたもの。坪井が訪れた時期から考えて、盆踊りそのものを見たのではなく、土地の人からの聞き書きであろう。

④は大島での調査結果を詳しく述べた内容で、人口から始まり、身体測定、歴史、職業、飲食、衣服、家屋、人名、子どもの遊び、結婚、葬礼、祭神、年中行事等について記している。

⑤は、『東京人類学会雑誌』（第九十八号、明治二十七年五月）に水越正義が発表した「伊豆新島婦人ノ現況」を受けて、④同様、新島での調査結果を頭髪、衣服、飲食、器具、家屋、道路、出産、子どもの遊び、信仰、年中行事等について記している。

このうち、注目しておきたいのは①と④に記されている身体測定である。①で坪井は、身体測定は大島以下四島の「男女長幼」に対して行ったと述べ、実例として二十歳男子の「躰測表」などを挙げている。また④では、大島の二十歳の男子および十五歳から三十二歳までの女子の「躰測表」を掲載している。このとき計測したのは身長、指極（腕を左右水平に広げた状態での中指先端から先端までの長さ）、頭尾（座高）、胸囲であった。

坪井が伊豆諸島の調査にあたって身体測定を取り入れているのは、英国の遺伝学・人類学者フランシス・ゴールトンの影響によるものである。進化論で知られるチャールズ・ダーウィンの従弟にあたるゴールトンは、人の才能は遺伝によって受け継がれるとし、優秀な人間の交配によって人類はより優れたものになるとする優生学の創始者であった。優生学の正しさを立証するために、ゴールトンは統計学を用いており、身体測定もその立証データの一つと考えていた。東京人類学会では、菊池大麓《だいろく》と箕作佳吉《みつくりかきち》の弟・箕作元八が『人類学会報告』（第三号、明治十九年四月）で「身長遺伝ノ話」と題してゴールトンの説を紹介したほか、菊池も『人類学会報告』（第四号、明治十九年五月）に「人身測定ノ話」を掲載している。

ゴールトンの許で優生学を発展させた人物に応用数学者のカール・ピアソンがいるが、実は菊池は英国留学した際に、このピアソンとユニヴァーシティ・カレッジ・スクール、およびケンブリッジ大学で同窓であった。菊池が翻訳した数学者ウィリアム・クリフォードの著書『数理釈義』の序文で、彼はピアソンのことを〝親友〟と呼んでいる（丸山健夫著『ナイチンゲールは統計学者だった！──統計の人物と歴史の物語』）。おそらくこのピアソンを通じて菊池はゴールトンを知ったのだろう。「人身測定ノ話」のなかでゴールトンの説を紹介したあとで、菊池は「凡《およ》ソ身体測定ノ用ハ二重ナリ」（六二頁）として、まず第一には少年の身体を定期的に測定することで、健康維持を保つのに役立つと述べている。これは現在も健康診断として用いられている方法である。そしてもう一つは、国民の進歩にかかわるという。国の強弱は国民の強弱によるとして、職業、食物、土地等が身体にどんな影響を与えるのかを身体測定で明らかにする必要があると述べている。おそらく坪井が伊豆諸島で行った身体測定は、この菊池が述べている後者の理由に呼応して行われたと考えていいだろう。

しかし、坪井自身は伊豆諸島調査でその有効性をあまり感じられなかったためか、以後積極的に身体測定を行うことはなかったようだ。むしろゴールトンから刺激を受けた統計学を用いるという方法は、坪井に思わぬ方向への関心を呼び醒ます引き金となった。

三月二十六日、日曜日の午後、坪井が上野公園を散歩していたときのことである。三月二十六日といえば、伊豆諸島調査に向かう約二十日ほど前のことである。坪井はこれから伊豆で行う調査のことが頭を占めていたと想像される。そんな坪井の周りをたくさんの人が通り過ぎていった。明治二十年当時、日本は欧化政策とそれに反撥する国粋主義がせめぎ合う時期にあたっており、道行

く人々の姿にもそれは表れていた。完全に洋装に変えてしまった人もいれば、和装のままの人もいる、あるいは和洋折衷の人もいるという具合である。坪井が散歩していた上野公園にも、そんなさまざまな恰好をした人たちがいた。それを目にした坪井の頭に突然ある考えが閃いた。統計学の方法を用いれば、この欧化の度合いを記録に留めることができるのではないか。これが坪井が〝風俗測定〟と名づけた方法である。〝風俗測定〟は人の身体を男女別にそれぞれ頭髪、衣服、履物の三箇所に分けて記録していく。旧来の日本風ならば頭髪部分は結髪、衣服部分は日本服、履物は下駄であり、洋風の場合は男＝散髪／女＝束髪、洋服、靴となる。三箇所のどこが洋風化されているか、あるいはされていないか、それを男女別に分けて街頭で観測するわけである。

　坪井は、さっそくその場で簡単な記号に置き換えて名刺の表裏（男の場合は表、女の場合は裏）に記載した。このときは、中等以上で二十歳から三十歳までに見える者を選び、更に混雑を避けるために後ろ向きの者は省き、男女それぞれ五十人ずつを記録している。なお男の場合、学校の制服を着ている者は勘定に入れなかった。その結果、男の場合は、すべて洋風が二十一人（42％）、散髪・日本服・下駄が十九人（38％）、散髪・日本服・靴が十人（20％）、そして女の場合は、すべて日本風が四十人（80％）、束髪・日本服・下駄が八人（16％）、すべて洋風が二人（4％）という結果を得た。

　坪井は「風俗漸化を計る簡単法」（①）と題して四月十日に東京人類学会第二十九会でこの結果を発表し、その内容を『東京人類学会報告』（第十四号、明治二十年四月）に掲載している。

　以後、坪井は次々とこの測定を行い、『東京人類学会報告』『東京人類学会雑誌』に発表していった。

②「中等以上の者九百人の風俗を調べたる成績」（第十六号、明治二十年六月）

③「東京中三ケ所及び相撲《ママ》三崎にて行ひたる風俗測定」（第十八号、明治二十年八月）

④「風俗測定成績及び新案」（第二十八号、明治二十一年六月）

⑤「東京、西京及び高松に於ける風俗測定成績」（第三十五号、明治二十二年一月）

⑥「東京に於ける髪服履欧化の波動」（第三十八号、明治二十二年四月）

③については山崎直方《やまさきなおまさ》（東京）が、④ではのちに動物

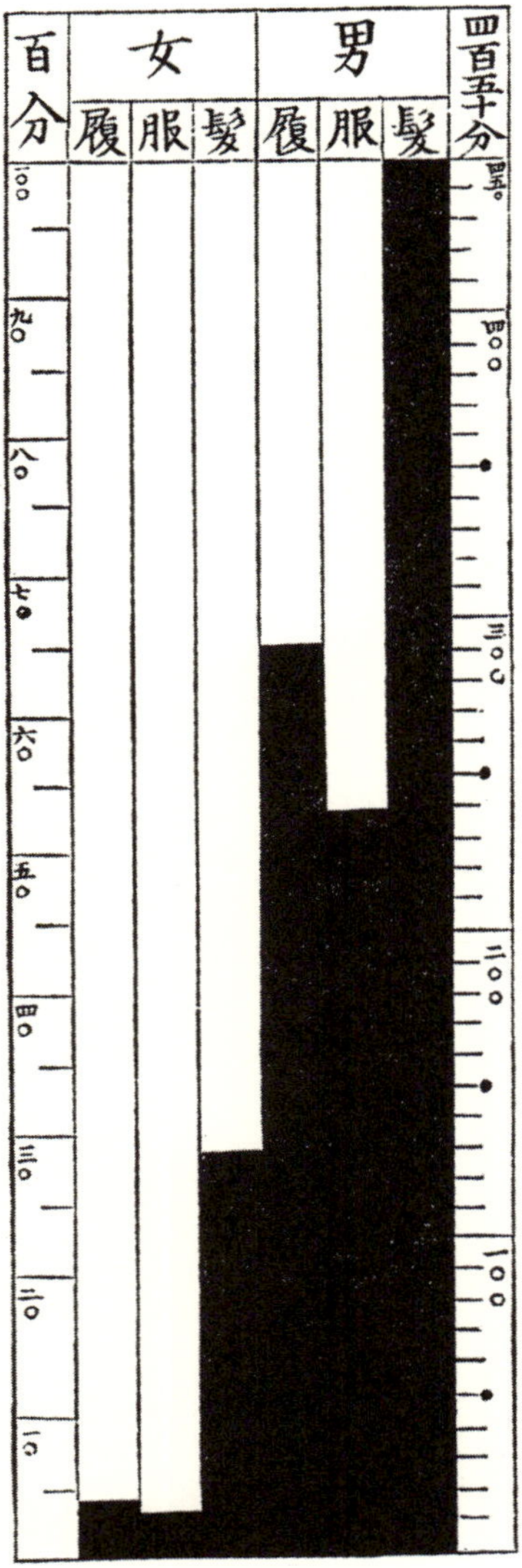

第二表

第一表

風俗号	風俗符	男 總數	男 百分	女 總數	女 百分
東東東		〇	〇	三二一	七一、三
西東東		一六一	三五、七	一一一	二四、七
東西東		〇	〇	〇	〇
東東西		〇	〇	〇	〇
西東西		五二	一一、六	三	〇、七
西西東		〇	〇	〇	〇
東西西		〇	〇	〇	〇
西西西		二三七	五二、七	一五	三、三

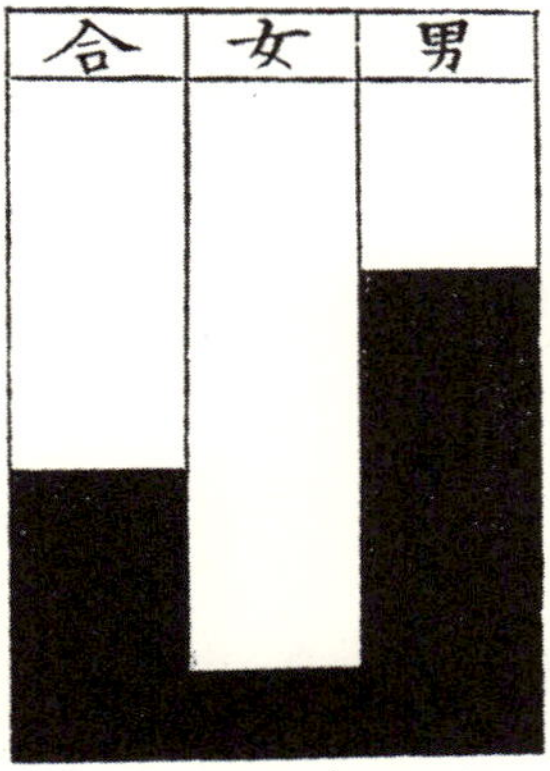

第三表

◉『東京人類学会報告』（第二巻第十六号、明治二十年六月）誌上に発表した「中等以上の者九百人の風俗を調べたる成績」表

学者となった丘浅次郎（東京）と大阪に居を移した山崎が、⑤については塚本巳之吉（京都）と福家《ふけ》梅太郎（讃岐）が測定に協力した。そのときどきで西洋・東洋を表すのに、西・東やWEST・EASTの頭文字W・Eを用いたりしているが、身体部分を男女それぞれ三箇所に分けて、和風・洋風の違いを街頭に立って調べるという基本は同じである。このほか『東京人類学会雑誌』誌上では、塚本が⑤とは別に「大阪に於ける風俗測定及欧化の波動」（第四十一号、明治二十二年七月）を、鳥居邦太郎が「東京に於ける風俗測定成績」（第四十三号、明治二十二年九月）、および「横浜に於ける風俗測定成績」（第四十四号、明治二十二年十月）を報告、そして山中共古ものちに『甲斐の落葉』のなかで明治二十一年七月四日〜十三日に甲府市で風俗測定を行ったことを報告（巻ノ下、七六頁）している。

この坪井の〝風俗測定〟に着目した民族学者・梅棹忠夫は「考現学と世相史（上）――現代史研究への人類学的アプローチ」（『季刊人類学』第二巻第一号、昭和四十六年一月）で詳しい検討を加えている。梅棹は①〜④の論文を取り上げて解説した上で、風俗測定は外国に先例の見られない「坪井の創意によって開拓された、まったくの国産学であったとかんがえられる」（九九頁）と述べている。

梅棹は、坪井の風俗測定はその四十年後に今和次郎が考案し、関東大震災後の東京の変わり行く姿を調査・記録した考現学と比較して「今の視点は、はるかに広大である」としながらも「両者は、その基本的方法においては、まったくおなじであるといっていいのではないか。今の考現学は、坪井の風俗測定の方法と態度を一般化し、精密化したものにほかならないのだといえよう」（一〇四頁）と述べている。

当の考現学の発案者である今和次郎も「考現学総論」（今和次郎／吉田謙吉編『考現学採集――モデルノロヂオ』）のなかで、坪井の風俗測定調査を次のように評価している。

> 日本に於てもわれ〳〵の仕事の先輩があつたことを其後きゝ得る悦びをもつた。それは明治の中葉に属すると思ふが、我国の人類学の開拓者として尊敬を払はれてゐる坪井正五郎博士が、日本の文物が欧米化する状況を、街上に於ける統計の蒐集で成す事を試みたと、博士の友人だつた塚本靖博士から直接きくを得たのである。詳しくはその方法を知らないが、通行人の頭、胴、及び足の各《おのおの》が、夫々《それぞれ》和或は洋のどちらであるかの統計で、地方都市に於てもそれを試みやうとしたのださうである。それに就いて古

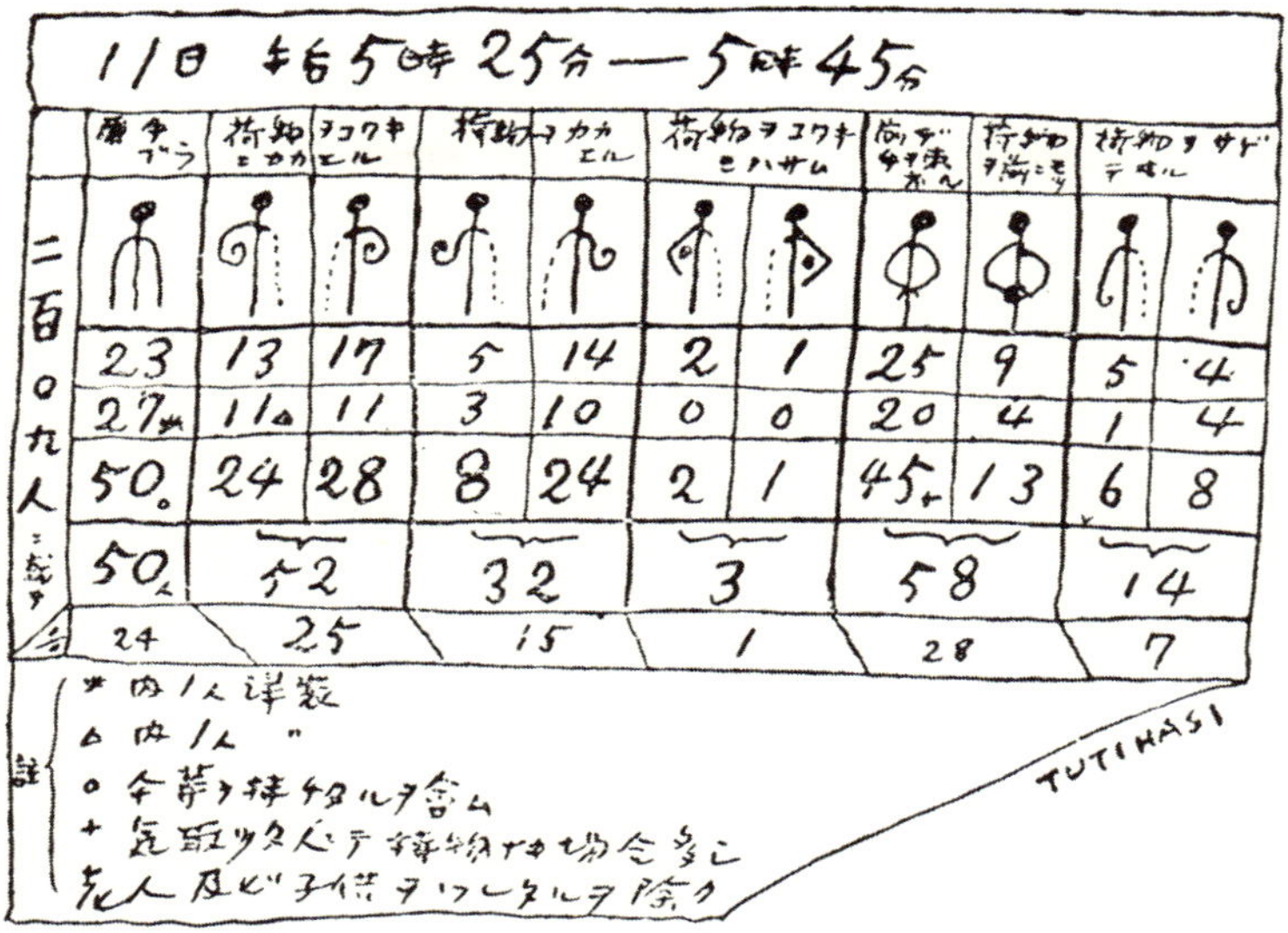

◉今和次郎たちが銀座行った考現学調査の一つ、女性の腕のポーズを調べたもの

い人類学雑誌に掲載されてゐる、と言ふ事をもきいた。故に坪井正五郎博士は我国に於ける考現学以前に於ける考現学者であつたわけである。そして人類学界に於て折角の博士の考案が中断されてしまつてゐたことがくれぐれも遺憾な事である。若し博士のこの仕事が後継者を得て十分になされてゐたとしたならば、明治時代の風俗史或は文化史の資料としてかゞやいたものが集成せられてゐた筈だらう。〔一三頁〕

今はまた「考現学とは何か」（今和次郎／吉田謙吉編『モデルノロヂオ——考現学』）のなかで「動物学者や植物学者が動物や植物に対して持つ態度と、われ〳〵がわれ〳〵の対象たる文化人に向けるのとは変りがないのである。考古学の態度を借りて来れば、それは遺物遺跡に対する境地である。街のショーウインドーの品物を歴史博物館の陳列品と同列に見るのである。かくわれ〳〵は眼前の存在を学的対象として尊重しながら、それらの分析と記録とを遂行して行くのである」〔三五七頁〕と述べるとき、それはそのまま坪井の風俗測定に重なるものであるといえないだろうか。

また今は「考現学とは何か」の別の箇所で「われ〳〵の仕事に類似の仕事をしてる人々を捜すならば、そこに

そこ《ママ》に地理学者がある。地理学者はこの地球上に分布されてゐる財貨に就いて万人に展示すべき仕事に働いてゐるが、丁度それのやうに、われ〳〵は各家庭、各集会所の中のそれを展示せんと努めてゐるのである」〔三六一頁〕とも述べている。この発言も坪井と共に風俗測定に協力した山崎直方が、のちに地理学者となり日本地理学会を創設したことを考えると興味深いものがある。

先の論文で梅棹は、坪井の方法は「実証科学の方法」を取りながらも、そこにあるのは「歴史学の問題であり、現代史の研究ではなかったのか」と問いかけている。

坪井が着目した風俗変化の問題は、しかし、現代史の問題としてみるときは、たいした問題ではないとかんがえられるかもしれない。ちょっとみると、社会の表層を浮動する一時的の現象で、そういうものをいかに精密に「測定」してみても、たいして学問的意味はないものとかんがえられやすい。しかし、別な観点からみると、それは思想史的にもきわめて重要な意味をもつものであろう。固有の風俗が、外来のものにおきかえられてゆく過程を、価値判断とともに観察すれば、それはまさに文化的ナショナリズムの問題ではないか。現実に、坪井らの背景になっているのは、鹿鳴館によって代表される欧化主義と、その反動としての国粋主義とのあらそいなのである。坪井自身は、その二つの潮流のなかにあって、自分自身はまったく価値判断なしに、現象そのものについての科学的観察をおこなおうとしたのであった。かれは、歴史の観察者になろうとしたのであった。〔九八頁〕

坪井は、すでに過去となったスタティックな歴史を分析するのではなく、いま眼の前で変化を遂げつつある歴史の一齣を、あるがままに捉えようとしていたのである。その意味で歴史学であると同時に、まさに今和次郎がいうように考現学以前に考現学の方法を取っていたということができよう。少なくともこの考現学的な思考は、明治十三年（坪井は当時十七歳）には芽生えていたことははっきりしている。坪井は随筆「うしのよだれ」のなかで次のように述べているからである。

十三年五月十七日の小梧雑誌には上野から万世橋迄の諸商店数と、万世橋から日本橋迄の諸商店数の比較が載つて居ります。右のが上野万世橋間ので同月十一日の調べ。左のが万世橋日本橋間ので同月十二日の調べ。書生の生活に関係有るもの丈《だけ》を比べたのです。

鰻（五三）　氷（三三）　菓子（二一九）　しるこ（五三）　牛（七六）　酒（一三三）　そば（二三六）　しやも（二一三）　すし（九一）　天ぷら（三二）　茶（四六）　紙（一五五）　書林（一四九）　筆（九三）　絵草紙（二七）　西洋品（一二二五）　下駄（八八）　足袋（七一〇）　寄席（六二）　料理（九二）　煙草（一一九）　写真（三三）

道の長さは丁度同じですが、上野万世橋間の方が飲食店に富んで居る。紙屋も本屋も多い。調査と云ふと大業に聞こえるが、一寸注意して居れば通行の序《つい》でにも知れる事です。現今のと対照したらば何か違ひを見出すかも知れません。〔『うしのよだれ』一四頁〕

上野・万世橋間、万世橋・日本橋間にある店舗数を記録したというこの記述は、やはりその方法論において今和次郎や吉田謙吉らがのちに規模を拡大して行った店舗調査の先を行っていたことを示している。

梅棹は、①〜④の論文を取り上げて論じたあと「坪井らの「風俗測定」学は、奇妙なことには、これでおしまいになる。せっかく測定法・計算法を開発し、各地、各時期における比較データまでつくりながら、その努力は放棄されたようである。以後、この方面の研究は、たえてあらわれることがなかった。わずか2年ばかりのあいだの、束の間のかがやきであった」〔九六頁〕と述べている（梅棹が取り上げた四論文のあとも、坪井は明治二十二年までは「風俗測定」論文の発表を続けているので、実際には四年間ということになるが）。

デザイン史家の神野由紀氏は、三越文化を研究した『趣味の誕生――百貨店がつくったテイスト』のなかで、梅棹論文にも触れながら、坪井の風俗測定について次のように述べている。

坪井の風俗測定は、明治二二年一月の『東京人類学雑誌《ママ》』第三五号の報告で、突然終わってしまっている。これは、その年の五月から彼がヨーロッパ（イギリス）へ留学することになったからであると考えられている。彼は三年間の留学から帰国してからは、考古学や人類学の研究に専心し、風俗測定を二度とすることがなかったとされている。（中略）しかし実は坪井は約二〇年という長い中断の後、再びこの風俗研究を再開しているのである。この事実はそれが三越という一企業の主催する会で発表されていたため、誰にも発見されずに埋もれてしまっていたようである。〔一四六頁〕

神野氏が述べている坪井の発表とは、三越呉服店が当時の知識人を集めて作っていたブレーン組織・流行会で発表した「ピクとツー」（この発表は三越の発行していた『みつこしタイムス』第八巻第十号、明治四十三年九月に掲載された）のことである。なおつけ加えておけば、神野氏は『東京人類学会雑誌』への発表は明治二十二年一月発行の第四巻第三十五号で終わっていると述べているが、先に触れたように坪井は第四巻第三十八号にも⑥を発表しているので、正確には明治二十二年四月ということになる。

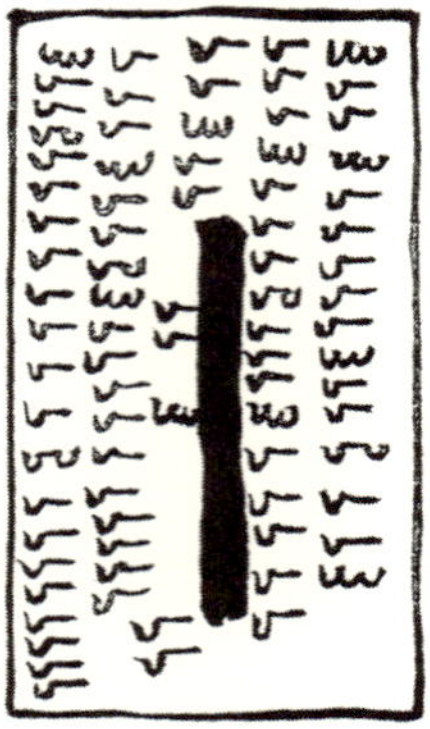
◉名刺の裏（男の部）

◉名刺の裏（女の部）

「ピクとツー」という命名がいかにも坪井らしく奇抜で面白いが、これは街頭で風俗測定を記録する際に名刺に記した記号の形からきている（上段参照）。つまり坪井が「ピクとツー」で述べているところによれば、「旧《ふる》くから伝はつて変化なしに真直に来て居る棒をツーと云ひピクリと曲つたのをピクと言ふ、さうすると頭から足の爪先まで日本風であればツーツーツーであり、頭から足まで悉く西洋風だとピクピクピクである」〔『うしのよだれ』二二九～二三〇頁〕という意味である。このとき、坪井は明治四十三（一九一〇）年六月に千百十九人の風俗測定を行っている。

さて、先の文章で神野氏は「この事実はそれが三越という一企業の主催する会で発表されていたため、誰にも発見されずに埋もれてしまっていたようである」と述べている。だが、実は「ピクとツー」は「風俗漸化の測定」と改題され、その抜き書き（といっても最初と最後を省いただけでほぼ全文）が『東京人類学会雑誌』（第二百九十五号、明治四十三年十月）に再録されているので「埋もれてしまった」わけではない。

おそらく、こういうことではなかろうか。すでにこの調査方法が二十年以上前に発表されていたこと、そして最初の調査（明治二十年～二十二年）の時期には新奇で珍しかった洋風も、明治四十三年ともなると和洋混在はすっかり世のなかに定着し見慣れた風景になっており、あまり関心を呼ばなかったためであると。風俗測定は、社会が大きな変化を迎えた時期にそれを記録するための方法として最もその効果を発揮できるのではないだろうか。

神野氏は続けて、「二〇歳代の坪井は、確かに梅棹のいうように、西洋化に対する驚異からこの研究を始めたのであろうが、その後の彼の風俗測定にたいする態度は、梅棹の見解を全く否定するようなものであったと言わねばならない。おそらく坪井は明治二二年以降も、風俗測定法を用いて様々な風俗を観察していた」（一五頁）と述べている。

思うに、十七歳のとき、すでに『小梧雑誌』で商店数を記録していたように、坪井にはもともと考現学的発想があって、それが目の前で欧化を遂げてゆく風俗に強く反応したのではないだろうか。坪井はこのあとヨーロッパ留学へと向かうのだが、神野氏が述べているように、実はロンドンに渡ってからも彼は考現学的手法を用いて、ロンドンの風俗測定を行っている。それが『東洋学芸雑誌』（第百四号、明治二十三年五月）に発表した「ロンドン市中男女立ち止りの勘定」である。もちろんロンドンでの風俗測定は、欧化の過程を測定したものではない。ロンドン市民はどんな店に好んで行くのか、その男女の割合はどうかについて、坪井は明治二十三（一八九〇）年の二月末から三月頭にかけて、千三百人を調べている。

私は極めて容易に此調べをする事を思ひ付きました、簡単です、名札の様な厚紙が沢山有りさへすれば宜いのです、是等の札の一面を男の部他を女の部と定め町を通る時分に何店に男が幾人女が幾人立つて居たと云ふのを見て各《おのおの》の数を其店の名の下へ記すのです、譬へば本屋に男が三人女が一人立つて居たらば男の部に本三、女の部に本一と記すので一軒一軒に気を付けて見るに随つて直に記しさへすれば混雑の生ずる患《うれい》はござりません、（『うしのよだれ』一三〇頁）

これを読むと、その方法は風俗測定で用いたものの応用であったことが判る。結果は次のようであったという。

男女合算に就いて申せば「立ち止り」の最も多いのは服飾店ズツト降つて絵画、図書店、
男の多く立ち止まつて見る物は第一に服飾、次に絵画類、次に図書、
女の多く立ち止まつて見る物は第一に服飾、次に

絵画類、女の服飾を好む事男の二倍を超え男の図書を好む事女の二十倍、〔同書、二三七〜二三八頁〕

ほかにも「ロンドン人鉄蹄を珍重する事の考」（『東洋学芸雑誌』第百八・百九号、明治二十三年九・十月）では、ロンドンでは襟飾りの針に馬の鉄蹄の形をつけている人が多いのが気になった坪井は、その種類と数について調べている。さすがにこれは見誤る恐れがあるので、襟飾りを売っている店に行って調べたと述べている。

こうしてみてくると、ゴールトンの身体測定からヒントを得た統計学による方法は、坪井流に（のちに今和次郎が命名する）考現学としてアレンジされ、ゴールトンの意図とは全く別な方向に次々と応用されていったことが判る。西洋のやり方がすべて正しく、唯々諾々とそれを学ぶのではなく、いいところは取り入れつつもそれを使い易い独自のものに変えていく、その豊かな発想が坪井には備わっていたのだと考えることができよう。

坪井の発想は彼のオリジナルなものであったことは間違いないとしても、では、それはどこで培われたものであろうか。ここでそのことについて少し立ち止まって考えてみたい。坪井が幼いころから、江戸から続いた本草学＝博物学的発想をもっていたことを思い出してほしい。これは坪井の人類学を考える上で、見過ごすことのできない部分である。鳥居龍蔵は「江戸人としての恩師坪井正五郎先生」（『武蔵野』第十七巻第二号、昭和六年十一月）という文章で、坪井自身から聞いたのであろう、坪井が江戸の雰囲気に満ちたなかで成長したことを強調している。

先生は江戸浜町に生まれた関係上、教養も学者の家に生れたけれども、浜町周囲の環境が江戸気分に充満して居る所であつたから、幼時から江戸人として生活せられたと云つてよい。（中略）

先生は幼時から筆まめで、絵をよくせられ、『新《ママ》和漢三才図会』や、徳川時代の風俗を色々の本から引き抜いて書いて居られる。馬琴や京伝や種彦のものが好きで、これ等の漫筆・稗史《はいし》類は先生を大《おおい》に支配して居るやうに思はれる。〔七五〜七六頁〕

この点に着目した科学史家の坂野徹氏は「坪井正五郎の人類学——明治期日本における人類学の射程」（『年報科学・技術・社会』第八巻、平成十一年七月）のなかで、坪井の人類学は実は博物学であったと鋭い指摘をしている。

好古趣味とは一線を画する「理学」としての人類学を主張しつつも、坪井たちの人類学は、彼の自覚以上に江戸時代の伝統に規定されていた。人間をそれを取り巻く様々な事物との相関で捉えようとする博物学的志向、近代科学の研究者という範疇には到底収まりきれない坪井の広範な活動は、まさしく江戸時代の研究伝統の連続線上に位置するものだったのではないだろうか。〔四二〜四三頁〕

おそらく坪井は、元御薬園の近くで育ち、医師であった父の影響下に幼いころから本草学＝博物学的思考を身につけていたが、やがて衰退していく博物学よりもむしろ新しい学問として日本でこれから発展していこうとする人類学を選び、これを博物学に接ぎ木したのだといえよう。坂野氏は先の論文で続けて次のように述べている。

> むろん、何度も指摘してきたとおり、当該期の日本人類学が全て江戸時代との連続性で理解できるというわけではない。例えば、人体測定などの近代人類学固有の方法論が明治時代の人類学においてみられないというわけではないし、しばしば考現学の先駆として高く評価される、当時の日本における近代化、西洋化の進行を「測定」しようとする坪井のユニークな試みも、明らかに明治以降の新たな経験と数量化という西洋科学の方法論を前提としている。〔四三頁〕

確かに風俗測定論文で坪井が導入した方法は、坂野氏が述べているように西洋科学の方法であることは間違いないだろう。しかし、それだけでは「坪井のユニークな試み」の部分を理解することはできない。梅棹が述べているように、坪井の考現学が海外には例のない「まったくの国産学」であったとすれば、ここにも博物学の影響があったと考えてみることはできないだろうか。もちろん、博物学は西洋にもあったわけだが、日本および日本が範とした中国の博物学と西洋のそれとは、微妙に異なるものであった。作家で博物学にも造詣の深い荒俣宏氏はその違いについて『増補版　図鑑の博物誌』のなかで、博物学の重要な要素である博物画を例にとって次のように説明している。

> 日本ないし中国で描かれた博物画については、西洋人が目をみはるポイントがひとつある。それは何かというと、生命力、躍動感がでていることである。これはさらに絵のスタイルでいうと、たとえば鳥なら飛んでいる、魚なら水中を泳いでいる、滝のぼりをしている、といった動きを描いているということだ。
>
> 西洋の絵は、ギリシア、ローマ以来、ポーズを中

心に展開した。したがって西洋の博物画をながめると、台の上にあらゆる動物がのっている。植物だったら植木鉢のなかにあらゆる植物が置いてある。これはギリシア、ローマ以来のものを描くときのひとつのパターンで、ポーズによる表現である。したがって、動植物も西洋画ではポーズをとっている。ポーズというのは止まっていることである。あるいは動きそのものを止めて、ある瞬間を固着させるということだ。

ところが、東洋にはそういうポーズという概念がなかったので、動きをそのまま連続体としてとらえることができた。つまり絵のなかに、こうやってこう動くという時間がたたみこまれている。これには西洋人はおどろいた。たとえばコイが滝のぼりをしている図というのは、西洋にはそれまであまりないものだった。あるいは鳥が飛んでいる図も、西洋では少なかった。もちろん飛んでいる絵そのものはあるが、それは飛んでいる瞬間を描いただけで、東洋の絵のように、飛んでいる行為そのものを描いたものではなかった。〔三二五〜六頁〕

ここで荒俣氏が述べている「動きをそのまま連続体としてとらえることができた」東洋の博物画の描き方とは、まさに目の前で変化していく、その変化をそのまま捉えようとした坪井の考現学の方法そのものではないだろうか。九歳にしてすでに上・中・下巻三冊の『草花画譜』まで描き、「絵をよくせられた」坪井が、博物画に精通していなかった筈はない。熱心に博物画を描くなかで、坪井はその描法を身につけ、身体で覚えたその記憶が、風俗測定の発想に影響を与えていたのではなかろうか。そう考えてみると、やはりここでも江戸の博物学に西洋の人類学を接ぎ木しているように思われてならない。

さてもう一度、話をゴールトンに戻そう。身体測定そのものは坪井好みではなかったようだが、ゴールトンの発案したもう一つの方法には、坪井も大いに関心を寄せている。それは「重ね写真」である。ここでいう「重ね写真」とは、多くの像を何枚も重ねて一つにした合成写真のことである。「重ね写真」はゴールトンの考案によるもので、一八七八（明治十一）年四月十三日、英国人類学会で最初に発表された。彼は、幾つかの肖像を透明な紙に写して、それを重ねれば一つの像が浮き上がると述べた社会学者のハーバート・スペンサーの言葉にヒントを得て、これを写真で行ってみた。その結果、幾枚もの肖像写真を重ね合わせることによって、写真には被写体の人物たちの平均的な顔が表れたというのである。いわば、写真による統計学であった。

ゴールトンの「重ね写真」の背景には、十八世紀末から十九世紀にかけてのヨーロッパを席巻した観相学の流行があった。これはラファーターが著した『観相学断片』の影響によるものである。英文学者の高山宏さんは「正しい顔――脳局在論のイデオロギー」（『imago』第一巻第十一号、平成二年十一月）のなかで『観相学断片』について、次のように述べている。

ひと呼んでフィジオノミー（Physiognomy）という。性格《カラクテール》という印欧語族系統の言葉にたたみこまれている意味の重畳に関係がある。簡単にいえば人の顔や外形はその人間の性格《カラクテール》が外から読みとれる文字《カラクテール》に他ならないという発想で、なにやら想像できるように元々は堕落した神秘主義と関係がある。古代ギリシャにまで遡れるそういう顔の神秘主義を十八世紀末、スイスの神秘主義者ヨーハン・カスパール・ラファーター（一七四一－一八〇一）が『観相学断片』（一七七五－七八）に一括して総復権させた。鷲鼻だから意志剛直、小鼻が開いているから情熱的……といった中小コードが取りきめられ、就職面接だの良縁さがしだのといったえらく実際的な用途にどんどん利用されて諸版入り乱れ、十九世紀前半空前のベストセラーとなった。〔『ブック・カーニヴァル』八九五頁〕

人の持つ性格が顔に表れる。優生学を標榜するゴールトンがこれに興味を示さない筈はなかろう。そこでゴールトンは「重ね写真」によって、優秀な人間の性格をもつ顔とはどんなものかを探ろうとしたのだと考えられる。先に触れたように坪井も「重ね写真」には大いに興味をもった。坪井のことだから、まずそのヴィジュアルの面白さに惹かれたのではなかろうか。「重ね写真」に関して坪井が発表した論文には次のようなものがある。

①「組立写真（Composite photograph）の話」（『東京人類学会報告』第十号、明治十九年十二月）

②「「重ね撮り写真」の術を利用したる観相法」（『東洋学芸雑誌』第百五十七号、明治二十七年十月）

③「「重ね写真」の人類学上の応用」（『写真界』第一号、明治三十六年十二月、『東京人類学会雑誌』第二百二十二号、明治三十七年九月に再録）

④「「重ね写真」の術を観相其他に応用する考案」（『青

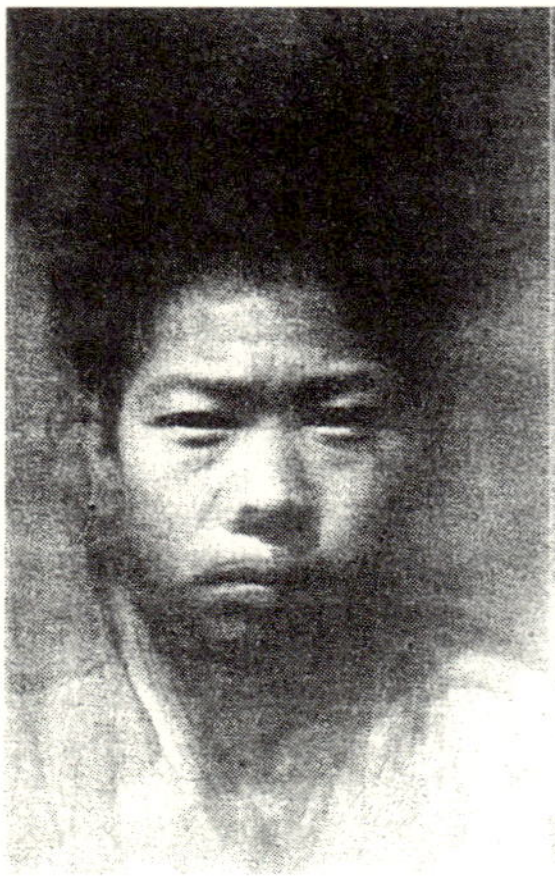
◉強情者の相

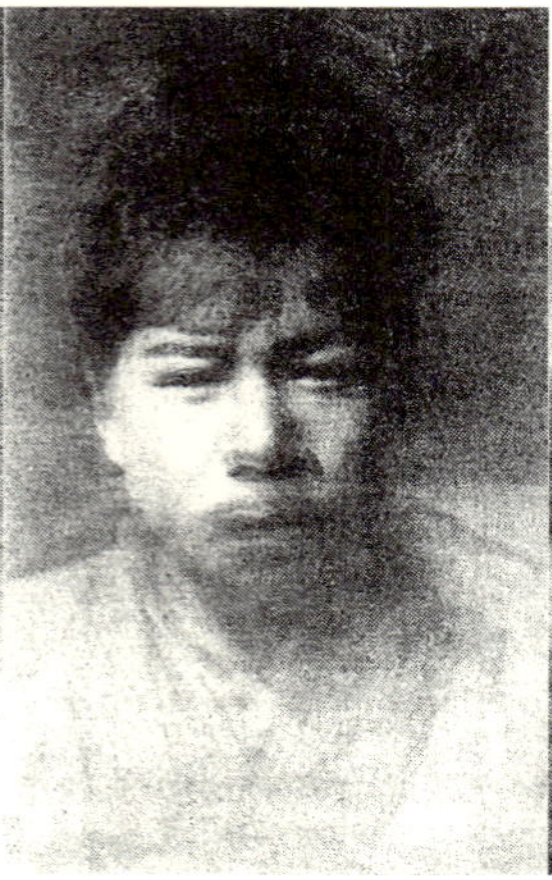
◉盗み心有る者の相

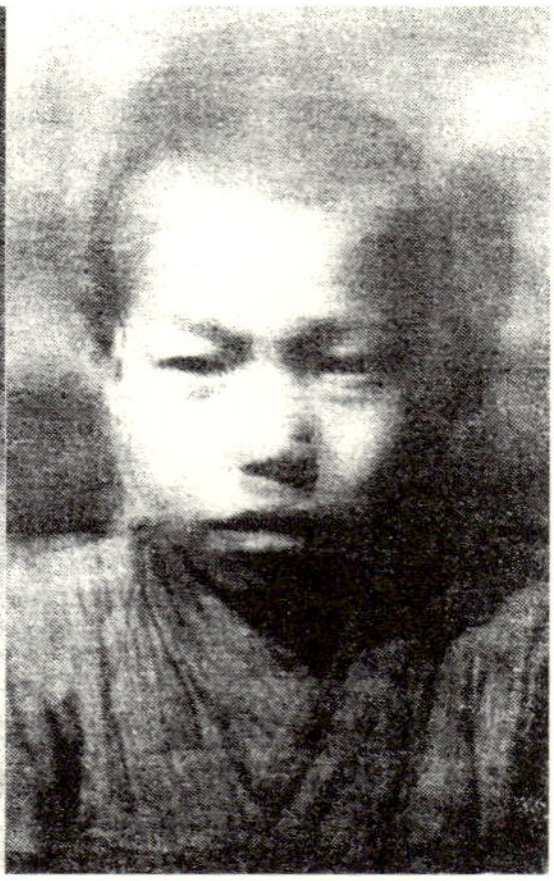
◉怠け者の相

年界』第三巻第十二号、明治三十七年十一月)

⑤「重ね写真の話」(『みつこしタイムス』第八巻第五号、明治四十三年五月)

最初に発表した①が明治十九年、最後の⑤が明治四十三年であるから、すいぶん長い間坪井は「重ね写真」に対する関心を抱いていたことになる。

このうち、①では「立体写真」、②では「重ね撮り写真」と呼んでいるが、同じものである。③では実際に感化院の少年たちを撮影し、「重ね写真」による怠惰・窃盗・強情と三パターンの顔の抽出を試みている(上段参照)。しかし、これを見る限りかなり無理があるように思われる。岡本春一著『フランシス・ゴールトンの研究』によれば、当のゴールトン自身も「肖像写真については特質を抽出したものと認められる程の成績は得られなかった」(一六五頁)としている。

「重ね写真」についても坪井は、かなりたくさんの応用ができるのではないかと考えていた。③と④には、その応用例として、同一地方の人の顔を重ねてその地方の人の代表の顔を得ること(薩州人や信州人など)、同一族の人の顔を重ねてその家筋の人の代表の顔を得ること(徳川家、前田家など)から美人の典型を得ること、人物画の顔の部分を重ねてその時代の画風を知ることなど、果ては犬と猿、馬と鹿を重ねるところまでアイデアを広げている。最後のものなどになると、さしずめ赤塚不二夫の漫画『天才バカボン』に鰻と犬の間に生まれたとして登場する〝ウナギイヌ〟のようなものである。

　実際に坪井が試みた「重ね写真」は、そう多くはなかったようだ。またこれは直接、坪井が行ったのではないだろうが、「美人の典型を得ること」という彼のアイデアは実現をみている。三越呉服店、明治四十三年の春の売り出しポスターがそれである。当時三越にいたグラフイック・デザイナーの杉浦非水は、「自伝六十年」（『広告界』第十二巻第一号〜第十二巻第十二号、昭和十年一月〜十二月）のなかで次のように述べている。

> 明治四十三年の三越の春の売出しポスターは、七美人重ね焼写真と云ふのであつた。当時新橋芸者の美人で評判の七人組の写真を周囲に配列して、中央に大きくそれ等七人の写真を重ね合せて焼付けたものである。各特長ある七美人が重ね合はされると、其個々の特長は失はれるのであるが、そこに又美人の要素が集約され典型的な美人タイプと云ふものが、ソフトフオーカスの内に彷彿として出現すると云ふことであつた。昔から呉服店のポスターは美人に限られてゐるが、此重ね写真の美人ポスターは、美人ポスターとして只《ただ》一つの珍らしき型式のものとして明治時代の遺物であろう。〔宇都宮美術館編『〈写生〉のイマジネーション杉浦非水の眼と手』展図録、二七七頁〕

　のちに詳しく述べるように、坪井はそのころ三越と深く関係していたことから、彼がこのアイデアを提供したことは間違いない。

　もっとも、ゴールトンの優生学がやがてナチス・ドイツのユダヤ人排斥へとつながっていった（ダニエル・J・ケヴルズ著、西俣総平訳『優生学の名のもとに――「人類改良」の悪夢の百年』）ことを考えるならば、「重ね写真」もこうした遊びの領域で留まっていたほうが無難であったというべきであろう。

第五章 横穴発掘――これは〳〵とばかり穴の吉見山

埼玉県冑山にいまも残る奇妙な横穴群・吉見百穴。柏木貨一郎やシーボルト、モースたちも関心を示したこの周辺を坪井も一度訪れたことがあった。院生となった坪井が再び訪れたときまだ発掘されていない横穴が多数あることを発見し、土地の所有者・根岸武香の全面的な協力を得て大発掘作業を開始する。

ここまで述べてきたことからも判るように、大学・大学院時代の坪井の精力的な活動には、目を見張るものがある。大学時代に人類学会を立ち上げ、帝国大学理科大学（現・東京大学理学部）大学院に人類学科を作るよう働きかけ、足利古墳の発掘を主導的立場で行ったかと思えば、考現学的発想で風俗測定を行うという八面六臂の活躍ぶりである。そしてこれから述べる吉見百穴の発掘調査もそのうちの一つに数えられる。

坪井が最初に白井光太郎《みつたろう》、神保小虎《ことら》と共に埼玉県横見郡吉見村および黒岩村を訪れたのは、明治十八（一八八五）年五月三日、まだ彼らが大学生のころであった。

それ以前、黒岩村の横穴には明治十一（一八七八）年三月三十日に柏木貨一郎（探古）が訪れており、その模様を『東京日々新聞』（明治十一年四月十・十一日）に「黒岩村穴居の記」と題して掲載していた。柏木貨一郎に関しては、建築史家・大川三雄氏による「工匠・柏木貨一郎の経歴とその史的評価について」（『日本建築学会計画系論文集』第四百五十九号、平成六年五月）に詳しいが、幕府小

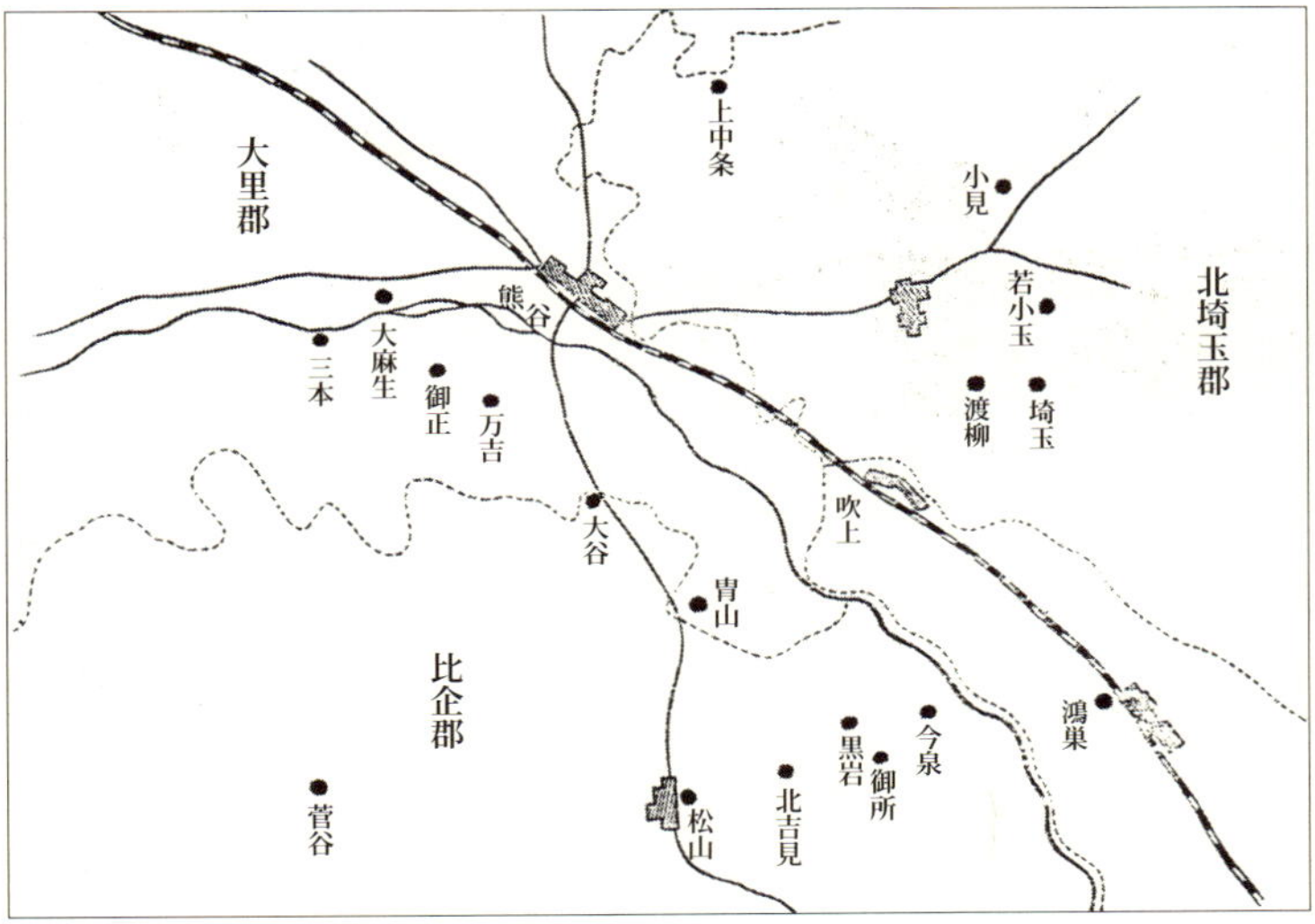

◉冑山附近古墳略図
（柴田常恵著「武蔵の古墳」『東京人類学会雑誌』第二百七号、明治三十六年六月より）

普請方の家系に生まれ、古器物、古書画の鑑識眼を生かして文部省博物局に勤務し、エドワード・S・モースやアーネスト・F・フェノロサとも交流があった。書画骨董の蒐集家としても知られ、三井物産社長の益田孝（鈍翁）とはコレクター仲間でかつライバルでもあり、そのネットワークを通じて、のちには品川御殿山の益田邸や飛鳥山の渋沢栄一邸、三井有楽町集会場（いずれも現存していない）などの設計に携わっている。黒岩村を訪れたのは、博物局に勤めていた当時のことであった。柏木によれば、黒岩村の横穴は、以前はわずかに四坑が露出していたにすぎなかったが、「明治十年十一月冑山《カブトヤマ》村の区長根岸武香《たけか》、玉造村の戸長須藤開邦、久米田村の戸長内山温載、黒岩村横見神社の祠掌秋庭太玄等相謀りて其地を掘りて更に十六坑を露出《みいだ》せり」として計二十坑口が確認されていた。柏木はその横穴の内部について説明したのち、「此等の遺跡実に我国人種基始の室屋にして亦《また》以て太古《おほむかし》の人情風俗を窺ふに足る而《しか》して考古学者の考拠となすべき一奇蹟なり」と結んでいる。

また吉見百穴についても内山温載が『民間雑誌』（第百七十五号、明治十一年五月二日）に「埼玉県横見郡吉見村ノ石窟」を発表している。内山温載は久米田村の素封家で、柏木も述べているように同村の戸長でもあった。内山は、「土俗是ヲ百穴ト称スルハ其数究《きわま》リナキヲ云ナリ然リ而シテ坑口崩土ノ為ニ蔽ル、モノ幾数百ナルヲ知ラズト雖トモ顕露スルモノ亦少シトセズ其形状嚮《さき》ニ柏木探古君ガ東京日々新聞ニ載ル所同郡黒岩村ニ在ル岩屋ト粗《ほぼ》類似スルモノナリ」と記している。柏木も内山も横穴は古代人の住居跡と推定した。

その後、明治十一年四月二十五日には、柏木から横穴の存在を聞き及んだハインリッヒ・フォン・シーボルトが、そしてその翌年の八月八日には、E・S・モースが友人の医師ウィリアム・S・ビゲローを伴って訪れている。柏木、シーボルト、モースらは、皆調査にあたって根岸武香の許を訪れた。吉見百穴一帯は根岸家と大沢家の所有地だったためである。武香もまた胄山村の素封家で、のちには貴族院議員を務めた人物であるが、好古家としても知られており、柏木とは以前から古器物蒐集を通じた趣味仲間であった。シーボルトとモースは来訪した際に根岸宅に泊めてもらっている。モースは彼の著書『日本その日その日』のなかで、このとき武香が非常に丁寧なもてなしをしてくれたと述べているほか、このときに観察した武香の家について、名前は挙げていないものの、『日本のすまい——内と外』のなかで「カブトヤマの古い農家」として、絵入り（上段参照）で根岸家の建物の紹介も行っている。

◉E・S・モース画「カブトヤマの古い農家」

武香は、神田孝平《たかひら》が人類学会会長になった際に送られてきた『人類学会報告』で同学会のことを知り、明治十九年十月に人類学会に入会した。武香がその後『東京人類学会報告』（第十五号）に「正月十五日武蔵国四郡にて歳神へ奉る種々の物」を寄稿していることはすでに触れた通りである。彼が亡くなったときには、人類学会は

『東京人類学会雑誌』（第二百七号、明治三十六年六月）を追悼号として発行し、坪井は「根岸武香氏紀念号の巻首に」を執筆した。

　おそらく、坪井たち一行は柏木や内山の報告を読み、そしてシーボルトやモースも実見したという黒岩村、吉見村を自分たちも訪れてみたいと思った、そこで両村を訪れるついでに、武香の蒐集した古器物も見せてもらおうと考えたのであろう。白井は「明治十八年中埼玉県黒岩吉見両村における百穴を探るの記」（『史蹟名勝天然記念物』第二集第七号、昭和三年七月）で次のように述べている。

　三日朝甲山村根岸武香氏の家を訪ひ古物を見せられん事を乞ふ。折節主人不在なりしが老大人〔根岸友山、武香の父〕出《い》で合はれ、まづ座敷に通されたり。談話の際同家所蔵の埴輪土偶を示されん事を乞ひしに、右は東京の知人に貸し渡しあれば手許になし、かつ主人留守なれば古器は展覧に供し難し、ただ石鏃の類のみ見すべしとて、所蔵の石器類数十函を出だし示さる。石鏃あり石剣あり石斧あり石小刀あり、その種類その員数はなはだ多けれども一も出所を記せしものなく主人もこれを知らざるよしなり。されば、学問上にはあまり益なき品々なり。〔『白井光太郎著作集　第Ⅳ巻　自然保護・考古学・人類学』三七八頁〕

　このあと一行は、根岸友山から百穴案内者としてつけてもらった篠崎仁平という人物と共に吉見黒岩両横穴を巡見した。吉見百穴を見た白井は「この百穴を穴居跡といふ人あれども、予は一見してその墓穴なるを確信せり」〔同書、三七九頁〕と記している。柏木、内山の穴居説とは異なって、白井は横穴を墓穴として掘られたものだと判断した。

　坪井が再び若林勝邦と共に吉見村および黒岩村を訪れたのは、明治二十（一八八七）年八月のことであった。この再訪について坪井は、「埼玉県横見郡黒岩村及び北吉見村横穴探究記」（『東京人類学会雑誌』第十九・二十二号、明治二十年九・十二月、以下「横穴探究記」と略記）の冒頭で次のように述べている。

　本年の夏期休暇中には東京に在て為す可き人類学上の用事が甚だ多くござりましたから旅行も見合せ新たなる穿鑿も多くは致さぬ心組で居りました処一寸黒岩、北吉見の両村へ在来の横穴の実測を為しに往《いつ》たのが引き掛りと成て意外なる発見を致し終に用事の予算を変ずるに至りました、意外なる発見とは全埋もれたる所から七十許の横穴を探り出し其中の

多分から種々の古器物を獲た事でございます、〔『日本考古学選集　第三巻　坪井正五郎集　下巻』二〇二頁〕

　この辺を「横穴探究記」にある日づけで詳しく追ってみると、坪井と若林は八月四日に東京を発って根岸武香宅を訪れ、五日に黒岩村、六日には同村および北吉見村の横穴の穿鑿を行った。七日はあいにくの雨で以前根岸宅を訪れた際には主人不在のために見ることの叶わなかった武香蒐集の古器物コレクションを見せてもらっている。八日に再び北吉見村の横穴を穿鑿した後、若林を一人残していったん東京へと戻った坪井は、用事を片付けると十六日には大学総長・渡辺洪基《こうき》を伴って東京を発ち、秩父の大宮に一泊、十七日に松山に着くと、北吉見村の大沢藤助（根岸家と共に土地の所有者）を訪ねた。大沢は横穴に渡辺を案内した。十八日も引き続き北吉見村の横穴を案内してもらったあと渡辺は、根岸家に赴いて古器物を見せてもらうと、東京へと戻っていった。坪井のほうはそのまま現地に留まり、二十日まで北吉見村の横穴の発掘調査を行った。若林は二十日に帰京、坪井もその翌日に東京に帰るという慌ただしい日々であった。坪井が留守にしていた間も発掘は続けられていたので、発掘期間は計十五日間におよび、平均で毎日七人ずつの人夫が掘鑿にあたっている。このとき坪井たちが掘り出した横穴の数は、黒岩村が八基（以前のものと併せると総数二十八基）、吉見村が五十九基（同、総数八十三基）であった。

　坪井が渡辺を伴ってきたのは、横穴の現状を知ってもらい、掘鑿のための資金を大学側に出してもらうおうと考えたからであった。渡辺も菊池大麓《だいろく》もこれに賛成し、吉見百穴の発掘調査は帝国大学のお墨付きを得て発掘資金の目処《めど》も立ち、以後も続行された。のちに吉見百穴について詳細な研究を行った考古学者・金井塚良一氏は『吉見の百穴――北武蔵の横穴墓と古代氏族』で次のように述べている。

　　大学からの援助を受けて、坪井らはいよいよ本格的な発掘調査の体制を組んでいった。根岸とともに「吉見百穴」のある山稜の所有者だった大沢藤助も、根岸の要請で発掘に加わり、人夫を指揮することになった。「吉見百穴」に近かった大沢宅をベースキャンプとして、坪井と若林はここに宿泊した。八月の炎天の下、急な山稜斜面の覆土を剝いで横穴を露出させ、充塡している堆積土を排除して、内部を探る仕事は、たしかに暑く苦しかったが、坪井らの横穴研究への情熱と執念は、このむずかしさを乗りこ

◉吉見百穴の前に立つ坪井正五郎（右から二人目）

えて、つぎつぎに新たな横穴を掘り出していったのである。〔六八〜七〇頁〕

坪井、根岸、大沢、そして若林、白井らも協力した調査は、明治二十一（一八八八）年の初頭まで続き、最終的には総数二百三十七基が発掘された。坪井はこのとき、俳人・安原貞室《ていしつ》の句「これはくとばかり花の芳野山」をもじって詠んだ句「これはくとばかり穴の吉見山」〔七頁〕を「埼玉吉見の百穴」（『歴史地理』第二巻第一号、明治三十三年四月）に記している。

さて、坪井はこの横穴をどう見ていたのであろうか。「横穴探究記」のなかで、横穴を次のように結論づけている。

㈠黒岩、北吉見両村の横穴は住居の為に穿《うがっ》たので有らう、

㈡是等を作《つくっ》た者は金属の利器を所持して居たに違無《ちがいな》い、

㈢是等を作た人民は多分土蜘蛛と呼ばれた者で有らう、

㈣是等の中には曲玉時代に葬穴に用ひられたのも有る、

㈤葬穴に用ゐたのは我々の祖先で埴輪以後の事で有

る、
㈥北条執世の末頃にも横穴に人を葬た事が有るらしい、
㈦葬穴に用ゐた横穴を後世に至て発掘した痕跡が有る、（『日本考古学選集　第三巻　坪井正五郎集　下巻』二二三頁）

㈢で述べている「土蜘蛛」とは、『古事記』をはじめ『日本書紀』『風土記』等に登場する名称で、現在は天皇にまつろわぬ地方豪族のこととされているが、坪井は「本邦諸地方に在る横穴は穴居の跡にして又人を葬るに用ゐし事も有る説」（『東京地学協会報告』第九巻第五号、明治二十年九月）のなかで日本人以外の民族か、もしくは「人種学上日本人と区別有るもので無く貴賤良不良生計の異なる事等に基いて良民と隔絶したもの」（『日本考古学選集　第三巻　坪井正五郎集　下巻』四三頁）と述べている。

坪井の論文に対しては、賛否両論の意見が述べられたが、なかでも神風山人と名乗った人物は「北吉見村横穴ヲ以テ穴居遺跡ト為スノ説ニ敵ス」と題する論文を『東京人類学会雑誌』（第二十五号、明治二十一年三月）に掲載し、坪井の説を否定して葬穴説を強く主張した。坪井はこれに対して「神風山人君の説を読み再び黒岩北吉見両村の横穴は穴居の為に作りしものならんとの考を述ぶ」（『東京人類学会雑誌』第二十七号、明治二十一年五月）で応じた。この神風山人とは、実は白井光太郎のペンネームであることがあとになって判明する（のちに詳述するコロボックル論争でも白井はこの「神風山人」、および「M・S」の匿名を用いている）。また、同じく匿名の秋乃舎色穂（あるいはこれも白井であろうか？）も「坪井氏ノ穴居説ヲ駁シ併セテ横穴ハ最初ヨリ墓穴ナルコトヲ述ブ」（『東京人類学会雑誌』第三十二号、明治二十一年十月）で葬穴説を主張し、坪井説を皮肉たっぷりにからかった。

吉見・黒岩村の横穴は、今日ではすでに葬穴として用いられていたことが明らかになっている。金井塚氏は『吉見の百穴』でその時期と、埋葬者を次のように推測している。

「吉見百穴」には、おそらく六世紀末に、もっとも早い横穴墓が出現した。七世紀には丘陵南斜面の岩肌がつぎつぎに鑿岩《さくがん》され、横穴墓群の造成が進行した。そして七世紀終末には、総数二五〇基以上の横穴墓が密集する吉見百穴横穴墓群が形成されたのである。

「吉見百穴」は、個々の横穴墓の築造時期と、周辺地域の古墳群の検討によって、六世紀末に、北武蔵が体験した社会的変動と深くかかわって出現したことがほぼはっきりした。しかも、この変動（横渟《よこぬの》屯倉《みやけ》の設置）のいわば推進者として、北武蔵に派遣された渡来系氏族壬生吉志《みぶきし》氏の移住と関連する、新来の墓制であったことも推測されたのである。〔二三八頁〕

今日の時点からみれば、坪井の主張した穴居説が誤っていたことは明らかである。しかし、坪井が先頭に立って吉見・黒岩村の横穴の発掘調査を推進したことによって、横穴の存在は学問的対象として注目され、考察の俎上の載せられるようになったことを忘れてはならないだろう。さまざまな知見がそこで戦わされることによって、横穴研究が飛躍的に推進したことは間違いない。その意味では、坪井の横穴発掘は考古学史上に残るものであった。金井塚氏は『吉見の百穴』の「むすび」で次のように記している。

　発掘に情熱を傾けた坪井もみごとであれば、それに協力した根岸の横穴研究への理解もまた賞讃されなければならないだろう。坪井は、科学的な考古学の創造に燃える若い学徒、根岸は、江戸時代以来の好古家の伝統を継承する最後の一人であった。わが国の横穴墓研究の偉大な第一歩は、新旧二人の年齢をこえた協同によって遂行されたのである。〔二四一〜二四二頁〕

坪井の弟子・柴田常恵《じょうけい》が『東京人類学会雑誌』の根岸武香追悼号に寄せた「武蔵の古墳」によれば、坪井や根岸は発掘終了後も、横穴を保存しようと周囲に柵を設けた上、監督のための事務所も設置したが、「来観者の中には其心なきものありと見え、窟内等に文字を彫む等の乱暴なる所行を為す輩」〔三五〇頁〕も出てきた。そこで、オーストリア代理公使であったシーボルトの仲介を経て宮内省に土地を献納し、皇室の御料として保存してもらうとしたが、「右ハ御陵墓等ニ関係アルニ非ス」〔三五一頁〕として退けられてしまった。そのため当時のままの完全な保存は難しく、人為的荒廃も含めてすでに当時の姿を留めていない箇所もあり、出土品のなかには行方不明になったものも多い。その点からも、坪井が書き残した「横穴探究記」や「本邦諸地方に在る横穴は穴居の跡にして又人を葬るに用ゐし事も有る説」での発掘当時の横穴内部の状態や出土品についての記述は、いまも研究史上貴重な内容を含んだ資料として、その価値を失ってはいない。

第六章 看板考——工商技芸の看板に深意妙味の有る事

坪井は院生のときに最初の著書である『看板考』を上梓した。驚くべきことに、その元となる文章は予備門時代につくっていた手作りの『小梧雑誌』に、わずか十七歳で連載したものであった。『看板考』は江戸の看板の貴重な記録であると共に、その意味の解読の手際は鮮やかで、いまも啓発されるところが多い。

明治二十（一八八七）年十月、坪井は最初の著書『工商技芸看板考』を出版した。B6判、奥付までが百七頁、そのあと「大売捌所」を記した頁が一頁、残りの八頁は出版物の広告という薄手の本で、版元は哲学書院である。この本の緒言はなかなかの名調子で始まっている。

面《おもて》は鳥、躰《からだ》は人、手足の外に翼有る異形の山伏、杉の木立に突立《つッたッ》て、山の端《は》出づる下弦の月を詠む画様、評判評判の声と共に高く掲げし招き看板、どんな物かと這入《はいっ》て見れば、鳥の乾物《ひもの》に鳥巾《ときん》が冠せて有る、人を阿房《あほう》にした造り物、固《もと》より有らう筈の無い物、見ようとするのが此方《こっち》の不所存、愚民の妄信は斯かる事に基するか之亦《これまた》不思議研究の材料で有ると理屈を付けて人に笑はれぬ工夫をする、こんなのが先づ看板に詐りの有る例へ、〔『日本考古学選集第三巻 坪井正五郎集 下巻』二六二頁〕

この緒言に続けて、焼芋屋から砂糖屋に至る江戸時代の看板五十一種に雑部を加えて考察したあと、その分類と変遷を説明している。この本のもとになった文章は、坪井の手作り個人雑誌『小梧雑誌』の第四十一号（明治十三年九月二十四日）に「諸商看板考（第一）」として始まり、二回目以降は「諸商招牌考」のタイトルで不定期に連載されたものであった（左図版参照）。ということは、十七歳にしてすでに看板についての美事な考察をめぐらせていたことになる。

　それにしても何故『看板考』のような内容の本が、哲学書を主体とする版元から出版されたのであろうか。しかも、このとき坪井はまだ大学院の学生だったのである。実はこの哲学書院というのは、井上円了が哲学書を出版するために同年の一月に興した出版社だった。円了と坪井とは予備門が一緒で、共に夜話会を設立した仲であったことはすでに述べた。円了は風変わりな哲学堂公園を設計したり、主人公が六つの星界（共和界、商法界、女子界、老人界、理学界、哲学界）を巡遊する『星界想遊記』のような小説を書いたりする奇想の持主であった（横田順彌著『近代日本奇想小説史――明治篇』）ことから、坪井とはかなり馬が合ったと考えられる。おそらく円了は出版社をつくったから本を出さないかと坪井にもちかけたか、も

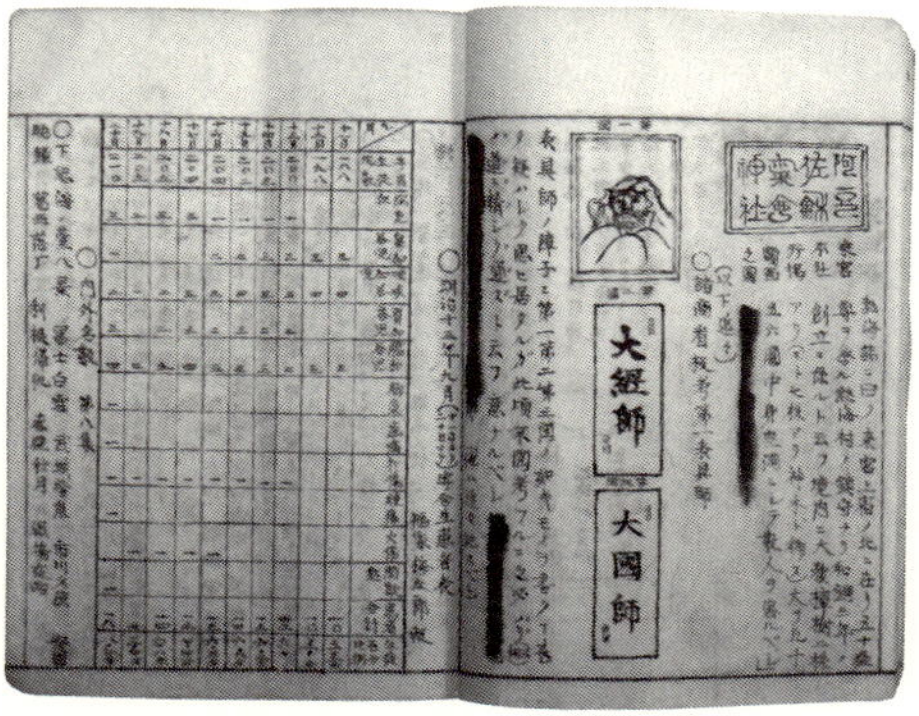

◉「諸商看板考」（第一）が掲載された
『小梧雑誌』第四十一号

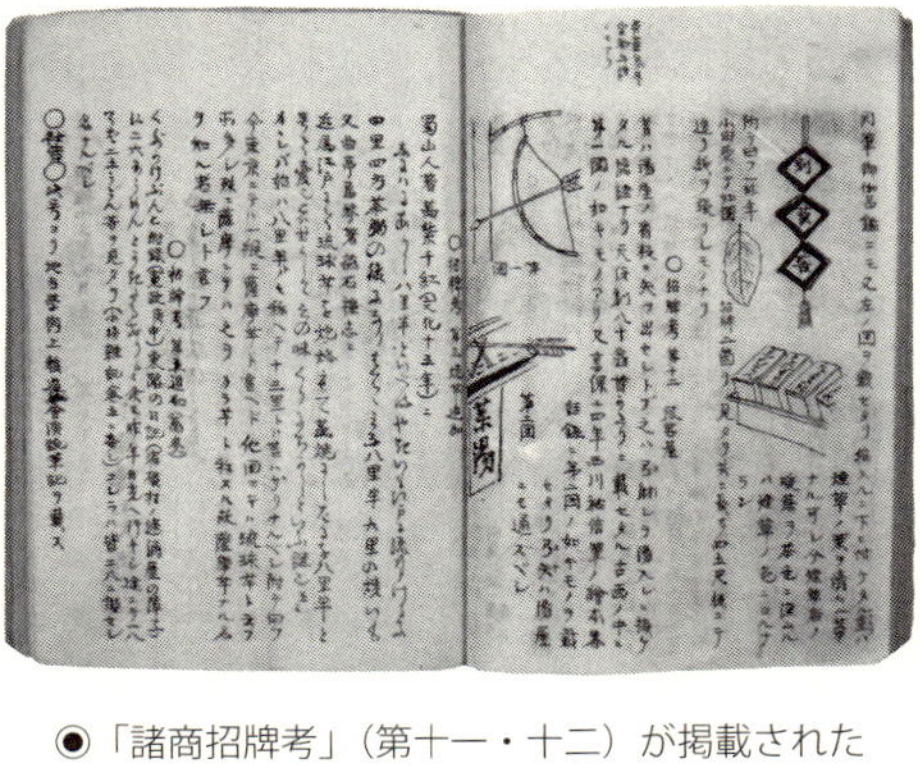

◉「諸商招牌考」（第十一・十二）が掲載された
『小梧雑誌』第五十一号（明治十五年九月三十一日）

しくは坪井の側から円了に出版を頼んだとも考えられる。『看板考』の奥付には、出版人として井上円成の名前が記されているが、円成は円了の実弟である。

ここでついでに触れておくと『東京人類学会雑誌』も哲学書院とつながりがあった。『東京人類学会雑誌』の奥付をみると、明治二十年七月発行の第二巻第十七号から、前号までは記載されていなかった「発売所」として「哲学書院」の名前が記されており、「持主兼印刷人　神田孝平《たかひら》」となっていた箇所が、この号から「持主兼印刷人　井上円成」と変わっている。哲学書院が同誌の一般販売を引き受けたからで、これも坪井と円了の関係によるものであったろう。

円了は明治二十年九月十六日に本郷にある臨済宗妙心寺派麟祥院の一室でのちに東洋大学へと発展する哲学館を興しており（以前に触れたように、この麟祥院の境内に坪井の通った湯島小学校があった）、坪井は円了から依頼されたのであろう、明治二十六（一八九三）年、三年間の欧州滞在から戻ったばかりのころ、この哲学館で人類学の講義を行っている。

さて、『看板考』に話を戻すと、坪井がこの書を著す十年前に看板に注目した人物がもう一人いた。エドワード・S・モースである。モースは『日本その日その日』のなかで、最初に日本を訪れた明治十（一八七七）年の時点でのこととして、「日曜日には、写生図板を持って、非常にいろいろな種類のある店の看板を写生する丈《だけ》の目的で出かけた」（第二巻、四一頁）と述べ、そのときのスケッチも同書に収録している（次頁参照）。また守屋毅著「モース・コレクション」（国立民族学博物館編『モース・コレクション』）によれば、モースは看板をスケッチしただけでは満足できず、「アメリカに帰国したのち、ボストンの古美術商ヤマナカを通じて、大量の日本の看板を入手」（四四頁）しており、これらは現在もモース・コレクションの一部としてセーラム・ピーボディ博物館に所蔵されている。

坪井にとってモースは、極めて微妙な関係にあった。「二十年紀念演説」のなかで坪井はモースについて次のように述べている。

我々はモールス（モースのこと）氏の功を否認するのでは有りません。功の大なる事は十分に知つて居りますが、我邦に於て人類学を興したのは同氏で有るとは云ひ兼ねます。同氏と我邦の人類学との間には直接の関係は有りません。モールス氏は我々に取つて間接の恩人であります。モールス氏は日本人類学に

◉E・S・モースによる各種看板の模写

付いて間接の恩人で有ります。併し乍《なが》ら何所までも間接の恩人で有るとしか云へません。〔『うしのよだれ』四一八頁〕

「間接」という言葉を何度も繰り返しているところに、坪井のモースに対する複雑な思いが表れている。もう一つ、鳥居龍蔵が「日本人類学の発達」（『科学画報』第九巻第六号、昭和二年十六月）で述べている言葉も紹介しよう。

坪井氏は存生中、モールス氏を今日の人々が思つて居るほど考へて居りませんでした。氏は常に「私をモールス氏の弟子で日本の人類学は同氏から起つたとするのは心外である」と云はれて居られた位でありました。またモールス氏が集められた大森貝塚採集の土器石器骨器等を標本板にしばりつけたものを悉くもぎ取つたことがある位です。〔三四頁〕

折々の場で自分がモースの弟子と誤解される度に、坪井は口惜しい思いを抱いていたことが想像される。すでに見てきたように日本の人類学は坪井たちの手によって産声を上げた。それが何故、まるで自分がモースの弟子のように扱われなくてはならないのか。まして坪井は、自力でそれまでになかった人類学という学問を日本に根づかせようと、必死に努力してきた本人である。坪井がそのことを面白く思わなかったとしても無理からぬことであったろう。

その坪井とモースの両方が同じように看板に対して興味を抱いたのも、不思議な二人の因縁が感じられる。坪井がモースの看板に対する関心を知っていたかどうかは判らない。『看板考』のなかで坪井は全くモースの名前を出していないし、『日本その日その日』の原著である“Japan Days by Days”が出版されたのは一九一七（大正六）年、つまり『看板考』の出版から三十年後のことであった。だが、両者が看板に関心を示したとはいえ、その関心の持ち方、視点は全く別のものであった。モースは『日本その日その日』で次のように述べている。

看板には多くの種類があり、私は東京をブラブラ歩きながらそれ等の写生をしたいと思っているが、それにしても、かかる各種の大きくて目につきやすい品物が、店の前面につき出ている町並みが、どんなに奇妙に見えるかは、想像に難からぬ所であろう。〔第二巻、四五頁〕

ここから判るように、モースはあくまで外国人の目で東京の町並みの看板を見て奇異に感じ、そのフォルムの面白さに魅了されたのである。日本語を解さなかったモースには、それほど深く看板のもっている意味を読み取ることはできなかった。一方、坪井は『看板考』のさきほどの「緒言」の最後で次のように述べている。

　余が此書を著す主意は是等の看板を網羅するに非ず工商技芸の看板に深意妙味の有る事と進化変遷有る旨を聊《いささ》か世人に示すに在り、（『日本考古学選集　第三巻　坪井正五郎集　下巻』二六二頁）

　坪井は、看板には深い意味と妙味があり、さまざまに進化してきた歴史的変遷がある、それについて考察した本が『看板考』であるというのである。実際、それを行おうとすれば看板の持つ意味の解読が必要であり、日本語を知らなければ到底不可能である。モースのフォルムだけの関心とは自ずと異なったものになるのは当然といえよう。

　『看板考』について考える際、見逃すことのできない論文がある。『看板考』出版の一年前に坪井が『東京人類学会報告』（第七号、明治十九年九月）に発表した「本邦に行はるゝ当て物の種類及び起原」である（なおこの文章は、のちに一部を改訂して坪井の著書『婦人と小児』に収録された）。ここでいう「当て物」とは「言葉を当てはめる」の意で、日本語の言葉遊びを論理的に分析した言語学の論文といってもいいものである。そのなかから坪井が紹介している例の幾つかを紹介しよう（頭の番号（一）等は「本邦に行はるゝ当て物の種類及び起原」による）。

（一）渋柿トカケテ巾着の紐コ、ロハ口を絞る
（二）一の字トカケテ寺の小僧コ、ロハ心棒（辛抱）すれば十字（住寺）に成る
（三）曲《まが》った檜トカケテ急便の使コ、ロハ走ら（柱）にやならぬ（二一二頁）

最初にこの三つの例を挙げたあと、坪井は次のように説明する。

　何れも三段に分けたり仮に甲乙丙と名づくる時はナゾの組立は左の式を以顕《もつてあらわ》ずを得可《うべ》し
　　甲＝丙
　　乙＝丙
　∴甲＝乙
丙には一音両義の語を交ふるを常とす、（二一二頁）

これは落語家がよくやる「謎かけ」で、鈴木棠三《とうぞう》編『新版ことば遊び辞典』では「三段なぞ」のカテゴリーに分類されている。判り易くするためにそれぞれを甲乙丙に当てはめてみよう。

（一）甲（渋柿）＝丙（口を絞る）
　乙（巾着の紐）＝丙（口を絞る）
　甲（渋柿）＝乙（巾着の紐）

（二）甲（一の字）＝丙（心棒すれば十字に成る）
乙（寺の小僧）＝丙（辛抱すれば住寺に成る）
甲（一の字）＝乙（寺の小僧）

（三）甲（曲た檜）＝丙（柱にやならぬ）
乙（急便の使）＝丙（走らにやならぬ）
甲（曲た檜）＝乙（急便の使）

これは意味のレベルでは結びつかない甲と乙を、いったん丙を仲介させ「一音両義の語（同音異義語）」という音のレベルに転換することによって結びつける遊びである。坪井は続けて、「此趣向を用ゐて物に名を付くる事あり即ち其物を甲とし丙たるの性質を通じ有する乙を以て呼ぶなり」として次のような例を挙げている。

（四）焼芋を八里半と云ふは栗（九里）に近しとの意
（五）辛き味噌を天竺味噌と云ふは辛（唐）過ぎるとの意
（六）煮物の中に従兄弟煮《いとこに》と云ふ物なるは追々に煮る（甥々に似る）との意〔一二二〜一二三頁〕

これも同様に当てはめてみると次のようになる。

（四）甲（焼芋）＝丙（栗に近しとの意）
乙（八里半）＝丙（九里に近しとの意）
甲（焼芋）を乙（八里半）と呼ぶ

（五）甲（辛き味噌）＝丙（辛過ぎる）
乙（天竺味噌）＝丙（唐過ぎる）
甲（辛き味噌）を乙（天竺味噌）と呼ぶ

（六）甲（堅い食材から順に入れる煮物）＝丙（追々に煮る）
乙（従兄弟）＝丙（甥々に似る）
甲（堅い食材から順に入れる煮物）を乙（従兄弟煮）と呼ぶ

坪井は、二人の人間（イ・ロ）の間でもこれを行うことができるという。その例として次のようなものを挙げる。

（一八）イ「破れ障子とかけて何と解く　ロ「冬の鶯と解く
（甲：破れ障子　乙：冬の鶯）
イ「其心は　ロ「貼る（春）を待つ〔一二四頁〕
（丙：貼る（春）を待つ）

これについて坪井は、「ロなる者の智恵次第にて心さへ工夫すれば何とも自由に解くことを得即ち甲の性質種種ある中にて丙を撰み丙たる性質を具へたる乙を以て答ふるなり」〔一二四頁〕と註釈を加えている。乙と丙の答えがロの裁量に任されているので自由度が高く、甲に対する答えは必ずしも一つに限られているわけではないというのである。その例として坪井は（二〇）も挙げている。

（二〇）大三十日トカケテ〔甲〕
　　　表具師の急事 コ、ロハ 一日で春（張る）
　　　貸屋 札コ、ロハ 明くれば直春（張る）（一二四頁）
　　　〔乙〕　〔丙〕

このように二つの答え方が可能なわけである。それに対して、同じ二人で行うにしても（一九）のような例もあるという。

（一九）ィ「こはれ三味線とかけて 男の気性と解く
　　　〔甲〕　〔乙〕
　　　ロ「弾（引）くに弾（引）かれぬ（一二四頁）
　　　〔丙〕

坪井は「イたる者答の広さを限る故ロは只《ただ》甲と乙に通ずる性質丙を考ふるのみなり」（一二四頁）としている。問いを出すイが甲と乙をすでに決めてしまっているので、ロの答えは（一八）に比べて自由度が低くなる。

これ以外にも「考え物」のカテゴリーのなかに入る例として、「(三二) 秋の田の露重げなる景色哉　ほたる」（一二六頁）（「ほたる」が「螢」と「穂垂る」の両方にかかっている）や「二段なぞ」（鈴木前掲書による分類名称）に入る例として、「(三五) 鷹心ありて鳥を取る」（「鷹の字に心の字を副へ鳥の字を去る即ち応の字の意なり」）（一二七頁）、「(四〇) こばたひっくり返して七月なかば」（「コバタを逆にすればタバコなり七月なかばは盆故ボンと副へてタバコボン（煙草盆）と解くなり」）（一二八頁）等々、数多くを挙げている。

これを読むと、坪井がいかに言語に対して強い興味を抱き、それを論理的に捉えていたかが判る。そして、『看板考』とはこの論文のような思考を踏まえて書かれたものなのである。何故なら『看板考』で取り上げている看板はどれも遊び心満載で、言語遊戯が随所に取り込まれており、坪井はここでもその紹介、解読を行っているからである。

例えば、最初に取り上げられている「焼芋屋の看板」を見てみよう。焼芋を「八里半」と呼んだことは「本邦に行はるゝ当て物の種類及び起原」の（四）でも取り上げているが、ここでは「焼芋」に関する言葉遊びを多面的に考察している。まず、

① 「八里半と号《となえ》て売《うる》なりこは甘くしてその味くりに近しといふ謎なり」『燕石襍志《えんせきざつし》』
② 「九里（栗）の味に及ばざる半里との隠語」『五月雨《さみだれ》草紙』

を挙げ、「十三里」という呼び名もあるとして、

③「今も焼芋うる家の行灯《あんどん》に（中略）十三里とかけるはくりより（栗より九里四里）うまし」『三養雑記』（天保十一年）

④『東都歳事記』（天保年中）の図には「〇焼と書いたのも見えまする」

と焼芋の各種の名称、看板を紹介したあと、次のように述べている。

明治十年頃迄は八里半、十三里、焼芋、〇焼等の看板が東京市中に入り混つて居りましたが其後は焼芋又は甘藷抔《など》と云ふ六《むつ》かしい字が蔓莚して八里半、十三里抔はずッと場末の方へ押し遣てしまひました、

（『日本考古学選集　第三巻　坪井正五郎集　下巻』二六三頁）

明治になって、江戸の遊び心が次第に失われていく様が、坪井のこの説明から伝わってくる。

坪井が紹介するのはこのような文献に残されたものばかりではない。小梅村で坪井自身が見た焼芋屋の行灯には、

おいしくばたづねきてみよ
川越の本場の芋を塩で丸やき

と書かれていたと述べている。これが葛の葉伝説（陰陽師・安倍晴明の母親が〝葛の葉〟という名の狐だったという異類婚姻譚）のなかの歌「恋しくば尋ね来て見よ　和泉なる信太《しのだ》の森のうらみ葛の葉」からきているのはいうまでもなかろう。

また、明治十七（一八八四）年一月、尾張名古屋の友人からきた手紙に「当地には百十三里又十万里と記した」焼芋屋の看板の記述があったことを紹介している。友人が家の主人に聞いてみると、「百十三里とは僅に百の銭を出せば九里四里味美《うま》き物が得らるゝ」との意味で、十万里のほうは「屁を嗅で臭いものやと思ふなよ　屁とは菩薩のあくびなりけり」の歌に基づく十万億土の意味であると答えたという。これに対して坪井は次のように註釈を加えている。

誠に珍しい名でござりますが思ひ付きが甚だ拙でござります、焼芋は実に価の安いもので或西洋人がCheap and sweet.（廉而甘）と評した事も有るものですが之《これ》を買ふのに百文と限る訳も無いに十三里の上に百の字を添へるとは如何にも窮した考へです、此解は友人が直に主人から聞いた趣ですが云ひ誤りか聞き誤りで其実桃栗より（百九里四里）との意では有りませんか然《しか》る時はこじつけ乍《なが》らも少しは面白く聞えます、十万里の方は拙中の拙で何とも評の為し方

◉右は『用捨箱』に掲載されている絵、左は同じ絵を坪井が模写したもの

がございません〔同書、二六三頁〕

主人の説明は間違いで、「九里四里」は「百九里四里《ももくりより》」ではないかと推測するあたり、「本邦に行はるゝ当て物の種類及び起原」で確かめた坪井の言語感覚の鋭さがよく表れている。

『看板考』で取り上げられているのは、文章だけとは限らない。所々に坪井が模写した柳亭種彦の『用捨箱』等からの看板に関する絵が掲載されている。このなかから『用捨箱』にある元図と坪井の模写を並べてみよう（上段参照）。較べてみると坪井がいかに正確に描いているかが判る。

「饅頭屋の看板」では、やはり坪井が模写した馬の絵が掲載されている（本書八七頁参照）。看板はその店がどんな商売をしているかを知らせるためのものであるから、本来は一目瞭然で判らなくてはならないのだが、人目を惹くために逆にこれは何だろうと思わせる手法が取られることもある。いわゆるロシア・フォルマリズムでいうところの異化効果《オストラニエーニエ》である（ヴィクトル・シクロクスキー著、水野忠夫訳『散文の理論』）。その場合、意味を知ればなるほどと納得できるものでなければならない。焼芋を八里半や十三里といい換えて看板に用いるのもその類いである。しかし、時間が経つと意味するものと意味されるものの関係が判らなくなるケースも出てくることがある。饅頭屋の看板に馬の絵や木馬そのものが、看板として使われていたなどはその例である。

坪井は「饅頭屋の看板」で、「昔饅頭屋の看板に駻《は》ね馬の形を画いたとの事は皇都午睡や三養雑記に記して有りますが之《これ》はあらうまとの意ださうでござります」〔『日本考古学選集 第三巻 坪井正五郎集 下巻』二六六頁〕と述べたあと、木馬を看板にした例もあるとして、『用捨箱』のなかから二つの図を引用（次頁参照）して紹介し、「二つの図は荒馬の形とは見受けられませんからあらうましとの意には取れませんが小児が食物を指してうまうまと云ふ事も有りますから只《ただ》味を賞して美味《うま》と云ふ丈《だけ》の意と思はれます」〔二六八頁〕と新たな説を加えている。

同じく「湯屋の看板」でも、坪井は『八十翁昔かたり』から弓矢が吊るされている図の模写を掲載し（次頁参照）、「今若し（中略）之《これ》を見る人は必ず棟上けの略式か然《しか》らざれば鳥威《おど》しで有らうと思ふでせう」と述べる。しかし、これは湯屋の看板で「骨董集や皇都午睡に随へば弓《ゆ》射れを湯入れに掛けた隠語」であると説明し、更に「弓と矢なれば弓矢《ゆや》即ち湯屋との意にも取れませう」〔二七〇頁〕としている。

『看板考』では、これ以外にも数多くの看板の種類とその意味、由来等を述べている。そして最後に「結論」として、坪井は看板の種類を「売り物を直に看板にするのが十通り」「売り物を見易い様にして看板とするのが二通り」「売り物の摸造品を看板とするのが三十四通り」〔二八五頁〕など、計十三種類に分類してそれぞれの数（通り）を挙げている。

民具学の田辺悟氏は「モース研究の民具学的視点」（『共同研究 モースと日本』）のなかで、坪井が『看板考』のなかで分類を行っているのは、「モースによって刊行された『大森貝塚』の調査・研究の影響がおおいにあったのではないか」〔三三四〜三三五頁〕と推測している。確かにモースは同書で出土品の細かい分類を行っており、おそらくその点では当っているかもしれないが、田辺氏は必要以上に『看板考』にモースの影響を見ているように思われる。すでに見てきたようにモースと坪井の看板に対する見方には大きな違いがある。ここでもまたモースが坪井に与えた影響は「間接的な」ものと見るべきではないだろうか。

分類のあとで、江戸の看板が変化してきた理由を坪井

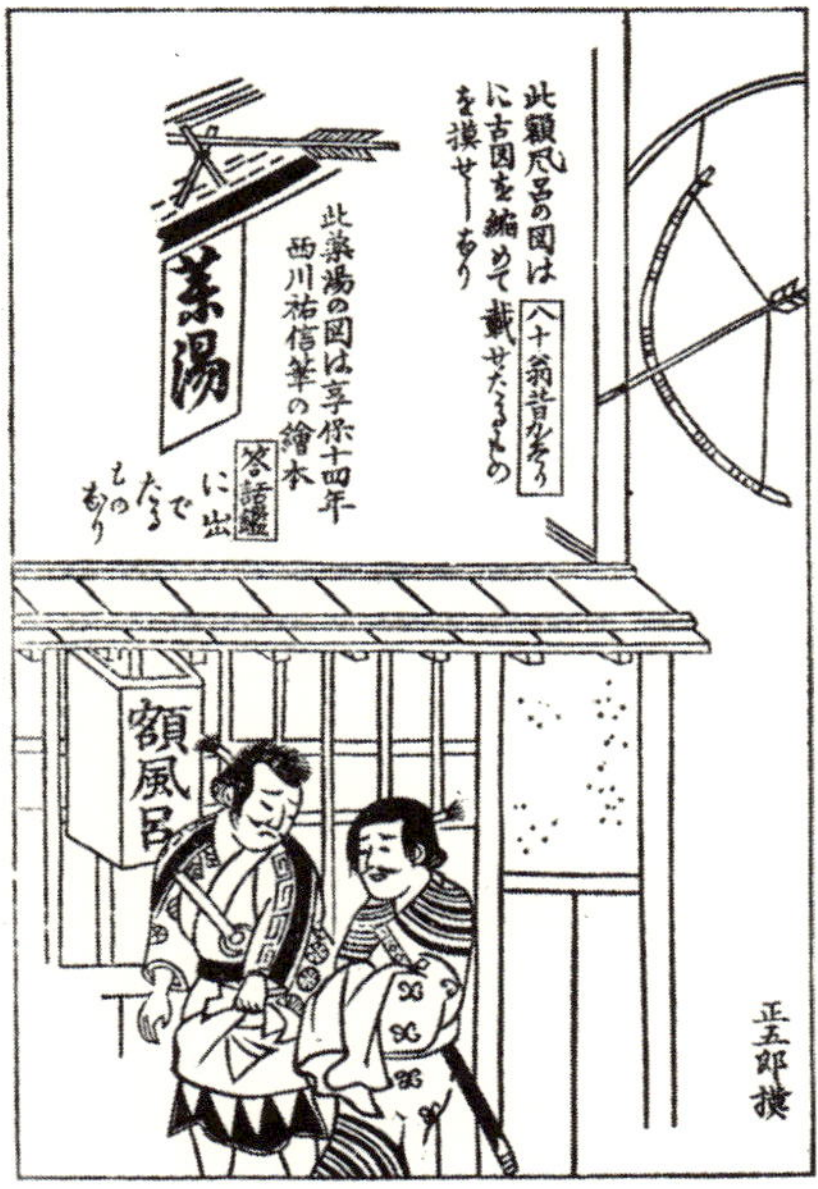

◉『看板考』に掲載されている坪井の各種模写、「弓矢」の絵は『小梧雑誌』第五十一号にも同じ絵が描かれている（本書七七頁参照）

は次のように述べている。

今では中々こんな事は行はれず、八里半と云へば六八、四十八、三八、二十四、十八を加へて三百零六町、間《けん》に直せば幾ら幾ら尺に直せば幾ら幾らと凌雲館で売り出した鉛筆盤を真黒にしての勘定、ナニ焼芋の事だと夫《それ》ならさうと判然書くが宜いとの御忠告、思付きだの趣向だの洒落だの隠語だのは猛き武士《もののふ》の心を和らげ目の見えぬ按摩も之《これ》を聞いて感服揉み療治、集会宴席に持ち出すは甚《ママ》た興ある業《わざ》ながら、供給需用の権衡に極入用な看板の真面目《まじめ》な場合へ出すは興なし、興なし位で止むなら宜いが看板が明白で無ければ御客が減る、夫では看板の義務が済まない、隠語に基づく看板が追々絶滅しますのも多くは之に因るのでせう、〔『日本考古学選集　第三巻　坪井正五郎集　下巻』二八七頁〕

坪井の戯文につい引き込まれてしまう楽しい文章である。普通なら真面目な語り口で記すような箇所でも、読者を飽きさせまいという坪井の心配りであろうか。あるいは、坪井の遊び心が先に立って、ついつい筆が乗ってしまったといえばいいだろうか。その意味では、坪井自身は明らかに真面目な看板よりは、趣向をこらした看板を好んだであろう。こう考えると『看板考』は、人類学的研究の点からだけではなく、それが持っていた意味をせめて文章に留めおこうという、失われゆく江戸の看板に対する坪井流のオマージュであったのかもしれない。学者であれば一通りの分析を終わったところで筆を擱《お》くところであろうが、アイデアマンの坪井の場合はそれだけでは終わらない。

近頃ポンチ画を看板に書く事が始つたのは至極好い事、読みもしない長口上を記すよりは売薬のフラスコが軍服を着て剣を揮ひ悪疫を追ひ払ふ形とか滑稽本を読み乍《な》がら赤鬼青鬼が抱腹絶倒して居る形とかを画いた方がずつと目に付き易いものです。〔二八七頁〕

新しい明治の看板への期待をこう述べたあと、看板の文字は同じ大きさで書くよりも重要な字を目立たせるように工夫して大小をつけたほうがいいと制作者側へのアドヴァイスを提言してしまうあたり、のちに三越呉服店のブレーンとなって主導的立場を発揮することになる坪井の片鱗が、すでにここに見え始めている。

第七章 予備調査——此度の旅行は日を費す事八十八、国を経る事三十

人類学の予備調査の旅へと向かった坪井は、さまざまの人やものと出会いを重ねる。なかでも伊勢で会った国学者・御巫清直から聞いた埴輪の話は、京都平野神社禰宜・水茎磐樟や讃岐琴平社禰宜・松岡調と行く先々で会う人と不思議なつながりをもち、のちに坪井は大英博物館で埴輪の実物と対面することになる。

埼玉での横穴発掘を終えた坪井は、明治二十一（一八八八）年一月二十八日に東京を出立し、東海、畿内、山陽、山陰、近江、美濃、信濃等の諸国三十を八十八日間かけて旅行した。この旅行の模様について坪井は、「三十国巡回日記」と題して『東京人類学会雑誌』に二回（第二十七・二十八号、明治二十一年五・六月）、およびその続編として「七年前の三十国巡回日記」を同誌（第百十三号、明治二十八年八月）に掲載した。「三十国巡回日記」の最初に坪井は次のように記している。

此度の旅行は日を費す事八十八、国を経る事三十、公には帝国大学の添書あり、私には学友諸氏の紹介文あり、至る所有志諸君の親切なる補助を得、会員諸君の懇特なる待遇を受け、便宜一方ならず、研究に必要なる金額支出に付きては帝国大学に向《むかっ》て特に深く謝する所、私をして目的を達せしめられし事に付きては経歴地方諸氏に向て特に深く謝する所でござります、（同誌、第二十七号、二三五頁）

坪井はここでは旅行の目的について記していないが、

別の箇所で「此度の旅行は未だ世に知れぬ事物を探《たず》ぬる方が主で有」〔同誌、第二十八号、二五九頁〕ると述べている。八十八日間といえば三か月近い長旅であるが、じっくりと一箇所に腰を据えて調査するというのではなく、これまで研究の対象とされてこなかった事物をあちこちで見聞し、必要があるものが見つかれば、またのちに詳しく調べようという、いわば予備調査の旅行であった。

「三十国巡回日記」「七年前の三十国巡回日記」には、坪井がどこで何をし、誰と会ったかが記されている。例えばこんな調子である——。

> 明治二十一年一月二十八日午前東京を発し神奈川にて会員船越鼎太郎氏を訪ひ同氏所蔵の古器物を見、横浜に至り県庁にて問ひ合せを為し金沢に趣《おもむ》き戸長役場二ケ所へ行き問ひ合せを為し此地方の土窟を実見致ました、二十九日には昨日見残した土窟を見、夫《それ》より長谷へ行き近傍の土窟を見、次の日には鎌倉近傍の土窟を実見致しました、〔同誌、第二十七号、二二五頁〕

旅行では地方の好古家を訪ねて古器物を見せてもらうことと考古学的遺跡を実見することが多かったようだ。この旅行で坪井はたくさんの人との出会いを重ねている。名前だけではどんな人物であったのかいまでは判らなくなっている人もいるが、なかには興味をそそられる人物もいる。坪井の足跡を追いながら、文中に登場する気になる人物について記してみよう。

三十一日に箱根を越えて三島に着いた坪井は、二月一日柏谷《かしや》村で横穴を実見、三日に静岡に至り柏原学而《がくじ》を訪ねている。山田万作著『岳陽名士伝』によれば、柏原は緒方洪庵に学んだ蘭方医で、奥医師となり徳川慶喜と共に静岡にやってきた一人である。その後、柏原は駿府病院で医師を務めたのち開業医となった。柏原も好古家の一人であり、人類学会の会員であった。柏原所蔵の銅鐸については、淡厓迂夫（神田孝平《たかひら》のペンネーム）が『東京人類学会雑誌』（第二巻第十八号、明治二十年八月）の「雑記」欄に「柏原学而氏所蔵銅鐸の来歴」を掲載しており、坪井もこれを読んで柏原を訪ねて銅鐸を見せてもらう気になったのかもしれない。坪井は書いていないが、柏原は同じ奥医師で駿府病院の病院頭を務めた坪井の父・信良を知っていたであろうし、もしかすると幼いころの正五郎に会っていたかもしれない。もしそうであれば銅鐸についてだけではなく、二人の間で思い出話に花が咲いたとも考えられる。

翌日二月三日には柏原の案内で、同じく人類学会会員の秋山光条《てるえ》、芝井有竹と共に江尻ステーションで鉄道線路から掘り出された古器物を見ている。秋山光条は三島神社の宮司である。秋山の名前は、探検家・松浦武四郎が晩年に日本各地の神社仏閣から古材を譲り受けて〝一畳敷〟と名づけられた畳一畳からなる書斎を建築した際に、伊豆三島神社からその一部を提供した人として松浦の著した『木片勧進』に記されている。

このあと、坪井は同様のペースで好古家を訪ねては古器物を見せてもらい、各地の遺跡を実見する旅を続けながら東海道を下り、二十日に名古屋に着いた。そして二十二日に熱田から汽船で四日市に渡り、津に宿泊。二十三日に山田へ行き、神苑会事務所で吉川清三郎に会った後、鹿島則文を訪ねている。山田というのは伊勢神宮の外宮の辺り、神苑会は「両宮の近傍に一大公園を作る事を主旨」〔「三十国巡回日記」前掲誌、第二十七号、一三〇頁〕として明治十九（一八八六）年に設立された会のことである。坪井が会った吉川清三郎は伊勢河崎町の生まれの実業家で、神苑会創設に発起人の一人として力を注いだ人物である（三谷敏一著『神都名家集』）。また鹿島則文のほうは、鹿島神宮大宮司の家の生まれ、勤皇派の水戸藩士に肩入れしたことで慶応元（一八六五）年八丈島に島流しにされたが、明治二（一八六九）年に許されて戻り、明治六年に鹿島神宮大宮司を継いだ。明治十七（一八八四）年には、伊勢神宮大宮司に任命されている（薗田稔／橋本政宣編『神道史大辞典』）。坪井が神苑会を訪ねたのは、前年に福地復一《ふくいち》の訪問を受けたという事情があった。坪井は次のように記している。

昨年〔明治二十年〕の十月二十日でござりました本会々員にて又神苑会々員たる福地復一氏が私方へ来られまして神苑会にて博物館を設ける企《くわだて》の有る趣を話され且曰はるゝ様博物館と云ても東京に在るものゝ写しを作る様では面白く無い何とか専門を定め此事ならは《ママ》伊勢へ行けば分かると云様に仕度との考へで先日彼地へ行た折に此事を云ひ出だし人類学の博物館としては如何とて人類学の大意と君の事とを話した所賛成者多く畧々《ほぼ》其事に取決め館中には諸種の標品を陳列し園中には各国古代諸建築の模造を置く事と予定致したに付き相談に乗られん事を頼む云々《うんぬん》、〔「三十国巡回日記」前掲誌、第二十七号、一三〇頁〕

福地は、のちに東京美術学校（現・東京芸術大学）校長・岡倉天心を辞任に追いやる原因となった怪文書を執筆したとされる人物である。怪文書には、天心の異常な性癖を挙げつらい、学校の金で私利私欲を肥やしている等々

の誹謗中傷が書かれており、これが築地警醒会という仮想の名称の下に新聞社、雑誌社、学生の父兄等の許に送られた。

最初のころ天心は福地に目をかけ、東京美術学校の教授に招き、彼のために新しく図按課まで設けるという仲であった。また、天心が根岸党の客員だったことはすでに触れたが、おそらく天心の口利きで福地もここに参加していた。柳田泉著『幸田露伴』によれば、根岸党では「一党の姓名を無理に引きのばして長々しくよむ」ことが流行ったが、これは福地の発明によるものであったという。

例へば、思軒翁といふところをタゴコロ（思）のクルマボシ（軒）のオキナ（翁）とのばす、茶六翁〔川崎千虎の別号〕といふところをクサキヒト（茶）、ナベブタノヤツ（六）のオキナ（翁）とのばす〔同書、一七八頁〕

宮川寅雄著『岡倉天心』では福地を「人間的に卑屈な人物であった」〔同書、一五〇頁〕とまで述べているが、この柳田の記述を読むと結構遊び心のある人物でもあったことが窺い知れる。作家の松本清張は『岡倉天心——そのうちなる敵』で、最初に鍾愛しておきながら、途中から掌を返すように福地を遠ざけようとした天心の側にも非はあったとして、福地を弁護する立場に立っている。

ところで清張は同書で、福地の経歴を紹介する際、東京芸大保存の「履歴書」を掲載しているが、そのなかに「二十二年四月より伊勢神苑会の嘱託を受け、歴史博物館設計の取調に従事す」〔同書、八六頁〕とある。しかし坪井が述べているところによれば、すでに明治二十年の時点で福地は博物館の準備のために動き回っていたことが判る。福地は文久二（一八六二）年、伊勢山田に生まれているから、地元のためということもあって博物館設立には力を入れていたのであろう。なお、坪井は福地が人類学会の会員でもあったと述べているが、清張も引用している磯崎康彦／吉田千鶴子著『東京美術学校の歴史』によれば、福地は講義のなかで「明治という時代は美麗、奇異、強盛、軽淡が皆混然とした状態であるから、これらのものの中から自分に合った一つの趣致を見つけ出して研究すべきであることを述べている。それを見つけ出し自己の考えを深めて行くには歴史、特に美術に適うような有形な歴史、即ち古物学を研究する必要」〔同書、七九頁〕があると主張していたという。福地はこうした美術研究の立場から人類学会に参加したと考えられる。

先の福地の提案に対して、坪井は次のように答えている。

夫《それ》は誠に宜い御企でござります私の後来の研究の為には人類学博物館と云ふものが出来れば結構此上の無い事ではござりますが元々神苑会と云ふ会は両宮に付いて起《おこつ》たので有て見れば苑中の博物館も成る可《べ》く之《これ》と関係有る様に致し度、太神宮様に人類学とは余り縁の無い事で有るし且社殿を距る遠からざる所に人骨を飾り解剖図を掲げると云ふも応《ふさ》はしからず一時は面白い事故《ゆえ》賛成者が有るでござりませうが好く考へて見れば永く続かうとは思はれません、夫よりは本邦古来風俗習慣の変遷を示すと云ふ事にして他国の物は只《ただ》参考の為に副《そ》へる位いに止め館の名も風俗博物館とでも為しアンスロポロジカル、ミュージヤムと云ふよりは寧《むしろ》日本のエスノグラフィカル、ミュージヤムと云ふ様に致し度（中略）本邦の風習遺跡は追々に失せて行く事故何れ何所かに集めて置き度き所なるに伊勢の太神宮の側とは実に何れの点から見ても最適当な場所で有る、〔「三十国巡回日記」前掲誌、第二十七号、一三〇〜一三一頁〕

福地も坪井の意見に賛成し、物品蒐集の手続きや陳列の心得など、二人は五時間にわたって話し合ったという。

その後、福地の依頼で坪井は自分の考えを文書に認めて神苑会へと送っている。坪井が神苑会を訪れたのは、福地から山田へ行くことがあれば訪ねてほしいと頼まれていたからであった。この博物館は明治二十四（一八九一）年に農業館として下宮前に完成（その後倉田山に移築）、次いで明治四十二（一九〇九）年には神宮徴古館が建築された。徴古館は昭和二十年に戦災で一度焼けたがその後再建され、二館はいまも神宮の博物館として展示を続けている。

翌二月二十四日、坪井は神苑会会員の村井恒蔵と共に両宮近辺を回り、度会《わたらい》郡小木村御巫《みかなぎ》清直を訪ねた。御巫からは古器物を見せてもらい、考古学上の談話を交わした。村井は県会議員で、この翌年（明治二十二年）には、宇治山田の町長に選ばれている（『神都名家集』）。御巫のほうは国学者で、伊勢大神宮権禰宜《ねぎ》の職にあった（『神道史大辞典』）。村井は御巫から国学を習っている。二十五日に坪井は再び御巫を訪ねて考古学上の話題について話し合った。このあと、坪井は御巫や村井から借りた資料を写したり周辺の遺跡を見たりして過ごし、三月一日に山田を出立した。松阪、奈良を経て、五日に西京（京都）に到着した坪井は、人類学会会員の高橋直義の許に一泊、翌日六日に高橋と画家・富岡鉄斎の許を訪ね古器物を見せてもらった。鉄斎もまた好古家の一人であった。作家・村松梢風は『本朝画人伝』の「富岡鉄斎」の章で次のように述べている。

> 明治になってから歴代の御陵の調査に着手したが、なにぶん久しい間の朝廷衰微のあとなので各地の御陵も多く山林桑田の間に湮滅してその調査はすこぶる困難だった。鉄斎はその勤王思想から大いにこれを恐懼《きょうく》してみずから骨身を惜しまずこの調査を心がけた結果、大和から河内あたりへかけての御陵はたいがい彼が発見考証して自筆の石標を建てた。
>
> 鉄斎の御陵研究は古くからの話で、彼がまだ御幸町に住んでいたころのこと、暇さえあれば古本を探しに出たが、多くは御陵に関係したことを調べるためだった。〔同書中公文庫版、巻六、二〇五頁〕

京都には九日まで滞在し、平野神社の禰宜・水茎磐樟《みずくきいわすく》と考古学上の談話を交わしたり、吉田嘿《もく》からは古器物を、北野神社宮司・田中尚房からは著書『歴世服飾考』の草稿を見せてもらったりした。なおつけ加えておけば、この田中尚房も先に触れた松浦武四郎の一畳敷に木片を提供した一人である。

ところで、坪井は「三十国巡回日記」では述べていないのだが、「ロンドンの博物館に存する日本古代土偶の由来」（『反省雑誌』第十三年第八号、明治三十一年八月）という文章で、この三十国巡回の際、御巫清直を訪ねたときのことに触れて面白いエピソードを記している。二人で考古学上の談話をしているとき、談たまたま埴輪土偶のことに及んだという。すると御巫は坪井に、誕生した釈迦の手つき（右手を上に左手を下にした恰好）をした土偶を見たことがあるかと訊ねた。坪井がないと答えると、御巫は自分は先年京都でそうした土偶を見たのだという。それは高さが二三寸（約六～九センチ）、頭を島田髷のように結び、胸には玉を掛け、腰から下は筒状になっており、そこを棒通しの孔が前後に貫いていた。髪の様子から女性のようだが、手の形から糸でも取っているように見えたという。

御巫は、これについては妙な話があるといった。よほど前のことである。京都のある人が関東のある地方へ行った折に某氏を訪問すると、ちょうど近傍から掘り出したといってその土偶を見せられた。京都の人はお世辞に、これは珍しい、かさばらなければ持って帰りたいところだと褒めてその場を辞した。幾年かして京都の人の許へ運賃先払いで不審な荷物が送られてきた。京都の人は懐が不如意だったため、運送方に荷物を預かって欲しいと頼んだ。ところが運送方は承知せず、金がないなら荷物の中味を幾分か売って払ってくれという。そこで開けてみると、例の土偶が現れた。これではお金にならないと二人が困っていると、ある好事家が通りかかり、自分が運賃を払うので土偶を譲ってくれという。京都の人は喜んで承諾し、土偶は好事家のものとなった。御巫がこの好事家を訪ねた折、土偶を見せてもらい、併せてそのいきさつを聞いたのだという。土細工なので置き場所が汚れて邪魔だし、自分はもう見飽きたからよかったら遣ろうといわれたが、御巫も差し当たって必要がないので申し出を断った。好事家もいまは故人となってしまい、土偶の行方は判然としないとのことであった。

　次に坪井は先に触れたように、京都の平野神社の禰宜・水茎磐樟を訪ねたわけだが、そのとき机の上に高さ二三寸の木細工の土偶模造が置いてあるのが眼に入った。水茎によれば、それは亡父が所持していた土偶の雛形で、生前数個を作って同好の士に配ったものの一つだという。坪井が手にしてみると、例の土偶と形状が符合していた。その元の土偶の所在を訊ねたが、水茎は亡父が生前、誰かに譲ってしまい、どこから手に入れたかも知らないといった。

　その後坪井は、讃岐に行き琴平社の禰宜・松岡調《みつぐ》を訪ねた。そこで坪井が見せられた古器物図数種のなかに例の土偶の図があるのを発見した。坪井がどこの土偶を写したものかと訊ねると、松岡は最初から図になっているものを手に入れたので判らないと答えた。ここまでが三十国巡回のときの話である。

　ところが、のちに触れるように坪井は一八八九（明治二十二）年から欧州に留学することになるのだが、そのとき偶然大英博物館で、この土偶埴輪の実物と対面したというのである。坪井は思わず驚きの声を上げた。訊ねてみると、ゴーランドという人物が日本滞在中にこの土偶を手に入れて持ち帰ったものだということが判った。

　しかし、坪井は更に日本戻ってからの驚きの後日談をも伝えている。帰朝した坪井があるとき豊田豊（長敦）著『上代衣服考』を見ていたところ、第五十八丁に件の土偶とそっくりの図が載っているのを発見した。ただ一箇所、頭だけは小さな笠のように描かれてはいるのだが、島田髷の正面は往々にして笠のように描かれることがあるのでこれもその類いではないか、と坪井は推測してい

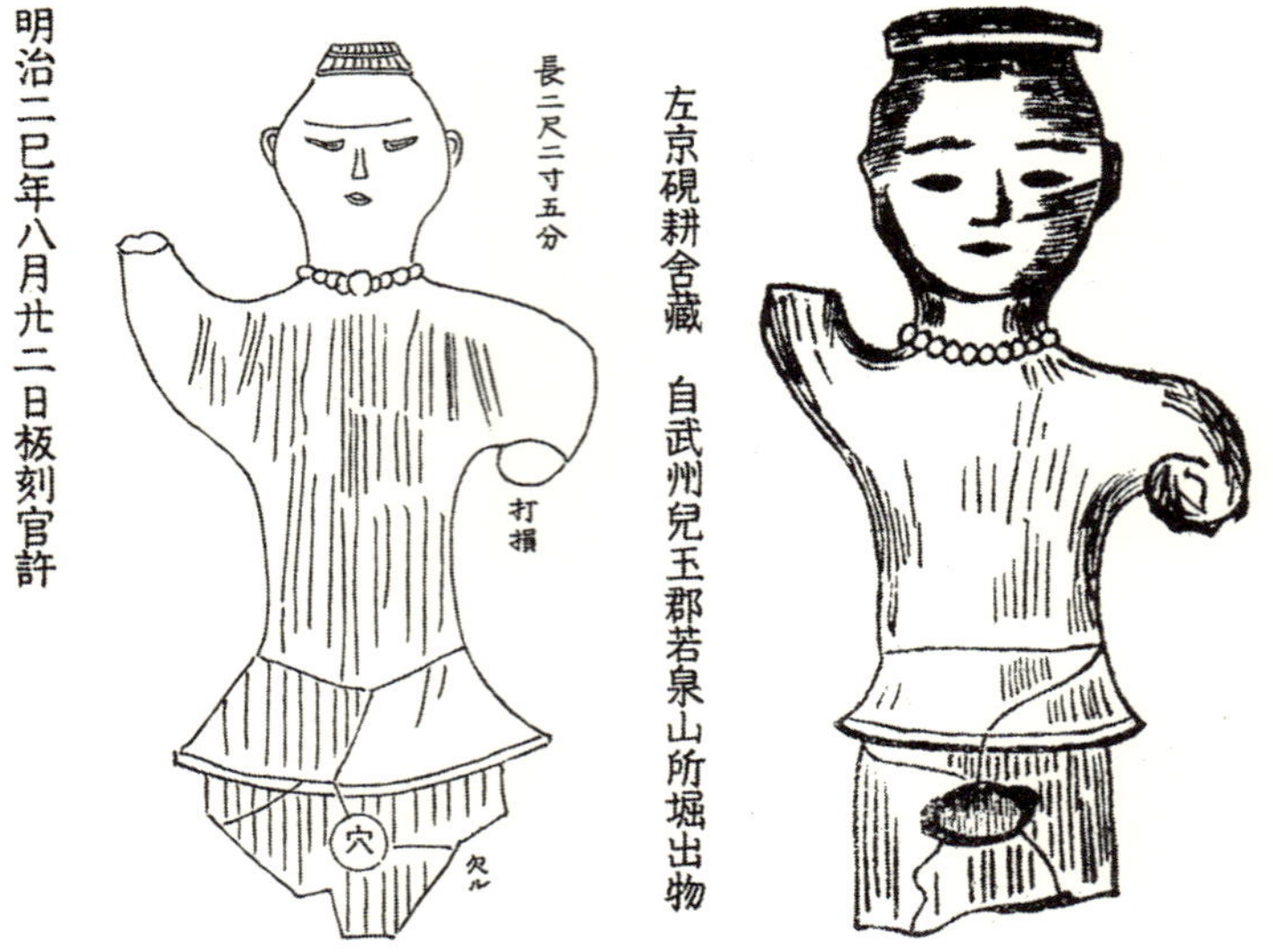

◉右は坪井正五郎が模写した土偶埴輪、左は『上代衣服考』に掲載されている図

る。この図の傍には「左京硯耕舎蔵　自武州児玉郡若泉山所掘出物」「長二尺二寸五分」と書いてあった（上段左図参照）。

坪井は水茎に書面を認めて問い合わせてみた。すると、水茎から坪井と会ったときには思い出さなかったことなどをも含む返書が届いた。それによれば、「硯耕舎とは中京辺りに住んでいた桜井某という古癖家の老人のことであろう。土偶の入っていた外箱には、武州某村にて得た、運賃の高価なことに困難したなどと書かれていたのを思い出した。桜井の死後、土偶は大和画師《えし》・岡田為恭《ためちか》の手に渡ったが、岡田は維新前に浪士に斬られ、未亡人の手から父・玉菜がもらい受けた。その後、大阪の後藤某の懇請により譲り与えた」という内容であった。

坪井は、御巫の話と水茎の文面には若干齟齬があるものの、共に記憶に頼っているのでどちらが正しいかは判断し難いとし、「ロンドンの博物館に存する日本古代土偶の由来」の最後で土偶埴輪の流離譚を次のように整理している。

①武蔵国児玉郡若泉山で埴輪土偶を掘り出した事が有る。
②其土偶は高さ二三寸で、髷は島田形、頸部には飾

り玉が付けて有り、右の手を上げ、左の手を下げ、裾から下は円筒に成つて居て、此所に前後貫通の孔が有る。
③此土偶の発掘された時、西京〔京都のこと〕の某氏が通り掛かつて、之《これ》を見、珍らしい物だから欲しいが、量《かさ》ばるから持つてはいけぬ残念な事だと、お世辞を言つた。
④程経て西京某氏の所へ運賃先払ひで彼の土偶が届いた。
⑤某氏は此土偶は不用だと云ふので或る人（恐らくは硯耕舎桜井某）が運賃丈《だけ》仕払つて譲り受けた。
⑥桜井氏の所蔵中、此土偶が実写され、（頂上の部に誤り有り）其複写が豊田豊氏の手に入つて、明治二年上代衣服考の挿図として世に公けに成つた。此書には硯耕舎蔵と記して有るが、実は其頃硯耕舎桜井某氏は故人で有つたので有る。
⑦桜井氏の死後、此土偶は西京の大和画師岡田為恭氏（冷泉とも称せり）の手に入つた。
⑧然るに此岡田と云ふ人は維新前浪士の為に殺されたので土偶は岡田氏未亡人の手許に保存されて居た。

⑨水茎玉菜氏も西京居住の人で古物好きで有つたので前々から桜井岡田両氏とも、親交が有つた。此縁故からして土偶は水茎玉菜氏の貰ひ受ける所と成つた。
⑩水茎氏の所有中、御巫氏が土偶を見たので有る。木彫摸造の拵《こしら》へられたのも、松岡氏所蔵の図（上代衣服考に掲げ有るものよりは精密なるもの）の画かれたのも其時分と思はれる。
⑪明治五六年の頃大坂の後藤某氏と云ふ人が、水茎氏に懇望して土偶を譲り受けた。
⑫土偶は後藤氏の手からゴーランド氏（大坂在留）の手に移り、終にイギリスへ送られた。
⑬彼の土偶は現にロンドンのブリチシ　ミユーゼアム日本古物陳列棚に置いて有る。〔同誌、四二〜四三頁〕

以上が坪井が出会った不思議な土偶のエピソードである。最後にもう一つだけ、坪井が述べている「ゴーランド」という人物についてつけ加えておこう。坪井は先の文章のなかで、「私は此部の管理者たるアランクス氏に会つて話しを致しましたが、此土偶はゴーランド氏の手を経て此所に来たとの事の他、何も知る事が出来ませんでした」〔四二頁〕と述べているだけだが、この人物はお雇

◉ガウランド（ゴーランド）文書のなかにある「集古図」収蔵の埴輪図

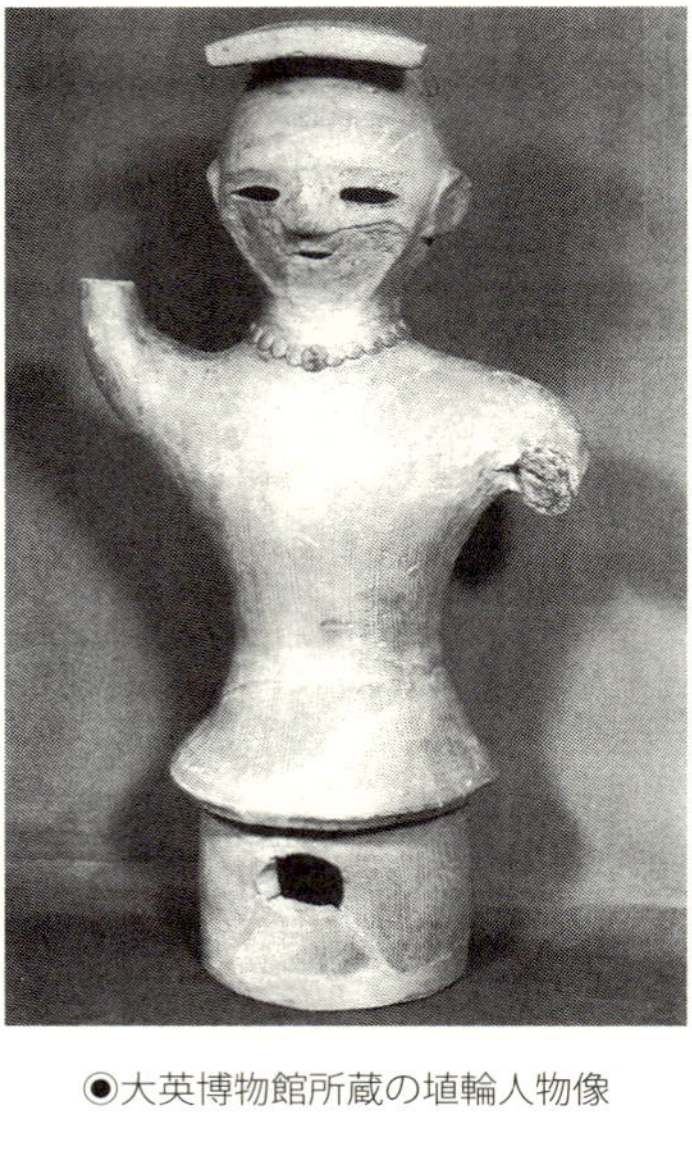

◉大英博物館所蔵の埴輪人物像

い外国人として大阪造幣寮にいたウィリアム・ゴーランドのことである。ゴーランドは明治五（一八七二）年〜明治二十一（一八八八）年の十六年間日本に滞在し、化学者として日本の新しい貨幣の鋳造を指導した。その傍らで彼は日本古墳の研究も行っている。坪井はゴーランドを知らなかったようだが、彼は東京人類学会会員でもあった。『東京人類学会雑誌』（第三十四号、明治二十一年十二月）の「記事」欄に「本会々員ウキリアムゴーランド氏ハ大坂ヨリ出京中去ル十一月十五日本会ニ請ヒ所蔵ノ古器物ヲ一覧シ本月十二日英国ヘ向ケテ神戸ヲ出帆セリ」（七七頁）と書かれている。このあと触れるように、坪井はその二日前、日岡古墳発掘のため九州に出張しており、このときゴーランドとは会ってない。

日本からイギリスに持ち帰った出土品は、ゴーランド・コレクションとして大英博物館に収蔵された。坪井が見たのがこれである。ヴィクター・ハリス／後藤和雄責任編集『ガウランド――日本考古学の父』には、「ガウランド文書「集古図」収蔵の埴輪図」（前頁上段参照）とゴーランドが「踊る少女の埴輪」（一二二頁）と呼んだ埴輪の写真（前頁下段参照）が掲載されている。そして「集古図」中には、「天保十二（一八四一）年ノ頃　武蔵国児玉郡若泉山所獲　高サ壱尺八寸六分（約二十六・一センチ）」と書かれている。サイズだけは矛盾しているものの、これを見ると、坪井が述べている通り同じものであった可能性はかなり高いと思われる。

W・ゴーランド著、上田宏範校注、稲本忠雄訳『日本古墳文化論――ゴーランド考古論集』に載っている上田宏範著「ウィリアム・ゴーランド小伝」によれば、「帰国した教授は来日前に勤めたことのあるブロートン銅会社に冶金主任として復帰した。その期間は一八八九年（明治二二）から一八九一年（明治二四）の足かけ三年間だった」（三四六頁）とあり、これは坪井がロンドンに滞在していた期間と重なっている。もし誰か仲介する人がいて二人が出会っていたとすれば、このエピソードに更に面白い話が加わったに違いない。ちなみに坪井がロンドンを去ったあとのことだが、民俗学者・南方熊楠とイギリスに遊学していた徳川頼倫《よりみち》、そして頼倫に随行した鎌田栄吉（のちに慶応大学塾長）は、ロンドンでゴーランドと会っており、先の小伝のなかで上田氏は、熊楠がゴーランドから「大きな感化を受けたらしく、後年の著作にもその想い出が散見する」（三八四頁）と述べている。

「三十国巡回日記」に話を戻そう。九日の午前中に京都を発った坪井は、大阪へと向かった。大阪では山崎《やまさき》直方《なおまさ》と会い、二人で河内高安郡神立《こうだち》・大久保両村に行き、多くの横穴を見ている。のちに日本の地理学を確立することになる山崎については、すでに坪井の風俗測定の協力者として触れたが、この当時はまだ十七歳、大阪にあった第三高等中学校の生徒であった。山崎は坪井と訪れたあとにも再び横穴を訪れて調査しており、ちょうど「三十国巡回日記」の第二回が載った『東京人類学会雑誌』（第二十八号、明治二十一年六月）に「河内国高安郡横穴遺跡実見記事」を掲載している。

十二日夜神戸に着いた坪井は、人類学会を設立した仲間である佐藤勇太郎と会った。佐藤は帝国大学工科を卒業後、神戸商業講習所（現・兵庫県立神戸商業高等学校）所長として神戸に着任した。その後、彼は日本精米会社支配人等を経て、明治二十二年ごろからは海運業の仕事に就き、日本海運ブローカーの草分け的存在となっている（寺沢鎮著『神戸の異彩――人物論』）。

十四日に神戸を発った坪井は、播磨、姫路、岡山を経由して、十八日に船で讃岐高松着。旧知の福家《ふけ》梅太郎を訪ねた。福家梅太郎についても述べておこう。梅太郎の息子・豊が「父福家梅太郎の追憶断片」（『農業香川』第五巻第四号、昭和二十八年四月）で記しているところによれば、万延元（一八六〇）年讃岐国高松に生まれた福家は、同志社英学校で英語を学んだのち、東京大学予備門へと進んだ。ここで坪井と知り合い、二人で発掘調査を行って「土器《かわらけ》塚考」を発表したことはすでに述べた。駒場農学校（現・東京大学農学部）卒業後、滋賀県農事試験場に一年あまり勤めたのち、父の死を機に高松へ戻り、香川県（当時は愛媛県）勧業課技師となった。おそらく坪井が福家の許を訪ねたのはこのころであろう。その後、福家は明治三十二（一八九九）年に香川県農事試験場初代場長となり、小豆島で日本最初のオリーブ栽培に成功した。

さて、福家の家に泊まった坪井は、翌十九日に福家と共に稲荷山、擂鉢山で石塚や塚穴を見、再び福家の家に泊まった。二十日の午後、福家の家で人類学談話会を開き、坪井は人類学の大意を演説した。このときの来聴者は二十五人、その多くは小学校教員であった。この日も坪井は福家の家に宿泊した。「七年前の三十国巡回日記」はここで終わっており、最後に（未完）と記されている。坪井の場合、連載がいったん中断しても、何号かのちに続きを掲載することがしばしばあった。この連載にしても、「三十国巡回日記」から七年後に続きが掲載されたわけだが、これ以後坪井は続篇を掲載することはなかった。

実はこの「三十国巡回日記」を読むと、一つの疑問が湧いてくる。それはのちに坪井の弟子となる鳥居龍蔵が『ある老学徒の手記――考古学とともに六十年』のなかで記している、坪井と鳥居の出会いの日付についてである。

まず、鳥居龍蔵について説明しておこう。彼は明治三（一八七〇）年、徳島市船場《せんば》町に煙草問屋の子として生まれた。鳥居家は代々阿波藩の煙草司を務めた裕福な家柄で、母・とくはそこの一人娘、父の新次郎は坪井の父と同様養子に入った。鳥居が『ある老学徒の手記』で記しているところによれば、小学校のときある教師から「学校卒業証を所持しないものは、生活は出来ない」（一六頁）といわれたことに反撥し、純粋な学問を志して学校を中途退学し、以後独学を続けた。十六歳のとき、三宅米吉の編集していた雑誌『文』で人類学会が発足したことを知った鳥居は、さっそく『人類学会報告』を購読し、会へ入会した。鳥居は以前から人類学、考古学に関心を抱いていた。雑誌で白井光太郎《みつたろう》の名前を知った鳥居は、彼に指導を仰ぎたいとの手紙を書き送ったが、白井からの返事は自分の専門は植物学である、人類学を志すのであれば坪井に頼んではどうかというものだった。そこで鳥居は改めて坪井に手紙を認め、以後坪井は鳥居と文通する仲となった。鳥居は、坪井が徳島にいた彼の許を訪れた際に、「君は早く上京し、人類学を学ばれよ。若し上京されるならば、出来るだけ斯学について種々相談しよう。また大学の選科を選ばれてもよろしい」（二一頁）といったと述べている。

　問題は、鳥居が『ある老学徒の手記』のなかで、このときの坪井の訪問について「ここに私にとつて記念すべきは、二十一年二月に突然、坪井正五郎先生と讃岐の農学士福家梅太郎先生が、私の家を訪問されたことである」（二一頁）と記していることである。八幡一郎著『日本民俗文化大系第九巻　白鳥庫吉／鳥居龍蔵』や中薗英助著『鳥居龍蔵伝――アジアを走破した人類学者』をはじめ、坪井と鳥居の最初の出会いを記した資料は、いずれもこの鳥居の著書の記述に依拠してるため、明治二十一年二月となっている。しかし「三十国巡回日記」を読むと、この日づけに疑問を抱かざるを得ないのだ。すでに見たように「三十国巡回日記」によれば、三月一日の段階で坪井はまだ宇治山田にいたと記しているからである。

　では二月ではなく、三月であればどうだろうか。「七年前の三十国巡回日記」は高松の福家を訪ねたところまでしか書かれていないが、その後に二人は徳島に来たということも考えられないではない。だが、実はそれも不可能なのだ。坪井家資料のなかには明治二十一年の坪井の『当用日記』が残されている。ここには詳しい内容の記録まではないのだが、三十国巡回の際に何日にどこにいたかについてだけはこと細かに記されている。日記によれば、二十一日に高松を発った坪井は琴平へ向かい（このとき先に触れた琴平社の禰宜・松岡調を訪ねたことになる）、更に多度津から船で広島へ渡った。広島からは、山口そ

して萩、須佐、木部、松江、米子、鳥取と山陰地方を旅したのち、舞鶴、岐阜、中津川、飯田、下諏訪、小諸を経て、横川から汽車に乗り、四月二十四日に上野に着いている。つまり、どこにも徳島を訪れたという記述はないのである。

すると、坪井が徳島を訪れたのは、何時になるのか。鳥居は『ある老学徒の手記』のなかで、「坪井先生は当時、動物学科大学院学生であつて、大学より九州に出張を命ぜられ、その帰途讃岐の高松に立ち寄られ、福家氏を訪い、同氏を伴つて来県されたのである」（二一頁）とも書いている。この坪井の九州出張については、先にゴーランドに関して触れた『東京人類学会雑誌』第三十四号の同じ「記事」欄に次のよう書かれている。

○本会幹事ノ一人ナル大学院学生理学士坪井正五郎氏ハ豊前国仲郡馬ケ嶽ノ古墳及近傍諸地ヘ人類学材料採集ノタメ十一月十三日出発セリ（七七頁）

このとき坪井は、筑後国（現・福岡県）生葉郡若宮村にある若宮八幡社内の前方後円墳・日岡古墳の発掘を行っている。坪井は、ここで石室に赤色顔料で描かれた壁画を発掘した模様を「筑後国日の岡にて古代紋様の発見」（『東洋学芸雑誌』第八十八号、明治二十二年一月）で報告した。そのなかで彼は「私が此稀有なる発見をしたの実《ママ》には昨明治二十一年十一月二十四日の事でござりました」（『日本考古学選集　第三巻　坪井正五郎集　下巻』一八三頁）と記している（先の坪井の『当用日記』では、十一・十二月の辺りは空白で何も記されていない）。更に、『東京人類学会雑誌』（第三十五号、明治二十二年一月）の「雑報」欄には「坪井正五郎氏、九州地方巡回中ナリシ同氏ハ昨年十二月十九日帰京サレタリ」（一八七頁）とある。だとするなら、この出張の帰りに福家と共に鳥居の許に立ち寄った可能性は充分に考えられる。

だが、実はこの点にも疑問がないわけではない。もし坪井が九州出張後に鳥居のところにやってきたとすれば、当然、発掘の終った二十五日以降ということになる。ところが坪井の訪問について、鳥居は「学界生活五十年の回顧」（『ミネルヴァ』第一巻第八号・第二巻第一号、昭和十一年十二月・昭和十二年一月）でも触れていて、そこでは坪井たちが去ったあとのこととして、次のように述べているのである。

それから自分は当時出来るだけ色々の新しい書物を手にし、又、「人類学雑誌《ママ》」を見て居る中に益々斯学に面白いと云ふ興味が起つて来て、是はどうしても本当にやらなければならないと云ふ感じが出て来て、是れまでの研究態度を一変した。そこで徳島に人類学取調仲間などもたてるやうになり、又雑誌を発行しやうと云ふことに迄なつたが、遂にそれは実現せずに終つた。それで此の人類学会取調仲間創立に就て三宅米吉さんの「文」と云ふ雑誌があつて、之《これ》に広告をして貰つた。その広告は斯《こ》う云ふものである。

明治二十一年十一月三日
第一巻、第十七号
今回東京人類学会と親しく通信し、当地へ人類学材料取調仲間を設け専ぱら同学上一切の材料を蒐集し是を発行雑誌に登載し仲間と直接の関係ある学者有志へ進呈し次で人類学の忠僕者たらんとす。
徳島県名東郡徳島町船場百八十番地
東京人類学会員　鳥　居　龍　蔵
〔第一巻第八号、三〇四～三〇五頁〕

鳥居の記述には「明治二十一年十一月三日　第一巻、第十七号」とあるが、これは間違いでこの広告が掲載されたのは前号、即ち第一巻第十六号、発行日は明治二十一年十月二十七日である。なお、同様の広告は『東京人類学会雑誌』第三十二号（明治二十一年十月二十八日）及び第三十三号（同年十一月）にも掲載されている。坪井がやってきたことで鳥居の人類学熱により拍車がかかり人類学会取調仲間を結成、その結果この広告掲載に至ったとすれば、十一月二十五日以降の坪井の訪問では不可能なのである。この矛盾は、どう考えればいいのか。

ところで、ここにもう一つ坪井の興味深い証言がある。それは、『学燈』（第十年第五号、明治三十九年五月）に掲載された「鳥居氏送別会の卓上演説」と題された記事である。これは鳥居の第三回満洲調査の送別会での演説をまとめた記事で、そこでの坪井の発言として次のように記されている。

『余の鳥居君を知りしは明治二十一年の頃三宅米吉君の編輯せられし雑誌「文」の広告欄に「人類学の忠僕鳥居龍蔵」の名を以て「自分は人類学の熱心家なるが人類学を研究させて呉れる人があるか」といふやうに広告が出ておつたのを見たのが初めてゞ、其の後九州より四国へ廻りし序《ついで》計らずも鳥居君の家に二泊して其以後今日まで継続しおれり（後略）』〔一六九頁〕。

広告の内容は正確ではないものの、これを読むと少なくとも坪井が『文』の広告を見たのは、九州出張以前と

いうことになる。ここで坪井は初めて広告で鳥居のことを知ったと述べており、先の鳥居の文通云々という点とは矛盾している。しかし、もし仮に「鳥居氏送別会の卓上演説」での発言が坪井の記憶違いで、これ以前に坪井と鳥居が文通していたのだとしても、彼がこの広告を読んで人類学材料取調仲間の結成を知り、九州の調査後に鳥居の許を訪れてみようという気になったというのは、あり得ないことではないだろう。

　もしそうだとするなら、坪井が来訪する以前、すでに鳥居たちのなかで人類学材料取調仲間を結成するまでに、人類学に対する関心が盛り上がっていたとは考えられないだろうか。そこへ、思わぬ坪井の訪問があったため、その前後が鳥居の記憶のなかで混乱したとしたらどうだろう。いまのところこれ以上確実な資料がないので、あくまでも想像の域を出ないのだが、九州出張の後に寄ったというのは坪井・鳥居の双方が述べているからこれが間違いがないとするなら、そう考えるのが自然であるように思われる。

　さて、坪井の生涯を語る際に欠かせない人物である鳥居龍蔵については、ここでもう少し触れておこう。鳥居はその後、坪井の言に従って上京し、彼の下で人類学を学ぶことになる。やがて鳥居は坪井と袂を分つことになるが、彼の弟子のなかで最も坪井のことを敬愛し、学風は異なるもののその後継者となったのは、この鳥居龍蔵であったといってよい。坪井の死後、鳥居は松村瞭《あきら》の論文審査をめぐって東大辞職に追い込まれるなど学界では不遇な面もあったが、その業績は『鳥居龍蔵全集』全十二巻および別巻として残されている。一方坪井はといえば、生前名士としてもてはやされはしたものの、日本の先住民族としてコロボックル説を唱えたことから、コロボックルの名が一人歩きして風変わりな学者として誤解されることも多く、死後その業績は忘れ去られていった。民族学者・岡正雄の兄で出版社・岡書院社主の岡茂雄が「座談会　日本人類学界創期の回想」（『ドルメン』再刊第一・二号、昭和十三年十一・十二月）で述べているところによれば、昭和初期に坪井の全集の出版が計画され、「今よく覚えて居ませんが、相当な頁数のものが六、七冊になる」（再刊第二号、二九頁）予定であったが、これも時期を逸して、ついに刊行されることはなかった。次章では、この坪井が忘れ去られていく原因ともなった〝コロボックル論争〟について述べてみよう。

第八章　論　争——コロボックル北海道に住みしなるべし

明治時代の人類学上最大のテーマといわれるコロボックル論争、それは日本人の先住民族は、コロボックルだったのかそれともアイヌなのかを争ったものだった。あくまでも坪井はコロボックル説を否定せず、それに反論する白井光太郎、小金井良精、そして森鷗外までをも巻き込んで、論争は更に拡大を続ける。

コロボックルという名前は、坪井と切っても切れないほど深く結びついている（コロボックルはコロポックル、コロポックグルなどさまざまに表記されているが、論文タイトルおよび引用文を除いて本書では便宜上、〝コロボックル〟に統一した）。それもあまり評判のよくない名称として——。坪井が展開したコロボックル論は、彼の名前を一般に知らしめるのに大いに役立ったといっていいだろう。寺田和夫は『日本の人類学』のなかでこのコロボックル論は「人類学上の問題で、明治時代を湧かした最大のテーマ」（五三頁）であったと述べている。

では、そもそもコロボックル論とはどのようなものであったのだろうか。発端は人類学会が公式に認められる以前、明治十七（一八八四）年十月十七日に遡る。大学生の坪井以下八名は「じんるいがくのとも」第二寄合を東京大学理学部植物学教室で開いた。内容は坪井の編集した『じんるいがくのとも じんるいがくくゎい よりあひのかきとめ』に詳しく記録されているが、このとき渡瀬庄三郎は「さっぽろ　きんばう　ぴっと（Pit）の　こと」と題する報告を行った。

渡瀬が予備門で坪井と一緒だったことはすでに触れたが、彼はその後開拓使官費生として明治十三（一八八〇）年札幌農学校に入学、明治十七年に第四期生として同校を卒業、東京大学理学部動物学科撰科に入学していた。渡瀬は札幌近傍に縦穴《ピット》が五、六十あり、ここに住んでいたのは「おそらく　あいの　の　まへ　の　どじん（アイヌの先住民族のこと）すなはち　こびと　また　ころぼっくる　と　となふる　もの　なるべし」（二九頁）と述べ、この辺りから土器のかけらが出土しているが、アイヌは器を作るとき木の皮、獣の皮しか使わないので土器は昔、穴に住んだコロボックルの用いたものであろう。そして、アリュート人（コロボックル）は「蝦夷人」に追われ、その「蝦夷人」は日本人に追われたのであろうと述べた。この報告はその後、人類学会が正式に認められて機関誌『人類学会報告』を創刊（明治十九年二月）した際、漢字カタカナ文に変更の上、若干修正を加えて「札幌近傍ピット其他古跡ノコト」とタイトルを変更して同誌に再録された。つけ加えておくと、『人類学会報告』のころには、漢字表記が取り入れられている。

アイヌ以前に先住民族がいたとする説を唱えたのは渡瀬が最初ではない。E・S・モースもコロボックルとは呼ばなかったが、その存在を指摘していたし、工部大学校、のちには東京帝国大学工学部で鉱山学、地質学を教えた英国人ジョン・ミルンも北海道の遺跡はコロボックルによるものであると主張していた。寺田の『日本の人類学』と並んで『研究史　日本人種論』でコロボックル論争を詳細に跡づけた歴史学者・工藤雅樹氏は「渡瀬のコロボックル説は、ミルンの説を下敷にして唱え出されたものであったのかもしれない」（八四頁）と述べている。

この渡瀬の発表に対して白井光太《みつた》郎《ろう》は、M・Sという匿名を用いて「コロボックル果シテ北海道ニ住ミシヤ」を『東京人類学会報告』（第十一号、明治二十年一月）に掲載し、反論を行った。この論文で白井は、コロボックルはアイヌの伝承に過ぎず実在しない、従って札幌近傍古跡から出土した遺物はアイヌのものである、と主張した。これに対し、「コロボックル北海道に住みしなるべし」（『東京人類学会報告』第十二号、明治二十年二月）で白井に真っ向から異を唱えたのが坪井であった。坪井はコロボックルが実在しなかったという証拠はない、従って札幌近傍の遺跡はコロボックルではないとはいい切れないと述べた。更にこの論文の最後で坪井は、白井の名前こそ出していないものの、「コロボックル果シテ北海道ニ住ミシヤ」の文中に「中里村貝塚ノ説ニ於テ論シタレバ」〔七二頁〕という語句（白井は明治十九年三月十四日に人類学会第十八会で「中里村介塚」を報告し、『人類学会報告』の第四号、同年五月に掲載した）があること、およびM・Sのイニシャルからこの論文の著者が誰であるかは明らかであるとし、「以後斯かる真面目の論説には姓名を明記されん事を願ひます」〔九七頁〕と述べた。すると白井は、この坪井の反論に対して今度は〝神風山人〟の匿名を用い、あたかもM・Sとは別人であるかのように装って「コロポックグル果シテ内地ニ住ミシヤ」を『東京人類学会報告』（第十三号、明治二十年三月）に発表した。これに対し坪井も「コロポックグル内地に住みしなる可し」を『東京人類学会報告』（第十四号、明治二十年四月）に発表して応戦した。

その後白井からの発言は見られず、コロポックル論争はここでいったん、落ち着いたかに見えた。しかし次に解剖学・形質人類学者の小金井良精《よしきよ》が、「北海道石器時代ノ遺跡ニ就テ」を『東京人類学会雑誌』（第四十四・四十五号、明治二十二年十・十一月）に掲載してやはりアイヌ説を主張して坪井の説を否定し、坪井が「北海道石器時代の遺跡に関する小金井良精氏の説を読む」（『東京人類学会雑誌』第四十九号、明治二十三年四月）でそれに反論したことから、コロポックル論争は再燃した。実は坪井と小金井は明治二十一年の夏、二人で一緒に北海道旅行を行っている。小金井の「アイノの人類学的調査の思ひ出——四十八年前の思ひ出」（『ドルメン』第四巻第七号、昭和十年七月）によれば、このとき二人は七月五日に東京を発ち、函館、小樽、余市、札幌、千歳、苫小牧、浦川、茂寄、標茶、弟子屈、釧路等々を巡って九月六日に上野に戻ってきた。坪井もこの旅行に関しては、「石器時代の遺物遺蹟は何者の手に成たか、」（『東京人類学会雑誌』第三十一号、明治二十一年九月）で述べているが、細かい日付については記していない。二人ともそれぞれの文章では、何故かお互いこの旅に同行したことには一言も触れていない。しかし坪井はのちに「占守《シュムシュ》島土人と石器時代問題」（『東京人類学会雑誌』第百五十四号、明治三十二年一月）のなかでは「私は小金井良精氏と共に北海道を旅行しまして」〔二四頁〕と述べており、小金井のほうも、東京人類学会での坪井の追悼会で行った講演「故坪井会長を悼む」（『人類学雑誌』第二十八巻第十一号、大正二年十二月）で「明治二十一年の夏、暑中休暇を利用しまして博士〔坪井のこと〕と共に北海道をアイヌ人種取調の為に旅行いたしました、満二ケ月以上博士と終始共に歩きました」〔六七八頁〕と述べ

ている。更にこの調査旅行に関しては、小金井の妻・喜美子著『森鷗外の系族』にも次のようにある。

七月初めに小金井が北海道へ人類学の視察に立ちます時、坪井正五郎氏が理科の学生で一緒に行かれました。お兄さんは何か細々と世話をして横浜まで見送りました。〔二一頁〕

喜美子は結婚前の旧姓を森といい、作家・森鷗外の妹で、歌人でもあった。但しつけ加えておくと、ここに出てくる小金井の旅行の世話をやいた「お兄さん」というのは、鷗外のことではなく鷗外の弟・篤次郎のほうである。篤次郎も鷗外同様に医者だったが、三木竹二の名前で役者の型を中心とした歌舞伎の劇評を数多く書き、また雑誌『歌舞伎』を発行・編輯したことでも知られた。

興味深いことに、この北海道旅行で坪井はコロボックル説に自信を強くし、小金井はこの旅行と翌年夏の北海道旅行でアイヌ説を確信するという全く逆の結論を引き出している。だが考えてみれば、それも驚くには当らない。この北海道旅行は、最初から白紙の状態で行ったわけではないからだ。特に坪井の目的はコロボックル説の確証を見つけ出す旅であったのだから、坪井自身が意識するしないにかかわらず、コロボックル説へと導くための材料だけを選択する結果となったのは当然であった。

その後も、青森の画家で好古家の佐藤蔀《しとみ》が「アイヌノ口碑ヲ駁シ幷《アワ》セテ本邦石器時代ノ遺物遺跡ハアイヌノ物ナルヲ論ス」(『東京人類学会雑誌』第四十七号、明治二十三年二月)や山中笑《えむ》が「縄文土器はアイヌの遺物ならん」(『東京人類学会雑誌』第五十号、明治二十三年五月)などを掲載、アイヌ説支持者が続々と登場してきた。このなかには人類学会会員ではないが、作家の森鷗外もいた。彼は『医事新論』(第八号、明治二十三年七月)に「「コロボックグル」といふ矮人の事を言ひて人類学者坪井正五郎大人に戯ふる」で小金井説に賛同を示し、坪井説を否定した。先に述べたように、義理の兄弟関係にあった鷗外が小金井の援護射撃に出たという裏事情もあったかと想像される。もっとも、この二年前『舞姫』のモデルとなったエリーゼ・ヴィーゲルトが鷗外の後を追って日本に来た際、その後始末に奔走したのが小金井だった(小金井喜美子、前掲書)といえば、何やら楽屋落ちめいてしまうが。

なお坪井は一八八九(明治二十二)年五月から三年間、留学を目的としてヨーロッパに赴くことになるのだが、この間も彼は日本から送られてくる『東京人類学会雑誌』等を読んでは、コロボックル否定論に対する反論を執筆した。例えば、小金井の「北海道石器時代ノ遺跡ニ就テ」に対しての反論「北海道石器時代の遺跡に関する小金井良精氏の説を読む」もロンドンで書かれたものだし、山中の「縄文土器はアイヌの遺物ならん」に対しては「縄文土器に関する山中笑氏の説を読む」（同誌、第五十四号、明治二十三年九月）を、鷗外の「コロボックグル」といふ矮人の事を言ひて人類学者坪井正五郎大人に戯ふる」に対しては「「コロボックグル」といふ矮人の事を言ひて人類学者坪井正五郎大人に戯ふる、と題する文を読む、」（同誌、第五十七・五十八号、明治二十三年十二月、明治二十四年一月）を掲載するという具合である（鷗外とはのちに三越の流行会で顔を会わせることになるが、そのときこのことが話題に出たかどうかは不明である）。坪井は同誌に、パリ滞在中は「パリー通信」を、次いでロンドンに移ってからは「ロンドン通信」を毎号執筆し続けたが、そのなかでもコロボックル否定論に対しては多くの頁を割いて反論しており、神風山人が実は白井のペンネームであると判ったときなどは、「多少の脳力と時間を費してお答をしましても夫《それ》は捨てゝ置いてヒヨックリ別名で現れ出られては誠に張り合がござりません」（「ロンドン通信」同誌、第四十八号、明治二十三年三月、一五六頁）と苦言を呈している。

ここで少し横道に逸れることになるが、坪井・白井の間で生じたわだかまりについて触れておこう。白井はこの坪井の指摘に相当頭にきたのであろう。ロンドンの坪井に宛てて絶交状を送りつけている。坪井家資料に残された『留学日記』のなかで、坪井は次のように記している。手紙が届いたのは、一八九〇（明治二十三）年六月三日かもしくはそれより少し前のことである（『留学日記』、正確には『りゅうがくにっき』は、両親に宛てて坪井が留学先から定期的に送っていた日記で、原文は一部を除き平仮名で書かれているが、読みにくいので本書では適宜漢字に直し句読点を補った。以下同。なお次の文面には大きく×印が引かれてもいる）。

次に記すことはまことに面白くなきことなり。申し上げたくもなきことなり。お読みにならなくともよきことなり。たゞ〳〵思ひ漏らすところなき故、記すのみ。白井氏は古き友だちなり、なすことがらの似たるところある友だちなり。しかし、心安くすることのはなはだ難しき人なり（この先四ページ書きしが、あまり面白からぬ故、省きたり。早く申せば、白井氏から乱暴極まる手紙が来しなり。そのうちに絶交などいふ文句あり。友だちの絶交は夫婦の離縁と同じ、それほど穏やかならぬ言葉はなし。学問上の意見が合はぬとて絶交とは、胆が小さすぎるなり。わたくしは白井氏の親交すべき人に手紙を送り、白井氏をいさめてもらふつもりなり。そんな心では、わたくしのことは兎に角、白井氏自身が損なり）

ここで坪井が述べている「白井氏の親交すべき人」とは、白井の大学時代の主任教授であった矢田部良吉のことであろうか。いずれにせよ、「白井氏の親交すべき人」の取りなしがあったのであろう。白井からの絶交取り消しの手紙が届いたことが、『留学日記』に次のように記されている（一八九一年八月二十七日）。

白井氏より絶交の文字取り消しの手紙来たる。このうちに「人類学云々、植物学云々、後ヨリヅン〱エラキ人々出《いで》来りし故云々、とても両方に手を出す事かなはず。進退維《これ》究り遂に絶交云々の語を発するに至りしならん。先便に此等の意味相認度存候へども筆無精故簡単に失し云々」とあり。白井氏が筆無精といはゞ友だちは皆吹き出して笑はん。わたくしの知つてをる人では、白井氏ほどに筆まめな人はなし。たゞ人に見せることが嫌ひ故、どんなものを書いたか知らぬ人多きのみなり。絶交などいふ大事件の手紙をば、筆無精故簡単に書きしといふも不都合のことなるが、この度の説明も訳が判らず。あとから自分より偉い人が出て来たりとて、何もわたくしとの交はりを絶つにも及ばぬを進退これ極まつたりとて、わたくしのせいでもなし。何のことか意味が判らず。また「絶交云々は違約を愧ぢて中止する故云々」ともあり、いよ〱判らず。違約とは留守中、人類学会の世話をするといひながら、これをせざることなり。自ら約束を破り、それが恥づかしいとて、更に恥づべき絶交などの文字を書くとは、どういふ考へかちつとも判らず。しかし、過ぎしことはどうでもよろし。はや「旧交を保ち云々」との言葉を聞きし故、それにて安心なり。

コロボックル論争は、こうした知られざるエピソードも生んでいたのである。

話を本来のコロボックル論争に戻そう。お互いに相手の言葉尻を捉えて重箱の隅をつつくような形での論の展開も多いが、これら『東京人類学会報告』『東京人類学会雑誌』誌上で戦わされた論争は、あくまで専門家同士の争いであったことには変わりがない。この他にも坪井は『史学雑誌』（第四十・四十一号、明治二十六年三月・四月）に「日本全国に散在する古物遺跡を基礎としてコロボツクル人種の風俗を追想す」を、その翌月号（第四十二号、明治二十六年五月）には、これもコロボックルに関する内容の「石器時代の遺跡に関する落後生、三渓居士、柏木貨一郎、久米邦武、四氏の論説に付きて数言を述ぶ」（落後生は歴史・地理学者の吉田東伍、三渓居士は漢学者の菊池純のことである）を、そして同誌、第四十四号（明治二十六年七月）には「コロボックル所製器具図解」を発表した。だがこの『史学雑誌』にしても、歴史学の専門誌である。

もちろんコロボックル論については、さまざまな人が意見を述べ、その一部は新聞などにも掲載されたため、ある程度一般にも伝わっていたであろう。また白井の「コロボックル果シテ北海道ニ住ミシヤ」と坪井の「コロボックル北海道に住みしなるべし」は一般誌（といってもかなり硬派の雑誌である）の『史海』（第二十一号、明治二十六年三月）に、同じく白井の「コロポッグル果シテ内地ニ住ミシヤ」と坪井の「コロポックグル内地に住みしなる可し」は同誌（第二十二号、明治二十六年四月）に再録もされている。しかし、坪井本人が明治二十八年四月から翌年一月まで『風俗画報』（第九十号〜百八号）に全十回、断続的に連載した「コロボックル風俗考」となると、それらとは比べものにならないほどに、コロボックルの存在を一般の人々に印象づけたに違いない。

『風俗画報』は明治二十二年二月から大正五（一九一六）年三月まで続いた日本のグラフ誌の草分けである。出版元は東陽堂、吾妻《あづま》健三郎による発行である。衆議院議院の野口勝一が編輯人を務め、責任編集を渡辺又太郎（のちの大橋乙羽）が担っていた。明治三十年代に入ると写真版も登場してくるが、山本駿次朗著『報道画家　山本松谷の生涯』によれば、それまでは「銅版・石版折衷による精巧な新石版画によって、多色刷の絵画の魅力と、ニュースバリューを併せもった、新しい報道画報誌」（一〇頁）として、明治二十七年には年間発行部数十三万五千部に達していた（槌田満文著「石版画名作選」『東京人』第十一巻第十号、平成八年十月）。同年、渡辺が博文館の大橋佐平に気に入られ、娘婿となって博文館の営業重役に迎えられて東陽堂から去ると、そのあとは山下重民が大蔵省記録局に勤務する傍ら、二足の草鞋《わらじ》で責任編集を務めた（山下重一「山下重民小伝」『風俗画報・山下重民文集』）。「コロボックル風俗考」が掲載されたのは、このころのことである。

おそらく一般に坪井の名前をコロボックルと強く結びつけたのは、この「コロボックル風俗考」であったと思われる。『東京人類学会報告』『東京人類学会雑誌』のような専門誌とは異なり、掲載誌が『風俗画報』であるために、読者を専門家に限定することができず、一般読者の理解を得るために、より判り易い表現をする必要に迫られたのであろう。坪井は図版を多用しながらコロボックルとはこういう人種であったと、コロボックルのものと彼が信じた遺跡とその出土品、そしてアイヌの口碑から、微に入り細に入りその生活がどのようなものであったかを想像力を全開《フルスロットル》にして解説した。

「コロボックル風俗考」の最初のところで坪井は、コロボックルとは何かについて説明している。それによれば、コロボックルはアイヌ語で「コロコニ即ち蕗、ポック即ち下、グル即ち人と云ふ三つの言葉より成れる名称にして、蕗の下の人の義なり」〔『日本考古学選集　第二巻　坪井正五郎集　上巻』五〇頁〕ということになる。アイヌの伝承に、コロボックルが登場することは現在でも比較的よく知られている。このコロボックルという名前からは、通常はお伽話に出てくる一寸法師のような小人を連想してしまうし、実際、佐藤さとる氏の『だれも知らない小さな国』はコロボックルが登場する童話としてよく知られている。しかし例えば、精緻な思考で犯人を名指してみせる名探偵シャーロック・ホームズ・シリーズの著者であるアーサー・コナン・ドイルが、実生活では意外なことに妖精を信じていたスピリチュアリストであった〔富山太佳夫著『シャーロック・ホームズの世紀末』〕——というようには、坪井はコロボックルの存在を信じていたわけではない。「コロボックル風俗考」のなかで、坪井は続けて次のように述べている。

　余が殊にコロボックルなる名称を撰びたるは其口調好くして呼び易きと、多少世人に知られたるとに由るのみ。余は此人民の家は何地に於ても蕗の葉にて葺かれたりと信ずるにはあらす《ママ》。読者諸君コロボックルなる名を以て単に石器時代の跡を遺したる人民を呼ぶ仮り名なりと考へらるれば可なり。（中略）コロボックルは丈《たけ》低き人民なりしとは諸地方アイヌの一様に云ふ所なり。中には一尺〔約三十・三センチ〕計りと云ふ者もあり、八寸〔約二十四・二センチ〕計りと云ふ者もあれど、こは日本語にて丈低き者をば一寸法師と呼ぶが如く形容たるに過ぎざるべし。〔『日本考古学選集　第二巻　坪井正五郎集　上巻』五〇頁〕

坪井はあくまでもコロボックルという名称を先住民族の仮の名前として使用しているだけで、背は低かったとは主張しているものの、お伽噺中の一寸法師や童話に出てくる親指姫のような存在と考えていたわけではないことはこの文章から明らかである。しかし、ここに掲載さ

◉「コロボックル風俗考」に掲載された図（素亭君図、空翠写）

れた図版にはいささか誤解を招き易い表現が用いられていることも否めない。例えば、最近でも考古学者の勅使河原彰氏がこの絵から坪井の解釈を誤解していることからもそれは窺えよう。勅使河原氏は明治大学考古学ゼミナール第十一回で「坪井正五郎と人類学会の誕生」という講演を行い、その内容が明治大学考古学博物館編『市民の考古学2　考古学者——その人と学問』に収録されている。ここで勅使河原氏は、坪井はたいへんに絵が上手かったという話をしたあとで次のように述べている。

> 坪井は絵が上手だということはお話ししました。雅号をもつほど絵が巧みだということですけれども、自分のそういう通俗的な説を、「コロボックル風俗考」などという、論文といっていいのか、エッセイといっていいのか、そういうもののなかに巧みに絡ませながら主張することになります。有名なのはコロボックル風俗の図の右の絵〔本書では上段に掲載〕をみてほしいと思います。これはおそらくハマグリでタイのうろこをとっている絵だと思いますが、ハマグリの大きさとタイの大きさをみてほしい。それと人とを比較してほしいと思うのです。また、その左にある土器の絵、この土器の絵をみると、今でいう東北地方

の前期の円筒下層式という土器のようにみえるのですが、この土器の大きさと人の大きさというものを比べてほしいと思います。弥生時代、九州で盛んにつくられる甕棺ですね、人を葬るために利用された甕棺ぐらいの大きさに縄文時代の土器が描かれているということがわかると思います。つまり、この絵をみるとコロボックルの身長が異常に小さいと思わせてしまうことです。〔三三～三五頁〕

しかし先に引用した坪井の文章を読めば、坪井自身はコロボックルをそんなふうには考えていなかったことははっきりしている。では、何故こんな絵が挿図として描かれたのであろうか。勅使河原氏は坪井が絵が上手かったことからこれも坪井の手になるものと誤解してしまったようだが、実はこの絵をよく見ると、坪井の手になるものではないことが判る。右端に「素亭君図、空翠写」と筆字で、画家の署名が記されている。おそらくこういうことだろう。まず、坪井は原稿と共にこの絵のもとになるラフを描いた、それを加藤素亭が原図として描き直し、更に石塚空翠がそれを写した。つまり伝言ゲームのようにして挿図は描かれたことになる。事実、坪井は連載第二回の最後に「附言」として「前回の挿図中、頭髪に関するもの〻外他《ほか》は余の送りたる図と其位置全く異りたる為説明更に合はず。余は責任者が読者に対して謝する所有る可しと確信す」〔坪井前掲書、五九頁〕と述べていることからも、必ずしも挿図が坪井の思い通りには描かれていなかった可能性がある。むしろ、画家がコロボックル＝小人という先入観を最初からもっていたために、勅使河原氏を誤解させるような絵を描いてしまったと考えられないこともない。それにしても、勅使河原氏は坪井のコロボックルを説明している記述を何故見過ごしてしまったのか、疑問が残るところである。

もっとも更に穿った考え方ができないこともない。つまり、あえて坪井はその間違いをそのまま容認したのではないかという可能性である。自分で絵も描いた坪井は、ヴィジュアルの持つ力を充分心得ていた筈である。従って、絵がエキセントリックであればあるほど、読者の心を捉えることを坪井は知っていた。確信犯として、坪井自身があえてそのように描くよう指示したと考えられないこともない。まずそうした絵によって読者を引き付け、そして文章を読むことによって誤解は解ける筈だからである……と、はたして坪井がそこまで考えたかどうか、坪井につられてついこちらも想像力を逞しくしてしまったが、いずれにせよ「ニュースバリューを併せもった、新しい報道画報誌」としての『風俗画報』は、坪井にとって先住民族＝コロボックル論を一般に知らしめるための、恰好のメディアであったことは間違いない。実際に起こったニュースと同レベルで、あたかもコロボックルが実在したかのように読者に思わせることができるからである。その一方で、坪井にとってこれはとても危険なことでもあった。一歩間違えれば、大衆メディアを使った虚偽の報道にもなりかねないからである。

　さて、ここでコロボックル論争に意外な人物が登場してくる。日本海軍軍人・郡司成忠《しげただ》大尉である。郡司は元幸田姓であったが親戚の郡司家に子どもがいなかったため養子に入り、郡司姓を名乗った。郡司の生まれた幸田家というのは、作家・幸田露伴の家である。つまり、郡司成忠は露伴の実の兄である。ロシアの脅威を感じていた郡司は北千島の探検、開発を志し、そのために報效義会を結成して千島へと渡った。余談だが、露伴は郡司のことをたいへんに慕っており、郡司が明治三十七（一九〇四）年、千島でロシアの捕虜になった折りには、そのことを気にして長編小説『天《そら》うつ浪』の執筆を中断したほどであった（柳田泉著『幸田露伴』）。

　この郡司大尉が明治三十二年四月、坪井の許にやってきたとして、鳥居は『ある老学徒の手記――考古学とともに六十年』のなかで次のように伝えている。

　北千島の占守《シュムシュ》島にて日本人の組織する報效義会会長郡司成忠氏は、坪井先生を人類学教室に訪い「昨年占守島で竪穴を発見したが、なお竪穴の屋根などが残つており、その屋根裏に箭《や》が一束になつて差し込んであるのを見た。そしてその鏃は悉く骨鏃である。自分は思うに、この竪穴は貴下の所謂アイヌに逐われて北走したというコロポツグル（Koropokguru）の遺物ではあるまいか。願《ねが》くは貴下の占守島に来られ、この遺跡を実地に調査あらんことを望む。」ということを申し出た。〔七九頁〕

おそらくこの記述を信じたのであろう、作家の中薗英助は『鳥居龍蔵伝――アジアを走破した人類学者』でやはり同様の内容を伝えているのだが、実はこれは鳥居の記憶違いである。坪井が郡司と会ったのは鳥居が伝える四か月以上前のこと、しかも郡司が坪井を人類学教室に訪ねてきたのではなかった。そのことは先にも少しだけ触れた坪井の「占守島土人と石器時代問題」を見ると判る。この論文の冒頭で坪井は、「昨年〔明治三十一年〕十二月十日の夜、私は東京地学協会々場で報效義会々長郡司成忠氏に会ひましたが、その節同氏に就て占守島に於ける石器時代遺跡の事を聞くを得ました」〔一四〇頁〕と書いているからである。このなかで郡司が伝えた鏃に関する部分はほぼ鳥居の記述通りだが、鏃は「骨鏃」ではなく「鎮鑰又は石である」〔一四一頁〕と書かれている。しかし、坪井は郡司の話を鵜呑みにしたわけではなかった。

氏〔郡司のこと〕は従来石器時代事項を研究された方でも無く、又アイヌ説非アイヌ説抔《など》と云ふ論の是非を判断しやうと企てられた方でも無いのでござりますから、私は氏の説を聞こうとも致しませんでしたし、仮令《たとい》聞いたにしても批評は好ましく無いのでござります。私は郡司氏に向つて有益な材料を与へられた事を深く謝しますが、何所迄も事実と云ふ点に重みを置いて居るので、夫《そ》れに付いての考へ方は或は一致しないかも知れません。〔一四一頁〕

と慎重な意見を述べている。とはいえ、実際に占守島に行った郡司の話は坪井を刺激したであろうし、「精査を要する事でござります」〔一四九頁〕と先の論文で述べているように、彼にとって北千島が気になる場所であったことに違いはない。しかし講義や公用で多忙であった坪井はなかなか調査に赴くことができないままに時は過ぎ、その役割は弟子である鳥居に託された。ところが北千島の調査を終えて戻った鳥居が「北千島に存在する石器時代遺跡遺物は抑《そ》も何種族の残せしもの歟《か》」（『地学雑誌』第十三巻第百五十一・百五十二号、明治三十四年七・八月、のちに『東京人類学会雑誌』第百八十七号、明治三十四年十月に転載）で発表した結論は、坪井の意に反し、少なくとも北千島にはコロボックルが存在した痕跡は全く見られない、遺跡は北千島アイヌによるものであるというものだった。

小金井はこの鳥居の調査結果に意を強くして「日本石器時代の住民」（『東洋学芸雑誌』第二百五十九・二百六十号、明治三十六年四・五月）を発表、アイヌ説を強調した。ほかにも考古学者・浜田耕作（青稜）が「日本石器時代人民の紋様とアイヌの紋様に就いて」（『東京人類学会雑誌』第二百十三号、明治三十六年十二月）で鳥居の調査した北千島アイヌの文様を取り上げて石器時代文様との類似を指摘するなど、アイヌ説は次第に坪井を追いつめていった。坪井も「日本石器時代の住民」に対しては「日本石器時代人民論」（『東洋学芸雑誌』第二百六十一号〜第二百六十五号、明治三十六年六月〜十月）を、「日本石器時代人民の紋様とアイヌの紋様に就いて」に対しては「日本石器時代人民の紋様とアイヌの紋様との異同」（『東京人類学会雑誌』第二百十三号〜二百十六号、明治三十六年十二月〜明治三十七年三月）を発表してそれに応じた。その後、坪井は明治四十（一九〇七）年七月〜十月、自ら樺太《カラフト》に出張してその有力な手がかりを得ようとしているが、コロボックル説の発言はほとんど見られなくなり、大正二（一九一三）年の坪井の死によってコロボックル論はついに顧みられなくなってしまうのである。

　今日坪井たちが論じたような人種論の実態は、ＤＮＡ研究により次第に明らかになりつつある。その知見からすれば、坪井のコロボックル説はもちろんのこと、小金井をはじめとするアイヌ説も誤りの多いものであったことが判明しているが、吉見・黒岩村の横穴説と同様、坪井がその牽引役となることで明治の人種研究は二歩も三歩もその歩みを進めることができたことは否定できない。

　しかしそれにしても、もし坪井が「コロボックル風俗考」を発表しなければ、それほどコロボックル説は人口に膾炙《かいしや》することなく、学者のなかだけの論争として終わっていたかもしれない。その意味では坪井のコロボックル論は人類学という新しい学問の一般への浸透に大きな役割を果たしたといえるだろう。しかしその一方、コロボックル説が否定されたことによって、一般大衆の記憶のなかには、坪井は報道メディア的役割をもった『風俗画報』誌上で、日本人の先住民族はコロボックル＝お伽噺に登場する一寸法師のような小人であったという奇説を主張した、風変わりな学者という印象を残すことになったことも否めない事実である。

　ここでもう一つ述べておかなくてはならないことがある。それは、多くの論者がこれまで指摘してきたことだが、コロボックル説にしてもアイヌ説にしても、あくまでも先住民族に関する論議であって、日本人種論ではなかったという点である。考古学者・戸沢充則はこれを「日本考古学史とその背景」（大塚初重ほか編『日本考古学を学ぶ(1)』）で「コップの中の嵐」と呼んだ。

　モースのプレアイヌ説をひきついだ形のコロボックル説も、そしてそれに対立したアイヌ説も、それがともに「二千五百年の歴史をもつ大和民族」とは無関係で、神話的日本歴史とはまったくかかわりないところでの学術論争、すなわち石器時代人＝先住民（異民族）説という、いわばコップの中の嵐にす

ぎなかった点に特徴がある。〔五九頁〕

これはもし日本人種論を展開した場合、『古事記』『日本書記』に描かれた神話から途切れることなくつながっている日本人の歴史＝神国日本と抵触してしまい、場合によってはそれを否定することにもなりかねない。ちょうど、ダーウィンの進化論が発表されたのち、『聖書』に描かれた内容との矛盾をキリスト教徒として欧米人はどう考えるかが問題となったことを想起すればいいだろう。そこで坪井たちは日本人種論を展開することなく、あくまで石器時代人＝先住民というコップのなかだけで争った、そこでなら幾ら論争を交えても学者間での嵐であり、思想問題に発展することはないというのである。

戸沢は引用していないが、この問題を考える際によく引用されるのが、坪井の追悼会で行った山崎直方《やまさきなおまさ》の「故坪井会長を悼む」（『人類学雑誌』第二十八巻第十一号、大正二年十二月）からの次の発言である。

> 随分一時今日の大和民族の祖先はどうであつたらうといふ処の御研究があり、唯ゝ座談として其方面の御話の有つたこともあります、又人類学会の極く初《はじめ》の頃、〔坪井が〕大学院に御出での頃でありましたかと記憶いたしますが、其時或有力な先輩の御注意を受けたことがあつたと聞いて居ります、其頃は随分日本の思想の大に変化しつゝある時代でありまして、一方に極端なる欧化主義と申しまするか、さう云ふ主義も入つてくれば、反動として随分又極端な保守思想も行はれて居たのであります、其保守思想の側には社会に於ける有力な位置にあられた者も少くなかつたのであつた、其坪井教授に助言を与へられました方なども日本の此大和民族の祖先の事に付て或意見を発表された処が意外にも此保守思想の側から圧迫を受けられた、それで深く研究をしても之《これ》を発表することに付ては余程慎重な態度を取らなければならぬといふやうな注意を博士に与へられたさうであります、それで人類学の研究の中で最も面白い日本民族の由来といふことに付きまして余程其の後までも慎重の態度を取られたやうに見受けられた、併しながら之《こ》れに付ては始終注意を怠らなかつたといふ事は時々の御話の端に承はつて居つた次第であります。〔六七〇～六七一頁〕

春成秀爾著『考古学者はどう生きたか』によれば、ここで坪井に忠告した人物とは、三宅米吉であったという。三宅は万延元（一八六〇）年生まれ、慶応義塾卒業後、千葉師範学校千葉中学校教諭、東京師範学校助教諭を経て出版社・金港堂の編輯所長となった。先にも触れた鳥居が人類学会の設立を知った雑誌『文』を三宅が編集していたのは、このときのことである。その後、彼は明治二十八（一八九五）年には帝室博物館学芸委員となり、歴史部長を経て、大正十一（一九二二）年、東京帝室博物館総長に就任した。また三宅は人類学会で幹事も務めており、明治二十八年四月には、若林勝邦らと新たに日本考古学会を設立、明治三十四年には会長に就任している。なお、この日本考古学会の設立には坪井も協力しており、委員を務めた（斎藤忠《ただし》著『考古学史の人びと』）。三宅は明治十九（一八八六）年『日本史学提要』を刊行、「そのあと二五冊まで上梓するという壮大な計画」（『考古学者はどう生きたか』一四頁）があったが、保守思想の側から圧力がかかって中止したというのである。

確かに、この時期の坪井が日本人種論を避けていた理由は、山崎の説明から納得できる。その後も、明治二十五（一八九二）年、帝国大学歴史学教授・久米邦武が前年『史学会雑誌』（第二編第二十三号～第二十五号、明治二十四年十月～十二月）に発表した論文「神道ハ祭天ノ古俗」を田口卯吉主宰の『史海』（第八巻、同年一月）に転載して問題となっている。この点について田口親著『田口卯吉』には、「『史学会雑誌』という小範囲の読者層しか持たない学術雑誌なら問題なかったものが、『史海』という広範囲な読者層を有する媒体に載せたがために思いもよらぬ騒動になってしまった」（一七九頁）とある。久米は「神道ハ祭天ノ古俗」のなかで、日本でいう神は中国の皇天上帝、インドの天堂、真如、欧米のゴッドと同じであって日本固有のものなどではなく、神は上古人の想像の産物であると大胆にいってのけた。久米の考えに同意して転載を決断した田口の「余は此の篇を読み、私《ひそか》に我邦現今の或る神道熱心家は決して緘黙《かんもく》すべき場合にあらざるを思ふ、若し彼等にして尚ほ緘黙せは、余は彼等は全く閉口したるものと見做さゝるべからず」（『史海』第八巻、四一頁）という序文もかなり過激な表現だったこともあって、論文掲載は神道家の反撥を招き、久米は帝大辞職を余儀なくされた。

しかしだからといって、勅使河原氏が「坪井正五郎と人類学会の誕生」でコロボックル論争とからめながら述べている次の発言となると、疑問を抱かざるを得ない。

　非常に大事なことは、今から考えれば、なぜコロボックル、さっきの坪井の絵のような小人というものが、考古学的には実証できないにもかかわらず、

あたかも一つの学説であるかのように提唱されたのか。それは、国家主義的な傾向を強めていた当時の体制に、こういう人種・民族論争のように、『記紀』に記されている神話・伝承の枠のなかで論争している限りは、抑圧を受けることはなかった。（中略）
人種・民族論争、特に論争の一方の立役者となった坪井のコロボックル説、そして坪井自身は、コロボックル説を実際には信じていなかったと思うわけです。自分は、つまり坪井は日本列島の石器時代人がアイヌの伝説上のコロボックルで、しかも小人伝説のコロボックルだということを終生信じていないにもかかわらず、あたかもそれを信じていたかのように装わなければならなかった。そこに、実は坪井の研究者としての挫折があったということです。〔三九頁〕

本当に坪井は自らの主張したコロボックル説を信じていなかったのだろうか。ここでの勅使河原氏の論の立て方には無理があるように思われる。確かに鳥居の北千島調査以降についていうなら、次第にコロボックルに対する発言が少なくなっていることから、あるいは坪井はコロボックル説に疑いを抱きはじめていたと考えられなくもない。しかしすでに見てきたように、それ以前のコロボックル説を堂々と展開して論陣を張っていた坪井が、「あたかもそれを信じていたかのように装」って発言していたとはとても思えない。ここでもう一度、勅使河原氏の誤解について考えてみよう。先に述べたように勅使河原氏は、坪井がお伽話のような小人を設定してコロボックル説を展開していると思い込んでしまったため、坪井自身がそんなことを信じていた筈がない。そこで虚偽を知りつつコロボックル説を展開していたという結論になったのではなかろうか。しかし、坪井が日本人種論をあえて避けたことと、先住民族としてコロボックルを考えていたこととは、この点に限っていうならば、別の問題と考えてよいのではないか。たとえ「コップの中の嵐」であったとしても、それは坪井がコロボックルの存在（この場合、あくまでも先住民族の仮の名称としての）を信じていなかったとはいえないであろう。

この時期、言及を避けていた日本人の起源について、坪井はこのときからだいぶ経ってからであるが、その見解を発表することになる。だが、それはまた後に検討することにして、次章では坪井の留学時代に筆を進めることにしよう。

第九章　留　学――外国にあつて師にもつかず、大学にも入らず

留学を命じられた坪井はパリを経てロンドンに落ち着く。だが一向に、師につこうともせず、大学に入る気配もない。坪井の許に文部省から督促状が届くが、彼はつくべき師なしとして博物館に通って独学を続ける。これまでの資料では判らなかった坪井の留学先での日々が、彼の遺した日記に克明に記されていた。

明治二十一（一八八八）年九月、坪井は帝国大学理科大学大学院に在籍したまま、同大学に助手として採用された。坪井の助手採用については、その約半年前に、すでに菊池大麓《だいろく》から内示を受けていたことが、坪井家資料のなかにある両親に宛てた坪井の次の手紙によって知ることができる（原文は全文平仮名だが、適宜漢字に改め、句読点を補った）。

たゞいま菊池先生、わたくしを御招きに相成り、先日箕作《みつくり》先生のお仰せられしと同じことをお話しなされ、遅かれ早かれ洋行をなす都合になるべければ、それまでのつなぎと思ひて助手となるが宜しからん。文部省よりみるときには、雇ひにて給料も僅かなれど、大学にては理学士ならざれば助手とせざること故、学者社会にては名誉なる役なり。先の話なれど、洋行して帰らば大学の内に人類学の一科を設けることゝなるべし、しか〴〵と申されたり。おひ〴〵志しを立つるとき至り申し候御喜び下され度候。洋行のことは世間の眼から見て必要なる学科よりだん

〳〵になすこと故、急のことゝは存ぜられず候へども、此の話の消ゆる如きはげん〳〵なきことゝ信じ候。助手の給料僅かなりとのことなれど、大学院の給費よりは多きこともちろんのことに候。現に無給助手とて給料なくとも助手の望み手あるほどのこと故、仮令《たとい》少しにても給料のあるは幸せなることに候。

父上

母上

正五郎

二十一年一月十七日　参る

助手時代に坪井は、青山英和学校（現・青山学院大学）の嘱託として日本古物遺跡に関する講義を数回行っている。坪井は「小伝」に「余は屢《しば》ば演説を為したれど、講義と云ふは此時始めてなり」（『うしのよだれ』三八七頁）と記している。

また「小伝」には、このころ地理学専修のために留学をしないかという話もあったが、「某教授の注意も有り、余自身も初志を枉《ま》ぐるを遺憾と思ひしを以て之《これ》を辞せり」（同書、三八七頁）ともある。「某教授」とは箕作佳吉《かきち》のことであろうか。その後、坪井は手紙にあった通り、文部省から英仏二国に人類学の官費留学を命じられ、三年間日本を離れることになる。

坪井は自分が日本にいない間、東京人類学会の運営が上手くなされるだろうかを気にしていた。なかでも『東京人類学会雑誌』の刊行を心配した坪井は、その幹事役を白井光太郎《みつたろう》に頼むことにした。白井は「故坪井会長を悼む」（『人類学雑誌』第二十八巻第十一号、大正二年十二月）で、大学勤務の立場にあったため仕事が忙しくて引き受けられないからと辞退したと述べているが、先の坪井の『留学日記』の白井についての記述から考えると、どうやら坪井の前でいったんは引受けると約束したものの、彼の出立後に断ったというのが事実のようだ。そのため、幹事役は渡辺洪基《こうき》の秘書をしていた鈴木券太郎が引き受けることになった。その鈴木も明治二十三年三月までで辞退し、その後は会長の神田孝平《たかひら》に頼まれた三宅米吉が幹事役を引き継ぎ、若林勝邦と共に坪井不在の間、会の運営や雑誌の編集を続けた（三宅著「故坪井会長を悼む」同誌）。

明治二十二年六月九日午前九時、二十六歳の坪井を乗せたフランス船メルボルン号は、横浜港からフランスへ向けて出港した。坪井の船旅およびヨーロッパでの行動は坪井家資料のなかの『留学日記』に詳しく記されており、その他公表されたものでは、『東京人類学会雑誌』

に連載された「パリー通信」（第四十三号～第四十八号、明治二十二年九月～明治二十三年三月）、「ロンドン通信」（第四十八号～第六十九号、明治二十三年三月～明治二十四年十二月）、そして『中学世界』に連載された「洋行雑話ふる日記」（第五巻第一号～第六巻第二号、明治三十五年一月～明治三十六年二月、但し最後の回のみタイトルは「洋行雑話」）などがある。これらを参照しながら、坪井の足取りを追ってみることにしよう。

船には坪井を含め、十人ほどの日本人がいたと『留学日記』の最初に記されている。

日本人は、メルボルン領事および連れ、陸軍の人二人（陸軍砲兵大尉・山口勝、陸軍騎兵中尉・浅川敏靖）、小栗某（矢野文雄氏の弟）、諸葛《もろくず》小《こ》弥太《やた》、吉松駒造（医学師）、鶴田某、萩原正倫《まさとも》、およびわたくしの十人也。

このうち、小栗某については、日記のあとのほうでは小栗貞雄と記されている。兄の矢野文雄とは、明治初期政治小説の傑作として知られる『齊武名士経国美談』や冒険小説『報知異聞浮城物語』を書いた矢野龍渓のことである。当時、龍渓は『郵便報知新聞』を出していた報知社の社長を務めており、小栗がこの旅行に出立したときは、小栗もまた同社の社員だった。彼が矢野姓ではなく小栗姓なのは、旧幕臣・小栗上野介（忠順）の娘と結婚して婿養子に入ったためである。のちに実業界に転じた小栗は、アルボース消毒剤を発明し、扇橋製薬を設立している（三田商業研究会編纂『慶応義塾出身名流列伝』）。

諸葛小弥太は、十三歳のとき商業見習いとして三井銀行の小僧となった。十九歳で独立し、仲買店を開いて財をなしたが、思うところあって店を閉じ、このときヨーロッパに旅立った。桑村常之助著『財界の実力』に次のようにある。

小僧上りの彼れは毫も外国語を解せず、友人皆其無謀を笑ひしも、彼れ曰く、外人の我国に来るを見よ、彼等豈《あ》に悉く日本語を解せんやと、乃《すなわ》ち其全財産を携へて、仏国汽船に投ず、蓋《けだ》し当時本邦船にして欧洲航路を有するものなかりしが故也、左《さ》れば乗船と同時に一事をとも弁ずる能はざる唖者となりしも、船中幸ひにして二三の日本人あり、漸く其同情によりて大過なきをも得たりと云ふ。〔二二九頁〕

この「船中幸ひにして二三の日本人」というのが坪井たちということになる。

吉松駒造は東京大学で医学を学び、このときは更にドイツのブレスラウ大学へ留学するため乗船していた。明治二十五年に帰国、吉松小児科病院を設立した。明治三十九（一九〇六）年四月からは、昭和天皇の侍医も務めている（晩声社編『最近調査 東京医療案内』）。なお、作曲家の吉松隆氏は、駒造の曾孫に当る。鶴田某については不明である。他の日本人は皆一・二等の乗客であったが、鶴田と坪井だけは三等客室だったため、相談して同室となったと坪井は記している。萩原正倫が美術商・林忠正の弟であることは先に触れた。鶴田某を除いて（鶴田は上海での船の乗り換え以降、日記に名前が出てこないので、おそらく坪井たちとは同行しなかったのだろう）、小栗、諸葛、吉松、萩原たちとはパリに着いてからも交流を重ねている。

さて、六月十日に神戸港に到着した船は、ここに一日停泊した。坪井は最後の日本での夜と、神戸で下船し宿を取った。この宿に大阪から見送りにやってきた山崎《やまさき》直方《なおまさ》が、坪井を訪ねてやってきた。山崎は、坪井に漢詩と石鏃の図を認めた扇子を餞別に贈った。

十一日午前九時、神戸を出立した船は十三日、上海近くに碇泊。坪井たちは小型蒸気船ホアンボー（黄河の意）に乗り換え、上海に上陸した。坪井と萩原は、すぐに人力車で日本人の経営する宿・東和洋行に向かった。宿では先に到着していた林忠正が待っていたためである。

この宿の前は天后宮という社《やしろ》で、坪井の泊まっていた三階の部屋からは境内でやっている曲芸がよく見え、「特別上等の桟敷で無料観覧と云ふ仕合せ」を味わったと「ふる日記」〔『中学世界』第五巻第一号、明治三十五年一月、二八頁〕にある。次頁の図は「ふる日記」に載っているそのときの挿図である。「ふる日記」にもその説明があるが、ここでは坪井が「外国の大道芸人」（『少年世界』第十一巻第四号、明治三十八年三月）のなかで「支那」で見た大道芸として述べている説明を引用しておこう。

最も人を驚かすのは腰から上の着物を脱いで《ママ》、少し前屈みと成り、一本の刀の先を口に啣《くは》へ、一本の刀の先を腹に当てゝ此二点《ふたつ》で身を支へる様にし、脊中《せなか》に敷石の様な石を乗せ尚ほ其上に子供を立たせる芸当。何れ両足のみ蹈み開き方で中心を取つて居るのでは有らうが如何にも浮雲《あぶな》かしく見える。〔四〇頁〕

十四・十五日と坪井たちは上海城内などを見学した。建物、乗り物などを観察しながら、彼らは町中をあちこち見て歩いた。『看板考』の作者らしく、「ふる日記」に「綿屋の店前《みせさき》には斜に竿が出して有つて、其先から綿の束ねたのが二つ釣り下げて有る。櫛屋の店前にも同じ様に棒が出して有つて、それに幅五六寸〔約十五・二〜十八・二センチ〕に

◉坪井正五郎画「天后境内の曲芸」

拵《こしら》えた櫛の模造品が三つ宛《ずつ》下げてある。時計屋の看板は幅一尺〔約三十・三センチ〕位の木製時計模造」〔『中学世界』第五巻第一号、明治三十五年一月、二七頁〕などと記しており、上海の看板の観察も忘れていない。

十五日の午後十一時、小蒸気船に乗って黄浦江を下った坪井たちは、十六日にオクシャス号に乗船した。十八日、午後五時香港着。ここでは壮大な数の葬列に出くわし、「ふる日記」に「中々な見物《みもの》」〔同誌、第五巻第二号、明治三十五年二月、三二頁〕であったと記している。二十日、香港出港。二十三日午前十時サイゴン着。坪井は「風俗が殊に面白い」として、「家の中には水中に杭を建てゝ其上に作つたのが有る。即ち水上住居の実例は此所で見る事が出来るのです」〔同誌、三二頁〕と述べている。二十四日午前、サイゴン発、翌日シンガポール着。坪井はここでも「水上家屋が沢山ござります」と「パリー通信」〔『東京人類学会雑誌』第四十三号、明治二十二年九月、五一七頁〕に記している。明治四十二（一九〇九）年、坪井は諏訪湖で古代人が杭上住居生活をしていた可能性を指摘することになるのだが、そのときサイゴンやシンガポールで実際の水上生活を実見したことが、彼の頭をよぎったであろうことが想像される。

二十七日午前にシンガポールを出港。この日の『留学日記』に次のようにある。

このごろは、昼の間は人種学およびフランス語学書を読み、夜は日本人寄り合ひて雑話をなすを例とす。常に寄り合ふは林忠正、諸葛小弥太、小栗貞雄、吉松駒造およびわたくしなり。

七月二日午後コロンボ着。次いでコロンボを出た船は十日の夜中にアデンの港近くに碇泊した。翌日港に入るべく準備をしていたときのことである。突如奇妙な音がした。「ふる日記」に次のようにある。

碇を巻き上げる音グワラ〱〱グワラ〱〱喧しくて眠られず、うと〱して居る中ドシーンミシ〱と非常な響きがして身体にも劇《はげ》しい感じが仕ました、頭を擡《もた》げて四辺《あたり》を見れば寝台から転げ落ちたのか飛び下りたのか同室の人は何れも床の上に居る。何事とも分からないが自分も飛び下りて靴を穿かうとする折、『衝突!』と云ふ声が聞える。皆皆争つて甲板に上らうとする。人に遅れて楷子の側へ行けば小使が覗き込んで『早く!早く!』と叫ぶ。寝間着の儘《まま》、急いで上つて見れば船客は皆甲板に集つてガヤ〱。船の首《かしら》の方を見れば同じ大きさの船がペツタリと着いて居る。好く好く見れば我が船の首が彼《か》の船の胴中に突き当たり、夫《そ》れが為彼の船に大破損が生じたので有る。（『中学世界』第五巻第二号、明治三十五年二月、三三頁）

幸い坪井の乗っていたオクシャス号は無事であった。衝突した相手の船はフランスから日本に向かっていた同じ船会社の同型の船・アナヂール号であった。アナヂール号は損傷が酷く、乗客は全員オクシャス号へ移ってきた。そのなかには、久保田米僊もいた。

久保田米僊は京都の画家で、同じく画家の幸野楳嶺《ばいれい》と共に京都府画学校・京都美術協会を設立した人物である。京都ではこの幸野、そして坪井も三十国巡回の際に訪ねた富岡鉄斎や水茎磐樟《みずくきいわすく》らと有職故実の研究を行っている。また、『我楽多珍報』や『国民新聞』では記者としても活躍した。京都の西沢仙湖らと咄珍社《とっちんしゃ》という仲間を結成して遊び（鶯亭金升著『明治のおもかげ』）、東京に出てきてからは、先にも触れたように根岸党にも参加している。米僊については、山口昌男さんが『「敗者」の精神史』のなかの「西国の人気者──久保田米僊の明治」の章でその魅力を存分に語っている。

米僊が『米僊画談』で触れているところでは、彼は一八八九（明治二十二）年、パリで行われた万国博覧会を見物してのち、このアナヂール号で帰国の途次にあった。「ふる日記」のなかで、坪井はこのときの事故を歌に詠んだことを記している。

　船は海、人は歎きに沉《しず》みけり
　たすけん術《すべ》の胸に浮かばで
〔『中学世界』第五巻第二号、明治三十五年二月、三四頁〕

事故のために暫くアデンに足止めを喰い、用意が整って船が出帆したのは、七月十二日であった。十六日スエズ着、十七日ポートサイド着。ここではまた船の調子が悪かったのか半日碇泊している。十八日アレキサンドリア着。坪井も林、萩原と共に三時間だけ上陸して見物した。坪井はアジア・アフリカ・ヨーロッパ文化が混在するこの場所が気に入ったようで、「アレキサンドリヤは甚面白し」と「パリー通信」〔『東京人類学会雑誌』第四十三号、明治二十二年九月、五一七頁〕に記している。

　二十二日午後、船はマルセイユの港に碇を降ろし、約一月半の船旅を終えた。坪井たち一向はマルセイユに宿を定め、翌日には寺院、動物園、博物館など市内見物をしたのち、午後六時三十五分、汽車でパリへと向かった。十四時間余りのちの二十四日午前九時過ぎ、汽車はパリの停車場へと到着した。初めてのパリの印象は「ふる日記」にこうある。

　マルセーユを塗りの粗末な重箱に譬へれば、パリーは蒔画《まきゑ》の重箱。竹の皮、さゝ折りを見慣れた目には重箱と云ふ丈《だけ》で既に立派との感が起つたが、蒔画のは又一層見事。此蒔画の重箱にはどんな甘い物が入つて居るか。パリー市中、徒歩の人、乗車の人絡繹《らくえき》として蟻の甘きに群るが如し。〔『中学世界』第五巻第六号、明治三十五年五月、二七頁〕

　このあと坪井は萩原、吉松らと共に馬車で林忠正の店に向かった。『留学日記』に店の様子を次のように記している。

　ぐる／＼廻つて、やがて65 Rue de la victoire（勝利の六十五番）なる林氏の店に着せり。入口、廊下、書斎、食堂、寝室に至るまで、美術品をもつてみち／＼たり。暫く休息ののち、美術品の陳列所を見る。十畳敷ほどの座敷三間に一ぱい飾りつけあり。これほどではあるまいと思ひおりしが目撃してせう／＼驚けり。

　さて、マルセイユでは奮発して高級ホテルに泊まった坪井も、長期滞在となるとそうもいかず、パリで最初に泊まった安宿は寝具も汚れており、夜になると南京虫の襲撃に悩まされるという有様であった。さすがにたまりかねた坪井は、ワンランク上の別のホテルへと移っている。二度目に決めたホテルは「ルー　ヅラ　ヴイクトア

ーのオテル　ツ　プランタム。（勝利町春の屋）四階目の一室」〔「ふる日記」『中学世界』第五巻第六号、明治三十五年五月、二九頁〕であった。「ルー　ヅラ　ヴイクトアー」＝Rue de la Victoire とあるように、林の店の近くだった。四階の部屋にしては値段が安かったのは、向かいの建物が高く、眺望が悪かったためである。室内には机が一つ、椅子が二つ三つ、ベッドが一つ、戸棚が一つ置かれていた。ホテルではうっかり鍵を持たずに部屋を出た間に風でドアが閉まってしまい、メイドに頼んで隣の部屋の窓から伝って部屋に入って開けてもらうという滑稽なひと齣も演じている。

「ふる日記」には、パリに到着後数日して散髪に行ったくだりがある。

　船中で戯れに剃り残した上髭、今は大分物に成りさうに成つて来たので、愈々《いよいよ》培養と決定。床屋の手に由つて色々に捻《ひね》り廻はされ、先づ髭丈《だけ》はパリジヤンと成る。〔同誌、三〇頁〕

ここで坪井は「船中で戯れに剃り残した上髭」と書いているが、法学士・寺田四郎の著書『ひげ』に坪井が寄せた「序」ではちょっと違ったニュアンスで、次のように述べている。

　初度の洋行の際フランス船に乗つて船中で理髪を仕た時、何か聞き取れぬ事を云はれ好い加減にウイウイと返事をした報いに薄く生えて居た上「ひげ」を剃り残され、チックでチョビリとひねられエエ儘《まま》ヨと捨て置いたのに原因する。〔三一頁〕

いずれにせよ、坪井といえば立派な口髭がトレードマークであるが、これを生やすようになったのは、どうやらパリへ向かう船旅からだったのは間違いないようだ

◉坪井正五郎、26歳（右）と27歳のロンドンにて撮影の写真

（前頁写真参照）。もちろん床屋の看板も「パリーでは戸口に楕円形の鎮鍮皿が下げて有る。何の訳かと聞いて見たら、これは昔ひげ剃りの時に用ゐた毛受け皿で有るとの事」（「ふる日記」『中学世界』第五巻第六号、明治三十五年五月、一三〇頁）と観察を忘れていない。

パリに着いてからの坪井身辺の話を先にしてしまったが、到着早々の彼が初日から毎日通いつめたのが、パリ万国博覧会であった。偶然にも船舶事故で遭遇した久保田米僊がこのためにパリにやってきたことはすでに触れたが、パリ万博には坪井も大いに関心をもっていた。このときのパリ万博は、一八八九（明治二十二）年五月五日〜十月三十一日の期間開催された。博覧会は、セーヌ川西北岸にあるトロカデロ広場、川の向かいのシャン・ド・マルス公園、ケドルセー地区などが会場となっていた。パリ万博は何度も行われているが、シャン・ド・マルス公園にエッフェル塔が建設されたのは、このときのことである。坪井はざっと見るだけに六日間をかけ、「第七日目即ち七月三十日からは目的の物を熟視する事を始めました」と「パリー通信」（『東京人類学会雑誌』第四十三号、明治二十二年九月、五一四頁）で述べている。「目的の物」が、人類学関係の展示であるのはいうまでもない。

> 人類住居の発達を示す諸建築、野蛮未開人種の村落、人類学温故博物場、トロカデロ宮中人種学部等が主なところで、其他は少し宛《ずつ》此所彼所飛び飛びにござります、住居発達を示す諸建設物は何れも誠の大さに造つて有りますし村落には誠の野蛮未開人が群集起居して居ります、（五一四頁）

明治三十六（一九〇三）年、第五回内国勧業博覧会が大阪で開催された際、坪井はアイヌ、沖縄、朝鮮、台湾などの先住民族の人たちの生身の展示を行った人類館に協力して問題となったが、坪井が「人間の展示」を見たのはこのときのことである。人類館については後の章で詳しく検討することとしたい。

パリ万博には坪井自身も日本にいるときに出品協力を行っており、「小伝」に「パリ万国博覧会へ人類学上参考とすべき図画を出品せり」（『うしのよだれ』三八七頁）と記している。坪井は会場でその展示を見にいっている。「パリー通信」のなかで、人類学の部二階の「先づ凹字形の左部から見始めると第一番が大日本帝国大学の出品即ち私の取り揃へました人類学上の諸図でござります、到着が遅かつた為に陳列の場所が不足に成つたとて僅に十九枚しか出てござりませんでしたが多くは会員長原孝太郎君の達筆に成つた物故《ゆえ》甚眼《め》立《だつ》て見えまする此中には吉見百穴の図も二枚ござります」（『東京人類学会雑誌』第四十六号、明治二十二年十二月、七九頁）と記している。

展示箇所に不満を抱いた坪井は、申し入れてもっといい場所に移してもらった。「パリー通信」には展示の場所替えにあたってはパリ東洋語学校日本語教授のレオン・ド・ロニーに周旋してもらい、「私自身の画いた横穴構造図の他は悉皆陳列致しました、画者長原君の御骨折りは今パリの中央で現れて居ります」（『東京人類学会雑誌』第四十七号、明治二十三年一月、一〇三頁）と記している。

『朝日日本歴史人物事典』（三輪英夫執筆）および土方定一著「坪内逍遙の「当世書生気質」と長原孝太郎」（『近代日本の画家たち』）によれば、出品用の絵を描いた長原孝

◉長原孝太郎画、坪井正五郎肖像

太郎は、元治元（一八六四）年美濃国（現・岐阜県）大垣に生まれた。明治十三（一八八〇）年、医師を志して東京大学予備門に入ったが、明治十四年、具合の悪い母親の面倒をみるために退学して帰国した。坪井の予備門時代とも時期が重なるので、二人はこのとき知り合っていたかもしれない。明治十六年再び出京、神田孝平の斡旋により小山正太郎の許で洋画を学んだ。『事典』には明治二十一年、「帝国大学（東大）で助手として動物標本類の写生などに従事」（一二一〇頁）していたとあるので、パリ万博陳列用の絵を描いたのはこのときであろう。長原は坪内逍遙の『当世書生気質』の挿絵を二葉だけ手がけたこともある。彼はのちに東京美術学校（現・東京芸術大学）の教授となった。なお、東京大学にある肖像画で構成された木下直之編『博士の肖像——人はなぜ肖像を残すのか』には長原の描いた坪井の肖像画が載っている（上段参照、但し絵に付された説明のなかで「一九一三年、ロシアでの万国学士院連合大会に出席した途上、エジプトのアレクサンドリアで客死した」とあるのは、のちに詳しく触れるが、間違いである。坪井はペテルブルクで病いに倒れた）。

また坪井が周旋を頼んだレオン・ド・ロニーは、杉本つとむ著『西洋人の日本語発見——外国人の日本語研究

史』によれば、もともと中国語の研究から始め、「それを基礎にして日本語学習や研究に及んだ」〔二八九頁〕人物であった。『日本語考』『和法《やまとふらんす》会話対訳』『日本語会話手引』などの著書があり、『古事記』『日本書紀』などの一部を翻訳もしている。

さて、坪井は相当な時間を費やして細部まで細かく人類学の展示を見て歩いた。ひと通り見終わったあと、彼はこの展示に不満であるとして「パリー通信」で次のように述べている。

専門家の為に作つたのなら取調べ上の不便言ふべからず専門家外の人の為めに作つたのなら斯学の主意を解する事難し何れにしても陳列法宜きを得たりとは決して言ふ能《あた》はず骨董会とか好事会とか云ふものなら深く咎めるにも及ばず一千八百八十九年パリー開設万国博覧会人類学部としては実に不出来と言はざるを得ず、〔『東京人類学会雑誌』第四十六号、明治二十二年十二月、八七頁〕

坪井としては、折角これだけの展示を行っておきながら（「私は物品の好く集まったのには感服します」）、同種のものを一緒におけば判り易い筈のものが、分類がなされていないために広い会場のあちこちに展示が分散してしまい、非常に判りづらいものになってしまったというのである。彼はこれを植物に例え、「縁日商人の植木棚の草木」ではなく「理学的の植物園の草木」のように順序よく並べてあればよかった、「遺憾なる哉、遺憾なる哉」〔同誌、八七頁〕と述べている。

パリ万博会場でも坪井は歌を詠んだことが「ふる日記」に記されているので、それも引用しておこう。一首は武器陳列部のなかにひとつだけ図抜けて大きな日本製大砲を見つけたときのものである。

国の名もドンと響かん此武器を
打ち見る者は皆たまげつゝ〔『中学世界』第五巻第六号、明治三十五年五月、三二頁〕

もう一首は庭園に日本産白百合を見つけたときのもの。

星をつらね虹をくだきし花の中に
月にたぐへん日の本のゆり〔同誌、三二頁〕

引用ついでにもう一首。これは万博会場ではなく、人類学博物館のある植物園で見たクロコダイルを詠んだのものだが、思わず吹き出してしまうほど面白い歌なので——。

ここにころげ　かしこにころげ　こころよげ
ここのつ　ならぶ　ココロダイル〔同誌、第五巻第八号、明治三十五年六月、一六頁〕

万博会場のほかにも、坪井は市内のトロカデロ博物館（トロカデロ民族誌博物館 Musée d'Ethnographie Trocadéro、現在ではシャイヨー宮に立て替えられ人類博物館 Musée de l'Home となっている）、人類学博物館（国立自然史博物館 Musée national d'Histoire naturelle）、ルーブル博物（美術）館などへも足を運んだ。なかでもルーブルのエジプト古物部は、「ふる日記」で「恐らく他に比類が無からうと思ひました。室も立派、飾り箱も立派、元来貴重な標本も一層価値を増して居るやうに見えました」〔同誌、一二三頁〕と述べるほど気に入り、たびたび足を運んでいる。このときに抱いた関心をもとに、彼は「太古エヂプトにて行はれたる眼の形の御護り」（『東洋学芸雑誌』第九十八号、明治二十二年十一月）、「眼形の御護り追考」（同誌、第九十九号、明治二十二年十二月）、「古代の絵画彫刻に在る左右の手の混乱」（『東洋学芸雑誌』第百一号、明治二十三年二月）等を寄稿しているほか、その後も「古代エジプト人の人類学的思想」（『東京人類学会雑誌』第百十一号、明治二十八年六月）など、エジプトに関する論考を数多く発表している。また、グラフィック・デザイナーの杉浦非水は「自伝六十年」（『広告界』第十二巻第一号〜第十二巻第十二号、昭和十年一月〜十二月）のなかで坪井が中心となって、明治四十三（一九一〇）年五月ごろに埃及《エジプト》研究会が開催されたことを伝えている。

此時分坪井正五郎博士を煩はして、毎週一回横浜公園の倶楽部で、埃及研究会なるものが開かれ、銀行家の渡辺和太郎《わたろう》氏の如き実業家中の趣味に活きたい御連中を中心に、慥《たしか》石井柏亭氏も会員だつたらうと思ふが、私も其会員として何ケ月か横浜へ通つたものである。そんな関係で其当時私の作つた図案には、埃及の形象文字で綴つたサインが残つてゐるわけである。日本で埃及図案が流行したのは、慥にこの埃及研究会なるものが主なる流行の因をなしてゐることは明かである。〔宇都宮美術館編『〈写生〉のイマジネーション杉浦非水の眼と手』展図録、二七七頁〕

八月二十二日、ロラン・ボナパルト公爵が開いた夜会に、坪井はパリ滞在中の人類学者数十人と共に招待された。彼はこの招待がよほど嬉しかったようで、「パリー通信」に次のように記している。

人類学に熱心なる諸君よ諸君の友人の一人たる坪井正五郎は人類学の諸大家と共にローランド《ママ》、ボナパート親王殿下の夜会に連らなるの栄を得ました日本に於ける人類学の為にどうか喜んで下さいまし〔『東京人類学会雑誌』第四十六号、明治二十二年十二月、八九頁〕

ロラン・ボナパルトはナポレオン・ボナパルトの弟リ

◉坪井正五郎画「パリ　エリゼ宮の夜会図」『留学日記』より

ユシアンの孫にあたる。彼は人類学にも関心を持っており、博覧会のために連れてこられたアメリカ・インディアン、スリナム人、ホッテントット族などを数多く写真に収めた。また、一八八四（明治十七）年には北欧までラップ人の撮影にも赴いている。坪井は「ふる日記」でボナパルト家の大机には「諸人種容貌風俗の写真が夥《おびただ》しく置いて有る」（『中学世界』第五巻第十号、明治三十五年八月、一二〇頁）と記している。ちなみにロランの娘マリーは精神分析学者として知られ、ジークムント・フロイトがウィーンからロンドンに亡命する際には、その手助けをした人物である（マリー・ボナパルト著、佐々木孝次訳『女性と性』の「訳者あとがき」）。

パリ滞在中に坪井は、人類学及び先史考古学万国公会に入会した。この会の会長はアルマン・ド・カルファージュ（国立自然史博物館人類学講座主任）、書記長はエルネスト・アーミー（トロカデロ民族誌博物館館長）が務めていた。八月十九日～二十六日の期間コレージュ・ド・フランスで開催された同会のシンポジウムにも坪井は出席している。また、土俗学《エトノグラフィー》（現在でいう民族学）万国公会にも坪井は入会した。九月三十日から八日間開かれたこちらの会のシンポジウムでは、坪井もレオン・ド・ロニーらに勧められて、「日本に於ける石器時代人民の蹤跡《じょうせき》」を演説した（十月三日、本書一三頁図版参照）。
十月十七日、坪井は大統領がエリゼ宮殿で催した夜会に招待された（前頁図版参照）。この会は盛大ではあったものの、彼としては人類学者の集まりであった「ローラン　ボナパール公の宴会の方が遙かに面白かつた」との感想を「ふる日記」（『中学世界』第五巻第十号、明治三十五年八月、二四頁）で漏らしている。

十一月七日午後七時五十分、坪井を乗せてパリを発った汽車は、翌日午前零時四十五分ディエップ着。ここで汽船に乗り換えて五時間余り、六時にニューヘヴン着。再び汽車に乗り換え、八時五十分、ロンドンのヴィクトリア・ステーションに到着した。

その日はグレート・ポートランドのネルソンズ・ホテルに一泊、翌日クラパム・ロード、リッチモンド・テラス十四番地に下宿していた瀬脇寿雄の許を訪ねた。瀬脇とは東京大学予備門以来の仲である。当時彼はロンドンにあるセント・トーマス病院医学校に私費留学して医学を学んでいた。瀬脇が留学先にセント・トーマス病院医学校を選んだのは、おそらく海軍軍医・高木兼寛《たかき》（東京慈恵会医科大学の創設者、脚気の撲滅に取り組んだ。脚気の原因に関し、細菌説を主張した陸軍軍医・森鷗外と争ったことで知られる）の慫慂によるものであろう。瀬脇の姉・富子は高木の許に嫁いでおり、その高木は一八七五（明治八）年、セント・トーマス病院医学校に留学していたからである。卒業後、瀬脇は高木を助け、一時は彼の代役で東京病院の名義上の医院長も務めている（永井保著『高木兼寛伝』）。

「洋行雑話」（『中学世界』第六巻第二号、明治三十六年二月）で述べているところによれば、幸い瀬脇の住んでいる下宿に空き部屋があることが判り、彼の斡旋で坪井もここに下宿することとなった。これ以降、ロンドンで坪井がどのような生活をしていたかについては、「ロンドン通信」に極めて断片的に記されている以外（「ロンドン通信」で記されているのは、主に坪井の学問上の考えで、すでに述べたように反コロボックル説に対する反論も多い）、彼が公けに発表した文章からはほとんど窺い知ることができないのだが、『留学日記』にはロンドンでの坪井の生活の様子が細かく記されている。それについて述べる前に、日記にときどき名前が出てくる、遠くロンドンの地から彼が気にしていた、二人の日本女性について触れておこう。

一人は箕作直子（直）である。坪井の留学前に、すでに直子を伴侶とすることが決まっていた。坪井家資料のなかに、手紙のような一枚の文書がある。最初に「五月十九日朝」と書かれているが、年号は記されてない。父母に宛てたものであろうか（原文は全文平仮名で記されているが、適宜漢字に改め、句読点を補った）。

昨夕、御話のこと、考えれば考へるほど誠に幸せなること〻感じ申し候。何卒、無事にまとまるやう致し度く候。箕作さんのお娘御《むすめご》はお直さん、お操さんともに存じ居り候へ共、御話しのありしは、お直さんのかことと信じ申し候。気質、学問のことは存じ申さず候へ共、菊池先生よりの御申出とあらば、決して不都合あるべき筈なしと考へ候。

これが坪井の縁談に関する話であるのは間違いなかろう。「お直さん」＝箕作直子（直）は、明治五（一八七二）年五月十五日生まれ、菊池大麓と箕作佳吉の異母妹にあたる。もう一人の「お操さん」というのは、直子の異父妹、箕作麟祥の娘・操子（操）のことである。操子は明治七年八月十四日生まれ、直子と二つ違いであった。おそらくは留学が決まり、坪井の学者としての将来性が見込めるようになったため、菊池大麓を通して直子との結婚の話が出てきたのだと思われる。

◉正五郎・直子の重ね写真

面白いことに、坪井家資料のなかに留学前に撮影された坪井と直子の重ね写真が遺っている（上段参照）。この写真がロンドンに送られてきたときのことを坪井は『留学日記』に次のように記している。

お直と私の組立て写真来る。これは出立のときに託しおきしものなり。皆さまはとうにご覧になりしことと信ず。世界広しといへども斯様な写真は無類なり。（中略）お直もこれを見て思はず吹き出せしよしなるが、私も実に一人笑ひを致したり。ひげがあつたらなほ可笑しかつたらうと考へると、考へただけではや笑ひ出し度くなれり。（明治二十三年）九月七日（月曜日）、諸葛氏が参りし故、黙つてこれを見せしに「大分理窟をいひさうな女だネ。女学校の生徒だらう」といへり。訳を話せしに、初めて組立てなることが判り、大笑ひを致したり。

『留学日記』には直子の名前が何度も出てくる。なかでも「人類学者の妻」と題した、坪井と直子に関する、こちらもたいへん面白い記述が見られる。最初に、坪井が一八九〇（明治二十三）年二月十六日にフランス人の人類学者ペロットの『人の起こりと人の性質』という本を読んだことが記されている。そして坪井によればこの本には付録があって、そこには著者のペロットが妻のエマと結婚する前に、エマが病気になって死んでしまうことを想像して、浮世をはかなむという話が書かれているという。それに対して坪井は「人が死んで悲しいのはもつともなことなれど、そのために浮世といふものを相手取つて、不平を訴へるにも及ばざるべし」としてペロットの考えを批判する。

> 世のなかを面白いと思つてみれば、なか〱面白し。面白くしやうと思へばずいぶん仕方があるなり。自分のためにこしらへた浮世でもないのによくまあこう思ふやうにゆくものだと考へてみればもつたいないほどのものなり。

ここには、坪井のオプティミスティックな性格がよく表れている。そして彼は、もし自分がペロットであったなら、——実際、当時の坪井は直子との結婚が決まっており、ペロットが夢想して書いたと同じ立場にあったわけだが——あんな陰気な夢は見ないとして、ペロットに成り代わってこんな想像を巡らすのである。

> あるとき、諸処を旅行して故郷に帰り、旅中に発見したもの、いろ〱を大きな袋に入れ、エマのところへ背負つてゆき、これが分銅石、これが曲玉などと取り出して話をしたところが、エマのいふにはこの袋のなかのものは、絵に描いてある宝物のやうであるし、あなたは大学出のかたで色がお黒い。そこでこれからは大黒といふ名になさつたらよからうと。そこでそれは至極もつともだからさうしませうが、あなたも弁天と名をお替へなさい。さうしませうといふので、これより互ひに大黒さま、弁天さまと呼び合ひ、予ての約に従つて吉日を選び、結婚の式を挙げ、心安い人たちを呼んだところが、毘沙門が一番にやつてくる。「よく、お早くお出くださいました。「ハイ、百足《むかで》に乗つてきましたので、思ひのほか早く参れました。「イヤ、寿老さん、恵比寿さんを鹿に乗せてお連れとは、感心致しました。まづ〱あちらへ。「これは今朝釣りました鯛でござい

ます。わざつと「それは〳〵相変はらず釣りがお好きとみえますネ。「ごめんください。布袋でございます。「ヨウ、まだお太りでございますね。どこまでお太りなさるのです。「いつも失礼な形《なり》を致して居ります。皆さん、ごめんください。イヤ、モウ履物を履く自分に足許が見えなくて困ります。ハヽハヽ「ヲヤ〳〵福禄さん、大層ごゆつくり。「ハイ、急ぎましたが電信線をくゞるので、かれこれ暇が要りました。エーまづ、こんにちは、おめでたう。「ア、モシ〳〵、福禄さん〳〵手狭でございますから、おじぎはご無用。「ハヽアな、また先日のやうに障子でも倒すといけませんから、それではご免を、などと漸く席の定まり、儀式も済み、御馳走もいろ〳〵あつて雑話が始まつたところ、だん〳〵気をつけて見るに、こゝに集つた者は、奇妙に皆耳朶《みみたぶ》が長し。自分、すなはち大黒はこれは人類学上研究すべきことゝ思ひし故、そのことを話して、「皆さまの耳の寸法を取らしていたゞきたいといひしところ、「曾呂利が太閤の耳を嘗めたといふことは聞ひたが、大黒が耳の寸法を取るとは珍らしい、なにしろ面白いことだから、ご研究なさいとのこと故、さらばとて、寸法を取りだしたところ、寿老人が巻物を開いて、その数を書きつける。弁天がその傍へ絵を描く。福禄はこれを机の代わりにとて、頭を出す。布袋と恵比寿は腹をかゝへて笑ひ、さすがの毘沙門もニヤ〳〵と笑ひたり。まづひと通り測定も済みし故、いづれ研究ののち、皆さんへその結果をば刷り物として差し上げませう。「イヤ、ご婚礼の当日、人類学研究も奇妙だが、弁天さんがすぐにお手伝ひとは、感じ入りました。それでは、ご出版になりましたら、どうぞ一部つゝ《ママ》「ヤ、モウ、おいとま致しませう。「さやうならば、「ようこそ、「ごきげんやう、「ア、上げるものがあつたつけ。どうも、どう忘れをして困る。いつも鳥たちに布袋の鈍物、鈍物といつて嘲されるが仕方がない。この二つの玉は「正直玉」といつて大切な宝ですが、ご婚礼のお祝ひに新ご夫婦に差し上げませう。手に取つてよくご覧なさると知れますが、一つの玉には正の字が現れ、一つの玉には直の字が現れてゐます。「これは〳〵、誠にありがたう。それでは、この正の字の方を私の守りと致し、この直の字の方を弁天の守りと致しませう。「それがようございませう。さうして八犬伝の例に

従つて、その玉の字によつて、名をお換へなすつては如何です。「なるほど、それはご名案です。大黒と申すも、実は弁天が冗談につけた綽名でございますし、また弁天とても、私はかりそめにつけた名で、以前のエマ、ペロットも何かとぼけてをるやうでございますから、弁天はたゞいまからお直、私は一字名も何かさむしいやうですから、この玉のごろ〳〵するところからして、正の字の下へごろを添へて、正五郎と改めませう。「お直さんに正五郎さん、ハテ聞いたやうな名でござるナ。イヤ至極よささうだ。「おめでたう。「おめでたう」これより日も経て耳の研究できあがり、自分ら二人のは省き、あと五人の耳、すなはち十の耳のことを記し、正五郎表す、直子描くといふものができたれど、しかるべき表題を思ひつかず、十耳圏考、測耳論、どうも面白くなし。何としたものかと考へをるところへ、お直がきて「あなた、そんな難しい名でなく、やさしく仮名でお書きあそばせばよいではございませんか」といふ故、「仮名で何と書かうネーといへば、耳のそばへ口をあて〻「み〻つとを〔十耳〕」「アーびつくりした、ヲヤ何だ。こ〻はロンドンだのに、ハテナ、なーんだ夢か。アーア。

以上ペロット氏に代はつて、見るべき夢の筋書きなりつけていふ。（中略）こういふ夢なら貘もほつぺたを落とすなり。

ペロットの生き方の姿勢を批判しているうちに一転、それを自分と直子の話に移し替え、戯作をつくって楽しんでしまう。しかも話のなかにはゴールトンの身体測定をパロディ化して取り入れるという念の入れようだ。真面目と遊び、どちらの領域にも自在に往還する思考法は、坪井独自のものである。

実はこの坪井と直子が七福神の大黒・弁天となって登場する話には続編がある。それは『かくやづけ』と題したより長い話で、彼はこれを冊子仕立てにしてつくっており、その最初には次のように記されている。

明治二十三年七月六日、今日は日曜日、きれぎれに何か無駄書きをしやう。おたつさんのおふみのなかに「私にも面白きお話お聞かせくだされ度く」とあつたつけ。面白きとはなか〳〵ゆかないが、何か書けさうなもんだ。エート明日は七夕、古い句に「七夕や八百八町藪のなか」といふのがあるが、昔の江戸の七夕はそんなものだつたのだらう。さて何を書

かうな。いつかの七福神がお気にいつた様子だから、
またあんなことを書こうかしらん。

ここに出てくる「おたつさん」というのがもう一人の女性、田辺龍子のことである。龍子は、明治元（一八六八）年十二月二十三日、田辺太一の娘として生まれた。田辺太一は旧幕臣の一人で、明治政府では元老院議官を務めている。坪井が学生時代、東京地学協会で足利近傍の古墳について演説したときに、田辺が傍聴にきていたことはすでに述べた。田辺は蓮舟の雅号をもつ漢詩人でもあり、その父の血を受け継いだ龍子は文才に恵まれ、明治二十一年六月、田辺花圃の名で『藪の鶯』を書き、明治時代最初の女流小説家となった。坪内逍遙の朱筆と序文を得て出版されたこの作品は、女学生の生活を描いた女性版『当世書生気質』として好評を博した。余談だがジャーナリストの長谷川如是閑は自伝『ある心の自叙伝』のなかで、逍遙の塾で書生をしていたころに龍子が逍遙に『藪の鶯』の原稿を見てもらいに訪ねてきて「女の小説家が来たと、塾生たちは隙見をしたものだつた」〔一〇四頁〕と回想している。

龍子は、中島歌子が主宰していた歌塾・萩の舎《や》で同門だった樋口一葉に刺激を与え、一葉が小説を書き始めると雑誌『都の花』や『文学界』へ紹介したりして、彼女を作家の道へと進む手助けをしたことでも知られている。龍子はのちに哲学者の三宅雪嶺と結婚した。

この龍子と坪井は、母方の親戚筋という関係にあった。後年、龍子は『その日その日』という随筆集に収められた「三越見物」という文章のなかで、三越呉服店を訪れたときに偶然再会した坪井について次のように記している。のちに詳しく述べるが、そのころ、坪井は三越のブレーン組織・流行会のメンバーとして、頻繁に同店を訪れていた。

二階を一廻りして長女《むすめ》の手をひいて三階の階段をのぼると、あとから三宅さんと小さなふくみ声でいふ声がふと耳に入る、女の友かとふりかへると、坪井理学博士である、私は坪井博士などゝいふ他人向の言葉をつかひたくない、子供の時分から、さう御一所に遊んだといふ事もないが、従弟違ひとかいふ縁続きになつて居る、母の実家の隣家《となり》に十数年も住居して居られたであらう、大叔母は継母であるが、乳児の時からこの愛子《まなご》の随分肝癪持ちで脾弱なのを、一方ならぬ苦心で育てあげたといふ事を聞《きい》た、正さん正さんと呼びならした響きには、何となく懐かし

いおぼめきがあふれる、其正さんの坪井正五郎博士が見る度に、ヲヤあんなに白髪が、とおどろかれる口鬚におほはれたおつぼ口をいつものやうに、スツト後ろに立つて居る、何となく嬉しいものゝ、三宅さんと他人行儀の呼方をあかず思ふ、ヤハリ龍ちやんとか龍子さんとかの昔ながらの声が聞《きゝ》たい、倫敦《ろんどん》に留学の頃、兄が倫敦からの帰路でなくなつたといふに大層同情を持つて妹と思つてやらう、兄と思へと度々手紙を下されたし、雑誌やうのもの何かとおくつて下された、其兄様《にいさま》は帰つてから旦那様にお成りになり、御父さまにお成りになり、さて大叔母様はおかくれになりして、何か段々と其処に霧や霞が立罩《たてこめ》てるやうにもある、勿論其昔でも膝を交へて御咄をした事はない、けれども御洋行中の兄様は死別した実兄ほどではないとしても、誠に慕はしい、たのもしい心地がした、けれどもけれどもそれは御洋行中丈《だ》けの兄様だつたのである、〔三〜五頁〕

龍子が述べている実兄とは、十九歳で三井物産のロンドン支店長となった田辺次郎一のことである。彼は二年間の滞英を終え帰国途中、病いに倒れ亡くなった。龍子が『藪の鶯』を執筆した動機も、薩長政府に勤務することに面白からぬ思いを抱いた田辺太一が、その遣り切れない思いをまぎらすために、派手な宴席を設けては蕩尽を繰り返して財産を使い果たしたため、次郎一の一周忌法要もままならず、その費用を捻出するためであった（田辺龍子に関する記述は、塩田良平著『樋口一葉研究　増補改訂版』を参照した）。坪井はそんな龍子のことが気がかりであったようで、ロンドンから彼女に宛てて何通も手紙を送っている。

さて、留学のためにヨーロッパに渡った坪井だったが、結局どこの大学にも入ることなく、また師につくこともしなかった。その理由を坪井自身は「小伝」のなかで次のように説明している。

余は人類学に関し既に或る意見を有し居りしが之《これ》に適したる授業を為す学校も見当たらず、学者にも巡り合はず、さればとて自信を捨つ可き必要をも認めざりしかば、（中略）独学自修し居りしなり。ロンドンに移りてよりも、諸博物館を以て修学の場となし、参考書の購求閲読を以て館外に於ける主なる業となし居れり。フランスにトピナール氏有るを知らざりしに非ず。イギリスにタイラア氏有るを知らざりしに非ず。然れども余が人類学に対する考へは此両氏の所説と其趣を異にせり。余は余の主張を守り独歩前進するを得策と固信せしなり。〔『うしのよだれ』三八八頁〕

これは明治という時代を考えるとき、相当に異例なことであったに違いない。官費留学である以上、政府から派遣されて、これからの日本の役に立つ知識を学んでくることは留学生の絶対的な使命であった。鳥居龍蔵は『ある老学徒の手記――考古学とともに六十年』で、このときいつまでもぶらぶらしている坪井を案じ、文部省から催促がきたことがあったと述べている。

　先生は外国にあつて師にもつかず、大学にも入らずであつたから、文部省はこれを知り先生に向つて「貴君は何が故に適当な師に従つて勉強しないのか。留学生として不都合である」云々という詰責の書面をロンドンの先生の手許に送つた。その時、先生は直ちに文部省に答書を送つて曰く「私は外国で人類学を学ぶ師無し、若しこれあらば、願わくばこれを教えられんことを請う」と平然たるものであつた。〔三五頁〕

鳥居はのちに坪井自身の口からこの話を聞いたのであろう。「パリー通信」によれば、坪井が「小伝」のなかで名前を挙げているポール・トピナールとは、パリ万博の会場で偶然出会って展示品の説明を受けている〔『東京人類学会雑誌』第四十六号、明治二十二年十二月、八二〜八三頁〕が、外科医ポール・ブロカの弟子であったトピナールの人類学は頭骨の計測などを行う形質人類学が軸となっており、もとより坪井の目指す人類学とは異なるものであった。また、これも鳥居の伝えるところだが、エドワード・B・タイラーにも一、二度会ってもいるという〔『ある老学徒の手記』三五頁〕。タイラーの『人類学』は鳥居に基本文献としてぜひ読むようにと勧めた本でもあり、もし坪井が師として学ぶとすれば、このタイラーあたりが最も相応しいのではなかったかと考えられるのだが、実際はどうであったのだろうか。『留学日記』で、タイラーとの関係を確認してみよう。

一八九〇（明治二十三）年四月十二日の日付に「人類学の大家」と題する次のような記述が見られる。

　人類学のうちの一部分、一部分につきての大家はずいぶんあれど、人類学一般、広き意味にて研究する学者にては、ヲクスフヲードのタイラア氏が大家なり。地質学者なるタイラア氏の御《を》歳《とし》にして、若きときは病身なりしが保養のため旅行して、帰りてのち、はじめて書を著はせり。これ人類学に関したる著書

なり。氏は人類学を誰につきて学びしといふ訳にあらず、自ら工夫せしなり。有益の著書幾つもあり。しかしながら人類学と名づけたる本は極《ごく》の手引きにして、世人に人類学なるもののあらましを示す位のことしか書きてなく、詳しく調べんとする者がこれによりて益を得るといふことは少なし。いづれ大著述はのちに世に出づるならん。今日のところにては、わたくしの考へに合ふ人類学の大家といへばタイラア氏なり。いづれ会ふつもりなれど、その前にするべき仕事ある故、いまだ訪ねもせざりしに、氏はわたくしのことを伝へ聞かれて面会したしといはれしとの伝言ありたり。こなたよりこそ求むべきに、かえつて彼方より求められたり。行けばよく世話をなしてくれらるゝならん。すぐに行きてもよきやうなれど、思ひ立ちて取りかかりをる仕事が半端となる故、まだ二三が月は行かざる積もりなり。

このなかで坪井ははっきりと「今日のところにては、わたくしの考へに合ふ人類学の大家といへばタイラア氏なり」と述べている。しかも、そのタイラーのほうから坪井のことを聞きつけて会いたいとの旨を伝えてきたというのである。普通なら喜んで会いに行きそうなものだが、意外にも坪井のほうで避けている。実際に坪井がタイラーと会ったのは、それから約一年半後であった。一八九一（明治二十四）年十月五日、万国フォークロア会に出席した際の記述のなかに「ヲクスフヲードの人類学大家イー、ビー、タイラア先生にも会へり、初めて会ひしなり」とあることからそれが判る。しかし、『留学日記』のなかで坪井は他の重要な人物との出会いについては詳しく述べているのに、「人類学の大家」であるタイラーと会ったにしては、あまりにもあっさりとした記述である。思うに、坪井はタイラーと会ったというより、むしろこのとき初めてタイラーを見たのに近かったのではないだろうか。もし話したのだとしても、それほど大した会話ではなかったことが想像される。では何故、坪井はタイラーと親しく話そうとしなかったのか。このときのタイラーの演説について、坪井は次のように記している。

先生はお守りの話をされしが、一向新説でもなく、かつ誠に話べたなり。あれでは聴衆を引き寄せるといふことはできず。筆と口との伴はざるは珍しからぬことなるが、先生もその一人なり。

坪井は、あまりの演説の下手さにがっかりしたのである。すでに触れたように予備門時代の演説討論会以来、坪井は演説の重要性をよく認識していたし、「聴衆を引き寄せる」術《すべ》を心得てもいた。帰国後坪井があちこちで演説した数は相当数に上るし、実際、今日残っている坪井の文章のなかには速記録も多い。とはいえ、坪井が失望したのはタイラーの演説の下手さ加減だけではなかった。このあとの十二月十八日の記述でもタイラーの演説に対して同じような感想を洩らしたあと、「遠慮なくいへば、時候遅れとの評は免《まぬか》れず」と述べ、タイラーの人類学の本は「ちかごろの版のもあれど十年前のと変らず。人類学十年の進歩といふものは大したものなるに無頓着なり。大不賛成のことなり。西洋人の歳は誠に判らざれど、大てい五十ぐらゐならん。五六十は働きざかりなり。タイラア先生も少しは働いて可なり」とまで記している。タイラーは一八三二（天保三）年十月生まれであるから、正確にいえばこのとき五十八歳であった。またタイラー本人に会う少し前の、九月二十三日の『留学日記』には次のようなくだりがある。

いまタイラア先生のところへゆき勉強すれば、先生の高弟とか留守番とかくらゐにはなれさうなれど、なれさうなことをするのはあまり面白からず。こゝにてタイラア先生の弟子分となれば、いつまでも世間にては子弟の関係をもつて見るべし、はなはだ妙ならず。タイラア先生以前は盛んなりしが、このごろ不活潑なり。いまとなつてはつきたくなし。望みはズット遠く投げ遣れり。他日大仕事をやつて腕を較ぶべし。空中に高殿《たかどの》を築いて一人これを眺むるもなか〳〵面白きものなり。

タイラーは大家であるには違いないが、すでに彼の人類学は時代遅れであり、その上演説下手ときている。そんな人の弟子になっても意味はない——これが坪井に「人類学を学ぶ師無し」といわせた真意だったであろう。すでに述べてきたように、坪井は大学および大学院時代に多大な業績を上げていた。しかも、その多くはタイラーと同様にほとんど独学で築き上げてきたものであった。そう考えると渡欧以前、すでに坪井人類学のスタイルは確立されていたし、留学時代もその精神を貫いたのだといえるのかもしれない。

もっともこう書くと、坪井は外界との扉をぴたりと閉ざし、同時代の学者と話すこともなく、ひたすら独学の道を歩んでいたように取られるかもしれない。しかし、坪井はイギリスの人類学界から孤立無援でいた訳ではなかった。坪井が接した学者のなかでも、アルフレッド・

C・ハッドンとの出会いはとりわけ重要である。『留学日記』でタイラーについて「時候遅れの評は免れず」と記したあと、坪井は「ハッドン先生はまだあまり人が知らざれど、いまに偉くなるに違ひなし。これまで話をした人のうちではこの人が一番わたくしと心の合ふ人なり」と述べている。

ハッドンは一八五五（安政二）年生まれ、坪井よりも八歳ほど年上のダブリン大学の動物学教授である。もともと人類学に興味を抱いていたが、一八八八（明治二十一）年、珊瑚礁調査のためオーストラリアのトレス海峡に赴いたハッドンは、目的の海洋生物以上に現地の島々に住む民族に魅了されてしまった。帰国後、彼は人類学調査団を組織して再びトレス海峡に向かい、今度は人類学のフィールドワークを行った。これは坪井帰国後のことだが、ハッドンはケンブリッジ大学で人類学の助教授になっている。また、一九〇八（明治四十一）年に同大学に人類学講座を設けたのもハッドンであった（A. Hingston Quiggin,"Haddon The Head Hunter"）。ハッドンの本は日本でも『呪法と呪物崇拝』（植木謙英訳）、『民族移動史』（小山栄三訳）、『人種の問題』（J・ハックリスとの共著、小泉丹訳）、『首狩種族の生活』（宮本馨太郎訳）、『ボルネオ奥地探検』（石川栄吉訳）などの翻訳がある。『留学日記』に初めてハッドンの名前が登場するのは、一八九〇（明治二十三）年十一月十六日の記述である。ハッドンもまたタイラー同様、彼のほうから会いたいと申し入れてきた。

先生が、わたくしのことを聞きしよりて、ぜひ会ひて話が聞きたしとて、著書（トレースストレイトにおける人類学上の調べにて、紙数四百四十ページあり、図四枚添ふ）を寄せ、ジー・ビー・ハウエス先生（動物学者）を紹介人として面会のことを申し込まれたり。近日面会すべし。わたくしはまだ〳〵顔を出すには早いと引き込んでをれど、先生方の方から会ひたしと申し込まるゝの故、顔を出すべし。何だかどうもよい都合なり。

坪井が述べている動物学者のジョージ・B・ハウエスは、ハッドンと同様人類学にも関心を持ち、イギリス人類学会の会員でもあった。坪井がハッドンと会うことを承諾したのは、タイラーほど構えて会う必要がなかったためであろう。その後、会う予定だった日にハッドンがインフルエンザにかかってしまい、結局二人が最初に会ったのは一八九一（明治二十四）年七月八日、ハウエスの家に招待された食事会の席であった。

話、なか〳〵面白し。たぶん雑誌へ書き送るならん。ハッドン先生は誰に会ふべし、何へ投書すべしなどいはれたれど、心に落ちず。わたくしは常々仕事の順序を考へてなしをるなり。人々よりいろ〳〵の忠告を受けるはありがたけれど、一一《いちいち》従ひてはをられず。右が近い左が楽だ、いや山を越せなに川を渡れ、などいふ指図に従つて、あつちへゆきこつちへゆきしてゐては、日暮れまでに宿へ着けぬなり。ぬかるみはまたぐ、石は飛び越すといふ覚悟でヅン〳〵真直ぐに進みゆくつもりなり。ぬかるみ困るナ石恐れるナと、たゆたふは臆病者なり。ハッドン先生より著述二冊をめぐまれたり。

この記述からは、ハッドンが日本からやってきた若き人類学徒を歓迎する気持ちで、あれこれ世話を焼いている様子が窺える。しかしすでにやるべきことを定めていた坪井にとっては、そうした助言はかえって迷惑だったようだ。それでもハッドンのほうはこのとき坪井と話して手応えを感じたのだろう。坪井の許にハッドンから手紙が届き、九月二十一日二人は再び会った。

ハッドン先生よりいつか会ひたしと手紙来たる。都合を問ひ合はせ二十一日昼前、ブリチシミュージアムのリイド先生のところにて会へり。フランクス先生にも会へり。ハッドン先生はいま人類学上の著述に取りかゝりをらるゝなり。参考となるべきことをいろ〳〵の本から抜き書きして持ちゆきに喜ばれたり。これらの本を見せして、ご覧ありしやと問ひしに七つのうち二つだけ読みたりといはれたり。されば五つだけは無駄にはならざりしなり。三先生にいろ〳〵のことを話したれど、三先生から聞いたことはみな珍しからず。差し引き割に合はず。フランクス先生は林〔正忠〕氏のお得意なり。このごろはしきりに根付を集め居《を》らる。ハッドン先生は自らして居《を》る仕事も見せたしといはれたり。ゆく約束にしておけり。

ここに出てくる「リイド先生」というのはチャールズ・H・リードのことで、彼からも坪井は会いたいと人づてに聞いていた。リードはのちに南方熊楠がロンドンにやってきたとき、大英博物館の図書館を利用できるように推薦人および身元保証人になっている。松居竜五ほか編『南方熊楠を知る事典』の「リード」の項に次のようにある。

古美術研究家・鑑定家、文化人類学者。英国人類学会長就任（一八九九年）、英国学術協会H部会会長就任（一八九九年）、英国古美術協会会長就任（一九〇八年）、ナイト爵受勲（一九一二年）。

若年にして南ケンジントン博物館（現・ヴィクトリア・アンド・アルバート博物館）に入り、古美術・民族誌学部門の仕事に携わる。一八八〇年、フランクスの招きで英国博物館へ移り、英国・中世古美術および民俗誌学芸部員となる。一八九六年、フランクスの後を継いで部長となり、一九二一年の退職までその要職にある。博物館終身理事。

フランクスを補佐し、また同氏引退後はその部を率いて、十九世紀末から今世紀（二十世紀）へかけて博物館が大きく発展した時代を支えた中心人物の一人で、とくに民族誌学の分野における功労者。（二五一頁）

もう一人の「フランクス先生」はオーガスタス・W・フランクスのことで、同じく『南方熊楠を知る事典』の「フランクス」の項には次のようにある。

イートン校、ケンブリッジ大学に学ぶ。文学博士、考古学者。英国古美術協会会長就任（一八九一〜九二年）。ナイト爵受勲（一八九四年）。

一八五一年、英国博物館に入り、古美術部員となる。一八八六年、英国・中世古美術および民俗誌学部を創設、みずから部長に就任、一八九六年に引退するまでその要職にある。晩年、博物館理事を兼務。

十九世紀後半、とくに末期へかけて英国博物館が規模的に、また内容の面でも著しく飛躍した時代の中心人物。収集品を考古学上あるいは美術的価値の観点からとらえなおして整理統合し、博物館の学術的存在価値を大幅に高めた功労者といわれる。（二四九〜二五〇頁）

彼も熊楠が大英博物館で学ぶ道を開いてくれた一人である。熊楠がロンドンへやってきたのは一八九二（明治二十五）年九月、そして坪井が帰国したのは同年十月だったため（しかも坪井は九月にはもうロンドンにいなかった）、二人は完全なすれ違いとなったが、坪井の会った人々に今度は熊楠が出会っているのは面白い。

『留学日記』の先の記述にあるハッドンとの約束は、九月二十三日に果たされた。

夜、約に従ひハッドン先生の旅宿へゆく。いろ〳〵人類学上の話をなす。先生このごろ考へてをらるゝことは、わたくしがとをに考へてすでに書いてをきしことなり。このことは前にハウエス先生のところにて会ひしときにも話せしことなるが、このたびもまたその話をせり。わたくしがいひかけたり、絵を見せたりするとちやうどそれを考へてゐた、実に妙に同じことをして居たもんだといふやうなふうなり。ハッドン先生は誠の学者なり。ごまかす人にあらず。わたくしの話につきてちやうどその通りのことを思つてゐた、といはるゝは誠の暗号に違ひなし。とにかく話が合ひて面白かりしなり。先生はこのことにつきて大陸の諸博物館を巡りこのごろ帰られしなり。わたくしの考へられしことは来年出版されるよし。わたくしの書きし絵をもそのうちに写したきが異存なきやとのことにつき更に差支へなしといひおけり。

坪井は、自分が考えていることとの共通性を指摘し、しかもハッドンよりも自分のほうが一歩先を行っているかのように述べている。あくまでもこれは坪井の一方的な記述なのでその正否は保留するとしても、少なくともハッドンとの対話は、坪井が決してロンドンで孤立していなかったことの証しにはなるだろう。その上、ハッドンは立場的に孤立することからも坪井を救ってくれた。ハッドンはイギリス人類学会に坪井を入会させるように取りはからってくれたのである。

十一月十一日夜、イギリス人類学会（Anthropological Institute of Great Britain and Ireland）より郵便来たる。開きみれば「拝呈　陳バ《のぶれ》本月十日貴君ヲ　アンスロポロジカル　インスチチユート　ヲフ　グレイト　ブリテン　エンド　アイルランド会員ニ撰挙相成候ニ付キ」しか〴〵との意味にて、規則書類を添へたる手紙なり。わたくしを会員にせんとの発言をせしは誰なるや記してなけれど、ハッドン先生なることと疑ひなし。ハウエス先生でも賛成をせしならんか。会長はタイラア先生なり。

坪井はこれ以降、帰国するまでイギリス人類学会の会合に何度か出席している。先にタイラーと出会ったのは万国フォークロア会であると記したが、この会に坪井を誘ったのもハッドンであった。

さて、では坪井は一人ロンドンで人類学の何を学ぼうとしていたのだろうか。これについては『留学日記』の一八九一（明治二十四）年五月半ばころに、「人類学史」と題して述べている箇所がある。少し長いが引用しよう（文章は適宜改行した）。

およそ何学にても詳しく修めんには、その学問がいかにして起りいかに進歩して当時の有様に成りしか、いまはいづれのところまで判り居《を》る故、こののちには何を調べんかといふことをあらかじめ知るを要す。人類学においては、ことに深くこのことを感ず。昔はもとより人類学と名づくべきものなし。されど人とは何かといふ問ひに答へんとせし者は、幾らもあり。人はいかにしてこの世に生まれ出で、いかにして開化し、そののちはいかになるべきか、といふことを考へし者もずいぶんあり。これらの考への変遷は、すなはち人類学の歴史なり。かゝることを詳しく記したるものなし。調べんとすれば自ら詮索、編集、論究せざるべからず。かねぐ〵心がけて集めたる材料、あらまし整ひし故、これが済めば人類学本論に取りかゝるつもりなり。

人類学史は、まづ緒言、次に空想の時代、次に信仰の時代、次に研究の時代と区別を立てて大昔より今日までに進歩したる人類学上の知識のことを論ず。空想の時代中には、ギリシヤ、ローマの哲学者の説を集め、これを評し、婆羅門、仏教、六道論界のことにも説き及ぼし、エジプト、フェニシヤの説をも記す。信仰の時代中には、モセス〔モーゼ〕が創世記をかきたることより説き起こし、旧約全書、新約全書のこと、ヤソのこと、この宗旨の広まりしこと、マホメットが回々教を唱へ始めしをヤソ宗がローマに入り伝へて、ヨウロッパ諸国に行はれしこと、ヤソ教が学術進歩の妨げをせしこと、ことに人類学上知識の発達を留めしことを記す。研究の時代中には、リニヤス〔リンネ〕、ブルウメンバッフ、モルトン、プリッチャアド、ラタム、ダアウィン、ヘッケル、ハックスレイ、エヴァンス、ラボック、タイラア等十余人の仕事を記し、シャンポリヨンのはじめてエジプト絵文字を読み出せしこと、ロウリンソンの釘文字を読み出せしこと等を述べ、結論には、右三時代の総括を記し、人類学上知識の進歩を説き、人類学なる新理学を起さゞるべからざる由縁を述べ、ヨウロッパの諸学術は、進歩なしをれど、未だこの学の形そなはらざることをいひ、自らの考へに従ひし定義、範囲、分類、研究法等を記し、東洋の大なること、日本はこの学の研究に適したるところなること、われ人共に心を合わせ、学術のため人類一般のため、御国《みくに》のため、この新理学を研究し、日の丸の旗になほ一層の光を添えへんことを希望すとのことを記す。人類学本論は、骨組みはできてをれど、大成は帰朝ののちなるべし。ヨウロッパ、アメリカにも人類学者といふべき人、全くなきにもあらず（自ら人類学者といふ人は多けれど、むしろ賛成家にして研究家にあらず）。タイラアのごときは実に人類学者に違ひなし。しかし自らその学に志すのみにして、世間に向ひ人類学とはかゝるものなり、斯くのごときにして研究すべし、今日までにこれだけのことを知れたり、こののち研究すべきはこれ〳〵なりとて、過去骨折《ほねをり》の結果、現在の有様、将来の望みを告ぐることをなさず。タイラアの人類学書の初版は、千八百八十一年に世に出でたり。この日進の学問、筍《たけのこ》の伸びるがごとき勢いの学問の八年間の進歩といふものは、なか〳〵大きなるものなるに、第二版は第一版と違はざるなり。改良せざるなり、増補せざるなり。たゞ一人の人類学者ともいはるゝものの、たゞ一つの書にて斯く時候に遅るるとは情けなき次第といふべし。ドイツ、フランス、イタリイにては、人類学上の研究誠に盛んなり。しかしまとめて一つの学問の形とせしもの、未だ現れず。パリにはエコールダントロポロジイとて人類学の学校あれど、人類学研究に関係ある種々の学問を教へるところにて、人類学をば地質学とか動物学とかのごとく完全なるものとして教へをるにはあらず。ヨウロッパ、アメリカにて人類学の進歩遅きは、三つの妨げに原因す。第一は理学と宗教の軋轢、第二は他人の高名を妬むものあること、第三は人類学をたゞ片手間仕事にすることなり。一一《いちいち》適例あり。日本には宗教の妨げなし。実に〳〵幸せなることなり。ヤソ宗の広がらざるうちに理学が広がりしは、誠に〳〵喜ぶべき次第なり。第二は全くなきにもあらざれど、わたくし自らはまだ目指されるほどにならざる故、安心なり。第三はやむを得ざることながら、長く大学の恵みを受けることを得れば、わたくし一身においてはこの妨げを逃るゝことを得べし。わたくしは人類学の起るべきときに会ひ、人類学の研究に適したるところに生まれ、しかも人類学修業のため留学を命ぜられしは、無比の幸福なり、無比の光栄なり。この幸福、この光栄を与へられし方々、この幸福、この光栄を受くるを得せしめし方々に対しては言葉のお礼はお礼とするに足らず。小にしては一家《け》のため、大にしては大学のため、更に大にしては日本のため、更に大にしては学問のため、他日なさんとするところの事業を以て

お礼の心を表さんことを期する。

先の「小伝」で「余は人類学に関し既に或る意見を有し居りし」と述べられていた「或る意見」とは、こうした人類学の体系化だったのである。このため坪井は、博物館（主に大英博物館）に通いつめて学び、そして書店で人類学関係の本を買い漁った。

坪井が購入した本や書店については、『留学日記』のさまざまな箇所で触れられているが、ここでは一八九二（明治二十五）年一月に記されている次の箇所を引用しておこう。

　イギリス人類学会にて出版をし書類はじめよりこと〴〵く揃ひたるもの、売りものに出でたり（カアペンタア〔William Benjamin Carpenter のことか?〕といふ動物学者の文庫をば、或る本屋が一手《ひとて》にて買ひこれを売り出せしがそのうちなり）。厚き本三十五冊にて、いづれもみごとに製本したり。紙の縁《へり》は金を置きし故、並べてみれば眩きほどなり。外が美しきのみならず、なかに記しあることも皆人類学上値打ちあることなり。人類学会といふものはパリで第一に開け、二年のうちロンドンで開けたるものにて、このイギリス人類学会の出版ものをこと〴〵く揃へれば人類学について世界中の学者のせしことは大概判るなり。よほど欲しかりしが、半分ほどはすでに買ひ集めおきし故、二重にするにも及ばずと本屋へゆき、離して売りてはくれざるやとてかけあひしが、ご覧の通り揃へて製本してあるもの故、離しては売れずといふ。お話次第であなたのお持ちの分を改めて買つてもよろしといふ。また考へて返事せんとて帰りしが、先買ひし分は誠の掘り出しにて、おかしいほど安く買ひしもの故、どこかへのおみやげにしてもよし。また二部持つてゐてもよし。不足の分を同じやうに見出すといふことはむつかしと思へば、いよ〳〵欲しくなる。何にしてもイギリスで出版した人類学上の専門の書物をこと〴〵く揃へたるものが、二度と売りものにてやらうとも思はれずと、だん〳〵欲しさが強くなりて、ついにこれを夢にさへ見たり。本屋にあるうちはまだよけれど、もし今日にでも売れてしまつたらあとでさぞ残念ならんと思へば一刻も猶予できず。値へはザット百円にて別々の本を買へばずいぶん買へるのなれど、決心していよ〳〵これを求むることとし、急ぎ出かけんとす。（中略）飛び出して本屋へかけつける。あれは売れたかといへば、まだと答ふ。まづひと安心、も一度よく見る。誠によき本なり。金を払ひ届け方を頼み、大手をふつて帰る。本屋よりはわざ〳〵箱をつくりこれに入れてよこしたり。この買ひものを見て驚かざる人なし。自分でもすばらしきものを買つたと感心す。鬼の首を取つたやうな心持ちなり（百円出せばいつでも買へるといふものではなし）。これから鬼の首を料理して食べるのなり。

本（特に古本）好きの人ならば、思わず合槌を打ちたくなるのではなかろうか。坪井がロンドンで蒐集した本の一部は、「我が書棚」と題して『東京人類学会雑誌』（第六十二号～第七十四号、明治二十四年五月～明治二十五年五月）で紹介している。「我が書棚」で坪井は計五十九冊の本を取り上げているが、その内容を見てみると、ニュージーランド、ニューギニア、ポリネシアなどオセアニア諸島の歴史やアフリカの旅行記、民族誌などが大半を占めている。鳥居は「江戸人としての恩師坪井正五郎先生」（『武蔵野』第十七巻第二号、昭和六年十一月）のなかで、坪井は「土俗学上の事項に対しては、教導する所が最も多く、太平洋諸島・阿弗利加《アフリカ》等の未開人に就ての紹介は最も多かつた」（七七頁）と述べているが、その知識は、このときロンドンで購入した本から学んだものであった。

ロンドンでの最重要課題として自分に課していたのが人類学の体系化であったとしても、坪井のことである。あらゆるものに活潑に反応する彼の柔軟な思考は、それだけに留まってはいなかった。例えば、第四章で触れたロンドンでの風俗測定もその一つだが、ここでは別のもう一つの話を紹介しておきたい。それは、坪井がロンドンで執筆した注目すべき論文「響き言葉」（『東洋学芸雑誌』第百五号、明治二十三年六月）のことである。坪井はこの論文を次のように始めている。

私は当時ロンドンのクラパムと云ふ場末に住んで居りますが毎朝変な声で何か叫んで窓下を通る者が種々有るので耳を傾けて聴きました所好く聞こえるのは

「クロー、クロー、ヲー、クロー、エネ、カイン、ヲー、クロー」

何で有らうと窓から見ますれば之《これ》は古着屋で衣服や帽子の古いのを買ひ集める為に斯《か》く叫ぶのでござります、然れば叫ぶ所を判然云はすれば「クローズ、クローズ、ヲールド、クローズ、エネー、カインド、ヲフ、ヲールド、クローズ」即ち「古着屋でござい、

何か御払ひ物はございませんか」と云ふのに違ひ無し〔『うしのよだれ』四七一頁〕

坪井はたまたま窓の外から聞こえてきた〝変な声〟に気を止めた。それが古着屋の物売りの声であると知った彼は、そこから物売りの発する言葉の考察に及んでゆく。物売りの呼び声はロンドンに限らない。東京にもあるとして、蕎麦屋の「そばうーい」、鰯売りの「いわーしこーい」、豆腐屋の「とーうーい、うあうーい」等々の発声の例を挙げた上で、物売りはこのように商品名をそのままいうのではなく、助詞を添えたり音を伸ばしたりすることが多い。これは平常用いられる言葉とは違うが、「我々は経験に因《よ》つて何れの声が何れの品を指すとの事を知つて居ります」〔四七四頁〕という。また、坪井自身が数年前の夏に越中の伏木《ふしき》で出会った、「きのこーきのこー」という物売りの例を挙げる。最初坪井は、「きのこ」か、それとも「きな粉」の聞き違いであろうかと思ったが、いざ実際の売り物を見てみると、それは「雪の塊まり」だった。その物売りに何といっているのかと彼が聞いてみたところ、「ゆきのこほり」だという。坪井ははっきり「ゆきのこほり」と聞いたとしても実物を見なければ理解できないだろう、ところが土地の人は曖昧な「きのこーきのこー」の呼び声でそれが理解できると述べる。

要するに、物売りの声は必ずしも文字で書き表したように正確に発声しないでも、その意味するところが発声者と聞き手の間で了解できているならば、そこにはコミュニケーションが成立する。しかもそれが特徴あるものであればあるほど商品の独自性が主張でき、他者との混同（蕎麦屋と豆腐屋を間違うというような）が起こらないというのである。

坪井は更に続けて、一度音と物のつながりがはっきりしたならば、口から発する音でなくても、魚屋が太鼓を叩いても、羅宇《らう》屋が喇叭《らつぱ》を吹いても同様の効果があり、音響の達する範囲もよりも広くなる。按摩の笛、蕎麦屋の風鈴、ヨカヨカ飴屋（仲田定之助著『明治商売往来』によれば、よかよか飴屋とは「団扇太鼓を賑やかに打ちならして、時々「あァーよかよか」と唄いながら、町なかでかっぽれを踊る」〔一七九頁〕飴屋のことである）の太鼓などがそれであると述べる。

坪井はこうしたことは物売りだけに限らないとして、相撲の興行を知らせる廻し太鼓、火の用心の鉄《かな》棒、自転車のベル等々もそうだし、ロンドンでは家の扉についている扉叩き《ドアノツカー》は音の数で郵便〔二回〕、電信〔三回〕、訪問〔五・六回〕の違いを聞き分けることができるとする。また、音を使って意志を伝えるということをその数の組み合わせのほうに重点を置くなら、音の性質、つまり鳴り物の種類が替わっても不都合はないとして、電信の例などを挙げている。坪井はこれを「響き言葉」と名づけ、「口述の言葉は古来多くの語学者が研究し形体の方に属する仕方言葉〔ボディランゲージのこと〕は近年人類学者が捜索を始めましたが私は「響き言葉」なるものも充分捜索研究の価値が有ると信じます」と述べている。そして最後にこの論文を次のように結んでいる。

> 私は古着屋の叫び声から書き始めて廻り廻つて計らず此の様な所に到着しました、思ひ反《かえ》して見ますれば物売りの類の叫び声は口述の言葉と「響き言葉」の中間に立つものでござります、（中略）嗚呼《ああ》斯《か》かる文能《よ》く登録の栄を得て雑誌配達チリンチリンの箱に入る可きか、或は排斥の辱を蒙つて紙屑買ひ「くづい、くづい」の籠に入る可きか、心配なり苦労なり、時に古着屋の声遙かに聞こゆ「クロー、クロー、ヲー、クロー！」〔『うしのよだれ』四七九頁〕

先に触れた「本邦に行はるゝ当て物の種類及び起原」と並んで、坪井の言語に対する鋭い感覚と観察力が生かされた、いま読んでも充分に興味をそそられる論文である。鳥居は「日本人類学の発達」（『科学画報』第九巻第六号、昭和二年六月）で「氏はロンドン滞在中は耳の学問より眼の学問を主とせられました」〔三五頁〕と述べているが、師にもつかず大学にも行かなかった坪井は、確かに鳥居がいうように人類学の講義に耳を傾けることはなかったが、彼の耳には別の声がしっかりと聞こえていたのである。

ロンドン時代の坪井にとって、意外にも大きな出来事となったのは、万国東洋学会であった。坪井は駐英公使だった河瀬真孝《まさたか》とその妻・英子《ひでこ》に気に入られ、夫妻から何度も食事会や茶話会に招かれている。その河瀬公使が万国東洋学会名誉部長を務めていたことから、坪井も会に入らないかと誘われたことがあった。しかし、坪井は最初入会を断っている。その理由を「この会は会費さへ払へば誰でも、いつでも入れる会なり。会員となつたといふことが履歴上何程の廉《かど》ともならず、かつ東洋人にてこれに入れば、学ぶ方《かた》にてはなく、告げる方になる訳故、いま学ぶ方に一心なるわたくしの入るべき会にはあらず」と『留学日記』に記している。しかしその後、東京帝国大学から次のような手紙が届き、一転坪井は万国東洋学会に入会することとなった。

> 拝啓来九月、英国倫敦府《ロンドン》ニ開設ノ第九回万国東洋学会ヘ帝国大学ノ代表者トシテ出会之儀御嘱託ニ及候也
>
> 但為手当金拾円贈付候事
>
> 明治二十四年六月十七日
>
> 帝国大学総長文学博士　加藤弘之
>
> 理学士　坪井正五郎殿

万国東洋学会は毎年世界各地で開かれていたが、一八九一（明治二十四）年はロンドンが開催地に予定されていた。

『留学日記』のなかで坪井は「人類学会代表人」と題した、次のような文章も記している。

> 〔八月〕六日夜、東洋学万国会より手紙来たる。神田〜会長、三宅〜書記たる東京人類学会は、貴君を代表者に選び、本会へ出席をしむべき旨、申し来たれり、しかぐ〜とあり。肝腎の人類学会よりわたくしへは、何もいひ来たらざれど、間違ひもあるまじ。承知せり。これにて二役かけもちとなれり。

第九回万国東洋学会は、八月三十一日〜九月十一日に開催された。坪井は出席後『東京人類学会雑誌』（第六十八号、明治二十四年十一月）に「第九回万国東洋学会。」という文章を寄せ、その内容を詳しく伝えている。それによれば、万国東洋学会はもともと一八七三（明治六）年に、パリで坪井も会ったレオン・ド・ロニーにより「東洋の事項を明かにするために」〔三八頁〕設立されたものである。ここでいう「東洋」とは「範囲は甚広く、殆と《ママ》ヨウロッパとアメリカを除きたる諸国」〔三九頁〕を指している。

九月四日午後八時からインナー・テンプル・ホールで行われた日本部会において、坪井は「東京近傍に於て太古の遺跡たる人為の横穴二百種余を発見せし実地談」を発表、この論文によって坪井は名誉賞牌を得た六人（ほかの五人はフランス・イギリス人）のなかの一人に選ばれた。「第九回万国東洋学会。」で坪井は次のように述べている。

> 第九回万国東洋学会に加盟した国は三十五でござりますが名誉賞牌を得可き人の出たのは唯日本、フランス、イギリスの三つでござります。此会に代表者を出席せしめた政府、大学、学会は四十五でござりますが、名誉賞牌を得べき代表者を撰らんだのは帝国大学と東京人類学会の二つ、即ち日本計りでござります。諸君暫く坪井正五郎の姓名を忘れて御考へ有れ。第九回万国東洋学会に於ける日本は好地位を占めたと云つても宜うござりませう。〔四七頁〕

しかし『留学日記』のなかの次のくだりを読むと、少なくとも坪井に関する限り、この受賞は出来レースだったのではないかという印象が残る。開会に先立つ八月十二日、準備委員会が開かれ、坪井も招かれて出席した。委員会では提出論文中「東洋のことを明らかにし、或ひは東洋学の発達に助けを与へたりと思はるゝもののうち、ことによきものには賞牌、賞状等を授ける」ことが提案された。そのとき副会長のゴットリーブ・W・レイトナー（ブダペスト生まれの言語学者）は次のように発言した。

　委員会にていかなる論文にこれを与ふべきやの評議ありしとき、万国東洋学会副会長レイトナア氏（この人は東洋会の会長ならん）、主として先人のなさゞる発見をせし人に送りたしとて、この例にわたくしをば引けり。「こゝに居らるゝ日本帝国大学の代表者トウキヤウくん（坪井の間違ひなり。これをいふとき、わたくし方《かた》に向かひチヨイト黙礼せり）のごとき。余は今日こゝにて初めて会ひしくらゐにて、当人よりは何の話も聞かざれど、伝聞するところによれば、日本古代遺跡数多《あまた》の発見者なるよしにて、この度も自らの発見にかゝる横穴二百余の論文をば本会のために読まるゝ筈なれば、プライズ（褒美）を贈りたく思ふなり」との意を述べたり。此《こ》はわたくしが席に居りし故、ふと思ひつきて例に引きしまでにて、いよ〳〵わたくしに褒美を贈らんといひしにもあらず。また一人の意見にて済むものにもあらず。まだ聞きもせぬ説の値打ちが判る筈もなく、ほんの一場の話なるに過ぎざれど、万国東洋学会副会長の位置に居る老先生が、わたくしの仕事に値打ちを置きて居るといふことだけは知るゝなり。

　坪井に賞を与えたいというレイトナーの言葉に対して、坪井は「わたくしが席に居りし故、ふと思ひつきて例に引きしまで」と述べている。しかしこれを深読みするなら、委員たちの頭には自分たちの研究対象である地域に人類学者がおり、しかも調査まで行っているという、その事実のほうにむしろ眼を見張ったのではないだろうか。低レベルにある国の人がそこまでやったのだから、ご褒美を上げましょう——レイトナーは、そういっているように思われる。実際、万国東洋学会の設立の背後には比較文学者エドワード・W・サイードが指摘する西欧中心主義の〝オリエンタリズム〟の思想（『オリエンタリズム』）があったであろうし、だからこそ発表論文は「まだ聞きもせぬ」うちから、すでに受賞が決まっていたのだと取

れないこともない記述である。

いずれにせよ、この受賞が坪井の名声を高めたことは間違いない。論文は"Notes on The Discovery of More Than Two Hundred Ancient Artificial Caves near Tokyo"というタイトルで、The Imperial and Asiatic Quarterly Review, and Oriental and Colonial Record; April 1892 に掲載された。

もう一つ、この受賞の効用であったと考えられるものがある。先に鳥居龍蔵の文章を引用して、坪井に対して何故学校に入るなり師につくなりしないのだという譴責があり、それに対して坪井が文部省宛に自分の立場を表明する文章を送ったことを記しておいた。『留学日記』に記されている「文部省より郵便来たる」と題する次の文面はその返事である。

「曩《さき》ニ御照合ニ及候ハ実際乃研究上ノ都合如何ヲ御問合致候儀ニテ強《しい》テ他ノ指導ヲ受クルヲ然ルベシトスルノ旨趣ニハ無之《これなき》候間今回乃申越ニ依リ実際之模様相分リ候ニ付テハ文部大臣ニ於テモ右御申越之趣承認相成候……。文部大臣官房文書課長青木保」

坪井の独学を認めるとの文面である。しかもずいぶんと下手に出た表現が使われている。この文書が届いたのが一八九二（明治二十五）年三月、つまり万国東洋学会で坪井が受賞したあとであることを考えると、この手紙の内容に受賞が大きく影響していたであろうことは想像に難くない。

一八九二年八月、坪井はベルギーの首都ブリュッセルで開かれた刑事人類学万国会（国際学会）に文部省代表者として、寺尾亨と共に出席した（坪井「刑事人類学万国会議報告。」『東京人類学会雑誌』第八十一号、明治二十五年十二月）。寺尾亨は東京大学法科大学教授で、当時パリ大学に留学していた。「小伝」には、このときベルギーでは「国王陛下に拝謁の栄を得たり」（『うしのよだれ』三八八頁）ともある。

三年間の留学期間の過ぎていた坪井は、この会議に出席したあともうイギリスには戻らなかった。刑事人類学万国会と同時期、ロシアで開催される万国人類学会にも参加するよう文部省より要請があったが、刑事人類学万国会へ出席したためそちらには行けず、このあとパリを経由して、日本へと帰国した。

第二部 人類学から

◉児童用品研究会・流行会で発行した「理学博士坪井正五郎先生追悼記念絵葉書」のうちの一枚、坪井の考案した玩具類が並んでいる

第十章　講義——理科大学教授に任ぜられ

帰国後、理科大学（現・東大理学部）の人類学教授として迎えられた坪井は、恩師・箕作佳吉の妹と結婚し、西ケ原貝塚、芝丸山古墳の発掘を行う。また、大学では人類学教室の陣容も整って、いよいよ坪井は人類学の講義を開始する。一方、地方でも人類学会が次々と立ち上がってゆき、坪井も協力を惜しまない。

坪井が帰国したのは、明治二十五（一八九二）年十月十四日のことであった。のちに坪井の人類学教室（いまでいう研究室）に入る佐藤伝蔵は、「故坪井会長を悼む」（『人類学雑誌』第二十八巻第十一号、大正二年十二月）で、坪井と初めて出会ったときのことを次のように語っている。

丁度二十五年の十月でございますが、一年生でございまして其時は故箕作《みつくり》佳吉《かきち》先生の指導の下に動物の解剖の実験をやつて居りました時に、今は大時計は無くなりましたが、大時計の処が動物学の教室でございまして、其処に（中略）山崎《やまさき》博士などゝ御一緒に蛙の解剖か何かやつて居りました時分に、見慣れない極く瀟洒たる一紳士が這《は》入《いっ》て来られまして、自分は昨日海外から帰つたといふやうな御挨拶を故箕作博士に対してせられました。私は初て御目に懸つたので誰方《どなた》か一向存じませぬでしたが、其後御挨拶の様子なんかで、是が坪井博士だといふ事を初《はじめ》て知りました。〔六七二頁〕

ここから、帰国した坪井がさっそくその翌日、箕作に挨拶に行ったことが判る。この後が慌ただしかった。坪井が箕作を訪ねた日は東京人類学会会員・田代安定（植物学者）の訪問を受け、何か演説をしてほしいと頼まれて、二十四日に東京地理学協会で「地理学上智識の拡張が人類学上研究の進歩に及ぼせる影響」（『東京人類学会雑誌』第八十号、明治二十五年十一月）を講演した。また帰国した「同月理科大学教授に任ぜられ」たと坪井は「小伝」（『うしのよだれ』三八八頁）で述べている。『東京帝国大学学術大観』でその日付を確認してみると、これは二十八日とあった。更にそのあとには箕作の妹・直子（直）との結婚が控えていた。『朝野新聞』（明治二十五年十一月二十三日）は「坪井正五郎有頂天に昇るとは此事」と題して、坪井が学士会で次のようなスピーチを行ったと報じている。

> 帰朝せり、教授になれり、妻持てり。下戸（坪井は酒が駄目だった）も手に取る三つ組の盃、妻は箕作佳吉氏の令妹、名お直、此後は正直夫婦と御評判にて幾久しく…………ムニヤ〱ムニヤ〱と云つて、御辞儀二ツ三ツ。

この間坪井は十一月六日に開かれた東京人類学会第八十会で「人類学史」の講演も行っている。「人類学史」はその後も毎月一回の例会で数度にわたって続けられた。

坪井の帰国を機に、東京人類学会の幹事を任されていた三宅米吉は、その役を坪井に返上しようとした。そのころ、神田孝平《たかひら》からも病気（彼は明治二十一年、脳卒中で倒れ療養中の身だった）のために東京人類学会会長を辞退させてほしいとの申し出があった。そこで坪井は神田と相談した上で、十二月四日、委員会を開いて東京人類学会の組織化を図ることとした。委員は、坪井、神田、三宅、若林勝邦、田代、山崎直方《なおまさ》、佐藤重紀の七名（「体質人類学」を代表する意味で小金井良精《よしきよ》も委員の候補に入ったが、彼は辞退した）と決まり、引き続き神田が会長を、そして投票で選ばれた坪井と若林が幹事を務めることになった。委員のうち、佐藤は翌年病死した（坪井著「本会創立第九年会演説。」『東京人類学会雑誌』第九十二号、明治二十六年十一月）。その後の東京人類学会人事についてもここで触れておくと、『東京人類学会雑誌』（第九十号、明治二十六年九月）に掲載されている「会告」によれば、神田の病気の具合が思わしくなく、結局明治二十六（一八九三）年九月、神田が会長を退くことを東京人類学会としても了承せざるを得なかった。暫くの間、東京人類学会は会長不在の状態を続けたが、明治二十九年十月、坪井が会長に選ばれたことでその穴は埋められた。なお、神田は明治三十

一年七月五日に逝去し、『東京人類学会雑誌』（第百四十八号、明治三十一年七月）には坪井の「弔辞」が掲載された。

さて、明治二十五年の暮れも押し迫った十二月二十三日から三日間、坪井は東京王子西ヶ原貝塚で発掘調査を行っている。西ヶ原貝塚については以前から知られており、E・S・モースらによってそれまでにも小規模な発掘は試みられていたが、ここで一度大がかりに行ってみようとの意図であった。久しぶりの発掘とあって坪井は心踊らせたことであろう。「西ケ原貝塚探究報告」と題して坪井は、このときの発掘の報告を七回にわたって『東京人類学会雑誌』（第八十五号〜第百六号、明治二十六年四月〜明治二十七年一月）に連載したことでも、その力の入れようが判る。この報告では、以前に発掘されたものも含め、出土品の形状から、大きさ、数、色、装飾紋様に至るまでかなり細かい分類を行っている。この分類方法を見ると、坪井が『大森貝塚』に書かれたモースの記述を参考にしたのは明らかである。もっとも、この西ケ原貝塚の調査にあたって、土器の計測をより簡便にするために「西ケ原角度計」（次頁、図版①参照）と「直径計」（同、図版②参照）を独自に考案しているところなどは、いかにもアイデアマンの坪井らしいやり方であった。坪井命名になる「西ケ原角度計」は、通常の開口部とは別のところに土瓶形の横口のついた土器（同、図版③④参照）について、その横口部分が基底部からどれくらいの角度をもっているかを計るためのもの、「直径計」は土器の底の直径を計るためのもので、これを用いると土器片からでも容易に直径を求めることができるという計測器である。「西ケ原貝塚探求報告」は第七回目の最後に「未完」とあり、坪井としてはまだ続けるつもりでいたようだが、その後の掲載は見られない。

翌二十六年に坪井は、のちに大規模な発掘を行うことになる丸山古墳（一六二頁図版参照）を発見している。この丸山古墳は当時坪井が住んでいた東京芝にあった。坪井の「芝公園丸山大古墳及び其近傍に在る数ケ所の小古墳に付いて」（『古蹟』第二巻第一号、明治三十六年二月）によれば、坪井はパリから帰国する船のなかで、ふとこんなふうに思いついたという――自宅近くの芝公園内にある五重の塔（昭和二十年の空襲で焼失）は、なぜ高所に建てなかったのだろうか、もしかすると高く土の盛られた部分（丸山）に古墳があったためではないのか、と。このことが気になった坪井は、帰国後、丸山に二度足を運び、発

土器の横口

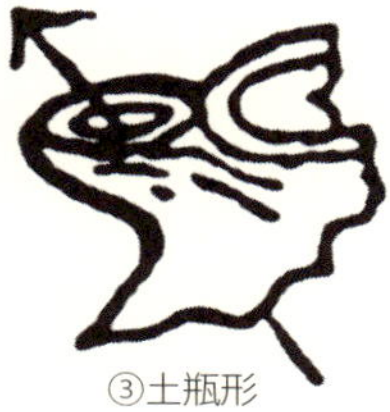

③土瓶形

④銚子形

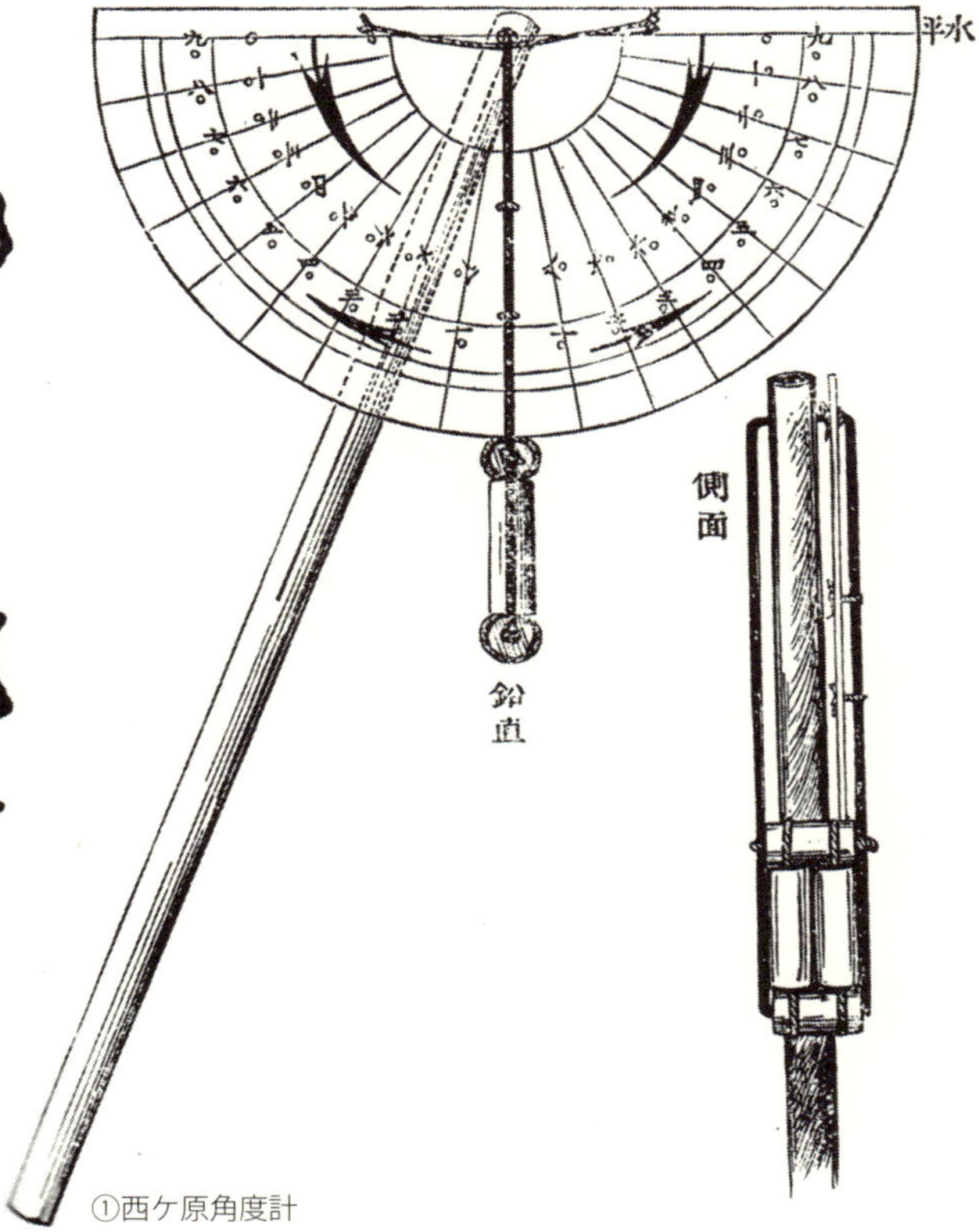

①西ケ原角度計

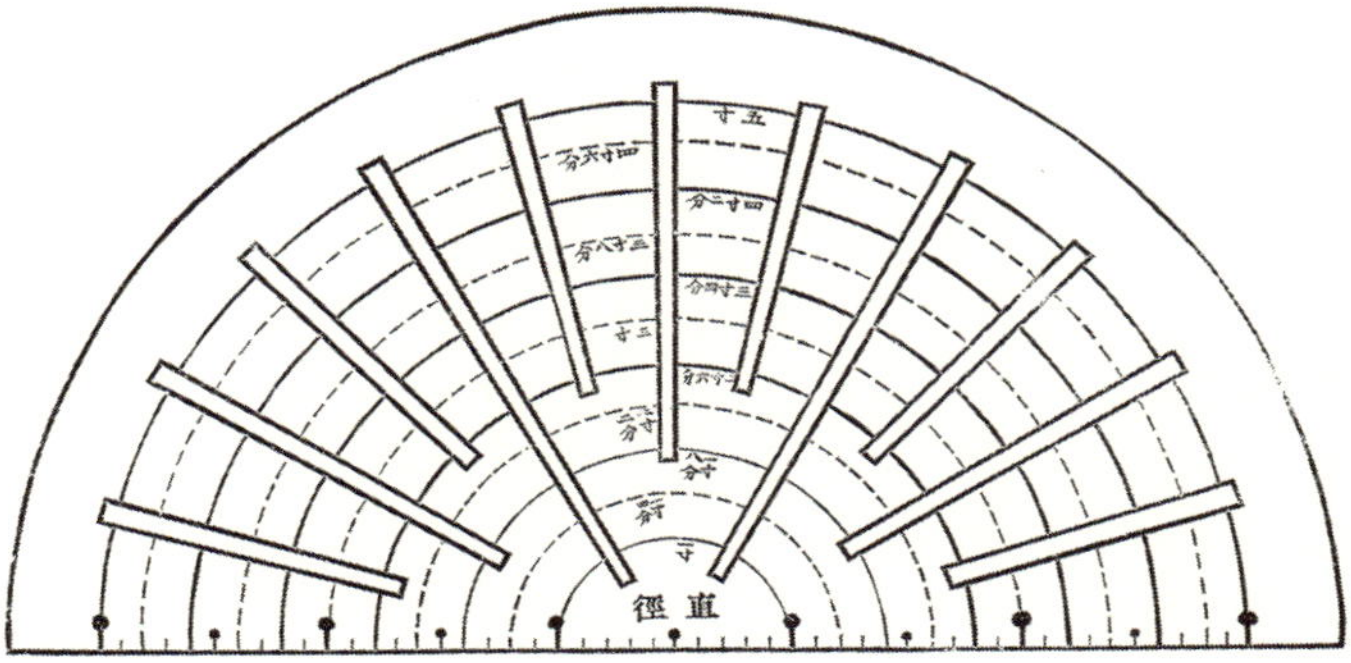

②直径計

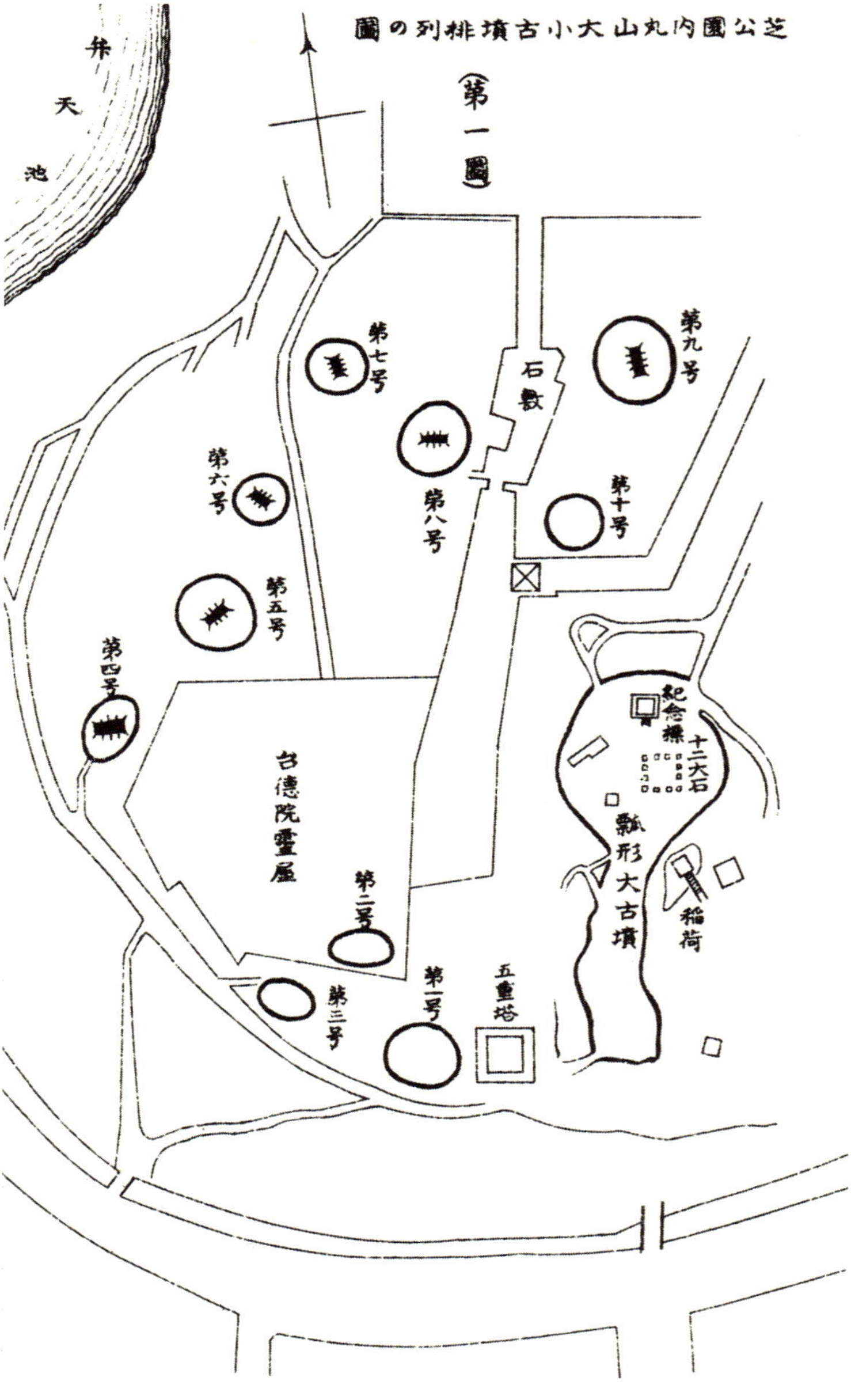

芝公園内丸山大小古墳排列の圖

（第一圖）

掘は行わなかったものの、「伊能忠敬先生紀念標」（明治二十二年東京地学会が建立したもの、第二次世界大戦中に金属資源として供出され、現在は同会により昭和四十年に新たに「伊能忠敬測地遺功表」が建っている）のある瓢形の高所と五重の塔の西にある土饅頭が古墳であることを確信した。明治二十六年九月十日、この話を坪井から聞いた井上喜久治が丸山に行って発掘を行ってみると、埴輪円筒破片数個と朝鮮土器（須恵器）片一個が出土した。八木奘三郎《そうざぶろう》「明治考古学史」（『ドルメン』第四巻第六号、昭和十年六月）によれば、井上喜久治は「旧黒田藩士で、橘守部の歌風を好み、其派の和歌をも作り文書画も上手でありましたが、職務は蠣殻町の米穀取引所の書記長か理事であり、而《しか》して一方は人類学や考古学を好んで」〔一二頁〕いた人物であった。井上の報告を受けた坪井は、十二日夕刻、彼と二人で丸山へ行き、新たに別の埴輪円筒破片を発掘、更に別の小古墳も一基発見した。坪井たちの発見は九月十四日の『読売新聞』誌上で「千数百年前の大古墳を発見す」として報じられ、こうして丸山古墳の存在が世間に知られることとなった。

　このエピソードは宗教人類学者の中沢新一氏も『アースダイバー』のなかで紹介している。地形の高低差から過去の歴史を読み解くという意味では、坪井はまさに中沢氏のいうアースダイバーの先駆者であったといえるかもしれない。ただ、ここでついでに触れておくと『アースダイバー』のなかの坪井を紹介している箇所に間違いが多いのは、いささか気になるところである。同書には次のようにある。

> 増上寺の寺域に点在していた小山の群れが、前方後円墳をはじめとするりっぱな古墳群であることを発見したのは、日本考古学の基礎を築いた坪井正五郎だった、と言われている。彼は英国に近代考古学を学ぶために留学した帰路のつれづれに、子供時代によく遊び場にしていた増上寺の裏手の森のことを、思い出していた。地面を掘り返すと、奇妙な土器のようなものが出てきた、あの小山はじつは古代の遺跡だったのではないか。帰国後すぐにその地の発掘を試みた彼は、芝のその森がまぎれもない古代遺跡であったことを確認する。〔九六〜九七頁〕

　坪井が日本考古学の基礎を築いたという点は問題ないが、すでに述べたように、坪井が留学したのは考古学ではなく人類学を学ぶためであったし、坪井が子供時代に増上寺の裏手を遊び場にしていたという記録もない。つ

まり、子供時代に芝で土器など掘り出してはいない。あくまでも彼は、その地形から古墳ではないかと推測したのである。また、「一八八四年、いまの東大農学部のあたりで考古学の発掘実習をしていた坪井正五郎青年（中略）はそのとき指導教官といっしょに、壺の形をした土器を掘り出したが、それこそその後「弥生土器」と名づけられることになった土器発見の、第一号となったのである」〔二五頁〕とあるが、これもすでに触れたように、坪井たちはこのとき考古学の実習をしていたわけではなかった。そもそもこれは日本考古学が確立する以前の話である。考古学を教えられる指導教官などまだ存在しなかったし、その上この土器を発見したのは、彼と一緒に発掘を行った有坂鉊蔵である。氏が参照したとする坂詰秀一著『日本の古代遺跡32　東京23区』にも当ってみたが、中沢氏が述べているような記述はなかった。『アースダイバー』はとても面白い発想で書かれている本なので、この誤記は残念に思われる。

坪井による芝丸山古墳の発見については、ここでもう一つ記しておかなくてはならない資料がある。平成二十二（二〇一〇）年四月五日～六月五日、学習院大学史料館で特別展示『目白の森のその昔――学習院と考古学』が開催され、この展示の一コーナー「日本考古学の謎」で阿部正功《まさこと》の足跡を紹介したことがきっかけとなり、阿部の資料調査が進むことになった。その成果が『学習院大学史料館紀要』（第十七号、平成二十三年三月）に掲載された（以下の阿部正功に関する文章はいずれも同紀要による）。

まず、阿部正功についてだが、丸山美季氏（学習院大学史料館学芸員）の「阿部正功の生涯と学問―人類学・土俗学・考古学―」から簡単に要約しておくと、万延元（一八六〇）年、譜代大名白河藩主・阿部正耆《まさひさ》の次男として生まれ、八歳で家督を相続し十七代当主となった。のちには子爵となっている。生来学問好きで、明治二十（一八八七）年、東京地学協会での坪井の演説を聞いたことがきっかけで、人類学・考古学の世界へと導かれた。正功は、芝丸山古墳の調査にも協力していたことが、丸山著「『芝円山古墳調査略記』翻刻」で明らかとなった。問題の記述がここに記されている。

抑モ古墳発見ノ次第ニ於ケル坪井理学士帰朝ノ後チ即チ本年ヨリ六年前〔この記録は明治三十一年五月に記された〕ノ事ナルガ或日東京人類学会々員井上喜久治氏（筑後久留米ノ人〔先の八木記述と異なる〕）坪井ノ宅ニ至リ語テ曰ク芝公園内円山ト称スル丘ハ大形ノ塚ニシテ時々其附近ヨリ埴輪、忌部、朝鮮ノ土器片ヲ拾フ事アリ殊ニ本日同処ニ赴ケルニ数個ノ遺物ヲ得タルノミナラズ二代将軍御霊屋ノ近傍ニ数ヶ所散在セル小古墳ヲ発見シタレバ、先生ノ臨鑑ヲ乞フ云々（因ニ曰ク、此ノ事柄ハ予カ《ママ》親シク井上氏ヨリ聞ケリ）〔六一頁〕

これに対して、高山優氏（港区立港郷土資料館学芸員）は「『芝円山古墳調査略記』について」で、坪井の先に挙げた「芝公園丸山大古墳及び其近傍に在る数ケ所の小古墳に付いて」の文章中の「丸山の上に一層の高処ある事及び数個の土饅頭あることは彼処に遊びたる人は誰も気付き居るは無論なり余が発見と云ふは是等存在の発見にあらずして其古墳たる事の発見なり」〔『日本考古学選集 第三巻 坪井正五郎集 下巻』一四二頁〕の箇所を引用して「正功が記した井上の談話とは些か相違する。坪井の謂いにやや弁解じみた様子を窺うこともできなくはない」〔四四〜四五頁〕と述べている。確かにその可能性は否定できない。しかし、同じく井上の言にしても、正功に対しての個人的な話のなかでのことで、公《おおやけ》の場でいわれたものではないことを考えると、芝丸山古墳の発見を自分の功績によるものであることを強調したいがために、自分中心に大袈裟に述べたとも考えられなくもない。あるいは『芝円山古墳調査略記』執筆時点より六年前の話を井上がいつ正功にしたのか書かれていないが、もし大分経ってからのことであれば、井上の記憶違いということもあり得よう。どちらが正しいかは判断するすべがないが、芝丸山古墳の発見に関する新資料であるには違いないので、ここに取り上げておく。

さて、東京府知事からの委嘱を受け坪井が本格的な調査に乗り出したのは、明治三十（一八九七）年十二月二十七日〜翌年四月二十八日の期間である。この調査には野中完一が協力した（野中は更に正功に協力を頼んだ）。野中は明治二十八年十月に東京人類学会に入会しており、その後坪井の人類学教室の一員となるが、このころすでに人類学教室にいたのかどうかは判然としないようだ（杉山博久著『魔道に魅入られた男たち――揺籃期の考古学』）。また野中は丸山古墳調査を終えたすぐあとの六月、新たに古墳が発見された常陸国新治郡瓦会《かわらえ》村に、多忙で調査に行けなかった坪井の代わりに赴き、そこで行った調査に基づいて坪井が考説を加えるという形で、坪井と共同名義の「常陸国新治郡瓦会村の古墳」を『東京人類学会雑誌』（第百五十三号、明治三十一年十二月）に発表している。

坪井は「芝公園丸山大古墳及び其近傍に在る数ケ所の小古墳に付いて」のなかで、この調査で更に九基の小古墳を発見したことや、出土品についても詳しく検討している。なかでも瓢形大塚＝前方後円墳については以前に発掘された形跡があり、確かなことは判らないが「今を距る凡《およそ》一千六百年の頃〔約三世紀〕」〔『日本考古学選集 第三巻 坪井正五郎集 下巻』一六五頁〕のものではないかと推測している（現在では四世紀ころのものではないかと推定されている）。また興味深いことに、この前方後円墳を六尺（約一メートル八十二センチ）ほど掘り進むと、そこから寛永通宝等の古銭と共に十二個の巨石が出土した。坪井は『風俗画報』（第百四十九号、明治三十年九月）に掲載された大槻如電《じょでん》の「新撰東京名所図会 第八編 公園之部（下）●台徳廟記事」や古銭研究家でもあった山中共古に寛永銭の年代を問い合わせるなどして得た情報から、承応三（一六五四）年ころ、この前方後円墳部分に五重の塔を建立しようと定めて土を掘ったところ、諸種の遺物が出てきたため建築場所の変更を余儀なくされた。そこで最初に掘った場所は、祟りを恐れて巨石を配して囲み、併せて古銭を埋めて封印したのではないかと推測した。

斎藤忠《ただし》氏は『日本の発掘』で、坪井がこの発掘において「土層と遺物等の出土状態をこまかく観察し、あわせて遺物の年代を考察した」ことを高く評価しつつも、次のように述べている。

ちなみに十一の円墳の中の若干については昭和三十三年九月、東京都教育委員会の事業として再調査が行なわれ、横穴式石室を内部構造にもったものであることを確認したが、この前方後円墳の内部構造主体も、小円墳群と同じように横穴式石室であったかは疑問である。むしろ、後円部の頂上深く、粘土床などを設けて遺骸を収めた施設か、或いは竪穴式石室の系統をもったものであったかもしれない。もし、竪穴式石室の系統のものとすると、十二個の巨石も、この石室の天井石であり、たまたま江戸時代にこれが発見されて、その場所にそのまま位置のみを変更して置かれたとする考えも生ずるのである。巨石がどんな形状のものであったか明かにされない今日、その断定は危険であるが、一応、卑見を述べておきたい。〔二二〜二三頁〕

坪井は東京市に古墳保存の意見書を提出してその重要性を主張した。必ずしも坪井の思い通りとはいかなかったものの、古墳は保存が認められた。しかし残念ことに、そのときから百年以上経過した現在、芝公園丸山大古墳は前方後円墳の一部を残してほぼ消滅してしまった。

さて話は少し遡るが、坪井の洋行中、彼の勧めに従って人類学を本格的に学ぶために鳥居龍蔵が徳島から上京してきた。『ある老学徒の手記――考古学とともに六十年』によれば、最初鳥居は坪井の人類学教室に出入りしていたが、坪井の不在を預かっていた若林勝邦と反りが合わず、結局人類学教室に行くのを止めてしまった。鳥居は、その後ドイツ語学校でドイツ語を学ぶ傍ら、三宅米吉や田口卯吉のところに通って、歴史考古学や歴史の勉強を続けていた。坪井の帰国後、「人類学教室に来られ度し」との書面を受け取った鳥居はさっそく、坪井の許へと駆けつけた。久しぶりに対面した鳥居は、坪井から「若し選科に入らんとせばいつにても試験してよろしいが、それはそれとして、兎に角先《ま》ず当教室に毎日通いぼつぼつ斯学の勉強をはじめては如何。君のために椅子を設けよう」〔三四〜三五頁〕といわれた。こうして人類学教室に机をもらった鳥居は、通学ではよくないと標本整理係の名目で職員となった。

鳥居はそのころの人類学教室にはどんな人がいたかを『ある老学徒の手記』のなかで、次のように伝えている。

明治二十八年〔鳥居が人類学教室に入った明治二十六年の誤りかもしれない〕一月の頃の同教室の状態はどんなであつたかというに、その主任はやはり坪井先生で、その下に助手の若林勝邦氏があり、また越前国大野の人で大野延太郎《えんたろう》（三十五歳位）がいた。大野氏は画工として教授用の図画や人類学会雑誌の図画を描いていた。なお、八木奘三郎（二十六歳位）があり、氏は若林氏の紹介で小使の名義で入室されたばかりの人であつたが、小使の服を着るのは他に対して好ましくないというので、専ら羽織、袴で出勤されていた。氏は頗《すこぶ》る漢文に通達した人である。〔三六頁〕

ここに登場する三人を、別の資料でもう少し補っておこう。

若林勝邦は、文久二（一八六二）年、江戸城内馬場先内に旧幕臣の子として生まれた。坪井は文久三年生まれなので、若林は坪井より一つ年上になる。東京物理学校（現・東京理科大学）を卒業後、東京神田小学校で教鞭をとっていたが、そのうち人類学教室に勤務するようになった。若林はのちに帝室博物館（現・東京国立博物館）に考古学会を設立するよう尽力し、そちらに移っている。若林の後任は佐藤伝蔵が務めた。先の坪井帰国のところでも触れたこの佐藤伝蔵は、理科大学地質学科を卒業、そ

の後地質学・鉱物学者となった（斎藤忠著『日本考古学史辞典』、鳥居ほか「座談会　日本人類学界創期の回想」による）。

大野延太郎は、文久三（一八六三）年、越前国（現・福井県）坂井郡丸岡町（鳥居の記述と異なる）生まれ。雲外と号した。明治十三（一八八〇）年、洋画家の本多錦吉郎塾に入塾し、絵を学んだ。出版社・金港堂に勤めたのち、東京英語学校の図画の教授（嘱託）を経て、明治二十五年十月からは坪井の人類学教室で教室用の図画製作を委託されるようになり、明治二十八年四月には画工として採用された（斎藤忠著「学史上における大野延太郎の業績」『日本考古学選集　第四巻　大野延太郎＋八木奘三郎＋和田千吉』による）。

八木奘三郎は、慶応二（一八六六）年、江戸生まれ。静山と号した。商家の小僧や印刷局で働いたりと苦労しながら夜学に通い、主に漢学を学んだ。八木は若林の遠い親戚にあたり、彼の紹介で人類学教室に入った。鳥居は、八木が「小使の名義で入室」したとしているが、斎藤氏は「『標本取扱』という名目」（同書、九七頁）で勤めたと述べている。八木は『日本考古学』（上・下巻、明治三十一年六月・明治三十二年一月）で初めて日本考古学を大系づけた（斎藤忠著「学史上における八木奘三郎の業績」『日本考古学選集　第四巻　大野延太郎＋八木奘三郎＋和田千吉』による）。

その八木が「坪井博士の美点と欠点」（『人類学雑誌』第二十八巻第十一号、大正二年十二月）で伝えるところによれば、坪井が大学教授となると、理科大学長（菊池大麓《だいろく》）は他の教授連の権衡上、博士の肩書きがあったほうがいいだろうと坪井に論文の提出を促したが、彼は、法科や医科、工科のように俗世間に関係する者であればこのような肩書も必要だろうが、理科の場合は学理の研究を専一とする者であるから別段、肩書など必要ないし、理科大学も私学校とは異なる性質を帯びているのだから、強いて博士を並べなくてもいいのではないかといって、結局論文を出さずじまいであったという。これに対し八木は「当時氏は欧洲より帰朝して間もなきが上に人類学は独り舞台なりしを以て如何なる論文も書き得たるならんが、前条の理由を以て其勧誘に応ぜざりしは今日博士号に恋々たる人士をして顔色なからしむるに足る可し」（七〇七〜七〇八頁）とコメントを加えている。坪井は論文を提出しないまま、のちの明治三十二（一八九九）年三月二十七日に理学博士の学位を授与された。

人類学教室の陣容を整えた坪井は、明治二十六（一八九三）年九月から理科大学で人類学講座を担当するようになる（但し、これは人類学講座が設けられたというだけで、東京帝国大学に人類学科が設けられるのはずっとのちの昭和十四年のことである）。その前に、おそらく井上円了から依頼されたのであろう、明治二十六年一月十二日・十九日、二月二日の三日間だけ「人類学大意」と題する講義を哲学館で行っている。この講義については当時哲学館で学生として学んでいた能海寛《のうみゆたか》（のちに僧侶・仏教学者となる、チベット探検でも知られる）が詳しくノートに留めている（『能海寛著作集　第十一巻　上』）が、坪井自身もこの講義を文章に起こした「通俗講話　人類学大意。」を『東京人類学会雑誌』（第八十二号～第八十九号、明治二十六年一月～八月）に断続的に五回連載している。このなかで坪井は人類学の定義・目的・範囲・材料・研究法等々の概要について述べた。但し、この坪井の連載は未完に終わった。能海の講義ノートによれば、講義の後半で坪井はコロボックルについて詳しく説明している。

　もう一つ人類学講座の前に、若林から頼まれて坪井は人類学教室で事前の講義を行った。八木は「明治考古学史」（『ドルメン』第四巻第六号、昭和十年六月）で次のように述べている。

明治廿五年に坪井博士がロンドンから帰朝された後、未だ学生に教授されぬ前、確か若林勝邦君の希望であつたと思ひますが、吾々同志間に其講義を聴かせて頂き度いと申した所、坪井さんも元来一時間に何程の講義を為し得るか不明であるから君達の希望に添ふ可しとて、教室内の大テーブルを囲んで、夫《そ》れを始めたのであります。当時の聴講者は最年長として、井上喜久治氏、次が若林氏、次が私、次が下村三四吉氏、次が鳥居氏の連中に過ぎなかつた様であります。（一二頁）

　ほかの四人についてはすでに説明したが、残りの下村三四吉は、八木によれば「文科大学の撰科に入り国史を専修して居られたものゝ、（中略）絶へず人類学教室に出入して」（一六頁）いた。彼はのちに三宅や若林と共に考古学会を設立したメンバーの一人でもある。

　坪井は、『東洋学芸雑誌』（第百四十号、明治二十六年五月）に「人類学研究の趣意」と題して、「大学学生随意聴講普通人類学講義緒言筆記の抜き書き」を掲載した（この論文は『東京人類学会雑誌』第八十六号、明治二十六年五月にも再録された）。おそらく、これが理科大学で行う予定の講義内容だったのだろう。その最初で坪井は人類学を学ぶ

普通人類学講義

- 緒言
- 総論
  - 人類学総論
    - （一）人類学の定義
    - （二）人類学の名実
    - （三）人類に関する諸研究
    - （四）人類学なる名称の由来
    - （五）人類学諸定義の比較
    - （六）人類学の目的
    - （七）人類学の範囲
  - 人類総論
    - （八）人類の名実
    - （九）自然と分類
    - （十）従来人類と見做されたる者に普通の諸性質
    - （十一）人類と他動物との分堺
    - （十二）人類と猿類との異同
    - （十三）人類の地理学的分布
    - （十四）人類の小区分
    - （十五）人類小区分の基礎
- 本論
  - 事実
    - 現在の事実
      - （一）人種学と土俗学
      - （二）諸人種に関する比較研究
      - （三）小区分に関する事実と全体の通する事実
      - （四）人類全体に関する研究
      - （五）新事実発見と学術進歩
      - （六）人類現在の情態
    - 過去の事実
      - （七）史伝口碑
      - （八）考古学
      - （九）考古学と土俗学
      - （十）諸人種骨格と古代人類骨格
      - （十一）人類多源論と人類一源論
      - （十二）人類多祖論と人類一祖論
      - （十三）太古人類の情態
      - （十四）人類分布と地形
      - （十五）地形の変動
      - （十六）太古人類と太古地形
      - （十七）人類の遺物と地層
      - （十八）人類と名づく可き者及び人類の遺物と認む可き物の限界
      - （十九）原始人類の時代
      - （二十）原始人類時代の地形
  - 理論
    - （廿一）人類起源に関する諸説
    - （廿二）自然に於ける人類の位置
    - （廿三）動物学上の項目族種
    - （廿四）動物進化論と動物分類
    - （廿五）種の定義
    - （廿六）人類多種論と人類一種論
    - （廿七）諸人種相互関係
    - （廿八）人類一種一源論
    - （廿九）人類進化論
    - （三十）人種形成の原因
    - （卅一）土俗学上の変遷
    - （卅二）将来の人類
- 結論

意義について次のように述べている。

人類研究と諸学科との関係も種々ござりますが夫等《それ》の事は姑《しばら》く措くとしてもお互に人類たる以上は人類の事を知らんと勉めるのも、知らせんと勉めるのも余計な業では有るまいと思ひます。（中略）総て学理の応用諸学科相互の補助と申すものは、人々の腕次第で如何様にも成るものでござりますから、此事は何学と親密の関係が有る此事は何学者の心得て居る可き事で有る抔《など》と一々指摘は致しませんが、諸君が一様に私の講義に注意して居られたならば何学科の方に於ても何れかの点に付きて多少益さるゝ事が有らうと思ひます。〔『東京人類学会雑誌』一五〇〜一五一頁〕

この時期から学際的《インターディシプリナリー》研究を主張したのは先駆的といえようが、先に述べたように講座は設けられたが、人類学科が設けられたわけではないので、聴講する学生も動物学や地質学などを専攻する学生であった。そのため、坪井はまず人類学の持つ学際性を強調する必要があったのが第一の理由であろう。このあと坪井は「普通人類学講義」の一覧を掲載（前頁参照）し、これから自分が行おうとしている人類学講義の概要を簡単に説明している。まず講義全体を緒言、総論、本論、結論の四段階に分けると述べる。このうち総論は人類学総論と人類総論の二つに分け、人類学総論はその定義から始まって人類学の扱う範囲までの七項目、人類総論では人類の名実から、人類の性質、他動物との違い、人類の区分など七項目について述べるとする。次に本論を事実と理論に分け、事実は更に現在の事実と過去の事実に分ける。現在の事実は人種学と土俗学の解説から諸人種の比較研究、人類現在の情態など六項目、過去の事実では史伝口碑、考古学、人類多源論と一源論、太古人類の情態など十四項目ある。最後の理論は人類起源に関する諸説から将来の人類までの十二項目がある。概要しか挙げられていないので詳しい内容までは判らないが、坪井はロンドンで独学した人類学の体系化を講義のなかで実践しようとしていたことは間違いなかろう。

坪井が最初に理科大学で人類学講義を行ったとき、聴講した学生の一人に地質学専攻の学生として学んでいた山崎直方がいた。山崎はそのときの思い出を「故坪井会長を悼む」（『人類学雑誌』第十八巻第十一号）のなかで次のように追懐している。

其頃には固《もと》より博士の人類学の講義も今日のやうに一年を通じて多数の時間を続いての講義で無く、

初て試みに述べたといふやうなのでありまして或は御自身では不満足に思はれたかも知れませぬが、実は私共初《はじめ》て承りました、人類学の講義は以前に遠足の時や人類学会などで断片的に承はつて居つた御話に比べますると丸るで異つてゐて新しい非常に高尚な又非常に趣味の有る学科だといふ事を更に感じたのであります、（六六頁）

坪井の講義は評判がよかったのだろう。彼が「東京人類学会創立第十二年会に於ての演説」（『東京人類学会雑誌』第百二十七号、明治二十九年十月）で述べているところによれば、「理科大学の方では動物学科学生の為には正科、地質学科学生の為には随意科と成つて居り、文科大学の方では史学科学生の為には正科、国史科学生の為には随意科と成つて居つたのでございますが、此（明治二十九年）九月からは文科大学博言学科学生に対しても正科と成りました。即ち人類学講義をば正科として開く所の人の範囲が広く成つた」（同誌、三頁）。また同年、坪井は東京専門学校（現・早稲田大学）で、「人類学」の課外講義を持つようになり、明治三十一年九月からは、正式に同校で「考古学」と「人類学」の講師を担当するようになった（早稲田大学大学史編集編集所編『早稲田大学百年史　第一・二巻』）。

人類学がその意義を認められるようになってきたのは、大学ばかりではなかった。人類学会のほうも、東京人類学会の活動に刺激を受け、徳島人類学会（明治二十一年十一月、鳥居らにより人類学会取調仲間として発足したことはすでに述べた、明治二十九年七月には四国人類学会に発展）、奥羽人類学会（明治二十三年十一月発足）、札幌人類学会（明治二十八年五月発足）、北陸人類学会（明治二十八年十一月発足）、中国人類学会（明治二十九年四月発足）などが次々日本各地に誕生していた。もちろん坪井にとって人類学の発展は願ってもないことで、北陸人類学発会式のためには原稿「人類学の定義に関する意見」（『東京人類学会雑誌』第百十七号、明治二十八年十二月）を、奥羽人類学会創立第五年会のためには原稿「人類学の範囲」（同誌、第百二十一号、明治二十九年四月）を、中国人類学会の発会式のためには原稿「人類学の効用」（同誌、第百二十二号、明治二十九年五月）をそれぞれ用意して会当日に代読してもらったり、四国人類学発会式に赴いて「四国人類学発会式に際してドクトル、ハントの畧伝《りやくでん》を述ぶ」（同誌、第百二十四号、明治二十九年七月）を発表するなど、協力を惜しまなかった。坪井の蒔いた人類学の種が、日本各地に根づき始めようとしていた。

第十一章　趣味仲間——集古懇話会なるものを設立せり

東京人類学会の茶話会として集古会のアイデアを考えたのも坪井であった。会はやがて趣味人の集まりへと変わりながら、昭和十九年まで継続した。学問と趣味、そのどちらにも通じていた坪井は、初期の集古会には欠かさず顔を出し、清水晴風や林若樹ら趣味仲間との交流からは、愉快なエピソードも生まれた。

すでに、これまでにも何度か触れた「明治考古学史」(『ドルメン』第四巻第六号、昭和十年六月)で、八木奘三郎《そうざぶろう》は明治時代の考古学には町田久成《ひさなり》を中心とする博物館派と坪井らの大学派の二大源流があったことを述べたあとで、そのほかにもう一つ別派として〝集古会〟があったことを伝えている。

> 集古会の創立は彼《か》の人類学会でも、考古学会でも、凡《すべ》て固た苦しき学会の為め、会員間の親しみが薄く、且つ講演が終れば直ちに散会すると曰《い》ふ訳で、傍聴者が充分に質問を試み、或は自己の所見を申述る暇がないから、別に座談会の如く、茶を飲み、菓子を食しながら、楽みの中に存分各自の意見を語る一種遊びを兼ての会合を図らうと曰ふ目的で始めた訳であります。其発起者は、佐藤伝蔵、大野雲外、林若吉の三氏、外に私と田中正太郎との五名で、是等は凡て人類学教室員、若くは準教室員とも申す可き人人でありますから、集古会も矢張り考古学会と同様、人類学教室から生れたと申して宜しいのであります。

〔一八頁〕

集古会は人類学会からスピンオフして生まれた、ずっと自由な集まりであった。発起者に坪井の名前はないが、のちに集古会の会員となる三村清三郎（竹清《たけせい》）が集古会の会員名簿『千里相識』の序文で、「坪井博士が人類学会では堅過ぎるから、少しくだけた集《あつまり》をしやうといふので、当時の若手を発起人にして」（書誌研究懇話会編『書物関係雑誌細目収覧 一』一八七頁）生まれた会であったと述べている。「楽みの中に存分各自の意見を語る一種の遊びを兼ての会合を図らう」というのはいかにも坪井らしい発想である。この集古会については、山口昌男さんが内田魯庵との関係から『内田魯庵山脈――〈失われた日本人〉発掘』で、久留島浩氏が水木要太郎との関係から「水木要太郎と集古会――水木コレクションの「歴史的背景」をさぐるために」（久留島ほか編『文人世界の光芒と古都奈良――大和の生き字引・水木要太郎』）で詳しく取り上げているが、ここでは主に坪井の関係していた、比較的初期のあたりを中心に見てみることにしよう。

　集古会は最初、名称を〝集古懇話会〟と呼ばれていた。『東京人類学会雑誌』（第百十八号、明治二十九年一月）の「雑報」欄に次のような記事が掲載されている（この記事はのちに集古会の機関誌『集古会誌』創刊号、明治二十九年十一月に再録されているが、そのときは『東京人類学会雑誌』で「集古懇話会」とあったところは「集古会記事」と変更されている）。

○集古懇話会、今回我々の発起にて集古懇話会なるものを設立せり。会の目的は其名に示すが如く凡《すべ》ての古器物を集めて彼我打ち解け《ママ》話し合ふといふにあり。即汎《ひろ》く世の同好者を会し各自所有の古物を携帯して、互に品評を下し、傍ら経験を語り考へを述べ以て談笑の中に智識を交換するを旨とす。会員は開会毎に集合したる人々より成り、別に制規を設けずして何人も随意に入会する事を得ることゝせり。世間同好の諸氏は陸続賛同あらん事を希望す。（発起者、佐藤伝蔵、大野延太郎《えんたろう》、八木奘三郎、林若吉、田中正太郎）

本会第一会ハ、一月五日正午ヨリ東京上野大仏前韻松亭ニ於テ開会セリ、（一六九〜一七〇頁、傍点引用者）

開催場所のところに「東京上野大仏前韻松亭」とある。この上野大仏は、関東大震災で仏頭が落ち、その後、仏体も第二次世界大戦中に金属資源として供出されていまではもう見られないが、明治八（一八七五）年創業の韻松亭は、現在も老舗料亭として上野に店を構えている。

ちなみに韻松亭のホームページによれば、店名の命名者は帝室博物館の設立者・町田久成とのことである。

次に出席者二十一名の名前がイロハ順に掲載されている。

林若吉、大菊七郎兵衛、大野延太郎、亀田一恕、田中安国、田中正太郎、坪井正五郎、中川近礼《ちかのり》、野中完一、黒川真道、桑野礼治、八木奘三郎、山中笑《えむ》、阿部正功《まさこと》、佐藤伝蔵、三宅米吉、水谷乙次郎、宮下鉦吉、下村三四吉、毛利昌教、関和喜吉（一七〇頁）

最初の集まりであったこの会では八木が発起人総代として開会主旨を述べ、次いで坪井が祝辞を述べた。

更に『東京人類学会雑誌』の「雑報」欄には第七回までは、会が開かれる度に日時、会場、出席者名が載っている。初期の集古会の出席者が判る貴重な記録なのでそれも引用しておこう。

第二回の集古懇話会は、三月八日正午より上野三宜亭において開かれた。このときは次の二十名が参加した（「雑報」『東京人類学会雑誌』第百二十一号、明治二十九年四月）。

阿部正功、佐藤伝蔵、堀田璋左右、八木奘三郎、山中笑、高橋鑛吉、田村喜三郎、磯辺武者五郎、坪井正五郎、鳥居龍蔵、野中完一、亀田一恕、中川近礼、蒔田《まいだ》鎗次《そうじ》郎《ろう》、布瀬田桂之助、桑野礼治、関保之助、毛利昌教、幸田成友、広瀬又六、（来会ノ順序ニ因ル）（二九四頁）

第三回集古懇話会は五月に開く予定だったが、都合によって四月二十六日正午より、神田仲町一丁目四番地富岡方にて開会。参加者は次の十七名（同誌、同号）。

林若吉、細谷松三郎、鳥居龍蔵、大野延太郎、亀田一恕、高木勘兵衛、坪井正五郎、内山九三郎、中川近礼、黒川真道、山中笑、蒔田鎗次郎、阿部正功、三宅長策、清水仁兵衛、広瀬又六、関和喜吉（二九五頁）

第四回集古懇話会は、七月四日正午より上野東照宮社前見晴亭にて開会。参加者は次の二十一名（同誌、第百二十七号、明治二十九年十月）。

磯辺武者五郎、林魁一、林若吉、堀田璋左右、鳥居龍蔵、大菊七郎兵衛、大野延太郎、亀田一恕、坪井正五郎、中沢澄男、中川近礼、山中笑、八木奘三郎、野中完一、布瀬田桂之助、佐藤伝蔵、水谷乙次郎、島津博、清水仁兵衛、毛利昌教、関和喜吉（三四頁）

第五回集古会（このときより名称は集古会となっている）は、九月二十六日午後一時より神田区仲丁《ママ》大時計向青柳亭にて開会。参加者は次の二十名（同誌、第百三十号、明治三十年一月)。

磯辺武者五郎、石崎貞蔵、林若吉、本多錦吉郎、岡田村雄、大野延太郎、田中安国、坪井正五郎、中沢澄男、中川近礼、村上友吉、村上忠太郎、桑野礼治、山中笑、八木奘三郎、佐藤伝蔵、下村三四吉、清水晴風、平井良一、広瀬又六〔一六二〜一六三頁〕

第六回は、十一月二十八日午後一時より神田区仲丁《ママ》青柳亭にて開会。参加者は次の十三名(同誌、同号)。

林若吉、堀田璋左右、大菊七郎兵衛、大野延太郎、亀田一恕、坪井正五郎、中沢澄男、山中笑、八木奘三郎、蒔田鎗次郎、水谷乙次郎、清水晴風、広瀬又六〔一六三頁〕

第七回は、明治三十年一月五日午後一時より青柳亭にて開会。参加者は次の十七名(同誌、同号)。

林若吉、大菊七郎兵衛、岡田村雄、大野延太郎、亀田一恕、田中安国、坪井正五郎、中沢澄男、中川近礼、村田幸吉、野中完一、山中笑、蒔田鎗次郎、箕作《みつくり》元八、水谷乙次郎、下村三四吉、清水晴風〔一六四頁〕

かなり多彩な顔ぶれである。七回までのうち最も出席回数の多いのが、坪井と山中で七回すべてに出席している。次が林若吉、大野延太郎、亀田一恕、中川近礼、清水仁兵衛(晴風)の六回、そして大菊七郎兵衛、佐藤伝蔵、中沢澄男、野中完一、広瀬又六、蒔田鎗次郎、水谷乙次郎、八木奘三郎の五回、阿部正功、磯辺武者五郎、桑野礼治、下村三四吉、関和喜吉、田中安国、鳥居龍蔵、堀田璋左右、毛利昌教の三回、岡田村雄、黒川真道、布瀬田桂之助の二回、その他は一回となっている。

明治二十九(一八九六)年といえば、坪井は人類学教授として相当に忙しい日々を送っていた筈だが、その激務を縫って出席自由の集古会に、少なくとも第七回までは毎回顔を出している。ここから坪井が気楽に話のできるこの集まりをいかに気に入っていたかが想像できる。

まず、出席回数の多い人のなかでも特に重要な林若吉、山中笑、清水仁兵衛の三人について見てみよう。

林若吉は明治八(一八七五)年、東京麹町生まれ。若樹と号した。父・研海はすでに触れたように坪井信良と共に駿府病院を設立した人物である。若くして陸軍総監となったが、一八八二(明治十五)年フランスで病いに倒れ、まだ幼かった若吉は祖父洞海に育てられた。若吉は旧制高校へと進んだが、病弱のため大学進学をあきらめた。三村清三郎は「林君の蔵書印」(『集古』戊寅第五号、昭和十三年十一月）のなかで、林は「坪井正五郎氏と遠縁なのでやはり運動の為めにとて、人類学教室へ行き、遺跡あさりなどしてゐた」〔六頁〕と伝えている。その後、集古会に参加するうち、林は趣味の世界へ傾倒していく。森銑三著「三田村鳶魚《えんぎょ》翁の思出」（『新編明治人物夜話』）によれば、林は三村竹清（清三郎）、三田村鳶魚と並んで江戸派の三大人とされている。やはり集古会の会員となる岡田村雄（紫雄、紫男）と共に大蔵流狂言方山本東次郎（初世）に弟子入りして、狂言も学んだ。林には趣味的な随筆が多いが、人類学教室に出入りしていたころには、『東京人類学会雑誌』に八木との共同執筆で「下総香取郡白井及貝塚村貝塚探求報告」（第百二十七号、明治二十九年十月）のような論文も発表している。

坪井が「笑い語り」（『笑』第二巻第一・二十一号、明治四十一年一月五日・十月五日）で記しているところによれば、五代目・尾上菊五郎が大磯にあった別荘の庭に池を作ろうとしたところ、泥のなかから土器が出土し、坪井は連絡を受けて近傍の旅館に宿泊中であった林と連れ立って菊五郎の許を訪ねた。出土品を調べた坪井はそれが太古の遺物であることを確認、その旨を菊五郎に説明した。写真撮影等を終えて二人で帰途についた車中、坪井が「林君、あそここそ本当の皿屋敷だね」というと、林は「一首できそうなものです」と答え、坪井は次の歌を詠んだ。

ドロ〱の中の物見て思ひ知れ
此所もお得《はこ》意の皿屋敷とは〔『うしのよだれ』四八五頁〕

このときの話は、鳥居も坪井から直接聞いた話として「坪井先生と五代目菊五郎」（『ドルメン』第一巻第四号、昭和七年七月）で次のように述べている。

同地から出た土器の皿幾枚かの一枚は五代目菊五郎さんは殊更に桐の箱を作られその中に納められたが、その際、五代目は坪井先生に箱の蓋に何か書いてくれと依頼せられたから、早速これに、音羽屋の家の芸皿屋敷の皿が一枚無くなつて居るが、その皿が今出た云々との狂歌を書かれた。この狂歌の文句は今忘れたが意味は以上の如くである。〔四二頁〕

このとき菊五郎の庭から土器が出土したのを聞きつけてやってきたのが、時事新報社の演芸部にいた伊坂梅雪であった。梅雪は菊五郎の口調をそのまま生かした聞き書きを行って『尾上菊五郎自伝』を執筆した人物である（戸板康二著『演芸画報・人物誌』）。梅雪は「故坪井博士と僕」（『三越』第三巻第八号、大正二年八月）のなかで、このとき「菊五郎に土器の端片《かけら》を一個呉れと懇望したのですが中々呉れませんので致し方なく其の夜家内の寝静まるのを待て庭へ出て博士の掘つた跡へ行つて二三個の端片を探し持ち帰」〔三四頁〕り、これがきっかけで考古趣味に走ることになったと述べている。

この話には、更に続きがある。それから二年後、菊五郎が亡くなったあとのことである。「笑ひ語り」で坪井が伝えているところによれば、明治三十七（一九〇四）年八月、坪井は林から「先年御同行申上候音羽屋別荘も今は岩崎家の有と相成り家は閉ぢ庭は廃され申し候」との書面を受け取った。そこには、

ドロ〳〵の皿屋敷さへ無くなりて
遺物の出ぬは恨めしき哉〔『うしのよだれ』四八五頁〕

の一首が添えられていた。

これに対して坪井は、次のような歌を返した。

皿屋敷跡絶えたるを恨むとは
「古《こ》代物《だいもの》見《み》度《た》し」のたぐひなるらん〔四八六頁〕

坪井同様七回まで皆勤の山中笑は、すでに本書にも何度か登場した。山中は嘉永三（一八五〇）年、江戸四谷西念寺横町生まれ。共古と号した。徳川御家人の家に生まれた山中は元治元（一八六四）年、江戸城和宮様広敷添番（警護役）に登用され、坪井同様明治元年に徳川慶喜が駿府に移った際に同行している。明治七（一八七四）年、医師でカナダ・メソジスト派の宣教師だったデヴィッドソン・マクドナルドにより受洗した。山中は静岡や甲府の教会で牧師として布教を行う傍ら、民俗学的調査を行っており、柳田国男が『石神問答』で書翰を取り交わした相手としても知られている（太田愛人著『明治キリスト教の流域——静岡バンドの幕臣たち』）。柳田は『故郷七十年』のなかで、この『石神問答』を坪井に贈呈すると、坪井から南方熊楠にも贈るよう勧められ、これがきっかけでその後の柳田・熊楠の交流が始まったと述べている（もっともこの記述については『柳田国男 南方熊楠 往復書簡集』で、編者の飯倉照平が「『東京人類学会雑誌』を主宰していた坪井正五郎が、柳田に南方の存在を教えたということは十分ありうる。だが、『石神問答』を贈ったのが交際のきっかけになったというのは、ことによると柳田の記憶ちがいかもしれない」〔五頁〕と疑問を呈している）。また、山中が山梨の民俗誌『甲斐の落葉』を著した際には、坪井と柳田が跋文を寄せた。

伊藤喜久男編『晴風と印譜』によれば、清水仁兵衛は

嘉永四（一八五一）年江戸神田生まれ。晴風と号した。家は元禄年間から続く大名諸侯の人夫請負を営む旧家で代代、仁兵衛と称した（晴風は十一代目に当る）。十五歳で家督を相続。家業の傍ら古書画を愛し、竹内《たけのうち》善次郎（彫刻家・竹内久一《ひさかず》の父、梅月あるいは田蝶とも号した）に絵を学んだ。もっとも晴風自身は「会員談叢　三」（『集古会誌』壬子巻二、大正二年九月十五日）のなかで「私は元来絵を習つたことはない」〔頁三〕と述べているので、学ぶというよりは、ほんの手ほどきを受けたに過ぎないのかもしれない。玩具の蒐集・研究家としてよく知られ、〝玩具博士〟と呼ばれた。

晴風は玩具を研究するようになった理由を「玩具研究の動機及び蒐集苦心談」（『書画骨董雑誌』第四十二号、明治四十四年十一月）で、次のように述べている。

> 明治十一年頃、竹内久一君の父君が大層趣味の広い方で、題を出して一点づゝ食物をよせて皆で批評しながら賞味すると云ふ意味で遊食会と云ふのを起された。それが七年間継続して、遂には遊食連と云ふ連中が出来た。遊食連と云ふと当時の所謂粋士の集まりだつたのである。（中略）
>
> 私が玩具を研究する動機はその遊食会に加はつた時からである。十三年に向島の言問ケ岡で竹馬会と云ふ名で遊食をやつた。つまり趣意は子供の時分にかへつて一日を子供らしくしてやらうと云ふので出品した食物を振《ふる》つたのがありました。一例を言ふとシンコ細工の題で、摺り芋を平たくのべ、山葵《わさび》やなぞで色を置く。タンキリ飴の類で守口大根の奈良漬を手頃に切つて出す。まア此の様な風で余興として玩具《ぐわんぐ》を一品《ひとしな》づゝ出品しました。
>
> 私はその時つくづくと感じたのです。
>
> 書画骨董類は価《あたひ》は高し、初心者には偽物《いかもの》を脊負《せお》ひ込む心配がある。玩具はその心配なし一ツ玩具を集めて見やう。早速当日皆に自分の集めた古物と玩具と交換の約束を結びそれをタネとして今日にいたつたものです。〔頁六〕

竹馬会について、晴風は別に「会員談叢　三」でも次のように述べている。

> 私が玩具の好きになつたのは忘れもしない明治十三年の三月六日に向島言問岡の業平堂の側の貸席で開いた竹馬会からです此会は連中一同一日小供になつて遊ばうといふので催したのですが会主は竹内久一さんと河井寸洲といふ人で出席者の今記憶に残つ

て居るのは久一さんの親父の竹内梅月、柳亭燕枝、中川才麿、笠亭仙果、大鬼山人、上田茂吉（上茂といふ）、戸崎文彦等です〔三頁〕

明治二十四（一八九一）年より晴風は郷土玩具の彩色木版摺画集『うなゐの友』を出版（「うなゐ」は子どもという意味）、亡くなるまでに六編を発行した（晴風没後は西沢仙湖の娘婿・西沢笛畝が志を継いで、大正十三年に全十編が完成した）。

山口昌男さんは『「敗者」の精神史』や『内田魯庵山脈』で、坪井と晴風が出会ったのはこの竹馬会であるとしている。ところが調べてみると、いま見たように晴風自身は竹馬会に坪井が出席したとは述べておらず、どうもはっきりしないことが多い。おそらく、山口さんが依拠したのは、斎藤良輔の『郷土玩具辞典』か、あるいはフランス中央科学研究所の日本学者ジョゼフ・A・キブルツ氏の"Omocha : Things to Play (or not to play) With"と思われるが、キブルツ氏の場合もやはり斎藤の本に依拠しており、いずれにしても情報源は斎藤の『郷土玩具辞典』のなかの次の記述にたどりつく。

同〔明治〕一二年（一八七九）〔晴風は〕旧友の竹内久遠〔久一の雅号〕、万場米吉、林若樹らをはじめ都々逸坊扇歌、大槻如電《じょでん》、淡島寒月、談州楼燕枝、幸堂得知らと童心に返って遊ぶという趣旨で「竹馬会」を結成。後には巌谷《いわや》小波《さざなみ》、内田魯庵、坪井正五郎、尾佐竹猛《おさたけたけき》らもこれに加わり、玩具愛好運動の一つの母胎となった。同一三年三月、その第二回の夕食会を向島の料亭で催した際、各人の持ち寄った日本各地の古い手遊びの品を見て、彼がおもちゃの収集を思いたったのが始まりという。〔一〇六頁〕

これは先に引用した晴風による記述とはかなり違っている。斎藤は竹馬会の結成を明治十二年としているが、晴風によれば明治十三年三月六日で、これは斎藤の第二回《ママ》の夕食会に相当しよう。出席者で共通しているのは、竹内久一と燕枝の二人だけである。その上この燕枝にしても柳亭燕枝と談州楼燕枝と記述が異なっている。両方の名前を使用したのは初代か三代目の談州楼燕枝である。晴風の記述した「燕枝」と斎藤の記述した「燕枝」が同一人物とすれば、この二人のどちらかということになろう。もし三代目であるとすると、三代目は都々逸坊扇歌の名も使ったことがあり、斎藤は同一人物の名前を二度書いていることになるので、おそらくこれは初代であろう。初代の燕枝は骨董趣味を有していたことからもその可能性が高い。燕枝についてはそれで解決するとしても、なにより問題なのは、もしここに林若樹がいたとすれば、明治五年生まれの林は、わずか七歳でこの会に出席していたことになる。にわかに斎藤の記述は信じ難い。ちなみに斎藤の『日本人形玩具辞典』にある「坪井正五郎」の項目をみると、坪井は静岡生まれであるとしていたり、人類学会の創設を明治十九年としたりとかなりいいかげんなところがあり、斎藤の記述は用心してかかる必要がありそうだ。これは想像だが、斎藤が挙げている人たちをみると、どうも集古会と竹馬会を混同して記述してしまったのではないだろうかという疑問が湧く（斎藤は同辞典で「集古会」の項目を別に設けてはいるのだが）。

それにしても竹馬会というのははたして、斎藤が述べているような何度も続いた会だったのであろうか。晴風の記述を読むと、竹内善次郎が主体となって開催していた明治十三年三月六日に行った遊食会の一つを、「小供になつて遊ばう」という趣向で行ったためそう呼んだだけで、それ以後は用いられなかったようにも取れるからである。

ここでもう一人、竹馬会については出席者の竹内久一が「玩具博士清水晴風翁の事ども」（『書画骨董雑誌』第八十八号、大正四年十月）で触れているので、それも見てみよう。

> 当時私の父は殆んど毎月一回位づゝ其の友人を招待して相語ることを以て此上も無い楽しみとして居つたが、晴風翁も必らず其度毎に来会して居つた。併して唯漫然集会するも寔《まこと》に面白くないのでそれらの人々が相会して竹馬会なる遊食会を組織し、向島白髯神社等に集合し互に食ひ且つ語つたものであつた。而して更に年を経るに従ひ元禄会や古物会等を組織するに至り、出品なども広く遊説《いうぜい》して会の盛大を計つたのであつた。〔一七頁〕

この竹内の記述によれば、竹馬会は何度か続いたように受け取れる。しかし竹内はこの文章の別の箇所で、竹馬会の開催を二月二十五日としていて、晴風の記憶とは異なっている。最初の竹馬会開催の日づけについてはどちらかの記憶違いということになろうが、いずれにしても竹馬会がそのまま続いたかどうかは当時の記録でも出てこない限り藪のなかである。だが、竹馬会の名称がそのまま継続したかどうかは別として、晴風や竹内がこうした趣味の会を継続して行っていたことは間違いなかろう。その流れを晴風が集古会に持ち込んだのだということはできるかもしれない。事実、竹馬会を継承した元禄会について竹内は、「元禄会と明治骨董史」（『書画骨董雑誌』第四十五号、明治四十五年二月）という文章で「其の後身《のちみ》と云ふ訳でもないが、系統から云ふと今の集古会等は元禄会の流れを汲んだもの、稍《やや》形を変へて再興したものと云つてもいゝのである」〔一二頁〕と述べている。

その清水晴風とある年、青柳亭で開いた集古会新年会で演じた滑稽な一幕を、坪井は「笑い語り」で伝えている。面白いエピソードなのでここで紹介しておこう。坪井には下駄をはき間違える癖があったため、今度は間違えないようにと目印として鼻緒に毛糸を結びつけておいた。帰りに店の玄関に行くと同じような下駄が幾足も並んでいた。今日こそは大丈夫と、坪井は毛糸の結んである下駄をはいて帰ったが、戻ってよく見てみるとこれがまた別の下駄であった。あちこち問い合わせた結果、坪井のはいて帰ったのは晴風の下駄であることが判明した。そこで坪井は晴風に宛てて次のようなはがきを送った。

僕は過つて誰氏《たれ》かの下駄を穿《は》いて来ましたが、後に聞けば貴君の下駄が変つて居たとの事、穿き違へて来た分には緑色の糸が括り付けて有りますが、これが貴君《あなた》のでは有りませんか。僕のには鼠色の糸が結び付けて有る筈です。貴君の所に在るのが夫《そ》れならばお知らせ下さい、受け取りの為めに使ひを差し出します。

青柳のいと頼み無き我が目かな
みどりとねずみ見違《たが》ふるとは

これに対する晴風の返書がまたふるっている。

先生御帰りの後下拙の下駄が違ひ居《おり》候を発見仕候へども自然わかる事と存じ其儘《まま》に致し置き足る処《ところ》先生の御履き物の由端書《よしはがき》拝読の上承知却て恐縮の至りに覚え候

ねずみから芽をふきそめてみどり色
どちらも同じ青柳の糸

こうして下駄はそれぞれの主人の許へと無事に戻った。そこで坪井は次の一首を詠んでいる。

こま下駄にしかと印しを付け置きて
はきたがへとは実《げ》にも馬鹿下駄〔『うしのよだれ』四八八頁〕

もう一つだけ「笑い語り」に載っている明治四十一（一九〇八）年一月十一日、青柳亭で行われた集古会新年会の話〔同書、四八六〜四八七頁〕を紹介しよう。この話には林、山中、晴風の三人が登場する。この席上、林若樹は山中共古に硯箱を贈った。箱の表には人物の略画があり「柿本人《かきのもとひと》まるあしひき」と走り書きがしてあった（左図版参照）。林は蓋の裏に「丁未《ひのとひつじ》十月長崎行の帰途博多にて求む紀州産なりといふ絵様古拙愛すべし云々」と記して清水晴風に渡すと、晴風も蓋の裏に――

梅咲や硯持出すかきのもと　晴風

と添えた。次に堀野文禄（日本橋にあった書肆文禄堂の主人、本名・与七）は

かきぞめやしぶい顔せぬ申の年　文禄

竹内久遠（久二）は

かきぞめや硯の海の明石潟　久遠

福田菱洲《りょうしゅう》（源三郎、越前の扇屋）は

◉山中共古が坪井に送った手紙に描かれた「柿本人まる」の絵の模写（坪井家資料）

人丸を画きしはこのふたなれど
詩歌かゝれよき筆ほしぞ思ふ　菱洲

岡田紫男は

いまこゝに大勢よりて柿の本
へたがありてもくるしがるまじ　紫男

そして最後に坪井の許に回ってきた。ぜひ書くようにと責められ、墨をつけるだけでもといわれたが、もはや蓋の裏はいっぱいになっていて書くスペースがない。坪井は硯箱の底に次のように記した。

のぞまれて何か渋々かきのもと
たゞ板面《いたづら》に墨を塗るのみ　笑語老

坪井はこの話を「それでお勧めもすみぬる、すみぬるだ！」と結んでいる。

その他の人々についても、いまではほとんど知られていないので、出席回数の多いメンバーについて判る範囲で記しておこう（すでに説明した人物については省く）。

亀田一恕と中川近礼は古銭研究家で共に『新撰寛永泉譜』を編集している。大菊七郎兵衛は、本所割下水の質屋、俳句の宗匠、坪井が丸山古墳を発掘した際に見物にきて知り合い、人類学会、考古学会にも入会した。水谷

◉鳥居龍蔵撮影による集古会会員

乙次郎は東京朝日新聞記者、幻花と号した。この人物については、のちに詳しく触れる。

田中安国については不明だが、白河楽翁の著『集古十種』にちなんだ〝集古〟の名づけ親はこの人である。田中正太郎は飛騨高山の小学校教員で古くから東京人類学会の会員だった。台湾に行く志をもって上京し、人類学教室にも通っていた。のちに台湾に渡ったが現地で亡くなった。阿部正功については、芝丸山古墳のところで触れた。この人も古くからの東京人類学会会員である。集古会の人数が増えて資金繰りに困ったとき、正功に会長を頼み資金を出してもらおうとしたが断られ、このときに快く会長を引き受けて会のピンチを救ったのが根岸武香《たけか》であった（八木著『明治考古学史』）。毛利昌教は小石川氷川神社の神官。黒川真道は国学者・歌人の黒川真頼の養嗣子で、帝国大学文科大学卒業後、明治二十二年より帝国博物館に勤務した。

鳥居龍蔵は「三十五年以前先輩友人の写真」（『武蔵野』第十七巻第一号、昭和六年六月）に集古会の面々を撮影した写真（上段参照）を掲載し、それについて次のように回想している。

この写真は明治二十九〔一八九六〕年七月十五日に、私が上野三宜亭に於て撮影したものである。（中略）この写真は今も云つた如く、当時の撮影にかゝるもので、場所は上野で、集古会の人々である。集古会は未だ今日のそれと大に異なり、たしか第一回あたりの集合した時の撮影のやうに思われる。〔一〜二頁〕

しかしすでに見たように、明治二十九年の第一回の開会は、同じ上野でも韻松亭であり、日にちも一月五日と違っている（鳥居自身も『ある老学徒の手記』では、第一回の会合がもたれたのは〝韻松亭〟と記しているが、やはりこちらでも日にちは七月十五日と勘違いしている）。すると、鳥居が撮影したのは何時の集まりであろうか？　鳥居はこの写真に写っている人の名前を次のように挙げている。

下段の左の一番に居らるゝ人が、坪井正五郎先生、二番目は宮内省主馬寮に勤められた高知県人某氏（中略）第三番目は古泉家の亀田氏、第四番目は八木奘三郎氏、第五番目は堀田璋左右氏（中略）第六番目はたしか本郷大学前あたりの薬学者兼薬種屋の御主人某氏（中略）中段の左の第一番は水谷幻花氏、第二番目は林若吉氏、第三番目は中沢澄男氏、第四番目は野中完一氏、第五番目は佐藤伝蔵氏である。上段の一番は早稲田専門学校で哲学を修められ、その後人類学教室に往来せられた内山氏？、第二番目は有名であつた玩具の専門家清水氏、第三番目は小石川の神主《かんぬし》磯辺武者五郎氏（中略）第四番目が山中笑先生（中略）磯辺氏と山中先生の間に見えるのが、林魁一氏である。第五番目は友人大野延太郎氏、第六番目の人は今残念ながら忘れて仕舞つた。第七番目が小石川氷川の神主故毛利氏である。〔二〜三頁〕

この出席者から考えると、おそらく第四回のときではないだろうか。名前のはっきりわかっている人物は、撮影者の鳥居自身を含む十六名がすべて第四回と一致する（本書一七五頁に掲載した第四回出席者名を参照）。鳥居は文中全部で十八名と述べているが、先の鳥居の文章に出てくる人数を数えると実際は十九名おり、これに坪井と思われる人物の向かって左に半分だけ顔の写っている人物を含めると二十名、更に撮影者の鳥居を加えると二十一名となり人数も一致する。

鳥居は「三十五年以前先輩友人の写真」のなかで「私は聊《いささ》か考ふる所があつて、この会には入会しなかつた」〔二頁〕とも述べているが、すでに見たように鳥居は第二・三・四回と三度も出席しており、最初はかなり集古会に

関心をもっていたであろうと思われる。おそらく鳥居が集古会に馴染めなくなったのは、「元禄派の勢力が加はり、或は課題を設け、或は特殊の出品として軟派に属するものが続々として現はれ」〔「明治考古学史」一九頁〕たからであろう。鳥居も気楽な会であることはよしとしたであろうが、話題が人類学や考古学のような学問からそれて江戸趣味の世界に傾いていくようになると、学究肌の鳥居にはついていけなかったのだろう。

この元禄派の中心的存在となったのが、先に触れた清水晴風であった。林若樹は「石器派から段々元禄派へ転向した」〔「林君の蔵書印」六頁〕。それでは坪井はどうであったのか。坪井は第七回まですべて出席した山中同様、学問も趣味の世界もどちらにも通じていた。幕臣の家に生まれた坪井、山中、林は江戸に対する思いが強かったという点もその理由に数えられよう。

事実、坪井は『郵便報知新聞』（明治二十二年四月十九日）の記事「江戸会生る」によれば、栗本鋤雲《じょうん》、関根正直、内藤耻叟《ちそう》、高田早苗、小宮綏介《やすすけ》、饗庭《あえば》篁村《こうそん》らと共に江戸会の発起人となっている。この会は江戸幕府の制度および沿革、地名の沿革、名勝旧蹟、外交、財務、宗教、通商、土木、学術、工芸、衛生、道路、商工上の習慣、幕府時代社会の組織・秩序、風俗言語等々を調べるために『江戸会雑誌』を発行するというものであった。しかし坪井はその後ヨーロッパに発つことになったため、『江戸会雑誌』への寄稿は行っていない。

また坪井と親しかった小児科医・唐沢光徳は、坪井と「江戸ツ子の会」を作ろうという話で盛り上がったことがあったと「故坪井理学博士の追懐」（『三越』第三巻第八号、大正二年八月）で伝えている。

先生は江戸ツ子でそれと同時に江戸趣味を持つて居られたといふ事であります。其点に於きまして、確か先生は両国で生れられた方で、子供の時に両国で御育ちになつたといふ話であります。私も亦《また》浜町で生れて此処で育ちました為に、大変話が合ひまして話の度に江戸ツ子の話が出ます。（中略）或時は矢張りさう云ふ風な事柄で一体東京の者は大学を出ましても何と無く人品が無いとか、薄ツ片《ぺら》なやうで幅が利かない、（中略）一つ先生、江戸ツ子の大学を出た者で、江戸ツ子の会をやり、各科から幹事を選んでやらうぢやありませんかといふと、大変賛成で、我輩も発起人になるといふ話、それぢや理科の方は坪井さん医科は私がやつて、文科の方は誰が宜から

◉坪井正五郎画（『集古会誌』創刊号に掲載）

う。上田敏君は友達だから頼みませうといふと、それは宜い、我輩は理科を承はるといふ事で御相談を致しました。而《そ》して場所は何処が宜からうかと言はれる、柳橋が宜いでせう、では深川亭が宜からう。ところで日は何時にしませう、江戸ツ子は一体五月《さつき》の鯉の吹流しだから五月五日が宜からうなどといふ事で、五月五日に深川亭で会を開かうといふ事を約束しました、が、僕はその頃馬鹿に忙しくなつたので、打遣《うつちや》り放して其会を開かなかつたのです。暫く経つてから先生の処へ上つて御詫を申上げた、江戸ツ子の会をやらうと思ひましたけれ共、ツイ忙しくてやりませんでしたと申上ました処が、坪井さんが仰有《おつしや》るには、さうかそこが詰り江戸ツ子の処だ、我輩も非常に賛成すると仰有《おつしや》いました。〔二二一〜二二二頁〕

　このような坪井であったから、集古会が純粋に学問的なものから元禄派の趣味の世界に移っていっても、やはり愉快な会であることに変わりがなかった。なお、編集者の斎藤昌三が「仙湖翁略伝」（西沢仙湖著『仙湖随筆』）で伝えているところによれば、この他にも坪井は明治四十二（一九〇九）年、元禄派の清水晴風、林若樹そして久留島武彦（児童文学者）、西沢仙湖らと共に「大供会なるものを催し、人形玩具に関する智識の交換」〔一九七〜一九八頁〕を図ってもいる。

　さて、集古会では明治二十九年十一月から会報『集古会誌』を発刊する。編輯発行人は最初のころはずっと林若樹が引き受けていた（のちには三村清三郎、木村捨三が担当）。以後この雑誌は『集古』『集古会報』と名前を変えながら、昭和十九（一九四四）年七月までの長きにわたって、全百八十九冊が発行されることになる。坪井は創刊号の巻頭に漫画風のイラスト（前頁参照）と「貝塚土偶の孔」（第一輯、明治二十九年十一月）を掲載し、その後も「佐久間象山旧蔵の磨製石器」（第二輯、明治三十一年四月）、「日向高千穂の石器」（第三輯、明治三十二年六月）、「石器時代土器の上に在る破れ止めならざる揉み孔」（癸卯巻之一、明治三十六年三月）、「古物遺跡発見奇談」（癸卯巻之四、明治三十六年十一月）、「曲玉製造法」（甲辰巻之三、明治三十七年五月）、「エジプト発見甲虫形の護り」（甲辰巻之五、明治三十七年十一月）、「「提げ台」に縁故有る土器」（乙巳巻之四、明治三十八年九月）と短いものながら多くの論文を同誌に発表した。

第十二章　実録笑話――余が止めど無きダラ〱文

『学士会月報』に長期間連載された坪井の随筆「うしのよだれ」は、次第に投書も含む実録笑話集という様相を帯びてくる。これはどうだとばかり、彼の許へは次々と笑い話が寄せられる。「うしのよだれ」は、教科書的な歴史には記されていない、当時の人々のライブ感がそのまま伝わってくる貴重な記録である。

雑誌『学士会月報』の第百三十一号（明治三十二年一月）から、坪井は随筆「うしのよだれ」の連載を開始した。学士会というのは帝国大学卒業生の親睦会で、『学士会月報』は明治二十一（一八八八）年三月から発行され、昭和三十九（一九六四）年十月まで続いた機関誌である。連載の最初で坪井はタイトルの由来を次のように語っている。

学士会書記来訪、月報の為め何か書けと云ふ。すなほに承知して机に対《むか》ひ墨を磨す。聞くならく墨は牛の涎《よだれ》と油煙《ユエン》の固まりなりと。此墨を磨して原稿紙を汚す、ダラ〱又ダラ〱。小便には十八丁の限り有るも涎の長さはついぞ聞かず。これ余が止めど無きダラ〱文を牛の涎と題するゆえんなり。（『うしのよだれ』一〇頁）

「うしのよだれ」の内容は坪井の学生時代の回想や実録笑い話などの短い文章に番号をふって、毎回十話前後が掲載された。おそらくそれほどの意図をもって始めた連載ではなかったであろうが、書いているうちに次第

に性格が定まっていき、やがてそのすべてが実録〝笑い話〟となる。最初に図らずも「牛の涎」と呼んだごとく、不定期ではあったが、この連載は長期間にわたり、第三百二号（大正二年四月）まで続くこととなった。坪井の連載は大正二年五月、第五回万国学士院連合大会出席のために訪れたペテルブルクで坪井が客死したことにより突如終了せざるを得なくなったが、『学士会月報』では第三百五号（同年七月）から「大笑子」名義で「うしのよだれ」は復活継続している。各話にふられた番号は通し番号となっており、坪井連載分は全四百六十八話（最後の番号は五〇九話となっているが、第四三三話および四六〇～四九九話は欠番）である。

同名のタイトルをもった坪井正五郎の単行本『自然滑稽　うしのよだれ』が、明治四十二（一九〇九）年十一月二十五日、三教書院から発行された。趣味家の間では比較的よく知られた本で、一般に坪井正五郎の『うしのよだれ』といえばこの本のことを指す。発行日からも判る通り、これは『学士会月報』の連載途中に単行本化されたもので、それまでに掲載されたもののなかから全百話を選んで収録してある。装幀、挿画（本書一九三頁参照）は画家の小杉未醒（後の放庵・放菴）が担当した。単行本化の話を坪井のところに持ち込んだのは、俳人の沼波瓊音《ぬなみけいおん》（武夫）であった。坪井家資料にある『坪井正五郎家庭共同日記　四』の明治四十二年二月二日のところに坪井は次のように記している。

芳賀氏の紹介にて文学博士沼波武夫氏（十番地ろの八）来訪牛のよだれ出板云々（三教書院にて）の話しあり。林若吉氏の方の事を聞き好に答へる様に云ひ置く。挿画は小杉未醒氏に依頼する積りとの事。（林氏は長原氏に頼まうかと云ひ居れり）

「芳賀氏」とあるのは、国文学者の芳賀矢一のことだろう。芳賀矢一は瓊音の第一高等学校時代の恩師である。ただ、「林若吉氏の方の事を聞き好に答へる様に云ひ置く」とあるのがよく判らない。もしかするとこれ以前に、林若吉（若樹）との間で単行本の話が進んでいたということだろうか。「挿画は小杉未醒氏に依頼する積りとの事」というのは、瓊音は未醒を非常に買っていたから、ぜひ彼で行きたいと考えたのだろう。

それにしても、なぜ三教書院の社員でもない瓊音がこの話を坪井のところへ持ってきたのだろうか。瓊音は同時期に三教書院から出版された『滑稽　和合人』（明治四十二年十月）や『妙竹林話　七偏人』（明治四十二年十月）の校訂も担当しており、この三教書院を経営していた鈴木種次郎は、瓊音が顧問を務めていた出版社・修文館の鈴木常松の弟であったことから、瓊音が三教書院と何らかのつながりをもっていたのは間違いなかろう。瓊音は朝鮮と中国を旅した紀行文集『鮮満風物記』のなかで種次郎のことを「君は我が親友なり」（三三頁）とも述べている。

いずれにしても瓊音が提案した出版の話は林若吉との話もつき、問題なく進んだようだ。『手紙雑誌』（第九巻第一号、明治四十三年二月）に『うしのよだれ』の校正について坪井が瓊音に宛てた次の手紙が掲載されている。

> 『うしのよだれ』挿画一覧しました。至極結構。口《くち》画《ゑ》には子供の筆に成つた編者肖像を出さうと思ひましたが、どこかへ仕舞ひなくしましたからやめにします。校正はどうぞよろしくお願ひします。
>
> 十月十九日　　正五郎
>
> 沼波君
>
> 画題の中《うち》 はいたゝき とあるのは はいはたき と、お改めを願います。
>
> 〔笑語楼主人坪井理学博士の近著『うしのよだれ』挿画中の詞書きの一つを正誤して、該著の校合を託せられたる沼波瓊音氏に寄せたるものなり。〕（五八頁）

ちなみにここに出てくる「はいたゝき」とは連載番号（九三）の次の文である。

> 煙草を飲む客来りて家の下女に向ひ「どうぞ灰をたゝく物を」と云へは下女蠅扣《たた》きを持ち来る。（傍点引用者）

『自然滑稽うしのよだれ』は古書市場にも出ることが少なく、SF作家で明治・大正の古書に詳しい横田順彌さんも『雑本展覧会――古書の森を散歩する』で述べているように、「それほどの稀覯本ではないが、まあ珍しい部類に属する」（一六頁）本だったが、現在では国会図書館ホームページ内にある「近代デジタルライブラリー」にアクセスすれば簡単に読むことができる。この本の「序」で坪井は次のように述べている（この「序」は連載時に各話の頭につけられた番号のうち（一三一）の文章を改変したもの）。

> 抑《そもそ》も牛の涎と云ふは、同窓会誌の余白に載せた句切りの付かぬダラ〱文を、物に譬へて呼んだに過ぎぬ、僕の随筆の名で有つたが、どうしたひやうり《ママ》の瓢箪から、飛び出す馬は馬の連れ、牛は牛連れノロ〱と、歩みを運ぶ其中《うち》に、食ふ路草《みちくさ》の笑ひ草、自づと傾く自然滑稽、うしのよだれの名を聞けば、

作意を交ぜぬ珍談と、人も思へば我も亦《また》、其気で筆を酉《とり》の歳、捜《あさ》つた種も少くないが、申《さる》もの疎く古雑誌は、未《ひつじ》の餌食と成るやも知れぬ、年来集めたものの中《うち》、彼《か》れや此《こ》れやと撰《よ》り出して、一小冊子に取り纏め、何時来られても悪くない、福をば招くまじなひの笑ひの種に致さんとモーす。

明治四十二年の夏

笑　語　老〔一～二頁〕

単行本『自然滑稽うしのよだれ』は先に触れたように雑誌掲載のものから百話を選んでまとめているのだが、単行本にする過程で細かいところに手が加えられている。

例えば、こんなふうにである。

（一一八）此一項巨猫氏報

学士会の懇親会で或る会員の曰く

「今日は唯てんぷらと講釈とを聞きに来た計りだ」

てんぷらを聞くと云ふからパチ〳〵の音に耳を傾ける計りかと思つたら矢張り随分口に入れた。

は、単行本では次のようになっている。

○てんぷらを聞く

或る会の懇親会で来会者の一人が

「今日は唯てんぷらと講談を聞きに来た計りだ」

と云つた。てんぷらを聞くとはパチ〳〵の音に耳を傾ける事かと思つたら此先生随分口の方も働かせたさうな。〔一一二頁〕

単行本のほうがより推敲がなされていることはいうまでもない。連載では誤植も多かった。その理由について坪井自身が（三八五）で述べているところによれば、「牛のよだれの原稿は書き送つても校正は自分でするので無い為め時としては思はぬ誤植が其儘《まま》に成つて居る事が有る」ためであった。月毎に締切のやってくる雑誌で、しかも著者校も経ていないというのだから、誤植はやむを得ないだろう。

しかしこの連載を読んでみると、当時（明治三十年代～大正初期）のライブ感がそのまま伝わってくる。例えばいま例に挙げた（一一八）では、「巨猫氏（もしくは巨猫生と表記されるこの人物は後にも何度か登場する）」から聞いた話とあるのが、単行本ではその部分が削られ、「学士会」は「或る会」と変更されている。笑い話そのものにとってはそんなことはどうでもよいことで、「てんぷらの話」のほうにウエイトが置かれた単行本のほうが「笑い話集」としてはより洗練された形となっているのだが、その分雑情報が抜け落ちてしまっている。しかし今日の時

◉小杉未醒画、単行本『うしのよだれ』挿画

点からはこの雑情報を読むことのほうが、ときには「笑い話」そのものよりも面白いところがある。雑情報によって、教科書的な歴史からは抜け落ちた等身大の当時の人々の感覚に触れることができるからだ。

単行本の最初にはこんな話も載っている（この話が、すでに学生時代に作った手作りの冊子『おへ曽で茶話呵誌』に登場していることは以前に述べた通りである）。

○粗末な脈

医者が田舎から来た病人に向《むか》つて

「サアモット此方《こつち》へ来て脈をお見せ」

と云つたが田舎者には何の事か分からずモジくして居るから

「手を出して見せれば宜しい」

と云ひ直すと田舎者ニジリ出して

「ハアハア手の事でがんすか誠に粗末で御目に掛ける様なミヤクではがんせん」〔一〜二頁〕

雑誌でも改行はないもののほとんど同じ記述になっているのだが、最後に「これは明治五六年の頃静岡の病院で本統に有つた事ださうです」と入っていた。この文章を削ってしまえばただの笑い話だが、この一行によって笑い話は明治五、六年ころの静岡の医療事情を伝えるリアルな話題に変貌する。「静岡の病院」とは父・信良がいた駿府病院のことであり、坪井は父か林研海からこの話を聞いたのであろう。

本書の冒頭で述べたように、筆者は〝知の自由人叢書〟の一冊として『うしのよだれ』を編集上梓したが、その際『学士会月報』に掲載された「うしのよだれ」をすべて同書に収録しておいた。『人形玩具研究――かたち・あそび』（第十七号、平成十九年三月）でこの本を書評していただいた小林すみ江氏（吉徳資料室長、人形史研究）も、そのなかで次のように述べている。

これらは、生真面目な学者先生方から見れば、一見単なる悪ふざけとも取られよう。しかし、よく読めばいずれの話にも彼一流の諧謔の中に世相に対する考現学的考察が働いており、また鋭い社会諷刺、あるいは文明批評が内在しているのが見て取れるのである。

一例として、玩具関連の話を二三挙げよう。（以下原文のまま）

（一七〇）或る家へ幻灯の映画一箱を持つて行つたが帰り掛けに、既の事置き忘れやうとしたのを其家の人が見付け、包み具合がちよつと弁当箱に似て居たので見誤つて「ヘイお弁当」と云つて差し出す。「イヤお弁当では無いお幻灯です」とて請け取れば、「これは見当違ひでした」と云ふ。「誠に御面倒」と挨拶したら、それきりで返事が無かつた。（傍点小林氏）

（一七九）大道でゴムの風船玉を膨らせながら売つて居る者の云ひ立てに曰く

「サア〳〵お召しなさい。舶来の風船玉をお召しなさい。皆上等でございまして。どれを吹いたから破れたの、どれを吹かないから破れないのと云ふ事はございません。」

シテ見ると吹かなくても破れるのが有るのだと見える。

（二〇三）太田生と云ふ名で来たはがきに曰く

「伝随寺の近くの玩具店の看板におもちや屋と横書きして其上に高等教育と記したのが有る。高等教育にもおもちやが有るのかしら。」

それは好いが伝随寺とは何所だらう。伝通院の間違ひだとこれが又牛の涎だがナア。

（四五一）或る家の下女「飛行機に人が乗つて空を飛ぶと云ふ事ですがまだ見た事が有りません。どんな物なのでせう」と云つたので或る人が、「飛行機と云ふおもちやを好く子供が飛ばして居るだらう。詰まりあれの大きいのサ。」と説明した所下女感服して曰く「アヽあのおもちやから思ひ付いたんですか。うまく考へたものですねネー」

と、ざっとこんな調子である。

ちなみに、この四話が雑誌に掲載されたのは、最初から第三話までが明治四十一年、最後の一話が大正二年である。これらを明治の玩具史に照合してみると――幻灯が普及し、ゴム風船がまだ珍しがられ、また当時の玩具業界が挙ってありとあらゆる商品に「教育玩具」なる呼称を被せたのがおよそ明治三、四十年代、そして少年たちの間に模型飛行機作りが流行するのが明治末年頃のことという。（学会誌16号所載・十世山田徳兵衛「再録『明治の玩具』」参照）

してみると、坪井はこんな笑話の中に、期せずして明治の世相と流行をみごとに浮き彫りにしているのであった。〔二八〇～二八一頁〕

「うしのよだれ」には坪井の生涯を追ってきたわれわれにとって、すでに親しい名前も登場する。

（一〇）何々居士との改名を逃れ自ら祝するコ字付け歌「古物古跡コロボックルは好めどもコの字の病ひこれでこり〴〵」此歌何所からか漏れて新聞に出たので静岡の柏原学而氏は斯う云ふのを詠んでよこされた。「こじ付けの言の葉にこそ此度のコレラに懲りし心知らるれ」（傍点引用者）

柏原学而は三十国巡回の際に静岡で訪ねた人物である。この文章はこれだけだと判り難いかも知れない。ここに出てくる「新聞に出た」とあるのは、『読売新聞』（明治三十一年十月二十日）に掲載された「坪井正五郎氏のコ字付歌」と題する次の記事のことを指している。

古きは遺物世界より秘めたるは何十尺の地層の下までも見通しと噂さるゝ理学士坪井正五郎氏も空気の中にフラリ〳〵と泳ぎ居るバチルスばかりは見出すことの出来ずして先頃コレラといふ忌はしき流行病に取りつかれ暫時《しばし》入院中の由其節の本紙にも報ぜしが爾来病気はやう〳〵全快に趣き先月三十日交通遮断を解かれたれば病中見舞を受けし向々《むきむき》へ御手紙なりとも出さんと此程去る古物家へ宛て認めたる手紙の端に

何々居士との改名を逃れ自ら祝するコ字つけ歌

古物古跡コロボックルは好めども
コの字の病ひこれでコリ〳〵
坪井正五郎

とありければ人々其風流に感じあへりとなん

（一三）には、これはすでに触れた清水晴風との下駄取り違えの話がより詳しく述べられている。

（一九）には「近頃好事家中にマッチの札紙の蒐集を心掛て居る人がある。横井仲定と云ふ人の千五百種が多いと思つて居たら、根岸武香氏の所蔵は三千種だと云ふ事」（傍点引用者）とある。武香《たけか》の燐票コレクションは趣味家の間ではよく知られていたようで、同じく燐票を蒐集していた水谷幻花も「燐票と千社札」（『新小説』第十八年第三巻、大正二年三月）で「道楽家で最も知られて居たは埼玉県の豪農で貴族院議員をしてゐた根岸武香氏、此人は金があつたし暇もあつたのでお供を連れて態々燐票《わざわざペーパ》を集めに各地へ旅行《たび》をした程の熱心家であつた」（『幻花繚乱』一五六頁）と語っている。また、斎藤昌三も『変態蒐癖志』で「この方面の蒐集の元祖は故根岸武香氏（貴族院議員）で、氏は明治三十年前後から蒐集を創められた。著者は先達て故根岸氏の蒐集品を拝見したが、今になつて見ると金では買へない逸品揃ひであつた」（二三頁）と述べている。

次の山崎直方《やまさきなおまさ》も何度も登場した人物だ。

（二六九）山崎直方君曰く、一つ材料を上げやう。横浜の或るホテルで出す領収証には斯う云ふ判が押して有る。

Paid with thanks.

笑語老申す斯んな種なら御礼を云つて頂戴する。

山崎は（四四〇）（四四一）では、「ヤ、ナ氏」として登場する。のちに触れるように坪井が世界一周旅行をした際にパリから暫く山崎と一諸に旅行をしており、これはそのときの出来事である。

（四四〇）ヤ、ナ氏と僕とパリのルーブル百貨店で小さな薄い焼き物の額数枚宛《ずつ》を購ひ、紙に包んで銘々大切に持つて出たは好いが、人混みの所で押されたと見えて、ヤ、ナ氏の持ち物がポツンと云ふ。大に同情を表し気の毒がり、自分の分をば一層注意して捧げ持ち、宿へ帰つてから先づ無事に持つて来る事が出来たと喜んで開けて見たら、これはしたり中実はヤ、ナ氏の分。店番が渡し間違ひをしたものと見える。ハテナそれではとヤ、ナ氏の手にして居た包みを急いで開けて見ると破れたのは自分の分。

ヤーレヤレ。

（四四一）ブェスヴィヤスの頂上でヤ、ナ氏数個の石ころを拾ひ、登山嚢《ぶくろ》の外がくしに入れて、下山の途に就いた所、路傍に居る者が頻りに記念として山の石を買へと勧める。ヤ、ナ氏一個を買はうとして価を尋ねる。高い事を云ふ。ヤ、ナ氏負けなければ買はないと云ふ。負けられない。そんなら要らない。談判不調。ヤ、ナ氏健脚を働らかして威勢よくトン〳〵行き過ぎる。山を下りてから、採集品を見ようと嚢の外がくしを開けて見ると中はもぬけのから！　急いで歩いた時に飛び出したに違ひ無い。多分は彼《か》の石売りが拾ひ取つて後で記念品として他の客に売り付けたで有らう。

連載当初各話は、坪井、或いは坪井の友人の誰々の談として書かれているが、やがて文中にそうした形式とは異なる、「うしのよだれ」の連載に触れた舞台裏的記述が時折登場してくるようになる。例えば、（一五一）の「三島通良氏に会つた所「久し振りで牛の涎が出たネ続けて書き給へ」と云ふ。「書けたツて種の好いのが無ければ仕方が無い」と云へば「好いのを譲らう」とて斯う話された」という箇所がそれである。ちなみに、三島通良とは、日本で最初に学校衛生を始めた医学博士で、明治四十一（一九〇八）年、時事新報社が主催した日本初の一般公募による美人コンテストでは坪井と共に審査員を務めている。単行本ではこの三島通良の名前は「或る人曰く」〔五六頁〕と変更されてしまっている。

あるいは、（一七二）の次のような記述。

井口在屋《いのくちありや》君から斯う云ふはがきが来た。

「拝。時事新報には電車の怪我と云ふ見出の雑報が度々ある、電車の怪我はあつても人間の破損と云ふのは一つもない、幸な事である。

右うしのよだれになりますならば結構。かしこ。」

なりますとも、なりますとも。どうぞ満員の札を掲げる程に御投稿を願ひます。

井口在屋とは、渦巻きポンプ（通称ゐのくちポンプ）を発明した工学博士で、のち大正元（一九一二）年に、ゐのくち式機械事務所（現・荏原製作所）を創業した人物である。

坪井に寄せられる「うしのよだれ」の数は次第に増えてきて、先の（一五一）では「書けたツて種の好いのが無ければ仕方が無い」と書いていたのが、（一八八）では「此他にも寄書が沢山有りまして諸君の賛助を深く謝しますが、一回分としては多過ぎると思ふので、残りの分は別の機会に譲る事としました」と述べている。

友人ばかりではない。匿名の投稿も増えてくる。なかには（二六〇）の次のような「うしのよだれ」の連載に否定的な文書が寄せられることもあったようだが、坪井はそれさえも掲載する。

附言二月二十四日附け神田某町の某氏から左の如き書面を受け取つた。（中略）

「「牛のよだれ」は貴重なる紙面を費し候のみならず要するに他人の蔭口をきくのに外ならずして不徳此上無き次第なれば向後御廃止被下度《くだされたし》」。

いつの時代も真面目一辺倒の堅物はいるものだが、これに対して坪井は次のように答えている。

学士会の建て物の中には事務室もあれば談話室もある、食卓も置いてあるし、遊び道具も備へて有る。僕は月報も之《これ》に準ずべきものと思ふ。其談話室に当たる部分に「牛のよだれ」の様なものが載つたとて責めるにも及ぶまい。貴重なる談話室に於て笑ひ声を出すとは何事ぞと咎める人はまさかにあるまい。材料を供給する寄書家、原稿を採用する編輯者、恐くは僕と同感であらう。

この部分は、「笑い」を決して一段低いものとして貶めることをせず、むしろ人間にとって大切なものとする人類学者・坪井正五郎の面目躍如たるものがある。

明治四（一八七一）年に開始された郵便制度は、この頃には完全に普及しており、坪井も寄稿しているが、『手紙雑誌』（明治三十七年三月創刊）や『ハガキ文学』（同年十月創刊）などという誌名の雑誌さえ出版されている。このことは明らかに郵便が当時のメディアの重要な部分を担っていたことを示している。一方、やがて手紙に取って代わることになる電話もこの頃には各家庭に入り始めている。石井研堂の『明治事物起原』によれば、日本に電話器が輸入されたのは明治十（一八七七）年、東京・熱海間に電話線が開通したのは明治二十二（一八八九）年、東京・大阪間は二十六年、上野、新橋に公衆電話が設置されたのが明治三十三（一九〇〇）年ということになる。

（三八三）と（三八四）はその電話の話題である。

（三八三）電話器を使つた経験の無い人、何か急な用事で人頼みをせず、自ら之《これ》に近《ちかづ》いたは宜いが、初めての事で何所をどうするのか一向解らず、マア斯んな事だらうと、箱の口に耳を当て、握つた筒に口を当て、彼れ此れとやつて見たが、サツパリ役に立たぬ、先生嘆じて曰く電話なんて不便なもんだナア！

これは上田万年《かずとし》君から聞いた話。

（三八四）電話の事をモウ一ツ

日比翁助《おうすけ》氏と巌谷《いわや》季雄《すえお》氏とは共に高輪に住んで居られる。在る日、日比氏が巌谷氏に知らせて置くべき事が有つて、近所では有るがちよつとした事だから電話で便じて置かうとしたが番号を記憶せず帳面を繰つても見当たらず、困つて居ると従者が私が調べてきませうとて外出し暫くして帰つて来て番号はこれ〱と云ふ。滞り無く用が済んでから日比氏が「何所で聞いて来たか」と尋ねると、従者得意で云ふ様「他所で聞くよりも一番慥《たしか》だと思ひましたから巌谷さんの御門前迄走つて行つて番号を見て来ました」

今回はこれでお仕舞ひ。サヨナラ、珍！　珍！　珍！

この掲載時の明治四十三（一九一〇）年六月時点では、まだまだ電話は普及していないことを、この失敗談から窺うことができる。（三八四）からは、のちに触れるように坪井も流行会を通じて関係の深かった三越呉服店の専務取締役・日比翁助と同じく同会のメンバーだった巌谷季雄（小波《さざなみ》）が、二人とも高輪に住み、それも近所だったのだと意外なことが判って面白い（これも雑情報の一つである）。そこで調べてみると、星野小次郎著『三越創始者　日比翁助』にこんな記述があった。

〔日比は〕三越には、最初のうち神田区和泉町の宅から通勤していたが、いつしか裏に電気鍍金の工場が出来て悪臭の気体を発散しだした。そのためか長女の繁野は顔面蒼白となつて病気となつた。それは病院に入つて医療の結果間もなく回復したが、母の民子は何時までもセキが出て苦しんだ。原因不明だが多分工場の毒気のためだらうということで移転を思い立つた。

恰《あたか》も芝の高輪南町山尾〔庸三〕男爵〔子爵の誤り?〕所有の土地の一部が分譲されていた。そこを譲り受けて三越呉服店の先輩高橋義雄の旧屋を買い、八畳一間を継足《つぎた》して建てた。〔二一六〜二一七頁〕

一方の小波のほうは、息子の巌谷大四が『随筆父と子』に収録されている「ふるさと東京」という文章のなかで次のように述べている。

芝高輪南町五三番地。昔は芝区だったが、その後、港区にかわった。私はそこに生まれた。品川駅の前の四百メートル程の長い坂を上って、つきあたって左にまがり、すぐ右へまがってつきあたったところである。〔二二五頁〕

日比と小波は同じ町内（芝高輪南町）に住んでいたのである。

今日坪井正五郎が生きていれば、ブログやツイッターをやっていたのではないだろうか。文中での読者とのやり取りは、時間差こそあれ好き勝手に自分の意見を述べ合うことのできるブログ／ツイッターのやり取りそのものである。つまり、「うしのよだれ」は坪井正五郎が「笑い話」をテーマに『学士会月報』誌上に、百年以上も前に開設したブログ／ツイッターを読むようなものなのである。先に「ライブ感」と述べたのは、このことを指している。

「うしのよだれ」が当時なかなか人気のある連載であったことは一般誌の『中央公論』（第十八巻第十一号、明治三十六年十一月）にも「牛涎十滴」のタイトルで一部抜萃が掲載されたことからも判る。「牛涎十滴」の最初に坪井は次のように記している。

　僕は或る非売品のものに「うしのよだれ」と云ふ漫筆だか何筆だか訳の分からないものを続けて書いて居る中央公論編者之《これ》を見てチト分けて貰ひ度と云ふ。お大事のものだが先づ十滴進上。〔五六頁〕

また『中央公論』の編者は終わりのところで「笑語楼大爺の牛涎、二十滴や三十滴に止らず、追々其余滴をせがんで分配しようと思ふ」〔五八頁〕と述べている。

暫く「うしのよだれ」を掲載しなかったとき（先にも触れたように「うしのよだれ」の掲載は不定期だった）、坪井は「蛙の舌」という文章を『学士会月報』（第百九十九号、明治三十七年九月）に掲載したことがあった。その最初に坪井は次のように記している。

　「うしのよだれ」の続きはどうしたと諸方から催促を受ける。畢竟《ひつきよう》のべつに垂れるものと思はれて居るから、さう云ふ訳に成る。何時出るか分からず時時ペロ〳〵と現はれる「蛙の舌」と云ふ題なら誰も何とも云ふまい。〔『うしのよだれ』一六八頁〕

「蛙の舌」は帝国大学を題材にした随筆である。例えば、次のような内容である。

　◆五色　赤は赤門、黒は制服、白は仮正門のつゝじ、青は青長屋（以前博物教室が青塗りの建物の中に在つたので動植地の人々を青長屋連と称へた事が有つた）、黄は……エートどうも思ひ付が無い。揃ひもせぬに書き出すとはそれこそ黄が知れない。〔同書、一六九頁〕

「蛙の舌」には（一）と書かれていたが、掲載はこの一回だけで終わった。

「うしのよだれ」連載中、坪井は『東京人類学会雑誌』をはじめとする専門誌はもちろんのこと、それ以外の雑誌にも積極的に筆を執った。ここではそのなかから専門誌以外の二つの雑誌に連載したものに触れておこう。

一つは丸善のPR誌『学燈』に連載した「洋書談」である。タイトルにあるようにこの連載は洋書紹介の文章である。毎回「索引」「デチケーション（献辞）」「人というタイトルの本」などにテーマを絞り、そのテーマに基づいた洋書を紹介している。連載は第五十六号（明治三十五年一月）から第七年第一号（明治三十六年一月）までに全六回続いた。更にこのあとも坪井は「古代文字の復活」（第七年第六号、明治三十六年五月臨時増刊号）、「自製索引」（第八年第一号、明治三十七年一月）、「「人」と題する書」

（第九年第八号、明治三十八年八月）をこの雑誌に掲載している。

坪井が連載を開始した第五十六号から『学燈』の編集を担当するようになったのが、内田魯庵である。文芸評論家の木村毅《き》は『丸善外史』で次のように述べている。

丸善の機関誌の「学燈」（のち「学鐙」とあらたむ）の総目次によって察すると、俄然、魯庵色が濃厚に出るばかりか、魯庵の誌面独裁の観を呈してくるのは、明治三十五年の正月号からで、魯庵の友交ある坪井正五郎、坪内雄蔵〔逍遙のこと〕、森鷗外、幸田露伴、夏目漱石、すこし若手の上田敏、久保天髄、魯庵の従弟の宮田修、またトルストイ研究者として早くから魯庵の推称していた年少倫理学者の丸山通一、ドイツから帰り立ての新鋭経済学者の福田徳三などが続々と登場してくるばかりか、彼の息のかからぬ原稿は、もう入る余地がなくなっている。〔二一六〜二一七頁〕

斎藤忠《ただし》編『書簡等からみた史学・考古学の先覚』には、坪井が内田貢に宛てた書簡が二通掲載されている。斎藤氏は「内田貢という人物については明らかでないが、当時出版事業に関係しており、坪井とは親交があったようである」〔一九五頁〕と解説で述べている。斎藤氏は考古学が専門なのでご存じなかったのだろうが、この宛名の「内田貢《みつぎ》」とは、明治文学を齧ったことのある人にはよく知られているように内田魯庵の本名である。

御手紙拝見。貴方に於ても御病人で御取混みとの事深く御同情申上げます。山中笑《えむ》君の話しでは追々御快方に御向ひの御様子なほ〱十分御注意速に常に復せらる様祈る所でござります。当方の病児も先づ〱心配な容体は無い様子でござりますが、全快までには余程時が掛かりませうし、又病後の食養生がなか〱むつかしいだらうと心掛かりでござります。妻はいまだに病児を離れる事出来ず病院へ行き切りの姿（ ）宅には満一才の小児が居り、両親は老体私は主人と主婦、殿様と三太夫との兼帯時としては台所へも出張せざるを得ずと云ふ体たらく。落ち付いた事何も出来ず。閉口〱。御見舞ひ旁《かたがた》つまらぬ近況を一寸《ちょっと》

十一月九日　坪井正五郎

内田貢様〔一九六〜一九七頁〕

同書には封筒の写真も併せて掲載されていて、切手消印に「36-11-9」とあり、手紙は明治三十六（一九〇三）年のものであることが判る。坪井正五郎には、長男・誠

太郎が明治二十六（一八九三）年、長女・春子が明治三十年、次女・菊子が明治三十二年、そして次男・忠二が明治三十五年にそれぞれ生まれている。従って「満一才の小児」とは忠二ということになる。このとき入院していたのは春子で、手紙からは坪井の困っている様子が窺える。これは推測だが、「自製索引」の原稿を魯庵が坪井に依頼するやり取りのなかで、春子が入院したことにお見舞いの言葉を述べ、そのなかで自分のほうも病人を抱えている旨を伝えたのであろう。この手紙はそれに対する坪井の礼状とみることができよう。

もう一通は——。

昨日御話しの人種字引出校約束の事今日編者本人に申しました所原稿で譲り申て宜しけれど増補再校等の事（出来る様なら結構なれど）も考へざるべからず。其辺を定めずしては万事任せきりと云ふ訳にも致兼《いたしか》ぬるとの意見。至極尤《もっとも》の事と存じます。昨日は其までの事を思はずして一存で御返事致しました事取消にて出来る迄（即ち印刷に付する形になるまで）は報酬上の事は暫く定めずに置く様致され度と存じます。（出校丈《だけ》は動かぬものとして）以上は店員と面談の時に述べてもよき事ではございますが、念の為貴君へも申上げて置きます。

二月二十三日　夜　正五郎

内田君（一九四～一九五頁）

この手紙について斎藤氏は解説で「書簡の内容は、『人種字引』という本の出版のことらしい。これによれば、『人種辞典』のような内容の本が出版される予定で、原稿もできていたようである。しかし『人種字引』は、発行の実現をみなかったようである。「編者本人」とあるが、その名は明らかでない」と述べている。これは松村瞭《あきら》編著の『人種名彙』のことであろう。書名がはっきりと書かれていないので、出版されなかったと勘違いしたのだろう。この本は明治四十一（一九〇八）年三月に丸善から出版されており、坪井は校閲を担当した。これも推測だが、魯庵は坪井との関係からこの本が丸善から出版されるにあたって、何らかの役割を演じたと考えられる。

余談だが、先に触れた坪井の親戚筋にあたる田辺花圃は、魯庵がまだ青年時代の意中の人だったことを柳田泉が「若き不知庵の恋」（『現代日本文学全集　第五十三巻』、「月報　第五号」）で伝えている。「不知庵」というのは魯庵を名乗る以前の内田の雅号である。

内田さんと女史がいつ何処で初めて知りあつたか、はつきりしないが、（中略）女史が文壇に出始めた明治二十二年ごろ、内田さんは女学雑誌の記者で、若い批評家であつた。（中略）ともに幕臣で、士族のおちぶれという共通因子もある。文学への熱心から、若い二人が次第に互いに好意をもちあつたとしても、少しも不思議はなかつた。そうして、二十二年が、三年、四年とすすむにつれて、その好意が次第に深まり、ただの好意でなくなつてきたとしたら、これまた何の不思議はない。私は、大分前、わけあつて、このころの内田さんから花圃女史にあてた手紙を何通か見ることが出来たのであるが、それによれば、二人の交際が可成り打ちとけたものになつていたことは、事実である。（中略）内田さんの手紙だけでいえば、女史を恋する気もちがはつきり出てをり、またそれがそうとわかるように書いてあつた。だから、内田さんにしてみれば、女史にその心が通じていたものと信じて疑わなかつたのであろう。ところが女史は、明治二十五年、急に縁あつて三宅雪嶺夫人となつた。〔『柳田泉の文学遺産　第三巻』一七二〜一七三頁〕

柳田は、このときの痛手が魯庵の文学に暗い影を落としていると述べている。はたして魯庵は、坪井が自分が好きだった花圃の親戚であることを知っていただろうか。少なくとも坪井のほうは、若いころの魯庵が花圃に恋心を抱いていたことなど、知るよしもなかったに違いない。

もう一つの連載は『図書月報』誌上で行われた本の紹介記事である。『図書月報』というのは東京書籍商組合事務所が明治三十五年九月から刊行を開始した雑誌で、組合に加入している各出版社の毎月の新刊紹介を主とする雑誌であった。この創刊号にも坪井は「書籍の成り立ち」という文章を載せている。「書籍の成り立ち」の掲載について坪井は、文中で「其編輯に関係の深い石川正作氏から何か寄稿する様にとの望みを受けました」〔一二頁〕と述べている。おそらくはこの東洋社（出版社）社主の石川から再び頼まれたのであろう、第一巻第五号（明治三十六年一月）から連載を行っている。この連載には特にタイトルはない。新刊の書籍のタイトル、著者名等が羅列してある「新刊図書目録」の間に本の表紙のイラストが描かれたコラムが設けられてあり、それに添えて簡単な本の紹介がなされている。坪井はこのコラムの洋書についての部を画家の坂（阪）井紅児と交代で担当した（和

◉『蛇崇拝』

◉『アジアの子供』

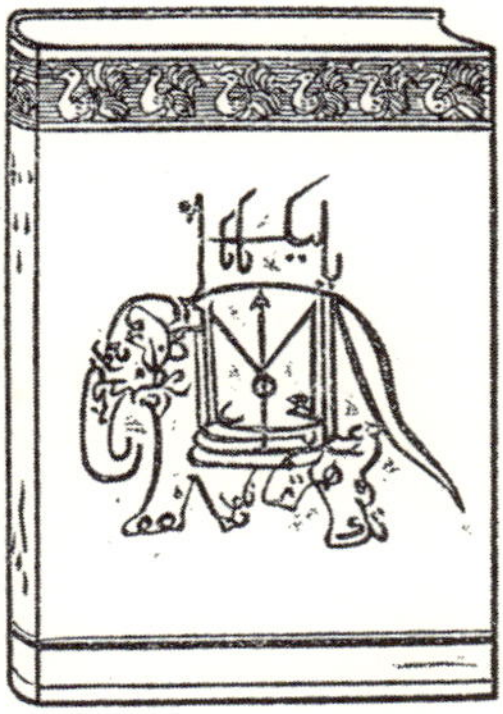

◉『印度の禽獣と人類』

◉『粗造石製紀念建物』

◉『原始蛮人』

◉『人種及び人造品』

◉『アダム前の人類』

◉『太古人類談』

◉『洞穴探求』

書は福地復一《ふくいち》が担当した）。もっとも、坪井のほうはこのあとの引用文からも判るように、内容にも触れた紹介がなされているが、坂井のほうは表紙のデザインの紹介だけで終ってしまっている。イラストには署名がないので誰が描いたのかはっきりしないが、坪井が紹介した本に関しては彼自身が描いた表紙の模写ということも考えられる（前頁にまとめて掲載しておいたのが、その一部である）。例えば第一冊目、象の描かれた本の表紙イラストに添えられた文章はこんな具合だ。

㈠はジヨン　ロツクウード　キツプリングの著、書名は、「印度の禽獣と人類」、（一八九一年マクミラン版）印度に産する諸動物の住民に対する種々の関係を記したもの。表紙の地は赤褐色、上部に横はツて居る鳥は金色、中央の象は文字を組み合せて黒色で現して有る。配色が誠に鮮明で、中々見栄えが有ります。〔『図書月報』第一巻第五号、明治三十六年一月、一五五頁〕

㈡と㈢も見てみよう。

㈡はヲリーヴ　ソーン　ミラアの著、書名は「アジアの子供」、（グリフィス及びファアラン版）アジヤ諸種族の子供の事、特に育て方に付いての事が記して有る。表紙の地は暗緑色、これに諸種族の子供の形と日本の松飾りの様なものとが黒色で画いて有る。題名は金字。下の左に在るのは書林の名。右の円形の中のは著者の名。共に金字で示して有る。〔同誌、一五七頁〕

㈢はフアイフ　クークソンの詩集。書名は「人類界及び他の詩」（一八八九年ケガン　ポール、トレンチ商会）。人類界と題する長篇の詩の他、自然淘汰、変色抔《など》云ふ珍しい詩が載せて有る。表紙の地は黒味を帯びた青色。文字も羽根の生えた地球も金色で現して有る。〔同誌、第一巻第六号、明治三十六年二月、一八一頁〕

こういった調子で一回に二、三冊、第四巻第二号（明治三十八年十一月）までの約二年間の間に三十八冊の本を紹介している。おそらく、本好きの坪井のことである、この連載を毎回楽しみながらやっていたであろうことは想像に難くない。

第十三章　人間展示――大阪にて開設の人類館

大阪で開催された第五回内国勧業博覧会。そのパビリオンの一つ人類館への展示協力を依頼された坪井は、これに応じた。人類館では人間の展示が行われ、今日でもその首謀者として坪井が矢面に立たされることが多い。大日本帝国が侵略への道を歩むなか、人類学者としての坪井がどんな役割を演じたかを検証する。

先の二章では、どちらかというと坪井の趣味的側面を中心に述べてきたが、ここでいったん当時の社会情勢に目を転じてみよう。話は明治二十七（一八九四）年四月に遡る。日清戦争において勝利した日本は、その結果として台湾を植民地に収めて領土を拡大するという大転換期を迎えていた。このときに得た帝国としての自信は、やがて十年後の日露戦争へと日本を突き進ませることにもつながっていく。江戸の鎖国政策以来、二百数十年にわたって世界の国々から孤立し、東洋の小さな島国としてあった日本が開国してのち、西洋の姿を猛烈な勢いでコピーしつつ、やがて大日本帝国へと変貌を遂げることになる明治という時代にあっては、人類学者である坪井が、趣味の世界だけに留まっていられる筈もなかった。日本の帝国主義政策と密接に関係する「人種問題」に関しても坪井は、積極的に発言している。

むしろ坪井にとっては、こちらのほうが表の顔であったといったほうがいいだろう。こうした面での坪井については、本書の冒頭でも触れたように、現在でも批判の対象として取り上げられることが多い。なかでも坪井がかかわった人類館事件と呼ばれるイベント、および東京帝国大学で坪井が企画した人類学標本展覧会については、松田京子氏（日本文化史）の『帝国の視線――博覧会と異文化現象』がこの両方について、そして演劇「人類館」上演を実現させたい会編『人類館――封印された扉』が前者について正面から批判的に論じている。この章ではこの二著の坪井批判を視野に入れつつ、一歩一歩、帝国への歩みを続けて行く日本のなかで、人類学者・坪井正五郎が何を発言し、どう行動したかについて見ていくことにしよう。

ちょうど日清・日露の両大戦間の日本で、第五回内国勧業博覧会が華々しく開催された。この第五回内国勧業博覧会は、明治三十六（一九〇三）年三月一日～七月三十一日の期間、大阪天王寺において行われた。日本での博覧会はすでに何度か行われていたが、政府主催の内国勧業博覧会は、明治十（一八七七）年に東京上野公園で開かれたものを嚆矢とし、その後も明治十四年、明治二十三（一八九〇）年に同じく上野で第二回、第三回が、そして明治二十八年には京都岡崎で第四回が開催されていた。そして大阪で行われたこの第五回は、それまでの博覧会のなかでも最も規模が大きく、百五十三日の期間中に四百三十五万人以上が訪れたとされるほどに人々の関心を呼んだ博覧会であったことが、『第五回内国勧業博覧会事業報告書』に記されている。

もともと博覧会は、産業の振興を促すため一七九八（寛政十）年にパリで開催されたものだった。それが一八五一（嘉永四）年にロンドンで世界初の万国博覧会として規模を拡大して成功を収めると、他のヨーロッパ諸国やアメリカは、追随して博覧会を開くようになっていった。吉見俊哉氏（文化社会学者）は『博覧会の政治学――まなざしの近代』のなかで、このように次々と開催されるようになった博覧会について次のように述べている。

博覧会の時代とは、同時に帝国主義の時代であった。これは決して偶然ではない。一九世紀半ばから二〇世紀初頭に至るまで、地球規模で増殖しつづけたこの資本主義のスペクタクルは、何よりも帝国主義の巨大なディスプレイ装置であったのだ。（一八頁）

吉見氏によれば、それを最も如実に表しているのが一八八九（明治二十二）年のパリ万国博覧会の際、アンヴァリッド地区に建設されたフランス領の植民地のパビリオン（展示館）群であったという。

　植民地展示のなかで、いっそう重大な意味をもっていたのは、植民地中央宮の裏手から奥に広がっていたセネガルやニュー・カレドニア、仏領西インド諸島、ジャワ島などの原住民集落である。ここでは実際、博覧会の歴史のなかでも最も悪名高いひとつの伝統が姿を現していた。すなわち「人間の展示」、植民地の多数の原住民を博覧会場に連行し、博覧会の開催中、柵で囲われた模造の植民地集落のなかで生活させて展示していくという、一九世紀末の社会進化論と人種差別主義を直截に表明した展示ジャンルの登場である。〔一八四頁〕

　日本で行われた内国勧業博覧会もまた、こうした欧米での博覧会ブームの流れと無縁ではなかった。特に第五回の開催にあたっては、「帝国主義の巨大なディスプレイ装置」的側面が色濃く表れるものとなっていた。『風俗画報』の臨時増刊「第五回内国勧業博覧会図会　上編」（第二百六十九号、明治三十六年六月十日）の論説を担当した野口勝一は次のように述べている。

　博覧会は国光国華を発揮するの具にして世界の大日本帝国たる以上は博覧会も世界の博覧会たらざるべからず今回大阪に開設したる第五回内国勧業博覧会は征清大捷に依り帝国の英名を宇内《うだい》に轟かしゝ以来始めてあるの博覧会にして既帝国の地位を進めたると共に人智技芸の進みたるを表顕したるものなり〔一頁〕

　この博覧会では、パリでの例に習って「人間の展示」さえも行っている。そしてこの展示にあたって協力したのが、坪井および彼の人類学教室であった。この展示が行われたのは人類館と銘打たれたパビリオンでのことであった。人類館は、博覧会内部に設けられた政府主催の公式パビリオンではなく、正門近くの場外に設けられた民間主催の建物であった。

　二宮一郎氏（大阪府立桃谷高等学校教諭）の「人類館発起人・西田正俊」（『人類館』）によれば、人類館の発起人・館主は、西田金庫衡器製造所を経営していた実業家・西田正俊であった。西田は当時、第五回内国勧業博覧会委員（出品協会増築委員嘱託としている資料もある）を務めていた。『東京人類学会雑誌』（第二百三号、明治三十六年二月）の「雑報」欄には、「同館発起者より坪井理科大学教授の許へ事業賛成標本出品の件を依頼し来りしと云ふ。開会時期切迫の事にも有り、且つは設計中に解し兼ぬる点も有るとかにて、教授の此企てに対する関係は未た《ママ》詳ならず。早くより相談の無かりしは如何にも残念の事なり」〔二〇九頁〕という記事と共に、次のような開設趣意書の文面が掲載されている。

人類館開設趣意書

第五回内国勧業博覧会の余興として各国異種の人類を招聘聚集して其生息の階級、程度、人情、風俗、等各固有の状躰を示すは人類生息に付学術上、商業上、工業上の参考に於て最も有要なるものにして博覧会に欠く可らさる設備なる可し然して文明各国の博覧会を鑒察するに人類館の設備あらざるはなし之《こ》れ至当の事と信す《ママ》然るに今回の博覧会は万国大博覧会之準備会とも称す可き我国未曾有の博覧会なるにも拘らす《ママ》公私共に人類館の設備を欠くは我輩等の甚た《ママ》遺憾とする所なり爰《ここ》に於て有志の者相謀り内地に最近の異種人即ち北海道アイヌ、台湾の生蕃、琉球、朝鮮、支那、印度、爪哇《ジャワ》、等の七種の土人を傭聘し其の最も固有なる生息の階級、程度、人情、風俗、等を示すことを目的とし各国の異なる住所の摸形、装束、器具、動作、遊芸、人類、等を観覧せしむる所以なり〔二〇九頁〕

二宮氏は、趣意書の文面に照らして考えると「やはり企画の段階から、パリ万博を実見した人類学者坪井正五郎の指導が介在したと考えられる」〔『人類館』二二六頁〕と述べている。また金城《きんじょう》勇氏（演劇「人類館」上演を実現させたい会）も「学術人類館事件と沖縄——差別と同化の歴史」で「欧米の博覧会の様相や当時の人類学的見地に基づいた趣意書を見れば、人類館設立について事前に相談があり、関与しているのは確か」〔同書、三五頁〕としている。そしてミュージシャンの佐渡山豊氏も「人類館事件の歌」と題する歌の歌詞に「もともと人類館も／西洋のそれにならったもので／坪井正五郎なる博士が／パリ博で見たものを／真似たものだった／檻の中に展示された／生身の人間を／鑑賞しているうちに／このおぞましい光景を／当たり前のように日本にまで持ち帰ったのだ」〔同書、二二七頁〕と織り込んでいる。趣意書には「有志の者相謀り」とあり、複数の人物が企画に関与していたと考えられる。そしてすでにわれわれもみてきたように、坪井が一八八九（明治二十二）年のパリ万国博覧会において「人間の展示」を見ているのは間違いない。しかしだからといって、はっきりとした資料もないままに憶測だけで、「人類館開設趣意書」作成段階ですでに坪井がかかわっていたと断定していいものだろうか。少なくとも先の「雑報」を読む限りは、企画は西田側が行い、実行段階になって標本出品に関して坪井に助力を求めてきたと取れる。もし企画の段階から坪井が人類館に関与していたとするなら、坪井の開けっぴろげな性格から考えて、どこかで彼自身がその旨をはっきりと述べていると思われるのだが、そうした発言も見られない。断っておくが、筆者は最初から坪井がかかわっていなかったと断定しているわけではない。あくまで現在判っている資料からでは、最初からかかわっていたとは断定できないのではないかと述べているのである。もちろん、途中からであったにしろ、坪井および彼の人類学教室が「人間の展示」を行った人類館に協力したことは許されるべきではないし、問題にされてしかるべきであろう。そのことを否定するつもりはない。しかし、それが人類館において坪井が果たした役割を拡大解釈していい理由にはならない。扱っている問題が微妙である以上、批判する側も慎重でなくてはならないだろう。

　坪井に対する認識という点から、ここで併せて触れておきたいのだが、松田氏が坪井正五郎の略歴について次のように述べるとき、肩書きに間違いはないものの、およそ坪井の実像とはかけ離れた記述になっているのも気になるところである。

> 　研究者が自己の学問的達成を報告し合い、競い合う「場」としての人類学会においても（中略）坪井は会長に就任し、一九一三年に没するまで名実ともに学会に君臨した。
>
> 　以上のように〔この前に、坪井の経歴が述べられている〕、当時の人類学先進地であったイギリス・フランスへの留学経験があり、帝国大学の人類学講座の教授、そして人類学会会長としての坪井正五郎は、当時の日本の人類学界に強い影響力を誇った人物であったことは疑いない。彼の発話は圧倒的に有利な位置から行われていたのであり、その発話の力に支えられた彼の思想は、世紀転換期の日本の人類学を考えるうえで見逃すことのできないものである。〔『帝国の視線』一四四頁〕

坪井が「当時の日本の人類学界に強い影響力」をもつ人物であったという点は、その通りであろう。しかし、「彼の発話は圧倒的に有利な位置から行われていた」といういい回しとなると、これまでその足跡を追ってきて明らかになった坪井の実像とは、まるで別人のような印象を受ける。もし坪井が、松田氏が述べているように

「圧倒的に有利な位置」から発話できたとするなら、坪井のコロボックル説は他の意見を押さえつけ、人類学会のなかで誰にも文句をいえない説としてまかり通っていた筈である。しかし事実は、坪井の主張したコロボックル説には小金井良精《よしきよ》のような年長者のみならず、若手の人類学会会員からも執拗に異議申し立てが繰り返され、坪井はその一つひとつに反論を加えていかなければならなかったのは、すでに見てきた通りである。

また、鳥居龍蔵はこんな証言も残している。座談会「日本人類学界創期の回想」〔『ドルメン』再刊第一・二号、昭和十三年十一・十二月〕のなかで司会者・長谷部言人《ことんど》の「会〔人類学会のこと〕の後などは相当話が賑はったものですか」という質問に対し、鳥居は「賑はつたものです。さうして坪井先生だらうが、若い者が反対して議論をするのです」〔同誌、再刊第二号、昭和十三年十二月、二九頁〕と答えている。人類学会は松田氏が述べているよりもずっと自由な雰囲気にあり、坪井が学会に「君臨した」というような表現からはほど遠い存在であったのは明らかであろう。また、坪井は肩書きなど必要ないと大学に博士論文を提出しなかったという八木奘三郎《そうざぶろう》が述べたエピソードも、改めてここで思い返しておきたい。そして、だからこそ、問題は一層深刻であったといえるのかもしれない。松田氏が述べるように、坪井が権力によって学会を抑え込むような人であったならば、むしろ判り易い。もしそうした坪井であったならば、自分が人類学会で「君臨した」ように、日本という国をアジア、延いては世界に君臨する帝国にしたいと考えたとしてもおかしくはない。しかし、決して権威を笠に着て発言することのなかった坪井のような人でさえも、懐のなかに抱え込んでしまうところに、帝国主義という闇の深さ、恐ろしさがあったのではないだろうか。

話を戻そう。もし仮に坪井の人類館への協力が途中からのものであったとするなら、「人間の展示」を思いついたのは誰なのかという疑問が残る。パリ万博を見た日本人の数は多いし、おそらくそれがヒントになったのは間違いないだろう。そうしたうちの西田の周りにいた誰か。これはあくまで推測に過ぎないのだが、一つの可能性として考えるなら、「人類館発起人・西田正俊」に載っている「西田正俊関連年譜」〔『人類館』一二六頁〕中の明治二十二（一八八九）年のところに気になる記載がある。大阪から法律を学ぶべく和仏法律学校〔現・法政大学〕に入学するため上京した西田はこの年、神田の下宿で同宿になった川上音二郎と懇意になったという箇所である。川上音二郎は「オッペケペー節」で知られる壮士芝居の役者で、年譜によれば同年、西田も音二郎の芝居に弁護人役で出演しているとある。音二郎はのちに妻・貞奴《さだやっこ》と共に川上一座を結成、一九〇〇（明治三十三）年のパリ万国博覧会会場に建設されたフーラー劇場で公演を行っている（倉田喜弘著『近代劇のあけぼの――川上音二郎とその周辺』）。吉見氏によれば、この年のパリ万博は「八九年の展示をさらに大がかりにしたような植民地展示が華やかに繰り広げられていた」という。

　とくにフランス領の植民地パビリオンは壮麗をきわめ、アルジェリア館をはじめ、インドシナ館、カンボジア館、セネガル館、チュニジア館などは、独立国をはるかに凌ぐ規模であった。そして、八九年と同様、ここでも多くの「集落」に原住民たちが住まわされていた。〔『博覧会の政治学』一二〇頁〕

公演を終えた川上一座は、ロンドン経由で翌年元旦に神戸に戻り、一月三十日からは大阪朝日座で、そして二月八日からは神戸相生座で凱旋公演を行っている〔『近代劇のあけぼの』一七〇頁〕。もし当時神戸にいた西田が公演中の旧友・音二郎の許を訪れたとすれば、そのとき西田は、音二郎の口から「壮麗をきわめ」たフランス植民地パビリオンの話を聞き、これをヒントにして西田が第五回内国勧業博覧会での人類館の展示を思いついたことは、考えられないことではない。

いずれにせよ、すでに述べたように坪井は西田の提案を受け入れることとした。先の記事が掲載された翌月の『東京人類学会雑誌』第二百四号の同じく「雑報」欄に、「人類館への出陳の人種地図」と題する次のような記事が掲載されている。

　大阪にて開設の人類館の事は前号にも記載せしが、其後事務員の出京熟議有りたる結果、人類学教室よりも参考品数十点の貸与有る事と成り、又坪井理科大学教授の案にて人種大地図を製し陳列する事と成れり。地図は壁一間〔約一・八メートル〕半幅二間半〔約四・五メートル〕、四十五度の傾斜に立て掛け、五十ケ所の人種を選び男女取り交ぜ凡《およそ》百躰をば高六七寸〔約十八・二〜二十一・二センチ〕の切り抜き人形として図上に立て列ぬる趣向の由。〔二一五頁〕

人類館の「人間の展示」については、すでに開館前から問題が発生していた。清国〔中国〕側から外務省に中国人展示に対して抗議が寄せられ、外務省は博覧会事務局にこの件を問い合わせ、更に事務局からは展示を管轄

◉『風俗画報』（第二百七十五号、明治三十六年九月）に掲載された人類館の「ジヤヴァ人土人風俗」の図

している大阪府に中止を要請、そして大阪府は人類館側に中国人の展示中止を命じた。人類館が開館してからも、朝鮮、沖縄から抗議が起り、「朝鮮人」「琉球人」の展示を途中から中止している。その抗議のいずれもが、人種差別そのものを問題とするのではなく、自らの民族を、他の展示された、「自分たちよりも劣った」民族と同列に扱われることへの不満によるものであった。

おそらく、清国側からの抗議への対応に応じなくてはならなかったという事情も働いたのだろう。先に触れたように、第五回内国勧業博覧会そのものは明治三十六（一九〇三）年三月一日から開幕したが、人類館は準備が遅れ、十日の開館となった。また名称も開館直前になって急遽、学術人類館と改められている。この変更理由について『大阪朝日新聞』（明治三十六年三月九日）は「学術人類館と改称」という記事で「人類学研究の材料として各種の人類を聚《あつ》め其動作風俗を知るの料となし又研究を要すべき古物を収容して識者の解決を求むるを目的に設立せるものなれど単に人類館とありては人間の観世物《みせもの》の如く思ふ人もあるべければとて今回学術人類館と改称する事になり」と報じている。

開館後にこの学術人類館を訪れた坪井は、「人類館と人種地図」（『東洋学芸雑誌』第二百五十九号、明治三十六年四月）で展示内容について次のように説明している。

建て物の右の端が特等の入り口、左の端が並等の入り口。入つて見ると第一に南洋アフリカ等の諸種族の写真が引き延べにして沢山掲げて有る。特等の人は傍に寄つて見られるが並等の人は手擦りを隔てゝ見る様に仕て有る。入場者中には此所丈《だけ》見て「何だ写真計りか」とつぶやく人も有りますが、実は此奥が肝要な部分です。総坪数は三百に充ちませんが此中に幾つもの家、寧ろ幾つもの部屋を拵《こしら》へ各々異つた諸種族を住まはせ、或は産物を売り或は楽を奏する様にさせて有る。現に集まつて居るのは琉球人、台湾土人、熟蕃、生蕃、アイヌ、マレイ人、ジャヴア人、マドラス人、トルコ人、ザンジバル人で、啻《ただ》に容貌体格の異同を比較するに於てのみならず、起居動作を観察するに於ても人類学に志し有る者を益する事が甚だ多い。諸種の住居の中ではアイヌのものが一番好く整つて居る。それも其筈北海道から実際の家を取り崩して持つて来て此所に建築したのである。場内には又標本陳列の部分が有つて、此所には理科大学人類学教室貸与の諸種族土俗品と諸所からの出品が並べて有る。世界諸種族の有様を示さうと云ふには以上の設備では物足らぬこと勿論で有りますが、私は管理者からの依頼も有りましたから、新案の世界人種地図を調整して多少欠を補ふことを謀りました。これは縦一間半〔約二・七メートル〕、横二間半〔約四・五メートル〕の世界図を四十五度の傾斜の板に張り、丈六七寸〔約十八・二〜二一・二センチ〕の諸種族着色切り抜き人形を作つて、各々其の棲息地の位置に鉛直に取り付けたもので有ります。人形の傍には番号を書き添へて種族名対照の便に供して置きました。〔一六四頁〕

坪井がこの学術人類館に賛同の意を示したのは、おそらくは人類学という学問を広く世間に知らしめるのにいい機会だと判断したという点もあったであろう。坪井は、彼自身が日本で育て上げてきたこの新しい学問を根づかせるために、あらゆる努力を惜しまなかった。大学での講義は無論のこと、それ以外でも要請があればどこへでも気軽に出かけていき、人類学についての講演を行っている。一般聴衆にも平易な言葉で語りかける坪井の話は評判が好く、依頼された講演数は相当な数にのぼるが、彼はよほどのことでもない限りそれを断らなかった。鳥居龍蔵は先にも触れた座談会「日本人類学界創期の回想」でこんなエピソードを語っている。

教授会でも坪井先生は通俗過ぎて困ると云はれたが、先生は、俺は国民から金を出して貰つてやつて居るのだから国民に分るやうに話をするのだと云つて其の態度を変へられなかつた。〔『ドルメン』再刊第二号、昭和十三年十二月、三〇頁〕

学術人類館のなかで坪井が関係した、世界中の人種からその代表例五十を選び、それぞれに「諸種族着色切り抜き人形」を配したという「世界人種地図」は、世界にどんな人種がいるかが、それを見れば一目で判るという意味で、彼にとってはかなりの自信作であったと思われる。このとき急ごしらえで作った世界各地の人形は、のちに井上清助に依頼し、立体的に見ることができるよう、

博多人形の手法を用いて制作し直している。井上は一九〇〇（明治三十三）年のパリ万国博覧会に博多人形を出品し、その出来映えのよさで話題をさらった人形師であった。

しかし、坪井の意図がどうであったにしろ、学術人類館の展示方法に問題があったことは否めない。ここでの展示に対して、松田氏は次のように述べている。

> 「生身」の彼らには、それぞれの「種族」の特徴を表わすために、さまざまな演出が施されていた。たとえば、台湾原住民を「生蕃」という名で「展示」したスペースには、檳榔樹、紅竹などの樹木を配置し、「人頭を小高き棚に祭りこれに三四本の青竹をあしらひ」という形で演出され、それが彼らの「日常」の生活空間として表象されている。（中略）南方の植物に囲まれたなかで「首狩」をする生活が、「生蕃」の日常生活として表象され、彼らがそのスペースで行うすべての行動が、その表象された日常生活の一環として解釈できる、そのような台湾原住民認識を成り立たせる形で、「展示」は行われていたのである。
>
> ここでの演出に、「他者」の風俗を「われわれ」の風俗とは異なる「奇妙な」ものとして発見し、それを誇張していく視点が含まれていることはいうまでもないだろう。この「奇妙な」ものという認識は、容易に「遅れた」ものに転化しうる、もしくは「進遅」という社会進化論的な評価基準を内包していたものであったことは想像に難くない。（中略）
>
> つまり学術人類館の「展示」とその配置は、観察者に次のような「他者」認識を可能とするような形で、「他者」を表象したといえるだろう。観察者の視線で「生身」の人間の「展示」から得た、「種族」の差異という形に収斂されていく「他者」に関する情報、もしくは「他者」認識は、人類学の学知の「展示」に触れることによって正当化され、権威化される。なぜならば「種族」の差異という「他者」に関する情報は、「世界人種地図」に端的に示されるような人類学の学知のなかに、位置づけることが可能な知識だったからである。〔『帝国の視線』二一四〜二一五頁〕

松田氏が述べるように、学術人類館は「社会進化論的な評価基準を内包していた」展示であったし、このなかでは坪井の自信作であった「世界人種地図」もそれを補強するものであると捉えられても仕方がなかったであったろう。

学術人類館建物内には、坪井や松田氏が述べるように各国の仮設住居が造られ、そこに「展示用」の人々が起居していた。彼等はこの展示のために雇われてこの場所に連れてこられた人々であった。しかしそのなかで、アイヌだけはいささか事情を異にしていた。アイヌもまた学術人類館に雇われたことに変わりなかったが、その一人、伏根安太郎（アイヌ名・ホテネ）は、むしろこの機会を逆に利用したいと考えていた。彼は北海道でアイヌの子どもが日本の小学校に入るといじめに遭うことが多いため、帯広市外に尋常小学校と同程度の私設の学校を建設するまでに漕ぎ着けたものの、その維持費に困窮していた。そこでこの博覧会で演説を行い、寄付金を集めようと考えたのである。坪井が「諸種の住居の中ではアイヌのものが一番好く整つて居る」と述べているのは、このような事情で積極的にアイヌ側からの協力があったためであった。

この伏根の行動に対して、松田氏はアイヌの教育維持費を優越感をもった観覧者の寄付に頼らざるを得なかったことの「問題性を十分考慮したうえであえていいたい」として、次のように述べる。

学術人類館の「見世物」としての「他者」の「展示」という側面が可能とした伏根の行動と、そこから導き出された伏根に対する評価は、「標本」としての「他者」の展示というもう一つの側面を、確かに揺るがしかねないものとして存在したという点だ。少なくとも伏根の行動は、彼から「異種族」の「標本」としての情報のみを得るといった観察の視線とは、異なる視線を要求したといえるだろう。（『帝国の視線』一二八頁）

ここで松田氏は、坪井の「観察の視線」に対して、伏根の「異なる視線」を対峙させている。しかし実は、この伏根の「異なる視線」に応えたのもまた、坪井その人であったのである。学術人類館を訪れるために大阪にやってきた坪井が、このとき伏根の演説を聞いたのかどうかは判らないものの、のちに坪井自身もまたアイヌの救育事業に力を貸しているからである。明治三十九（一九〇六）年七月に行われた「北海道旧土人救育会慈善演奏会」での演説「北海道旧土人救育事業」（『東京人類学会雑誌』第二百四十五号、明治三十九年八月）のなかで、坪井は次のように述べている。

世にはアイヌを以て到底衰頽絶滅の運命を逃れぬ者

と見做し救育事業を無益の骨折りの様に考へる人も有る様子で有りますが、死を免れぬ病人だからとて薬を与へずに居られませうか。人情として忍び難い事で有ります。尚ほ其上にアイヌの現況は病人の本復の望みを絶つた場合に比すべきものでは有りません。彼等の進歩を現はさないのも其原因は無智に在るのですし、彼等の活動の見えないのも其原因は無智に在るので有ります。我々は教育に由つて彼等を悲運から救ひ出す事が出来ると信ずるので有ります。北海道庁に於ても今は多数のアイヌ小学校を起こされ着々其功が挙がつて来ては居ますが、一通りの課程を終つた者に生産的事業をする緒を開いて遣る所の実業伝習の設備が欠けて居るので有ります、我々同志の者が集まつて数年来計画実行して居りますのは主として此実業伝習の事で、既に胆振国虻田《いぶりのくにあぶた》に其為めの校舎を設け発起者の一人が家族を伴つて彼地に移り数人の教員と力を協《あわ》せて此事に当つて居るので有ります。〔四三頁〕

　少なくともこれは、松田氏のいう「観察の視線」とは異なるものであったことは確かであろう。坪井のアイヌ救育事業に関して、小熊英二氏（歴史社会学）は『単一民族神話の起源――〈日本人〉の自画像の系譜』のなかでこの坪井の行動を次のように評価していることもつけ加えておこう。

　坪井を擁護するためでなく、正当に評価するために付言するのだが、国家主義だろうとお情け慈善だろうと、当時において彼ほどアイヌ救済を熱心に説いた者は数少なかった。坪井に同行して北海道を調査した小金井良精《よしきよ》などは、アイヌの窮状を知りつつも「アイノ人種は一種の頽廃人種であります」といい、「未開人種は文明人種の為に段々破られて仕舞つて滅亡する」のは必然だから、「純粋のアイノ人種としては何れ滅亡するであらう」といいきっている。

　だが坪井は上記の講演〔北海道旧土人救育事業〕で、「世にアイヌを以て到底衰頽絶滅の運命を逃れぬ者と見做し救育事業を無益の骨折りの様に考へる人も有る様子で有りますが、死を免れぬ病人だからとて薬を与へずに居られませうか」と述べ、「我々は教育に由つて彼等を悲運から救ひ出す事が出来ると信ずるので有ります」と主張している。こうした発言が、当時にあっては良心的な部類に属するものであったことは

まちがいない。〔八〇頁〕

坪井は救済の手をアイヌに差し伸べようと努力した。それは間違いない。しかし、同時にまた、ここに坪井の限界があったともいえるかもしれない。海保洋子氏（日本近代史）は『近代北方史――アイヌ民族と女性と』で、やはり坪井の「北海道旧土人救育事業」を取り上げて、次のように述べている。

「蝦夷地」の「内地」化が指向され、資本主義化が進行する過程において、さまざまな悲惨な状況が生まれている。たとえば、一八八三年（明治十六年）の十勝川上流のアイヌ民族の飢餓がそうであり、樺太アイヌ、千島アイヌの強制移住、一八八〇年代から九〇年代へかけての各地でのアイヌ民族の飢餓・困窮、旭川「土人地」移転問題における人権無視など枚挙に遑《いとま》がない。これらアイヌ民族がおかれた境地は、一人アイヌ民族自身の責任であろうか。いうまでもなく否である。それは民族それ自体の主体的発展の可能性が一方的に剥奪されてしまったからにほかならない。（中略）アイヌ民族が「無知」で教育がないから困窮するという論理は、そういった視角をまったく欠いたものというほかない。しかし多くの場合アイヌ民族の側にのみ責任は転化され、人類学研究者を含めて日本人の大多数は、そういうアイヌ民族を「救育」、「保護」してやっているという意識を持ちつづけてきた。しかも、アイヌ民族が「救育」や「保護」にすがらなければ生きてこられないようにした基因には一向に気づかない。ここにはおのずと優越意識がともなう。〔一六五頁〕

「日本人の大多数」はさて措くとして、あれほど豊かな知識と発想を備えていた坪井が、なぜアイヌ民族の置かれていた状況に、真の意味で思いを致すことができなかったのだろうか。それについては、こんなふうに考えることができるように思われる。確かに坪井は旧幕臣、つまり山口昌男さんのいう「敗者」の家に生まれはしたものの、父は医者であって生活に困窮するようなことは一度もなかったであろうし、大学で一年落第という苦渋を嘗めはしたものの、以後はずっとエリートとして学問の道を歩み続けてきた。そんな坪井にとって、およそ自己の境遇とはかけ離れた、アイデンティティを否定されて生きなくてはならなかったアイヌ民族をはじめとする弱者の立場にまでは、彼の想像力はついに及ぶことができなかったのだ、と――。

さて、では坪井は「人種」に対してどのような考えをもっていたのであろうか。これについては與那覇《よなは》潤氏（日本近現代史）が「近代日本における「人種」観念の変容――坪井正五郎の「人類学」との関わりを中心に」（『民族学研究』第六十八巻第一号、平成十五年六月）で詳しく論じているので、まずこの論考の語るところに耳を傾けてみよう。

與那覇氏によれば、明治前半期において"Race"の翻訳語であった「人種」という言葉はまだはっきりとした意味が確定しておらず、「「同じ種類の人」という意味しか持たない茫漠なカテゴリー」（八九頁）であったという。そのため、各論者の観点によって「人種」には恣意的な解釈が施されていた。そこで坪井はAnthropologyの訳語として、あえて「人種学」ではなく、「人類学」を選ぶことで、「人種」という概念が持つ曖昧さを指摘し、その上で否定したのだとする。

ところが、明治二十八（一八九五）年になると、坪井は「人種問題研究の準備」（『東京人類学会雑誌』第百八号、明治二十八年三月）という講演において、いったんは否定した筈の「人種」を改めて論じ始める。だが與那覇氏は、それは「人類学」から「人種学」へと坪井が転向したことを意味するものではないとして、「人種問題研究の準備」の次の箇所に注目する。

> 殊に日清戦争や条約改正の直接或は間接の結果として諸外国人との交際は益々頻繁と成るに違ひござりませんから、今後は尚更人種問題と云ふ事が我が邦人の脳裏に浮かんで来るでござりませう。随《したが》つて此の問題は雑話の種とも成り政談演説や新聞論説抔《など》の材料とも成る事と信じます。（中略）実に人種問題に関する従来の説を正しく解するにも人種とは何ぞやと云ふ事を明かにして置かなければ成りません。富の何たるかを知らざる者の経済論が危いもので有るとの事を知る人は人種の何たるかを知らざる者の人種論が等しく危ないもので有るとの事を悟るでござりませう。（『東京人類学会雑誌』前掲号、二一四～二一五頁）

與那覇氏は、ここで坪井は「「人種問題」という言説の氾濫を予想し、それへの対処として「人種」概念を定義することの必要性を論じているのであり、決して無前提に「人種」なるものを実体化し、その「研究」を説いているわけではない」（八九頁）とする。事実、そのころから「人種」を主軸にした外交政策論が跋扈し、来るべき日露戦争に向かって擡頭しつつある「人種」を軸とするアジア主義が力を持ち始めており、そのために「坪井は「人種」という概念自体の否定から、「人種」の定義の厳密化へといわば戦術を転換したのだ」〔九〇頁〕という。

　更に與那覇氏は、「その坪井が下した「人種」の定義はいかなるものであったか」〔九〇頁〕として、「人種問題研究の準備」のなかの、リンネ、ブルーメンバッハ、トピナールらによる過去の「人種」分類の定義を紹介したあとに述べられている次の箇所を引用する。

> 人種別の区々なる事、同一の人種名も人に由りて異りたる意に用ゐらるゝ事有る事、及び人種なる語の範囲の定まり無き事が知れた上は此所に肝要なる疑問が生じて来る。人種別なるものは抑《そ》も何を示すのであるか。
>
> 此疑問に対しては二つの答へ方が有ると考へます。
>
> 第一、人種別は諸地方人民間に存する諸性質の異同を示すものである。
>
> 第二、人種別は諸地方人民の系図を示すものである。
>
> （中略）
>
> 人類学上の研究に由りますれば、現今異つたる地方の人民中に見る如き諸性質の相違は人類本来の相違では無く、段々に生じたもので、大昔に溯つて見れば人類の祖先は悉く同一様のものであつたと考へられ（中略）極初めの人類は何れも同一様の性質のもので、或る限られた地方に住んで居つたので有るが、追々に数が増し四方に散じ異つたる周囲の有様に出会ひ自然の淘汰を経、各自諸性質の発達を為し、終に世界の諸地方に異つたる人民が棲息する様に成つたのであると申すのが最も誠らしい説でございます。これを誠とすれば、人種別なるものは諸人民の血筋に近いか遠いかを示すもの、即ち系図を示すものと考へるのが正当でござりませう。〔『東京人類学会雑誌』前掲号、二二一～二二二頁〕

この坪井の発言に対して、與那覇氏は次のように説明する。

　ここで坪井は「人種別の区々なる事、同一の人種名も人に由りて異りたる意に用ゐらるる事有る事、及び人種なる語の範囲の定まり無き事」、すなわち「人種」の恣意性、という以前からの自説を引き継ぎつつも、それならむしろ学問的に有意義なものとしてどのような「人種」概念がありうるのか、という方向に議論をシフトさせている。その帰結として、「諸地方人民間に存する諸性質の異同を示すもの」

という明治前半期の認識に近い「人種」観を退け、

　「諸地方人民の系図を示すもの」という新しい「人種」観を主張しているのである。〔九〇頁〕

坂野徹氏も『帝国日本と人類学者――一八八四－一九五二年』のなかで同様にこの講演を取り上げて「ここには、日清戦争によって「人種問題」に対する人類学者としての発言が求められながらも、それが乱暴な俗説に流れることを避けようとする彼の姿勢が現れている」〔九九頁〕と述べており、坪井が「帝国意識」と一線を画していたという点では與那覇氏と同じ見解を示している。

　しかし與那覇氏が「明治後半期における坪井の「人種」への注目は決して「人種学」やまして「帝国意識」への傾斜によるものではない」〔「近代日本における「人種」観念の変容」九一頁〕とするのに対して、坂野氏は「当初、人種分類の恣意性を強調し、日本人種の起源について語ることに慎重だった坪井の言説にも徐々に帝国意識が見え隠れするようになる」〔『帝国日本と人類学者』九九頁〕とする。その証左として坪井が明治三十九（一九〇六）年十月、つまり日露戦争後、『太陽』（第十二巻第十三号）に発表した「帝国版図内の人種」の次の箇所には、「「われわれ」についての確固たる自負、自信の高まりとそれに基づく（日本）人種をめぐる語りが坪井のなかで浮上していく様子がはっきりと窺える」〔『帝国日本と人類学者』一〇一頁〕とする。

　版図の拡張が、種族種類の増加を伴ふと云ふのは、諸事業発達の為め賀すべき事で、諸種族に対して先進者の地位に在る者は彼等を教え導いて、国に無智の民の無い様にする事を務めるのみならず、彼等の特性を識別利用し、長短相補ひ、国民全体の幸福増進を謀るべきものと考へるので有ります。〔一六五頁〕

なお、つけ加えておくと坪井はこの文章が『太陽』に掲載される前の月の九月十日、明治天皇に対して同名の御前講を行っていることから、「帝国版図内の人種」はそのときの講演原稿、もしくは速記に手を入れたものである可能性が高い。仮にもしそうだとすると、この文章に見られる「確固たる自負、自信の高まり」といった高揚感は、そのときのニュアンスが反映していると考えられないこともない。とはいえ、その点を考慮したとしても、坂野氏が述べるように、この発言に問題があることには変わりがない。

　坪井の人種に対する考え方を更に検討してみるために、ここで第五回内国勧業博覧会が開催された翌年の明治三十七（一九〇四）年六月三日～五日の三日間、東京帝国大学法科第三十二番教室において行われた人類学標本展覧会について見ておくことにしよう。この展覧会は、総長の山川健次郎が坪井に人類学教室の標本を選んで展示してみてはどうかと提案し、それを受けて坪井が自らプランニングしたものであった。これまで文章の上だけから見てきた彼の「人種」に対する考え方を、ここでは展示という角度から捉えることができる。なおつけ加えておくと、山川は会津生まれで、若いころは白虎隊に入隊した経験の持主で、その後エール大学で物理学を学んだ。菊池大麓《だいろく》のあとを受け、山川は明治三十四（一九〇一）年六月に帝大総長に就任した（星亮一著『明治を生きた会津人　山川健次郎の生涯――白虎隊士から帝大総長へ』）。

この展覧会の初日は大学内部の職員・学生に、残りの二日間は学外者のために開かれ、来観者の総数は記帳した数だけでも五千二百七十一人、記帳せずに入場した人の数を入れれば、六千人は訪れたであろうという。

展示内容については、坪井が「人類学標本展覧会開催趣旨設計及び効果」（『東京人類学会雑誌』第二百十九号、明治三十七年六月）で詳しく説明しているので、これに拠りながら展覧会の内容を見てみよう（以下の展示の記述は次頁の図を参照のこと）。展示室は二部屋に分かれていた。入口を入った第一室は人類学史や人類学大意を書いた紙が壁に貼られるなどして、ここで人類学の概要が判るようにしてあった。この部屋を抜けると大広間の第二室となる。

第二室の東側に置かれた机（い）には、頭蓋骨測定装置や「諸種族の頭蓋実物八個」などと共に「諸種族容貌の異同を示す」ために「全世界から五十余ケ所の例を選び出し、各種族の写真及び図画を陳列し、種族名を記した札には番号を書き添へ、壁に掲げた人類分類地図記入の番号と対照する仕組が立てられ」（六三頁）ていた。これは学術人類館での展示に用いた「世界人種地図」と同じようなものであったろう。

同室の中央部分は二十個の机（一つが畳一枚分の大きさ）で占められており、南北方向に五個ずつ、東西の方向に四個ずつ並べられ、すべて白布で被われていた。机の北側の横列から順に「台湾蕃人」（ろ）、「マレイ土人」（は）、「南洋諸島土人」（に）、「ニウギニイ土人」（ほ）、「アイヌ」（へ）とし、縦列にはそれぞれ「風俗写真」（一）、「身躰装飾及び衣服」（二）、「雑具（諸器具）」（三）、「武器利器」（四）が陳列されていた。部屋の西側には南北に長い台が二つ置かれ、北側の台には、「日本種族上代の遺物」（ち）、南側の台には、「日本石器時代人民の遺物」（と）

「参観案内」

○第一室に於ては人類學とは如何なるものかと云ふ事の大概を示し、
○第二室に於ては諸人種の現狀及び日本種族古代の狀態並びに日本古代住民に關する諸事項を示す。
○第二室中央部の諸標本は東西を通じて見れば同一地方の事實を明かにする益が有り、南北を通じて見れば彼此比較の便が有る。
○矢の向きは歩き方の一例を示すのみ、何れとも人々の好む所に隨つて宜し。

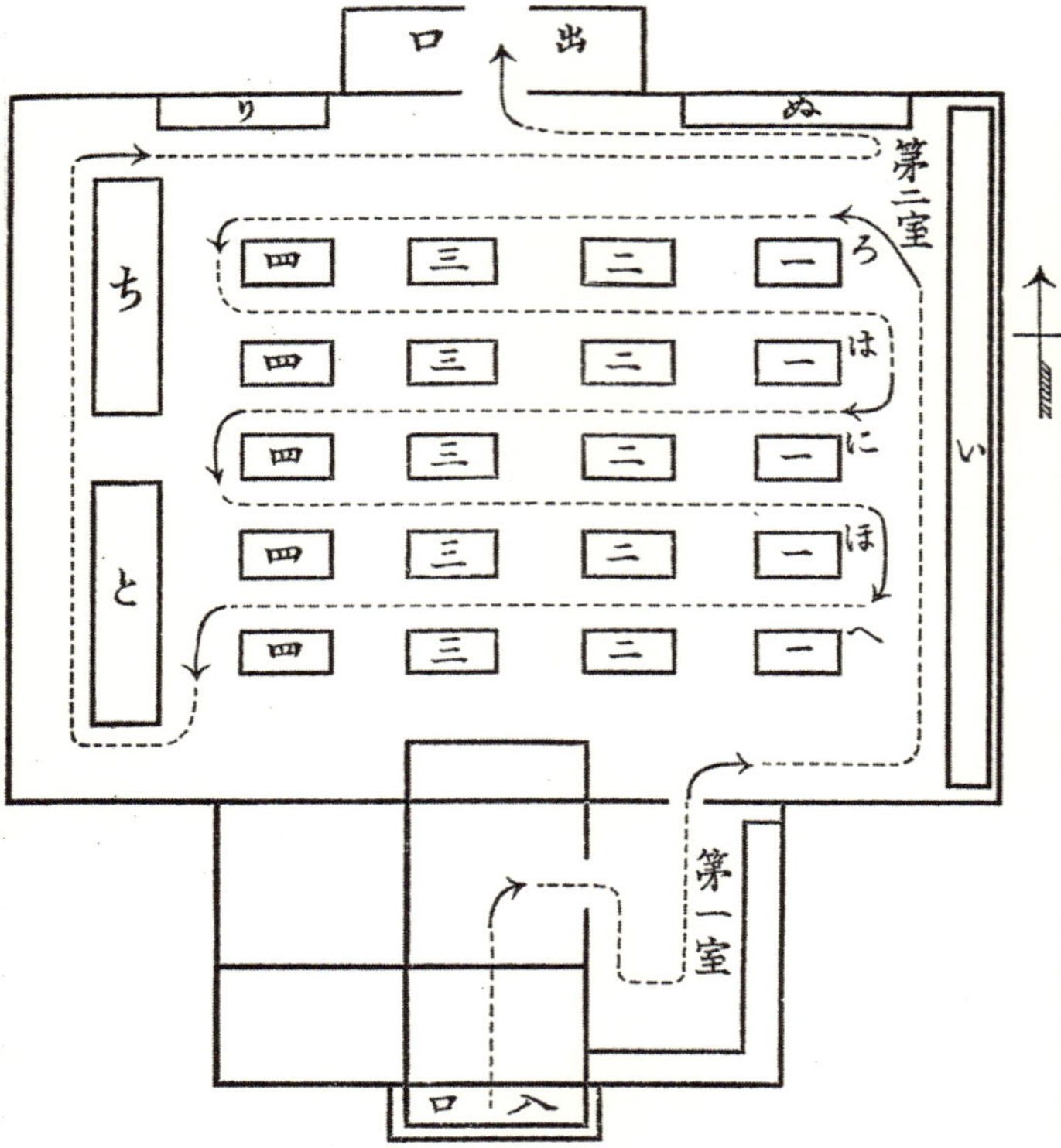

い　諸人種の部
ろ　横列　臺灣蠻人の部
は　仝　マレイ土人の部
に　仝　南洋土人の部
ほ　仝　ニウギニイ土人の部
へ　仝　アイヌの部
一　縦列　寫眞
二　仝　身躰裝飾及衣服
三　仝　諸器具
四　仝　利器
と　日本石器時代人民の部
ち　日本種族上代の部
り　韓國人の部
ぬ　清國苗族の部

◉『東京人類学会雑誌』(第二百十九号、明治三十七年六月)に掲載された人類学標本展覧会の「参観案内」図が陳列されていた。そして出口を挟んで東側には「清国苗族の風俗を示す物」（ぬ）を、西側には「韓国人の風俗を示す物」（り）が置かれていた。

この第二室の展示方法について、坪井は次のように説明している。

> 土俗品の部に於ては各《おのおの》の種族に関するものを東西の方向に並べながら古物を南北の方向に長く並べたのは何故かと云ひますに、使用者の人種的関係が有る無しに係らず古器物は諸地方の現用品に比べて考究するのが肝要で、用法の如きは往々斯くして始めて知り得るもので有りますから、成るべく容易に諸種族の物と比べる事の出来る様に諸種族の部に対して直角に置いたので有ります。一方には日本発見の古物に磨製石斧が有る、他方にはニウギニイ現用品に磨製石斧が有る、一方には日本発見古物に曲玉管玉が有る、他方には台湾現用品に様々の玉類が有ると云ふ様な次第で、注意して見比べれば益する所が多いので有ります。〔三三七頁〕

以上が人類学標本展覧会の概要である。松田京子氏は『帝国の視線』のなかで、この坪井の企画した人類学標本展覧会の配置に対して、次のような指摘を行っている。

> ここにあるのは、各「種族」の「現在」のなかに、「日本」の「過去」との類似性を見出す思考であり、「日本」の「石器時代」のなかに、各「種族」の「現在」を発見する思考である。同時代に存在しながらも、この陳列会場において「他者」は、過去の時代に属するものとして展示されている。このような展示を支えるのは、「他者」は社会や文化の「凍りついた状態」つまり「別の時間」のなかに存在するという、世紀転換期の人類学の学知が持った、一つの思考様式であった。〔一六三頁〕

この点では坪井も、松田氏が述べる「世紀転換期の人類学の学知」――ここでは社会進化論のことを指していると思われる――の影響下にあったということができよう。松田氏は、「帝国日本」と「帝国」版図内の「種族」との関係について述べた別の箇所で次のようにも述べている（文中の引用は、坂野氏が引用しているのと同じ坪井の「帝国版図内の人種」）。

> 「日本種族」とそれ以外の「帝国」版図内の「種族」は、平等なものとして位置づけられたのであろうか、いや決してそうではない。
>
> 版図の拡張が、種族種類の増加を伴ふと云ふの

は、諸事業発展の為め賀すべき事で、諸種族に対して先進者の地位に在る者は彼等を教え導いて、国に無智の民の無い様にする事を務めるのみならず、彼等の特性を識別利用し、長短相補ひ、国民全体の幸福増進を謀るべきものと考へるので有ります。

つまり「教え導かれる」「諸種族」と、彼らを教え導く「先進者」という序列を伴った位置づけなのだ。そして「先進者」として措定されているのは、「日本種族」なのである。〔一五九頁〕

更に松田氏は、坪井は二つの矛盾した思考を抱え込んでいたのだとして、次のように述べる。

一つは、人類をいくつかの集団に分類することは、主観的・恣意的な側面を免れることができず、その分類は暫定的なものにならざるを得ないとする思考である。(中略)「人種」を実態化し、その境界を強固で固定的なものとしたうえで「人種」間の優劣を絶対化する思考に対抗して発せられたものである。

それとは対照的に二つめの思考は、ある同一性を持った集団を自明のものとし、実態的なものとする思考である。集団の境界を固定的で絶対的なものとする思考が、具体的な調査データに基づいて、具体的にある集団を表象する場合、とくに「日本人種」とそれ以外の「人種」の別を表象するという課題に直面した際に発動された。〔一六三〜一六四頁〕

前者はエドワード・W・サイードが『オリエンタリズム』(板垣雄三／杉田英明監修、今沢紀子訳)のなかで指摘した「西洋人《ウエスタナー》は東洋《オリエント》とのありとあらゆる可能な関係系列のなかで、常に相手に対する優位を保持することができた」とするオリエンタリズムに対する「オリエントの側からの抵抗」〔上巻、三〇頁〕であったということができようが、後者になると今度は日本人が西洋人の立場に入れ替わった「日本的オリエンタリズム」であるということになる。そしてこの後者の考え方が、先の「帝国版図内の人種」での「諸種族に対して先進者の地位に在る者は彼等を教え導いて」いくべきであるという発言へとつながっていく。しかし坪井が「日本人種」という「集団の境界を固定的で絶対的なもの」として捉えていたという松田氏の主張については、疑問の余地があるように思われる。例えば、社会進化論者であったE・B・タイラーは、『人類学』のなかで、「『低級種族』の子供たちは、十二歳頃までは「支配種族」の子供たちと同じように学ぶが、それ以後は脱落し、はるかに遅れてしまう」と述べていたように、「生物学的に規定された劣性という考え方をもっていた」（マイフェルト著、湯本和子訳『人間観の歴史』）〔三四七頁〕が、坪井はそうは考えていなかった。先に触れた「北海道旧土人救育事業」で、彼はアイヌを「生物学的に規定された劣性」とは捉えておらず、「彼等の進歩を現はさないのも其原因は無智」にあり、「我々は教育に由つて彼等を悲運から救ひ出す事が出来る」と述べているからである。

では、坪井は「日本人種」をどう捉えていたのであろうか。すでにわれわれが見てきたように、坪井がその主役となって繰り広げたコロボックル論争は、あくまで日本の先住民族についてを論じたもので、日本人の起源についてのそれではなかった。しかし日本が帝国主義への道を選択し、大日本帝国として外国と向かい合ったとき、国内だけに留まっている間はそれほど意識する必要もなかった日本人としてのアイデンティティを、はっきりと定義する必要に迫られることになった。こうして、それまでタブーとされてきた「『記』『紀』を絶対化して、批判を許さないという考えとは反対の立場」（工藤雅樹著『研究史　日本人種論』）〔一二八頁〕に立った日本人の起源に関する発言が、歴史学者、言語学者の側から行われるようになっていく。坪井の「日本人種」に対する次の発言も、こうした動きと呼応するものであった。哲学者・三宅哲次郎の依頼により日本学会で行った講演「日本人種の起源」（『東亜之光』第三巻第六号〜第八号、明治四十一年六月〜八月）で、坪井は日本人の起源について次のような見解を発表している。

極々古い時のことを考へると国境も無く只《ただ》人種の分布として朝鮮風の人種が今の朝鮮地方から今の日本の或る部分に掛けて住み馬来《マレー》風の人種が今の馬来地方から今の日本の或る部分に掛けて住み「アイヌ」が本州から北海道の方へ掛けて拡つて居たと云ふ様な訳で有つたので有りませう、斯う云ふ風に三つの者が接して居り終には段々重り合つて混合したものであろう、それが後世の日本国民であらう、丁度後に日本国と云ふ名を付けた所は三つの人種が混交する様な位置の所で、日本人はこれのみと云ふのでは無いが、是等が混ざり込んで居るとは認められるのであります、〔同誌、第三巻第六号、明治四十一年六月、一五頁〕

坪井はここで、日本人は少なくとも「朝鮮」「馬来」「アイヌ」の「三つの者」が混合した結果としてできた

ものであろうと述べているが、これは坪井が独自に考え出したものではなかった。ドイツ人医師だったエルウィン・V・ベルツは、すでに明治十六（一八八三）年に発表した『日本人の身体特性』のなかの「日本人種の起源とその人種学的要素」で次のように述べている。

　偶然つけ加わった、とるに足らない要素は別として、日本人は次の三つの人種的因子に代表される。

　一、アイヌ　中部および北日本の原住民で、現在の日本人のなかで占める割合は少ない。

　二、蒙古系種族　中国、朝鮮の上流階級の人びとに似たタイプで、大陸から朝鮮を経由して本州の南西部に上陸し、次いで本州一円に広くひろがった。

　三、それとは別の、明らかにマレー人に似た蒙古系種族、最初、南日本すなわち九州に上陸し、次いで本州に渡り、次第に全国を征服していった。〔池田次郎／大野晋編『論集日本文化の起源 第五巻 日本人種論・言語学』一四一頁〕

　実は、在野の歴史家でジャーナリストの山路愛山も「日本人史の第一頁」（『信濃毎日新聞』明治三十一年十一月三日）のなかで「信ずべき正史の書かれたる時代に於て日本島は実に三種の人民に因りて住はれたりき」〔『明治文学全集 第三十五巻 山路愛山集』三三五頁〕と述べている。ここだけなら山路もベルツ＝坪井と同じような考えをもっていたかのようにみえるが、山路のいう三種の人民とは、「アイヌ人種」「ハヤト人種（＝マレー人種）」そして「ヤマト人種」のことであった。

　優勝なる文明を以て北は『アイヌ』と戦ひ、南は『ハヤト』と戦ひ、次第に其境域を開拓して終《つい》に堅牢なる日本帝国を建設したる人種を仮りに『ヤマト』人種と名づく。『ヤマト』の朝廷に無限の服従を誓ひたる忠義なる我等の祖先は即ち是也。〔三三六頁〕

山路は三人種の混交については少しも触れておらず、『ヤマト』人種が他人種を征服したとしか述べていない。これなら、万世一系の天皇＝『ヤマト』人種とすることができ、当時の日本人にはこうした考えのほうが、問題は少なかったかもしれない。一方、坪井の論旨はベルツの論旨を継承した上で、三人種が「段々重り合つて混合した」とし、〝雑婚〟のほうにより比重が置かれている。

　この雑婚について、坪井は「雑婚問題」という興味深い文章を残している。これは『衛生新報』（第八十六号、明治四十一年十月）に掲載された文章で、同誌の記者が坪井をインタヴューして、その発言を文章化したものだが、坪井自身が『東京人類学会雑誌』（第二百七十二号、明治四十一年十一月）に「日本に於ける雑婚問題」と題してそのまま転載しているところからみて、彼の意図がそのまま反映されているとみて差し支えないだろう。

この文章で坪井は、雑婚について考えるべきは「雑婚をする本人達の事」と「其の結果として生れる子供の事」の二種類があるが、このうち自分は後者のほうを問題にするとして、次のように述べる（引用頁数は『東京人類学会雑誌』のもの）。

〔雑婚を〕一代だけに就て言つて見ると、父と母とが人種を異にすれば、其中間の子供は、父の人種にも附かず、母の人種にも附かず、中間のもので、自分の位置に就ても幾分か迷ふといふ気味があらうし、社会に於ても此者を除け者のやうに扱ふと云ふことが無いに限らない。其事は特に毛色や眼色の違ふ者に於て甚しい訳である。斯様な事柄は其子供たる本人に取つては誠に気の毒な事であるが、それは唯一時のことであつて、白人と黒人との間児《あいのこ》の如き極端な場合の他は其者の子孫何代と云ふ間《あいだ》斯様な不便或は苦みが続くものではない。即ち別人種の間に生れた間児といふ者の不安心、又不便なといふことを考へれば、斯様な結果を知りながら、奨励してまでも雑婚さすべきものではないが、類例が多く成つて来さへすれば自然と目に立たなく成つて本人自身も気に掛けない様になるで有らうかと思はれる。〔五七頁〕

では雑婚は、種族にとって「忌むべき事か喜ぶべき事か」、坪井はそう問いかける。それを知るためには、今後どういう影響が現れてくるかを見るのも一つの方法だが、その場合「悪い時には試験に供された者の不幸は此上もない」として、坪井はもう一つの方法があると説く。それは過去の日本を見ればよいというのである。日本人は少なくとも「馬来種族の系統」「アイヌの一部」「亜細亜大陸の方の人の系統」の三つが混交したものであると、「日本人種の起源」とほぼ同様の内容（「日本人種の起源」では「朝鮮」としているところが、ここでは「亜細亜大陸の方の人の系統」と若干表現が異なっているが）をここで繰り返した後、次のように述べる。

今日の日本人の成立に於て、種々基本を混じて居るといふことが決して不幸でなく、寧ろ喜ぶべき事であるといふことが覚《さと》れるならば、今後の事に於いても種々の者が混つて、種々の性質の者が日本人中に見られるといふことは、日本人中に何事をもすることの出来る者があると云ふことを意味するのであつて、好い性質を発揮させる、夫《そ》れ夫れの者を適する事に向けるといふ事を怠りさへしなければ混交は喜ぶべき事と考へる。（中略）一時に何千人、或は何万人が外国人と縁を結ぶと云ふ事になつたならば、或は日本人の心が定まらぬといふことになるかも知れぬけれども、僅かの数で混つて来るといふ場合に於ては、此の如き事を憂ふる必要は少しも無いと思ふのである。〔五八〜五九頁〕

そして坪井は、この文章の最後を「人種の発展といふことを思へば、寧ろ種々の性質の者が混じ、然るべく之《これ》を教へ導く者があつて統轄すると云ふことが最も宜しいことゝと考へる」という言葉で締めくくっている。ここで述べている「然るべく之を教へ導く者」とは、やはり松田氏が述べるように「日本人」ということが坪井の頭にはあったことは間違いなかろう。しかし先にも述べたように、坪井が「日本人」以外の「帝国版図内の種族」に対して、「生物学的に規定された劣性」という考え方を持っておらず、遅れは教育によって解決できると考えていたとするなら、これはあくまでも現時点において、という限定つきのものとなる。そうであるとすれば、かつて「日本人種」がそうして生まれてきたように、「日本人」とそれ以外の「帝国版図内の種族」の違いも、将来の長いスパンのなかにあっては、雑婚を繰り返していくことによって、やがてそこには境界がなくなっていくであろう——「日本に於ける雑婚問題」で述べていることから敷衍するならば、坪井は「人種問題」について、そう考えていたように思われる。

だが、ここでもう一度翻って考えてみる必要があろう。無論、「国際結婚」それ自体には何ら問題はないし、坪井もそれを強要してはいない。しかし、この発言が行われたのが、日本が帝国主義政策の下に次々と領土を拡大していく状況下であったことを改めて思い起さなくてはならない。彼の真意がどこにあったにせよ、この時期、坪井の発言が大日本帝国の植民地化構想を肯定する力として働いたであろうことは否めない。そこには「国際結婚」が容易に起り易い環境が無理矢理、大日本帝国によってつくり出されたという事実、そして、植民地化される側の人々はその状況下に置かれることを自ら望んではいなかったのは自明の理である。そしてここでもまた、アイヌに対するときと同様、植民地化される被抑圧者の側の立場を、残念ながら坪井の想像力は、思い遣ることができなかったのだといわざるを得ないのである。

第十四章 遠　足――東京人類学会創立満二十年紀念

東京人類学会は創立二十年を迎え、千葉、堀内古墳に発掘遠足に出かけた。参加者は坪井を中心とする人類学教室の面々に加え、江見水蔭や水谷幻花のようなアマチュアの考古家、帝大・早大・植民学校の学生、更には徳川達孝・頼倫の兄弟、二条基弘、蜂須賀正韶のような華族までをも含む多彩な顔ぶれであった。

明治三十七（一九〇四）年、坪井たちが作った東京人類学会は創立満二十年を迎え、十月二日に小石川植物園集会所において祝賀会が開催された。祝賀会席上にて紀念遠足を行うことが決定し、このとき江見水蔭と水谷幻花は坪井から行き先の選定を任された。二人は、下総国東葛飾郡国分村堀内貝塚を遠足の場所として選び、日にちは十月十六日と決定した。この紀念遠足の模様を追いながら、参加者の顔ぶれのうち興味深い幾人かを坪井との関係を中心に見ていくことにしよう。

まず、水谷幻花である。彼については集古会の説明のところですでに触れたが、戸板康二著『演芸画報・人物誌』でもう少し補っておこう。

水谷幻花は本名乙次《おとじ》郎《ろう》、慶応元（一八六五）年七月十七日東京深川御船蔵前町に生まれた。中和という代用学校を出て、独学、寸鉄、絵入自由新聞、万朝報を経て東京朝日に入った。「演芸風聞録」を書いたが、担当は芸界だけでなく、社会部に属して、角力の記事も書いたし、明治天皇の御大喪の記事も書いた。

〔二八九頁〕

幻花は集古会ができる半年前の明治二十八（一八九五）年六月に、東京人類学会に入会している。

もう一人の江見水蔭については、水谷幻花ほど知られていないわけではないが、それでも一般には忘れられた人物といっていいかもしれない。水蔭は本名を忠功《ただかつ》、明治二（一八六九）年、岡山に生まれた作家である。尾崎紅葉が興した文学結社・硯友社に参加した。「賤《しず》のふせや」でデビュー以来、数多くの小説を執筆したが、なかには星製薬の創業者で星製薬商業学校（現・星薬科大学）を創立した星一《はじめ》（小金井良精《よしきよ》の次女・せいと結婚、二人の子どもがSF作家・星新一である）の原案を元に、星一名義で執筆したSF小説『三十年後』という珍品も含まれている（横田順彌著「江見水蔭を忘れるな!!」『古書ワンダーランド②』）。博文館発行の週刊新聞『太平洋』や雑誌『少年世界』『探検世界』では主筆も務めた。水蔭が残した『自己中心明治文壇史』や『硯友社と紅葉』は、近代文学史の貴重な資料となっている。自宅の庭に土俵をこしらえて文士相撲を催すほどの相撲好きで、一説には「国技館」の名づけ親は水蔭ともいわれている。

水蔭は自分が好古趣味を持つようになったきっかけを、『探検実記 地中の秘密』のなかで次のように語っている。

明治三十五年の夏であつた。我が品川の住居から遠くもあらぬ桐ケ谷の村、其所に在る氷川神社の境内に、滝と名に呼ぶも如何《いかゞ》であるが、一日の暑を避けるに適して居る静地に、清水の人造滝が懸つて居るので、家族と共に能く遊びに行つて居たが、其時に、今は故人の谷活東子《かつとうし》〔俳人〕が、畑の中から土器の破片を一個《ひとつ》拾ひ出して、余に示した。

まさか余は、擂鉢の破片《かけ》かとも問はなかつた。が、それは埴輪の破片だらうと言うて問うて見た。

谷活東によれば、それは「石器時代の土器の破片」で「コロボツクル人種の遺物」とのことであつた。

余は、コロボツクルの名は、曾て耳に入れて居た。同時に人類学者として坪井博士の居られる事も知つて居た。けれども、日本に於ける石器時代に就ては、全く注意を払はずに居たのであつた。（中略）

『君が斯う如何《どう》もコロボツクル通とは知らなかつたです。何時の間に研究したのですか』

『それは友人に水谷幻花といふのが有ります。此人に連れられて、東京近郊は能く表面採集に歩きました』

話を聞いて見ると、如何にも面白さうなので、つい〳〵魔道に引入れられて了《しま》つた。抑《そもそ》も此氷川の境内で拾つた一破片（今でも保存してあるが）これが地中の秘密を探り始めた最初の鍵で、余が石器時代の研究を思ひ立つた動機とはなつたのだ。〔一〜四頁〕

その後、水蔭の友人で相撲好きだった東京朝日新聞社の栗島狭衣《さごろも》（のちに役者となった）が、同僚の幻花を水蔭の許に連れてきたことで、水蔭の発掘熱に拍車がかかった。幻花の導きでその後、水蔭も明治三十五（一九〇二）年十一月に東京人類学会に入会している。もっとも水蔭にしても幻花にしても、水蔭が「高等土方」を自称していたように、考古学的研究というよりは、あくまでも遺跡発掘を楽しむ好古趣味の領域に留まっていたというべきだろう。しかし坪井は二人を遠ざけるようなことはなく、東京人類学会の遠足以外でも、二人が調査に立ち会うことを許したし、坪井のほうから二人の誘いに乗って出かけたりすることもあった。たぶん坪井は二人の遊び感覚が嫌いではなかったのだろう。その幾つかを拾ってみると――。

これは水蔭は関係していないが、明治三十五年三月、武蔵大里郡本郷村で古墳が発見され、坪井が調査のために現地に赴いた際には、幻花も坪井の慫慂で駆けつけ、その発掘の様子を「埼玉の旅」と題して『東京朝日新聞』明治三十五年三月十八日〜二十八日に全四回に亙り連載している（この記事は『東京人類学会雑誌』第百九十三号、明治三十五年四月に抄録された。なおこの号には坪井の「武蔵国大里郡本郷村古墳調査略記」および同行した八木奘三郎、和田千吉、原田正彦らによる「武蔵国大里郡本郷村古墳調査報告」が掲載されている）。

明治三十六年十二月三十日、水蔭、幻花らが奇癖会を立ち上げ、第一回の会合が明治三十七年一月三十日、神田区鍛冶町今金で開かれたときには、坪井も参加して「奇癖に関する談話」を行っている（呑仏生「奇癖会」『考古界』第三篇第九号、明治三十七年二月）。

明治三十九年三月四日、成田で旅館を経営していた好古家・大野市平の招きで坪井が千葉県成田町小学校で講演（「太古遺跡研究の人類学的価値」）を行うため、前日に上野を出発した際、水蔭と幻花は坪井に同行している（江見水蔭著「印旛沼東岸探検」『探険実記 地中の秘密』）。

明治四十年一月二十一日、E・S・モースが発掘して有名になった大森貝塚周辺はその後、大津事件の際に大審院長を務めた司法官・児島惟謙《これかた》の敷地となっていたが、二人は児島の許可を得てこの地の発掘を行った。モースがあれだけ大々的な調査を行った後である。それほど目新しい発見があると坪井は考えていなかっただろうが、それでも幻花の誘いに乗って後から坪井はやって来ている（「大森貝塚の発掘」『探険実記 地中の秘密』）。

同年二月三日、当時坪井の授業を取っていた早稲田大学歴史地理科の学生たちが、江見が自宅に設けた発掘品の陳列所を訪れた際、坪井も後からやってきて蒐集品についての説明をしたあと「江見君に対しては尠《すくな》からざる尽力を学界の為めに貢献せられたるを謝され」（二一頁）たと「雑報」（『東京人類学会雑誌』第二百五十一号、明治四十年二月）にある。この場には幻花も来ていた。

同年十月七日より神奈川県橘樹郡旭村瓢箪山で発見された横穴を坪井が発掘した際に、水蔭と幻花も駆けつけている（「お穴様の探検」『探険実記 地中の秘密』）。

また、こんなこともあった。水蔭が『国民新聞』に「地底探検記」を連載していたとき、伊藤望蜀《ぼうしょく》（水蔭のところにいた書生）が有髯《ゆうぜん》土偶、つまり髯のある顔の土偶を発見したという内容（明治三十九年九月一・七日）を掲載すると、坪井はすぐさま筆を執り、『東京人類学会雑誌』（第二百四十六号、同年九月）に「常陸飯出《イデ》貝塚発見の所謂有髯土偶と其類品」を発表して、この種の土偶は他でも発見されているとした上で、「是等土偶の面部は自然の顔面を示したので無く一種の被り物を写したので有るとの事を告げると思ひます。私は兼ねてより斯く考へて居りますので常々此類の土偶を覆面土偶と呼んでおります」（四五頁）と水蔭の考えを否定した。これを受けて水蔭も先の連載を単行本『地底探検記』に収録する際、当該箇所に「附記」として「此有髯土偶に就て、坪井博士は余の見解の当を得ざる事を説き類例を掲げて、懇切に教示を賜はりたり。博士の見解は一種の被り物を為せる土偶とせられたる也」（七六頁）と述べている。もっとも、そ

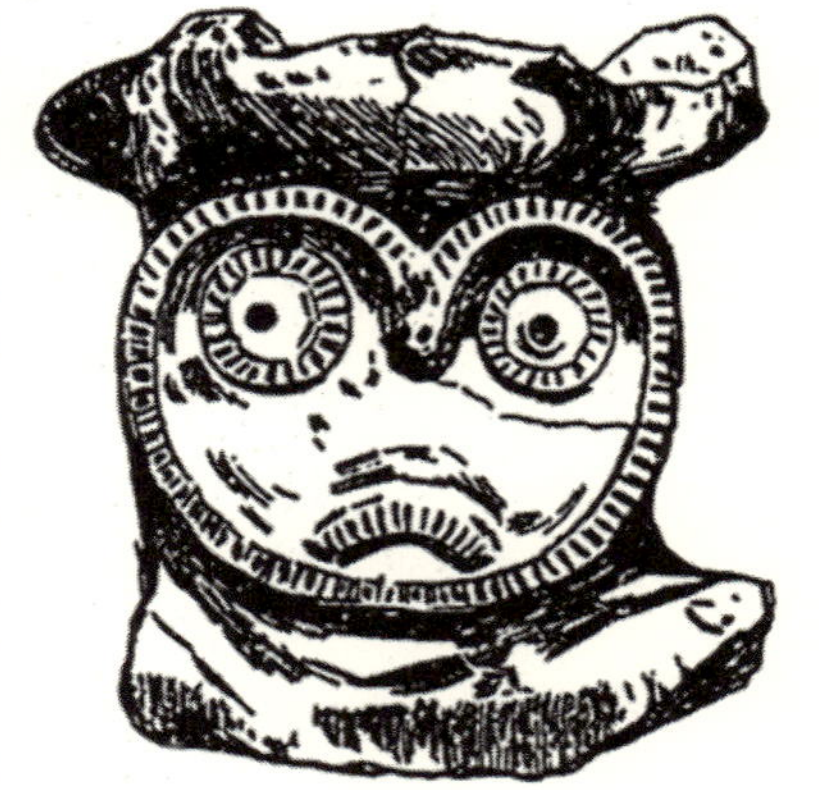

◉有髯土偶の図（『地底探検記』より）

の後、坪井は三河国渥美郡伊川津貝塚や下総余山で発見された有髯土偶の形状などから「土偶は悉くひげ無しで有るとは云へぬと云ふ事を認めました」（「下総余山発見の有髯土偶」『東京人類学会雑誌』第二百六十二号、明治四十一年一月）と自ら考えを改めている（江見水蔭と水谷幻花の記述にあたっては、坂本道夫著「小説家「江見水蔭」」『品川歴史館紀要』第五号～第九号、平成二年三月～平成六年三月、のちに斎藤忠《ただし》監修『江見水蔭「地底探検記」の世界』に「小説家・江見水蔭の生涯」のタイトルで収録、杉山博久著『魔道に魅入られた男たち――揺籃期の考古学界』も参照した。なお幻花については、筆者も雑誌・新聞等に発表された彼の文章をCD-ROMとして『好古叢書一幻花繚乱』にまとめた際、「解説　幻花探訪」でより詳しく触れておいた。関心のあるかたは参照願いたい）。

創立満二十年紀念遠足に話を戻そう。この遠足については、『東京人類学会雑誌』が第二百二十四号（明治三十七年十一月）で特集を組んでいるが、なかでもR. T. の匿名による「東京人類学会挙行遠足会の記」に詳しい報告がある。最初筆者はR. T. というのは、鳥居龍蔵のイニシャルであろうと考えていた（鳥居は『東京人類学会雑誌』で何度かR. T. の署名を用いており、それが鳥居の文章であることははっきりしている）。R. T. の文章に、遠足に参加している筈の鳥居の名前が一度も登場しないのも、本人が書いたためと考えれば納得がいく。ただ、文中に次のような気になる箇所がある。

我、当日、一行に後れざらましものをと、朝とく起き出づ、時に柱時計は未だ午前四時にて、新聞売の鈴の音、電車の響は尚ほ本郷の片里には達せざりき、朝水をつかい、朝餉を終り、支度調へたりしが、約の如く、我姉上、静子の君来られぬ、こは会長などの深き勧めによりこの遠足に加はり、貝塚てふものを始めて見んとてなり、我妻も妹も又これに加はらん予定なりしも、已みがたき要事の出で来しかばとゞめつ、（傍点引用者）〔二一〇頁〕

鳥居には姉も妹もいなかったので、ここに登場するのはどちらも妻・きみ子の姉妹のことであろうと考えた。鳥居博士顕彰会編『図説鳥居龍蔵伝』に掲載されているきみ子の実家である市原家の戸籍〔一八頁〕によれば、きみ子は三女にあたり、確かに姉も妹（タキ）もいるのだが、姉の名前は長女がカネ、次女がツルとなっていて、静子という姉の記載はない。そのためであろうか、『鳥居龍蔵全集』にはこの文章は収録されていない。いずれにせよ、ここではR. T.のままで話を進めよう。
十月十六日がもし雨天の場合、遠足は中止と決めてあったが、幸い当日は好天気に恵まれた。遠足の委員に決まった大野延太郎《えんたろう》と松村瞭《あきら》は数日前に現地の下見を行い、地主の許可も取ってあった。R. T.が姉と共に待ち合わせ場所の両国停車場に着くと、すでに東京帝国大学、早稲田大学、その他の学生たちが何人か来ていた。坪井は、彼が人類学を教えていた大学の学生にも参加を促したのであろう。R. T.が待合室に入って新聞を読んでいると、人類学教室の田中正太郎、石田収蔵がやって来た。

石田収蔵はこのときまだ東京帝国大学動物学科の学生であったが、この翌年人類学を学ぶために大学院へと進んでいる。寺田和夫著『日本の人類学』によれば、彼は坪井に次ぐ二人目の人類学専攻の学生であった。坪井の相当強い影響下にあったと考えていいだろう。石田は先に触れたように明治四十（一九〇七）年七月、坪井がコロボックルの調査で樺太《カラフト》を訪れた際に同行し、これをきっかけに樺太に惹かれ、以後五回の調査を行っている。平成十二（二〇〇〇）年に板橋区郷土資料館が行った『石田収蔵——謎の人類学者の生涯と板橋』展により石田の人物像が明らかとなった。

R. T.によれば、続いて二条基弘公爵が「軽装に身をまとはれ、脊《せ》にランドセル様の籠《かご》をかけ、足には靴を穿たれ、一人の家令だも随へられず」に現れた。次に徳川達孝《さとたか》伯爵と徳川頼倫《よりみち》の二人が「何づれも厳然たる洋装にて」〔一〇四頁〕やって来た。二条公は貴族院議員、徳川達孝も田安家第九代目当主でやはり貴族院議員、そして達孝の弟・頼倫ものちに貴族院議員となっている。普通に考えるとこうした人々が人類学会の遠足に参加しているのは意外に思われるかもしれない。だが二条公は人類学にも関心を持っており、明治三十五（一九〇二）年二月には自ら華族人類学会を組織・主宰している。また明治三十八年四月、東京市牛込区若松町にあった邸内に個人博物館として銅駝坊《どうだぼう》陳列館（二条家標本陳列所）を設けた。先に触れた北海道旧土人救育会の会頭を務めたのも二条公である（『魔道に魅入られた男たち』および佐々木利和著「隠れたる先達石田収蔵先生」板橋区郷土資料館編『石田収蔵——謎の人類学者の生涯と板橋』展図録）。そして達孝、頼倫の二人もこの華族人類学会のメンバーであった。坪井は招かれて華族人類学会でたびたび講演を行っていた。彼らが参加しているのは、この縁によるものである。あとから遅れてきた蜂須賀家第十五代当主で、のちに貴族院副議長を務めた蜂須賀正韶《まさあき》侯爵も同様である。ちなみに正韶の息子は『南の探検』『密林の神秘――熱帯に奇鳥珍獣を求めて』などを著した鳥類学者・蜂須賀正である。

彼らのなかでも、最も興味深い人物が徳川頼倫である。頼倫は明治五（一八七二）年、田安家第八代目当主・徳川慶頼《よしより》の六男に生まれたが、明治十三（一八八〇）年、紀州徳川家第十四代目当主・茂承《もちつぐ》に男子の子どもが生まれなかったため養嫡子となり、明治二十三年に許嫁だった茂承の長女・久子と結婚した。明治二十九（一八九六）年、頼倫は欧米（主に英国）に約一年半、遊学した。このころロンドンでは、坪井と入れ違いにやってきた南方熊楠が大英博物館で働いており、熊楠は英国皇室人類学会例会に頼倫を案内している（南方熊楠著「英国滞在中の徳川頼倫侯」『南葵育英会会報』第三十号、大正十四年九月）。笠井清著『南方熊楠――親しき人々』によれば、出身地・紀州の殿様ということもあって、熊楠は頼倫のロンドンでの宿の世話に奔走したが、それが原因で熊楠と頼倫の間に齟齬を生じるという一幕もあったようだ。もっとも帰国後に二人は和解している。

遊学中に見た図書館に感銘を受けた頼倫は、明治四十一（一九〇八）年十月十日、麻布飯倉六丁目にあった自邸の敷地内に約八万二千冊の書物を収めた私設図書館・南葵文庫を設立し、一般に公開した。公開初日には、記念式典が催され、坪井も招待を受けて出席している。南葵文庫は大正十二（一九二三）年まで開館し続けたが、関東大震災で東京帝国大学の図書館が焼けた際、頼倫はその蔵書をすべて寄贈して文庫を閉じた。

頼倫は南葵文庫を図書館としての機能だけでなく、より広く教養を身につけるための場所と捉え、明治四十一年十一月からは毎月二回、講話会を催した。坪田茉莉子著『南葵文庫――目学問・耳学問』によれば「そのうち1回は専門の学者による学術講演とし、1回は特に女性や児童のために教訓と趣味とを併せ得られるようなお伽話や活動写真などを催すこととした」（五六頁）。坪井もこの講話会で「人類思想の伝承」（明治四十二年三月六日）、「南洋土人の話」（同年、四月四日）、「人種と玩具《おもちゃ》」（同年、十一月二十日）を講演している。このうち「人種と玩具」の講演は、南葵文庫で開かれた参考児童玩具展覧会（二十日～二十二日の三日間開催）に併せてのものであった。なお、坪井はこの展示そのものにも協力した（『南葵文庫報告』第二、明治四十三年十月、次頁写真参照）。

そのころアメリカの人類学者フレデリック・スター

◉南葵文庫で行われた参考児童玩具展覧会の展示風景

（当時は「スタール」と表記された）が来日中だったが、彼が日本の玩具に強い関心を抱いているのを知っていた坪井は、二十二日スターを誘ってこの玩具展を訪れている。このとき、坪井はスターを頼倫に紹介した（Frederick Starr "Japanese Collectors and What They Collect"『日本の蒐集家とその蒐集品』）。明治三十七（一九〇四）年、スターはセントルイス万国博覧会で展示するアイヌを雇い入れる目的で初めて来日した。それ以来、すっかり日本が気に入ってしまった彼は、何度も来日しては全国を旅して回り、最後は聖路加病院で息を引き取ったほどの親日家であった。納札の蒐集家としても知られ、〝お札博士〟とも呼ばれていた。スターが坪井に誘われて南葵文庫を訪れたのは、二度目の訪日のときである。

スターは『日本の蒐集家とその蒐集品』で面白いエピソードを語っている。彼は日本ではいつも着物を愛用していた（左写真参照）のだが、通された客間で坪井、スター、頼倫、そして頼倫の秘書の四人が席に着いたとき、いきなり頼倫が「何と奇妙なことだろう。ここにいる四人のうち着物を着ているのは外国人一人だけだ」（五〜六頁）といった。のちにスターは幾度も頼倫を訪問したが、そ

◉フレデリック・スター博士

の都度いつも待たされ、頼倫は着物に着替えてスターの前に現れたという。

　坪井に連れられて最初に南葵文庫を訪れたとき、スターは庭に奇妙な建物があるのを発見した。それは松浦武四郎によって全国の神社仏閣から古材を集めて作られた一畳敷の書斎であった。この建物がいたく気に入った頼倫は、武四郎の死後、孫の孫太《まごた》が管理していたものを譲り受け、一畳敷が建っていた神田の地から南葵文庫の庭に移築していた。一畳敷を建てる際に古材の一部を提供したのが、三十国巡回で坪井が出会った三島神社宮司・秋山光条《てるえ》や北野神社宮司・田中尚房であったことはすでに触れた通りである。最初の来日の際から武四郎のアイヌ研究（特に図版類）に魅了されていたスターは、のちに"The Old Geographer: Matsuura Takeshiro"（『老地理学者——松浦武四郎』）を著し、これが大正期には忘れられていた松浦武四郎の再発見へとつながっていくことになる（ヘンリー・スミス著『泰山荘——松浦武四郎の一畳敷の世界』）。

　さて、やがて満面に笑いを浮かべた坪井が息子を連れて停車場へと現れた。次男の忠二はまだ二歳になったばかりなので、このとき連れてきたのは当時十一歳の長男・誠太郎のほうであろう。坪井はこうした発掘に息子を連れていくことがあったようだ。『東京人類学会雑誌』（第二百三十三号、明治三十八年八月）に掲載された「銚子紀行——貝塚掘りと海岸巡り」は、坪井と人類学教室の三人、柴田常恵《じょうけい》、松村瞭、三好勇そして一緒に連れていった誠太郎の五人による合筆の文章である。明治期には作家や画家たちが何人かで旅行し、その紀行文をこのように旅行者が分担して執筆するという形式があった。根岸党の幸田露伴、高橋太華、幸堂得知、久保田米僊、富岡永洗ほかによる『草鞋《わらじ》記程』、遅塚麗水、江見水蔭、長井金風、登張竹風らによる富士登山の模様を描いた『金剛杖』などがそれである。

　なお柴田常恵は、明治十（一八七七）年、名古屋市大曾根町にある浄土真宗瑞忍寺の三男に生まれ、私立郁文館中学内の史学館で学んだ。坪井の講演がきっかけで考古学に関心を抱くようになり、明治三十五（一九〇二）年からは人類学教室に勤務した（斎藤忠著『日本考古学辞典』）。のち触れるように、坪井と共に三越の児童用品研究会にも参加している。常恵の名前はしばしば「じょうえ」と表記されることが多いが、ご息女の樋口恵子さんにお訊ねしたところ「じょうけい」が正しいとのこと、また

「常恵」は僧侶名で、幼名は「常《つね》太郎」とのことである。
松村瞭は明治八（一八七五）年、茨城県多賀郡松岡に生まれた。父は植物学者の松村任三である。明治三十六年、東京帝国大学理科大学人類学科選科を卒業後、人類学教室に勤務した（斎藤忠、前掲書）。三好勇の経歴については、不明である。

誠太郎が担当したのは「たうがらし一件」という文章で、宿泊した銚子の宿での話。同宿した韓国留学生から韓国ではとうがらしに醤油をかけて食べると聞いて、自分たちも負けじと青とうがらしを十本注文するが、いざ食べてみるとあまりの辛さに皆閉口、五人掛かりで五分の一も食べられなかったという内容である。誠太郎はのちに地質・鉱物学者となるが、小さいころから正五郎がこのように発掘に同行させたことが、何らかの影響を及ぼしたといえるかもしれない。

R. T. によれば、そうこうするうちに神保小虎《ことら》、山崎《やまさき》直方《なおまさ》らと次々と参加者がやってきておおむね人数も揃ったが、委員の大野、松村がまだ来ない。一同鶴首して待っていると、「洋服に鳥打帽をかぶられ、足には足袋洋靴を兼ねたる履物をうがたれ」た大野と「軽装の洋服にて、脚には長き黒靴下をつけ、いかにも身ごなし軽々し、されど足に白くぬりたる白靴をうがたれたる面白」い恰好をした松村が現れたかと思うと、次いで水蔭、幻花が「本日のチャンピオン然として勇ましく」〔一〇四頁〕やってきた。これで、人類学教室の吉田文俊を残して全員が集合したことになる。

発車の時刻が迫ってきたが吉田はついに現れず、一行は先を競ってそれぞれ一等、二等、三等に分かれて乗車し、汽車は午前七時五十五分に出発した。

> 車中は各々得意の談話にて面白く、或者は今日の貝塚にて土偶を獲《え》てん、或者は石器、土器を手に入れたし、或者は貝塚と云ふものは見ん、或者は単に散歩的に往かん…………など語り合いぬ〔一〇五頁〕

車窓からは見渡す限りの平野が続き、そのなかに田畑、点在する村落、波打つ黄金色の稲穂が見え、遠く西方には箱根、足柄、秩父の諸山脈、そして一際高い芙蓉峯（富士山）が聳えていた。

汽車は八時三十分ころ、つつがなく市川駅へと到着した。ここで水蔭の「大発掘一日の記」（『地底探検記』）から引用すると――。

> 東朝の水谷幻花氏と余とは、当日の前衛を命じられたので、市川駅に下車するや、余は先づ要意《ママ》の聯

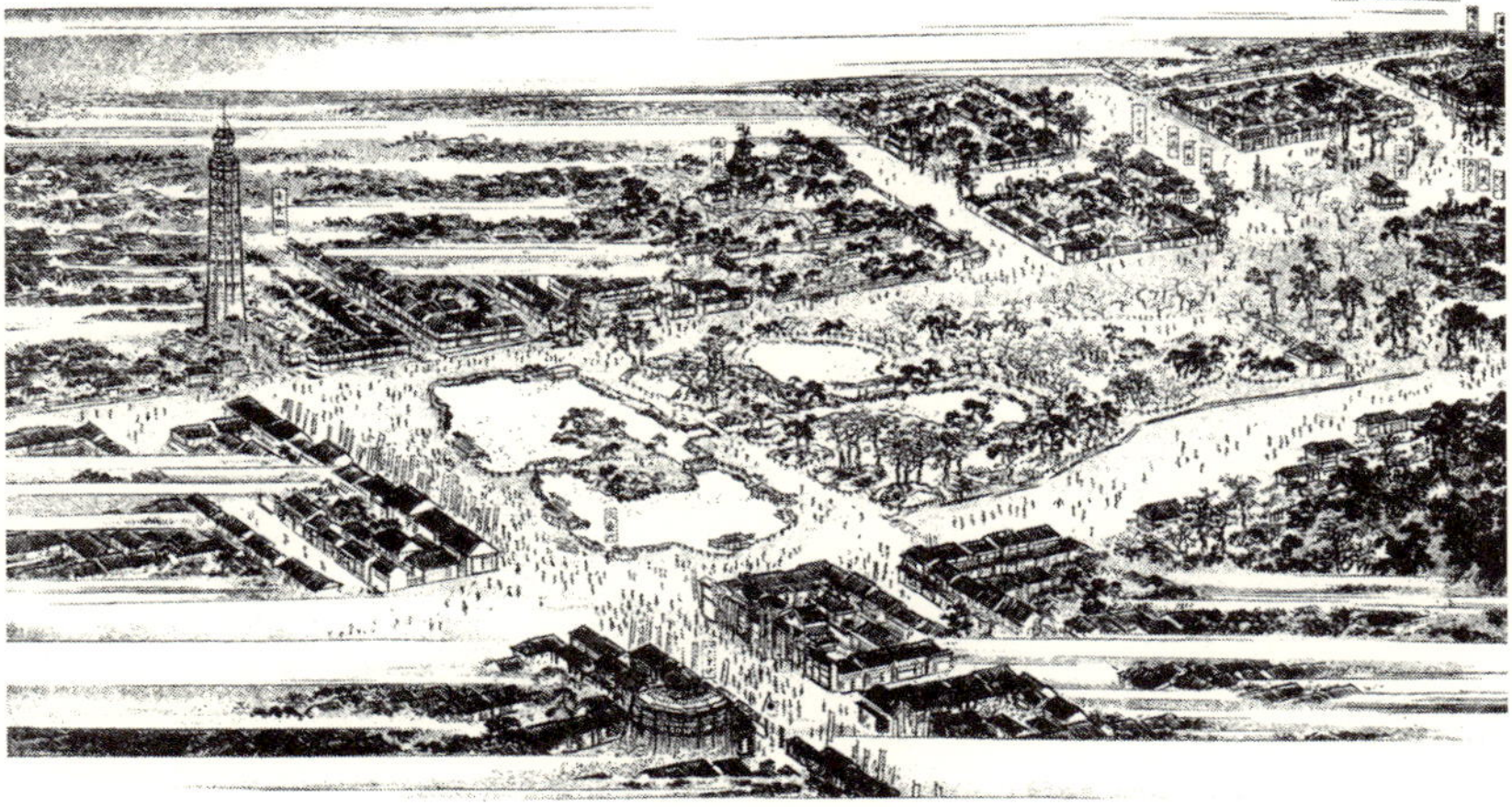

◉浅草公園全図、左側に建っている塔が凌雲閣
（『風俗画報』臨時増刊「浅草公園之部　中編」第百三十九号、明治三十年四月）

隊旗（但し玩具《おもちや》の）を取出し全隊の集合するのを待ち、それより先頭に立ちて進行を始め、弘法寺の石段を突貫流に駈登つて、後続部隊の進行の有様を瞰下した時には、何とも云へぬ愉快な気がして、思はず知らず「万歳」を叫んだのであつた。（二一三〜二一四頁）

一方、R. T. は女性同伴のため、大野延太郎らと共に後からゆっくりと進んでいった。十四、五丁（丁は町の誤りか？ その場合約一・五〜一・六キロ）ほどで弘法寺に着き、お寺の石段を登っていった先の境内からもと来た道を振り返った。やはりこの場所で「後続部隊の進行の有様を瞰下し」て「万歳」を叫んだバンカラ派の水蔭とは異なり、R. T. は視界に映じた様子を「朝霞は未だ晴れやらねど、近くは市川のあたり、遠くは東京附近までも一目の下に望を得べく、殊に陵《ママ》雲閣の霞の中に見ゆる面白し」（一〇六頁）と書いている。「陵《ママ》（凌）雲閣」は「十二階」の愛称で親しまれた浅草にあった当時の高層建築である。明治二十三年に建てられ、関東大震災で倒壊した。作家の江戸川乱歩は「押絵と旅する男」のなかで「十二階」をこんなふうに描写している。

「あなたは、十二階へお登りなすったことがおありですか。ああ、おなりなさらない。それは残念ですね。あれは一体、どこの魔法使いが建てましたものか、実に途方もない変てこれんな代物でございましたよ。表面はイタリーの技師バルトンと申すものが設計したことになっていましたがね。（中略）高さが四十六間〔約八十三・六メートル〕と申しますから、一丁に少し足りないぐらいの、べらぼうな高さで、八角型の頂上が唐人の帽子みたいにとんがっていて、ちょっと高台へ登りさえすれば、東京中どこからでも、その赤いお化けが見られたものです。」〔『江戸川乱歩全集 第四巻 猟奇の果』五六頁〕

細馬宏通著『浅草十二階――塔の眺めと〈近代〉のまなざし』によれば、「凌雲閣」の高さは諸説あるようだが、震災予防調査会の実測値では約五十二メートル程度、当時はこのくらいの高さでも、東京中ばかりでなく、遠く市川からでも望むことができたわけだ。

境内を抜けるとその先には広大な丘陵が広がり、またしばらく行くと数戸の古風な農家があった。傍に植えてある柿の樹の実が黄赤色帯びて熟し、「このあたりの風景は全く日本的の生活と景色を示」すなど「人間には兎に角心地よき平原」であったが、先発の一行は「かゝる心地よげなる所」〔一〇六頁〕を水蔭、幻花らの甲組、坪井、山崎、松村らの乙組の二組に分かれ、貝塚まで競争を始めた。これには「いとも興少な」〔一〇七頁〕しと、R. T. は述べている。この決戦は乙組が勝ちを征した。

再び、水蔭の「大発掘二日の記」から――。

目的の掘ノ内貝塚に到達して見ると、這《こ》は如何に、案山子《かゝし》が生きて畑の中をうろ〳〵歩き居《ゐ》るに驚き、よく〳〵見れば教室の吉田氏が抜駈して、松戸方面より攻め登り、既に石鏃数本を鹵獲《ろかく》して居たのであつたが、其功に免じ、軍法会議に附するのだけは助けられた。〔一一四頁〕

どうやら吉田文俊は一人で先に到着していたらしい。R. T. は最後の組として貝塚に着いた。全員揃ったところで委員が数えてみると、参加者の数は総勢八十一人に達していた。

いよいよ発掘が始まった。水蔭の「大発掘二日の記」から――。

堀ノ内は東京近郊に稀なる大貝塚であるので、八十余人がそれ〴〵発掘区域を占領しても、何処に人が居るか分らぬ程で、林の中、岡の後、崖や、畑や、我を先きに発掘を始めた、其馬鍬やシヤブルや唐鍬やの音のみが、山林中の寂寞を破つて、其賑はしさ!!!、三千年前のコロボツクルも永き眠の夢から目を

◉『東京人類学会雑誌』（第二百二十四号、明治三十七年十一月）に掲載された
東京人類学会創立満二十年紀念遠足会の堀内古墳発掘風景（徳川頼倫撮影）

覚まして、我々が遺した塵塚《はきだめ》を、然う掘操《ほじく》つては困りますと、苦情でも云出しさうであつた。

坪井博士指揮の下に人夫四人が発掘した方面からは、大小土器土瓶土器等、珍品が続々出た。〔一一四〜一一五頁〕

こう記した水蔭自身の発掘の成果はどうだったかというと――。

余は晴の場所であるから、日頃蛮勇の腕前を揮つて、人類学《アンスロポロヂー》の前に忠実なる奴僕たらんとする予ての希望を、人々に見て貰はばやと、一心不乱に貝層を掘進んで行つたが、汗は出る、泥には塗《まみ》れる、斯くしても終に何物をも得ず、大敗軍の醜体はクロパトキン以上にして、正しく我はドロパトキンであつた。〔一一五頁〕

「クロパトキン」とは、日露戦争の際のロシア軍総司令官を務めたアレクセイ・N・クロパトキンのことである。水蔭はこういう駄洒落が好きだったようで、先に触れた「大森貝塚の発掘」（『地中の秘密』）でも「コロボックル」をもじって「ドロボツクル」〔一〇六頁〕などと洒落ている。

R. T. の「東京人類学会挙行遠足会の記」からも発掘の様子を拾ってみよう。

此処に又二条公徳川伯徳川君及びおくればせに来られし蜂須賀君等の貴公子連は如何と云ふに自から掘らるゝもあり、又家従をはげまして掘られたるもあり、其熱心なるや感《ママ》すべし、しかし又これも見るべき発見品なかりき、

其他の諸氏も力を尽し、気を一にし、発掘せらるゝあり、又は貝塚の附近を鵜の眼鷹の眼してよき獲物がなと、あるきあさりしも、獲《え》る所少なかりき、ただ当日この種の獲物家として記すべきは、山崎氏なり、氏は畑地にて石鏃二個を拾はれぬ、さすがに、昔取りたる杵なるかな、〔一〇八頁〕

頼倫は持参の写真機を携えて、発掘の様子を捉えるべくあちこちと撮影に奔走していた（前頁写真参照）。やがて集合がかかり、坪井が挨拶を述べた。坪井はこのときの談話の内容を思い出して「紀念遠足堀内貝塚実査に付いて」（『東京人類学会雑誌』第二百二十四号、三十七年十一月）を綴っているが、そのなかに次のような一節がある。

私は単に〔遠足に参加した〕人数の多いと云ふ事のみを喜ぶのでは有りません。来会者中には東京帝国大学の諸君も居られる、早稲田大学の諸君も居られる、植民

◉『東京人類学会雑誌』（第二百二十四号、明治三十七年十一月）に掲載された
堀の内古墳の出土品陳列風景（大野雲外・画）

学校の諸君も居られる、華族人類学講話会の諸君も居られる、其他、異つた専門、異つた職業、異つた地位の人々が居られるが、遺跡調査、古物採集の点に於て趣味を一にする故を以て、他事に関する異同を問はず、相互に語り、睦み、競ひ、此貝塚の媒に由つて学事上交際上益する事の多いのを私は深く喜んで居るので有ります。〔一〇〇頁〕

坪井が指摘していることから窺えるのは、この遠足にはある種のコミュニタス（communitas）状態——全面的にというわけにはいかないが——が成立していたということである。コミュニタスとは、文化人類学者ヴィクター・ターナーの用語である。ターナーは『象徴と社会』（梶原景昭訳）のなかでコミュニタスを「人々がお互いに「あるがままに」交流しあい、地位—役割にもとづく特徴をはぎとられて裸のままで対面しあう状況のことである」〔三二～三三頁〕と述べている。そしておそらくは坪井がいなければ、こうした状態が成立することは不可能であったろう。坪井にはそうした人を惹きつける、不思議な魅力が備わっていた。

挨拶が終わり、再び発掘が開始された。その間R.T.や大野らは枯木を集めて昼食用の湯を沸かしていると、頼倫もやって来てこれに加わった。

午後一時、昼食の時間となり、各自それぞれ持参してきた西洋料理、食パン、餡パン、握り飯を頬張った。昼食後も発掘は続いたが、やがて委員の命令で各自が発掘した土器、石器、骨器などを一定の場所に陳列し、大野がそれをスケッチするなか（前頁図版参照）、坪井はその一つひとつに説明を加えていった。こうして東京人類学会創立満二十年紀念遠足は終了した。

一行は予定していた午後五時十五分の汽車に乗るべく市川駅へと向かったが、あいにく汽車は遅れ、駅に到着したのは六時であった。何の収穫も得られず、その無念さから翌日も発掘を行うべく現地に残ることを表明した水蔭、幻花らを残して、汽車は一路東京へ。日はすでに西山に没し、周りは暗くなっていた。一行が車中で談話を交わしているうちに午後六時半、汽車は両国停車場へと到着した。

なおつけ加えておけば、東京人類学会遠足会は、このあとも水蔭、幻花の発議によって第二回が明治三十九（一九〇六）年十一月十一日に下総国千葉郡都賀村園生《そんのう》貝塚で、更にその翌年には第三回が、同加曾利貝塚で実施され、いずれも坪井を中心として発掘が行われた。

第十五章　三越——流行会や児童用品研究会やに博士を迎へて

『世界お伽噺』を書く過程で坪井と知り合った作家・巌谷小波は、彼が委員を務めていた三越の流行会へと坪井を誘った。坪井は更に児童用品研究会にも参加し、三越のブレーンとして欠かせない存在となる。また、彼はマーストヘンゲルなどの玩具を考案したり、絵本（絵・杉浦非水）をつくり、三越で発売する。

硯友社の同人では江見水蔭の他にもう一人、坪井とかかわりの深かった人物がいる。巌谷《いわや》小波《さざなみ》である。小波は明治三（一八七〇）年、東京麴町に医師で書家としても知られた巌谷一六の三男として生まれた。本名・季雄《すえお》。尾崎紅葉が硯友社を興したときからの仲間である。紅葉の『金色夜叉』で主人公の間《はざま》貫一が恋人のお宮に振られるくだりには小波が紅葉に語った、父・一六の親友だった漢学者・川田甕江《おうこう》の娘・綾子への小波の失恋話が投影されているといわれる。明治二十二（一八八九）年、博文館の大橋新太郎の依頼で「少年文学」叢書の第一篇として著した『こがね丸』が大ヒットし、以後は児童文学作家として活躍した。『日本昔噺』叢書（全二十四冊）、『日本お伽噺』叢書（全二十四冊）、『世界お伽噺』叢書（全百冊）、『世界お伽文庫』叢書（全五十冊）を次々と上梓した小波は、子どもたちの間で〝お伽のおじさん〟と呼ばれて親しまれた。また博文館に勤務し、雑誌『幼年画報』『少年世界』などの主筆を務めた。明治三十三（一九〇〇）年からはベルリン大学附属東洋語学校に講師として招

かれ、二年間教鞭を取っている。小波の生涯については、四男の巖谷大四による『波の跫音――巖谷小波伝』に詳しく描かれているが、残念ながら伝記には小波が三越に深く関係していたことについては触れられていない。

坪井が小波と親しくなったのは、小波が『世界お伽噺』を書くための材料を集めていたのがきっかけであった。そのときのことを小波は、坪井が亡くなったときの追悼文「趣味で交つた坪井博士」（『現代』第四巻第七号、大正二年七月）で次のように回想している。

僕が博士の知を辱《はずかし》ふしたのは、今から十五六年前の事であつた。其頃僕は、例の日本お伽噺を完成して更に世界お伽噺に着手する事になつたから、その材料を漁る為めに、屡々大学に訪づれ、上田万年《かずとし》博士や坪井博士に、少からぬ便宜を与へられたのである。

忘れもしない其時坪井博士は、僕を其図書室に招き入れて、親しく彼是と教を垂れては、貴重な書籍の借覧をも許され、又陳列室へも案内して、自ら説明の労を執られた。今に初めぬ事であるが、博士は実に親切な方であつた。〔五〇頁〕

小波が「今から十五六年前」と述べているのを、小波の日記（小波日記研究会編「巖谷小波日記　翻刻と注釈―明治三十二年―」『白百合女子大学児童文化研究センター研究論文集』第Ⅷ集、平成十七年三月）で確かめてみると、明治三十二（一八九九）年であったことが判る。この年の六月十九日に「八時出勤（博文館に勤めていた当時のことである）十時大学坪井博士ヲ訪世伽（『世界お伽噺』の略）原書借入　十二時帰館」と記されている。また、これ以前の六月三日に「旧友三輪信太郎及坪井正五郎氏（亜細亜諸国ノ小児ニ関スル風習）の講演ヲ聞キ五時後帰」とあるところから、このとき小波は坪井から資料になりそうな本を持っていると聞き、坪井の許を訪ねたのではないかと想像される。その後、日記には七月十八日に「坪井博士ヨリ来状」、同月三十一日「坪井博士ニ書ヲ返ス不在」、十月二日「理科大学ニ坪井博士ヲ訪ヒ世伽材料二部借入帰館」とあり、この箇所には小波日記研究会が「「一筆啓上」（「少年世界（第八信）」明治三十二年十月十五日に「人類学研究の材料たる南洋濠州辺の神話、お伽噺等を種々借りて参り候」とある」と注釈を施している。更に十一月二十九日「大学ニ坪井博士ヲ訪フ本返又借」と記されている。

小波の育った環境を考えると、家業であった医者を継がなかったこと、母親を幼いころに亡くしていることでは坪井と共通するところがあり、そうしたところにも二人が親しくなる要因があったのかもしれない。小波と知遇を得たのは、坪井にとって非常に重要な意味を持つこととなった。小波を通して坪井は三越呉服店と接近することになったからである。当時の三越がどれほど先鋭的な企業であったかについては、山口昌男さんが『「敗者」の精神史』のなかの「明治モダニズム――文化装置としての百貨店の発生㈠」「近代におけるカルチャー・センターの祖型――文化装置としての百貨店の発生㈡」で詳しく論じている。山口さんの記述を参考にしながら、当時の三越がたどった足跡を見てみよう。

明治二十八（一八九五）年、三井銀行の高橋義雄は、経営危機に陥っていたグループ企業・三井呉服店を立て直すべく理事として同店に移ってきた。高橋には箒庵《そうあん》の雅号があり、三井物産の益田孝（鈍翁）らと共に三井の数寄者の一人でもあった。茶道具の図録『大正名器鑑』や彼の出席した茶会の様子を記録した『東都茶会記』『大正茶道記』『昭和茶道記』などの著者としても知られている。高橋はそれまでの大福帳を改めて洋式簿記を導入するなどの新機軸を打ち出したが、古くからの店員の反撥にあって計画は思うように進まなかった。そこで彼は明治三十一（一八九八）年、三井銀行本店副支配人だった日比翁助《おうすけ》を呼び寄せ、呉服店副支配人の座に据えた。高橋は日比と一緒になって『花ごろも』を始めとする企業PR誌（のちに定期刊行物の『時好』『みつこしタイムス』『三越』へと受け継がれる）の発行、男の従業員しかいなかったなかへの女子社員の採用、座売り（商品を並べず番頭が客の要望を聞きながら小僧を蔵に行かせ必要な品を出させてくる方式）を全廃しての陳列販売への切り替え、西洋人向けの商品の販売、貨物自動車クレメント号による配達等々の斬新な改革を次々と実行していった。

明治三十七年十二月、三井呉服店が三越呉服店と商号を変えて三井家から分離独立したのを機に高橋は現場を退いたが、日比は専務取締役（「三井家に遠慮して社長を空席にして、自分は専務のポストにとどまった」青野豊作《ぶんさく》著『『三越小僧読本』の智恵』（三一頁））として同店に残り、改革を続行した。翌年一月二日、「デパートメントストア宣言」と題した全面広告を新聞各紙に発表することによって、日比は日本最初の百貨店が誕生したことを世間に大々的にアピールした。

小波は日比との出会いを「日比さんと私」（豊泉益三編『日比翁の憶ひ出』）で、次のように述べている。

明治三十六年頃、一番町の高橋箒庵氏邸に於て主人箒庵氏に紹介されたのが、私が日比さんを知つた初めであります。当時三越は、まだ三井呉服店と云つた時分で、高橋氏がその主宰でありましたが、宣伝用の雑誌を発行するに付て、博文館の大橋新太郎氏に、適当な担任者の人選を需《もと》め、大橋氏はまた私に相談があつたので、私は丁度其以前、欧羅巴《ヨーロッパ》から同船して帰つた久保田米斎君を推薦し、その話がまとまつたので、即ち同氏を紹介すべく、高橋邸へと同道したのでした。（中略）

かくて久保田米斎君が、初めて三越に入社して、宣伝雑誌を担当する事になりましたが、その誌上には尾崎紅葉も筆を取つた、あの「時好」なるものであります。（五七〜五八頁）

小波は、紅葉が『時好』に「筆を取つた」と書いているが、これは『花ごろも』（日比編、明治三十二年一月）に載った「むさう裏」か、あるいは紅葉が編集にも協力した『氷面鏡《ひもかがみ》』（明治三十四年一月）掲載の「去年の夢」あたりとでも勘違いしたのであろうか。日比は紅葉の『時好』への執筆を期待していたようだが、このころすでに紅葉は癌に侵されていて、筆を執れる状態ではなかった。明治三十六年五月三十日付の日比宛の書簡（『紅葉全集第十二巻』）で、紅葉は「病中ならずは此際両臂の力を奮ひ申度蓐中腕を扼して技癢禁じ難く候是非々々その御摸様御聞かせ被下度《くだされたく》敗将と雖も兵を談ずるを聞く又一快たらずんばあらす」（一二八頁）と記している。結局『時好』（第三号、明治三十七年三月）には「故紅葉山人遺墨」として自筆の葉書が掲載されたのみであった。おそらく紅葉が亡くなっていなければ、日比の目指していた三越のなかで重要な役回りを演じていたことは間違いなかろう。ここに出てくる久保田米斎は、先に触れた坪井がヨーロッパに留学したとき、船の衝突事故で偶然に会った画家・久保田米僊の長男である。米斎自身は、このことに触れて「家厳米僊の事ども」（『中央美術』復興第一年第二号、昭和八年九月）で次のように述べている。

家厳の海外に漫遊したのは前後二回で、何れも世界博覧会見物の為であつた。前は明治廿二（一八八九）年の春、三十八歳の時仏国巴里に往つた。（中略）帰朝の途次、アデン港で、家厳の乗船が衝突、沈没したが、幸に浅瀬であつたので、命に別条は無つたが、持ち帰らうとした参考品の大半を台無しにして了つた。此時アデン港に上陸したが、父の船を突当てた船の方に、日本の一学生の乗客があつて、種々通訳の労をとられた。この学生こそ後の坪井正五郎博士であつたのである。私は家厳の没後ふとしたことから之《これ》を知り、其頃親しく交際を願ふのみならず、エジプトロギーの教授をうけた博士自らこれを口にせられず、私が他より聞き及んで之をたゞすと、初めて其事業の詳細を語られたので、私は今更ならず、博士の謙徳に愕き、更めて深く感謝した事であつた。〔六三頁〕

日比は明治三十八年六月、米斎に次いで博文館から浜田四郎を移籍させ『時好』の編集につけた。浜田は明治五（一八七二）年、郡山生まれ。『明治事物起原』を著した石井研堂の実弟（浜田姓なのは郡山の名刹善導寺住職・浜田大澄の養子に入ったため）で、東京高等商業学校（現・一橋大学）を卒業後、博文館に入社、『実業世界太平洋』の編集に携わっていた。のちに「今日は帝劇、明日は三越」の名コピーを生んだのは浜田である（山下恒夫著『石井研堂――庶民派エンサイクロペディストの小伝』）。

日比はまた、浜田が三越に入店した翌月に、当時の作家や学者たちによるブレーン組織〝流行会〟を立ち上げた（豊泉益三著『越後屋より三越』）。三越のＰＲ誌『三越』の創刊号（明治四十四年三月）の巻頭言「新たに『三越』を発刊するについて」で日比は次のように述べている。

『学俗協同』は余が処世の第一綱領なり。三越呉服店を経営するに方《あた》りても、徒《いたづ》らに利是《こ》れ争ふを以て能事となす能はず、一代の好尚を高め、当世の風潮を清らかにし、以て聊《いささ》か社会に貢献せんは、余が夙《しゆく》昔《せき》の願ひなり。余は常に諸科の学問に精しく文芸美術に秀《ひい》づる碩学天才の援《たす》けによりて、此素願を成さんを力《つと》めたり。

余が十年の昔、雑誌『時好』を発刊したる亦此《またこの》意に外ならず。学者の卓説を誌上に掲げて、俗人の余之《これ》を実際に行ふ、店運の発展に遵《したが》ひて、雑誌の体裁を変じ、其明題を代《かへ》たる事一再にして止らざりしも、尚夙昔の素願は決して渝《か》はる事なく、『学俗協同』の精神は、曾て余が頭脳を去りたる事莫《な》し。しかも憾《うら》むらくは、わが販売部の進歩発展余りに急速にして、他のあらゆる部面を犠牲にするに非《あらざ》れば、其進歩伴う能はず、わが『三越タイムス』〔『三越タイムス』または『みつこしタイムス』は『時好』のあとを受けて明治四十一年六月から日比が刊行したＰＲ誌。当初、月二回の刊行だったが、その後月刊化〕の如きすら、往々にして販売部の広告機関たるに止まらんとしたり。是《これ》実に『学俗協同』の宿論に相反《あいはん》するもの、余の長く耐ゆる処に非ず、即ちこゝに別に『三越』を新刊し、屢《しばし》ば従来の『三越タイムス』に欠けんとしたる『学俗協同』の事に中《あた》らしめんとす。〔頁数の記載なし〕

すでに百年前、日比は企業のメセナ活動を実践していたことになる。事実『三越』には、小説では森鷗外の「流行」（第一巻第五号、明治四十四年七月）や泉鏡花の「貴婦人」（第一巻第八号、明治四十四年十月）、小金井喜美子の「紅入友禅」（第二巻第四号、明治四十五年四月）、講演（三越で行った講演の速記録）では幸田露伴の「紋の事」（第一巻第十号、明治四十四年十二月）、柳田国男の兄で歌人の井上通泰による「浪人大原左金吾の話」（同）、あるいは随筆では沼波瓊音《ぬなみけいおん》の「意匠ひろひ」（第二巻第十三号、大正元年十二月）という具合に華やかな顔ぶれが次々と登場して、直接的な三越の宣伝ではない、文化的読み物を数多く掲載している。〝学俗協同〟（現在なら産学協同というところであろう）を掲げ、企業として社会貢献するという日比の言葉に嘘はなかったであろうが、おそらく彼の頭のなかには、それと同時に文化人と三越との間に強い絆をつくることによって、外向けには三越呉服店が知的文化の発信基地であると認識させ、内向きには流行を分析し、次の新しい流行を仕掛け、集客や商品開発のアイデアを得る仕組みを作ろうという思惑があったと想像される。そしてそれはみごとに成功した。

流行会の動きがにわかに活潑化してくるのが、明治四十一年十月のことである。『みつこしタイムス』（第六巻第十一号、明治四十一年十一月）に「流行会の発展」と題する次のような記事が載っている。

流行会は例によりて去月〔十月〕二十八日午後六時より当店楼上に開かる。当夜の流行会は、前会に於て巌谷、黒田〔清輝〕、遅塚〔麗水、作家〕、久保田、笠原〔健一、三越店員〕五氏を委員に挙げ、同会組織変更の件につき審議するところあり、右委員の結議報告並に出席会員の意見参酌等須用の議題尠《すく》なからざりしが為め、定刻前より来会せらるゝ向もあり、晩餐後は右議題に入り結局委員会の決議に基き、

（一）三越本位なる今の流行会を拡張して日本の流行会たらしむべき事。

（二）流行会をして具体的たらしむべく数項の会則を制定する事。

其他数件に亘り合議を重ね、午後十時頃散会したる〔三頁〕

このときには他に井上剣花坊《けんかぼう》（川柳作家）、篠田鉱造（報

知新聞社員）、三越側からは日比、浜田らも参加している。

少し横道に逸れるが、この記事が載っている同じ『みつこしタイムス』には「瑞典探検家 スエン、ヘヂン氏御来店」という次のような記事が掲載されているのが興味をそそる。

去る〔明治四十一年十一月〕十二日天洋丸にて横浜に到着せられたる瑞典《スヰデン》大探検家スエン、ヘヂン氏は同十四日午前十時、瑞典公使オーレンベルヒ〔ワレンベルグ〕氏、同令夫人、坪井理学博士、大森〔房吉〕理学博士、同令夫人、山崎理学士、同令夫人、本願寺堀賢雄氏、小川琢治氏、山上万次郎氏等《ら》の東導によりて当店へ駕を枉《ま》げられたれば、当店接待員高柳、泉谷両氏及びエレザ夫人は一行を一先づ竹の間へ御案内申し上げ、それより店内各陳列場御巡覧相成りたる（中略）同氏はまた小川坪井両氏考案の下《もと》に日本服一揃《そろへ》を御注文相成りたるが右は鼠羽二重の下着より黒羽二重の二枚襲《かさね》并《ならび》に羽織博多の帯、両面織の袴に足袋さへ添へ、羽織及び上着は共に五つ紋所にて紋は第二回の探検より帰国したる時瑞典《すゐーでん》皇帝より特に英国のナイト（貴族）に列せられたる時賜はりたる勲章を形どりたるものなり。〔三五頁〕

スウェン・A・ヘディンが自伝『ヘディン探検紀行全集　第十五巻　探検家としてのわが生涯』（山口四郎訳）で述べているところによれば、この来日は東京地学協会の招きによるものだった。すでに述べたように東京地学協会とつながりの深かったことから坪井も同行したものと思われるが、中央アジアを探検して、埋もれていた古代都市・楼蘭を発見したヘディンが三越を訪れ、しかも坪井のチョイスした和服を注文したなどは、ヘディンの自伝にも記されていない知られざるエピソードである。

閑話休題。坪井が小波の紹介で流行会に加わるのは、明治四十二（一九〇九）年一月二十一日の例会からである。『みつこしタイムス』（第七巻第二号、明治四十二年二月）の「流行会の新年発会」という記事に次のようにある。

毎月例会を開催して、既往一両年間、未だ一回も休会せずして継続し来り、我邦の流行社界に貢献すること浅からざりし流行会は、歳茲《ここ》に改まると共に、斯会《しくわい》をも亦新《またあらた》にし、更に一大飛躍を試みんとて、旧冬その規約を改定し、委員をも設けたりしが、去る一月二十一日の夕、花月楼上に開かれたる本年の第一会は、最も旺盛を極めて、前途の隆運を卜《ぼく》するに足りしは喜ばしき事なり。当日は（中略）特に招待したる左《さ》の数氏出席ありき。
理学博士　坪井正五郎氏
林　博　士　江崎　政忠氏
文　学　士　佐々《さつさ》　政一氏〔醒雪の雅号で知られる俳人〕
塚原渋柿園《じゅうしえん》氏〔作家〕
半井《なからい》　桃水氏〔作家、樋口一葉の恋人として知られる〕
邨田《むらた》　丹稜氏〔土佐派の画家〕
東儀　鉄笛氏〔宮廷雅楽師、俳優〕
前田　曙山氏〔作家、園芸家〕
（中略）巌谷氏は前記八氏の来賓を会員に推選したしとの語《ことば》を添えられたるに、一同大賛成なれば、更に来賓に対《むか》ひ、向後本会の為めに一臂《び》の労を添へられたしとて席に就かれたり。此際坪井博士は起立せられて、今夕こゝに諸君と相見《あひまみ》へたるは愉快事なり、余の平生の業は流行といふものに直接関係はあらざれども、本会の主旨なる「古今東西の流行を研究し時代嗜好の向上を図る」云々とある項中の流行方面は諸君の力に一任するとして、余は古今東西といふ方を受け持ち、その材料を提出せん。仮令《たとへ》未開人種の製作品にても直ちにこれを今日の流行に移すこと能《あた》はずとするも、それを醇化するに於ては優に又一生面を開き得べし、余は喜んで本会に入るべし、余に並べる他の来賓も同意ならむ。との意を例の達弁にて述べられたるに、皆拍手喝采して、新たに加はられたる諸氏を迎へぬ。〔二四〜二七頁〕

例会では懸賞として毎月着物の裾模様の課題を出して募集し、その審査を行ったり、会員それぞれが自分の専門的な立場から講演を行ったりという活動をしている。坪井はここで、「樺太の美術」（明治四十二年二月二十三日）や、すでに触れた「ピクとツー」（明治四十三年七月九日）、「海外旅行みやげ」（明治四十五年五月八日）などの講演を行っている。講演はそのつど速記録が取られ、「樺太の美術」は『みつこしタイムス』（第七巻第三号、明治四十二年三月）に、「ピクとツー」は同誌（第八巻第十号　明治四十三年九月）に、「海外旅行みやげ――五月の流行会に於ける演説」は『三越』（第二巻第六号、明治四十五年六月）にそれぞれ掲載された。坪井だけとは限らなかっただろうが、講演は読者に好評だったのだろう。流行会では明治四十三年十月十日から公開講演会を実施することになり、その第一回で高島平三郎（児童心理学者）、塚原渋柿園に混じって、坪井は「諸人種の服飾」を講演した。

三越ではその後、本店小児部の顧問となった小波を中

◉『みつこしタイムス』（第八巻第八号、明治四十三年八月）掲載の
第二回児童博覧会参謀会議：前列右から 笠原健一（三越）、藤村喜七（同）、坪井正五郎、
坪井玄道、巌谷小波、高島平三郎、宮川寿美子　明治四十三年年三月十六日撮影

心として、明治四十二年四月一日～五月十五日の期間、児童《こども》博覧会を開催し、これが評判だったことから、児童需要品の研究会を持つこととなった（児童用品研究会は発足当初、児童需要品研究会といったが、その後同研究会に変更）。発起人は博覧会で審査員を務めた三島通良（医学博士）、高島、菅原教造（色彩学者）、そして小波の四人、これに同じく審査員だった坪井、新渡戸稲造（農学博士）、塚本靖（建築家）、黒田清輝（洋画家）、坪井玄道（体育学者）らが賛同する形で同年六月十一日に発足、同月十四日には最初の会合が持たれている（「児童需要品研究会」『みつこしタイムス』第七巻第七号、明治四十二年六月、および豊泉益三著『越後屋より三越』）。なお流行会・児童用品研究会には、明治四十三年から人類学教室にいた柴田常恵《じょうけい》が加わっているが、これには坪井の推薦があったと考えられる。

小波は先の「趣味で交つた坪井博士」のなかで、先の引用に続けて次のように述べている。

其後も度々博士を研究室に訪うて、質問に相談に、多大の数を乞ふたのであるが、更に博士と、親しく交るの栄を得たのは、流行会や児童用品研究会やに会員として博士を迎へてからである。

一体博士は、已《すで》に其専門の証明する如く、非常に趣味の豊富な方であつた。わが流行会は、古今東西に亘つて、各種の流行を研究する会である。児童用品研究会は、読んで字の如く、児童の一切用品を研究する会である。此の種の会に、彼の様な人は、元より逸す可からずとして、即ち博士を説くと、博士は快く入会を諾されたが、已に入会された以上は、又頗《すこぶ》る熱心に、会毎に勉《つと》めて出席し、高見を吝《おし》まず吐露されたことは、この二つの会の為めに、何に程益する所があつたか知れない。（五〇～五一頁）

流行会、そして特に児童用品研究会への坪井の参加は、小波が述べているように三越側にとって益するところ大であったろうが、一方の坪井にとっても、三越は奇想ともいえる彼のアイデアを商品という形で実現できる恰好の場所であった。三越での坪井は、水を得た魚という表現が相応しいほどにいきいきしているように見える。ここでは研究者とはまた違った意外な側面で、坪井の才能が発揮されたからである。大学だけに留まっていれば、それは不可能であっただろう。

もっとも坪井は、正式に流行会に参加する以前から、すでに三越呉服店とつながりを持っていた。それも商品開発という点において——。おそらくこれも小波の仲介

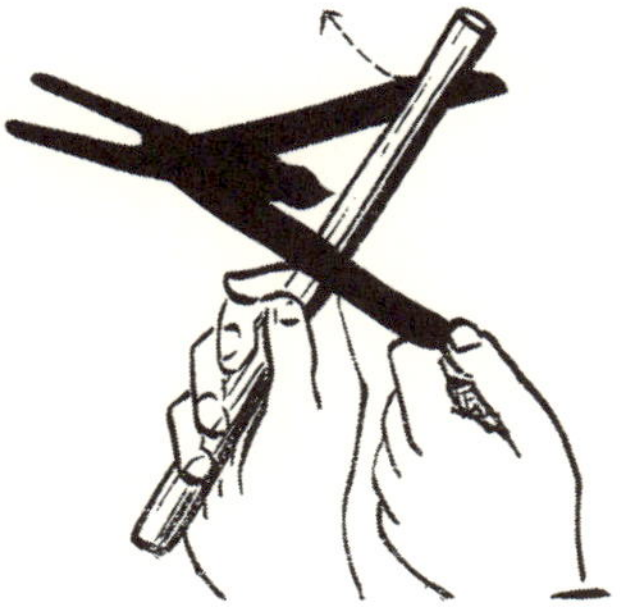

◉飛んでこい（一名燕がへし）

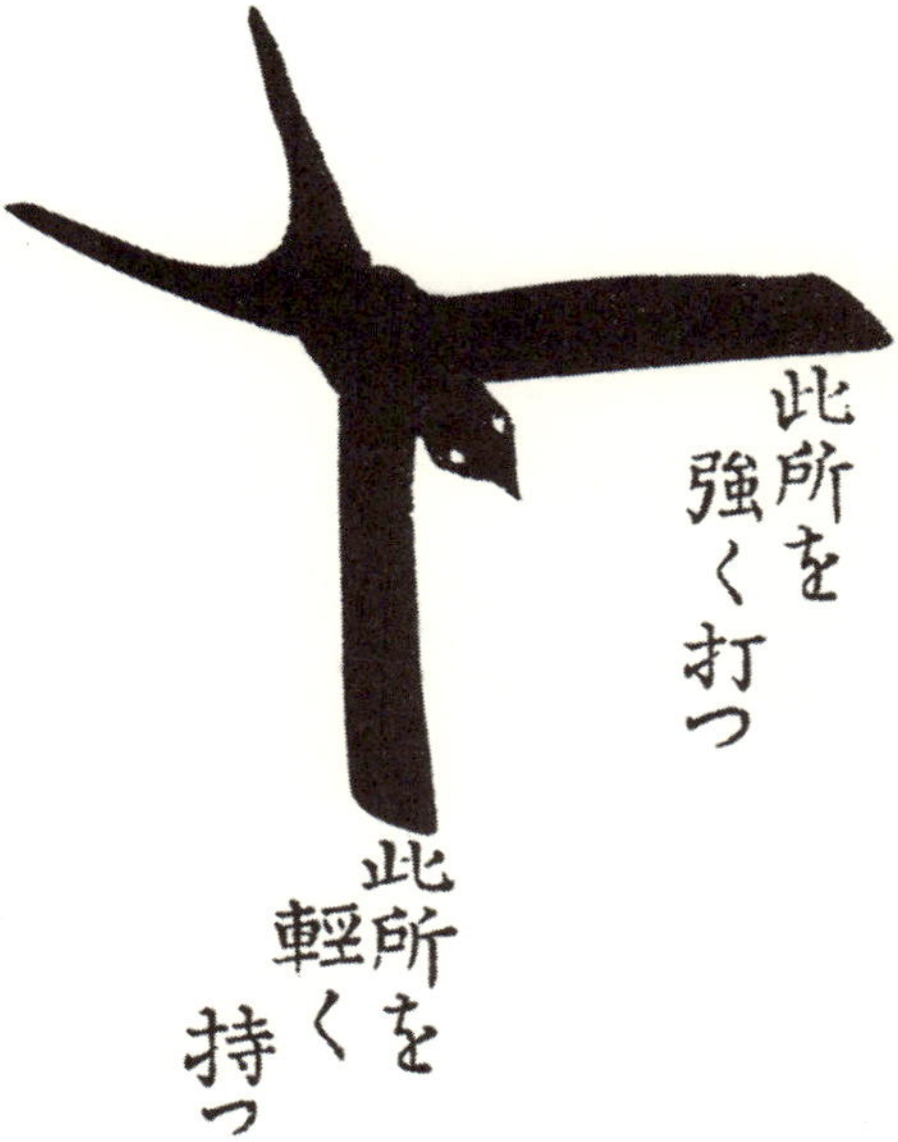

によるものだったのであろうが、明治四十一（一九〇八）年五月二十五日の締め切りで、三越が懸賞金付き新案玩具の募集を行った際、坪井は新渡戸、高島、小波らと共に審査員を務めている。応募者数百六十三名、出品点数三百二十二点に及ぶ作品が集まったが、なんと第一等に当選したのは坪井が考案した「燕がへし」であった。坪井は審査員の自分が一等に入るのは潔《いさぎよ》くないとして辞退を申し出たため、番外優等という形となり、賞金は二等以下に配分された。審査結果は三十日、三越楼上旧陳列場で開催された小児《こども》大会で発表された（「懸賞新案玩具審査」『みつこしタイムス』第一号、明治四十一年六月一日）。

「燕がへし」について、坪井は「新案玩具「燕がへし」」（『みつこしタイムス』第三・五号、明治四十一年六月二十・七月十日）で次のように説明している。

其構造を云ふと、厚紙を大工の使ふ金《かね》の尺《ものさし》の様に切り抜き各《おのおの》の枝を長さ四寸（約十二・一センチ）位、幅五分（約一・五センチ）位とし、曲り角の所へ薄い紙で作つた燕の体を貼り着け、頭を直角の中の方、尾を直角の外の方に向け、各の枝を翼に見立て、全体を相当に着色したので有ります。

斯んな小さい物は手で投げた丈《だけ》では廻転もせず遠

くへ飛びもしませんから、棒で打つて其力を添へる事にしました。（中略）
燕は時計の針と反対の向きに早く廻り乍《なが》ら前の方へ高く舞ひ上がつて行つて、物に当たりさへしなければ或る高さの所で後戻りの運動を始めキリ〱廻つゝ打つた人の足許へ舞ひ戻る。〔『うしのよだれ』三〇六〜三〇七頁〕

つまり「燕がへし」とは、燕に模したブーメランの玩具なのである。その後、三越ではこの「燕がへし」を商品化して売り出している。商品名は「飛んでこい（一名燕がへし）」とされた。最初は安全性を考慮して絹製（表面を絹で覆ったということであろう）で作ったものが売り出され、完売した。おそらくコストの問題からその後、材料をすべて紙製で作ろうと、明治四十一年九月十七日に大崎村にあった高島平三郎の屋敷の庭で紙製第一回目の実験が行われたことが『みつこしタイムス』（第十二号、明治四十一年九月二十日）に出ている。その記事「運動具としての「飛んで来い」＝大崎村に於ける第一回試験＝」によれば、「大空《おほぞら》に徜徉《しやうやう》し頓《やが》て原位置に飛来る様《さま》優麗にして然《しか》も興味津々たるものありし只《ただ》始めての製造とて原料の選択十分ならず打撃の為め程なく損所を来したる点のみ不十分を免れざりし」〔一四頁〕とあって強度にやや不具合が発生したようだが、その後改良が行われてこれも商品として発売されている。

一緒に実験を行った高島平三郎は、慶応元（一八六五）年江戸の生まれ。家が貧しく、明治十（一八七七）年七月、福山西町上小学校を卒業すると、翌年四月には同小学校の教壇に立っている。以後、幾つかの小学校で教えながら、ほとんど独学で学び、その後は日本女子大学、哲学館大学（現・東洋大学）、日蓮宗大学（現・立正大学）等で児童心理学などを教えた（丸山鶴吉編『高島先生 教育報国六十年』）。

坪井と高島は、新案玩具の審査員を務める以前から旧知の仲であった。三越呉服店が行った坪井の追悼会で高島は、坪井との出会いを次のように語っている（「故坪井博士の追懐」『三越』第三巻第八号、大正二年八月）。

私が坪井先生に交《まじはり》を 辱《かたじけな》うしましたのは随分旧い事で、明治二十四年頃でございましたが〔次の「洋行から御帰りになつた年」という記述から考えると、明治二十五年の誤りか？〕、何しろ先生が初て洋行から御帰りになつた年であります。私の友人の者と初て人類学の事を伺ひました処が初て御目に掛かつたのに拘らず、非常に御懇切に御忙しい中《うち》を割いて色々のものを観せて下さいました。（中略）初て御目に掛かつたのだけれ共殆ど十年の知己の如くして、大変懇切にして下さいました。私も感激して親切な方だと思ひました。何しろさうやつて親切にして下さいますから、始は唯色々な珍しい物があるといふから行つて拝見しないかといふやうな事で誘はれて行きましたがその度に人類学に興味を持つて、さうして色々指導を受けて、（中略）私の始めた頃には大分東京近在は荒らされましたけれ共、併し斯う云ふ処に斯う云ふ遺跡がある、又少し離れた処に斯う云ふ処が有るといふことで色々教はつて、其処へ行つて貝塚など掘りましたり、当分は余程熱心に人類学をやりました。〔二一九〜二二〇頁〕

『みつこしタイムス』（第八巻第三号、明治四十三年三月）に掲載された「坪井博士の新案玩具――飛んで来い以上の妙趣向」と題する記事には「一昨年の春当店より売出したる新案玩具『飛んで来い』は、全然玩具界の記録《レコード》を破りその売れ方はさながら『飛んで行く』が如く、今尚都下の玩具商が模造又模造、際限もなく其余沢に浴しつゝありといふ」〔一一頁〕と記されている。三越のPR誌に書かれた記事なので、そのまま鵜呑みにはできないが、「飛んでこい」の売れ行きが好調であったのは間違いないようだ。「動物形の玩具」（『みつこしタイムス』第八巻第五号、明治三十三年五月一日）で坪井は、「引き続き蝶、蜻蛉《とんぼ》、鳩、雀、鶴、鷲等の形」〔『うしのよだれ』三二七頁〕も作られたと述べている。

実は坪井は、新案玩具の募集に応募する十五年以上も前に、「燕がへし」の元になるアイデアを考えついていた。『東洋学芸雑誌』（第百二十六・百二十七号、明治二十五年三月・四月）に「飛去来器（即、空中にて廻転して投げ手の許に戻り来る道具）」と題する坪井の論文が載っている。これは探検家・鈴木経勲が『東京経済雑誌』（第五百九十四号、明治二十四年十月十七日）に掲載した論文「マジュロ島人の鳥猟器械」に触発されて書かれたもので、このなかで坪井は「玩弄品としても此器は盛んに行はれます。今日は一向見掛けませんが、ロンドンでは曾て玩弄飛去来器が流行したさうでござりますが、之《これ》は全くアウストラリヤの飛去来器を摸造したのださうでござります」〔『東洋学芸雑誌』第百二十六号、一二八頁〕として、ブーメランが玩具として用いられていたことを指摘しているのだが、更に世界各地のブーメランに関する文献を検討したあとで次のように述べている。

私は木製の大きな飛去来器の実験は読者諸君に向つては余りお進め申しません。私は極容易に出来て、少しも浮《ふ》雲気《あんげ》無く、座敷の内で投げる事を得て、女や子供の慰みにも成る実験を御伝授致します。理学的遊戯書（Half Hours of Scientific Amusement. 1890.）の中にも新月形の厚紙を弾く事が載せてござりますが、私の工夫した物の方が結果が宜しうござります。私は種々の形で、試みましたが此所には其中《うち》最も意に適したのを記します。先づ厚い板目紙か、之《これ》に相当する厚紙を撰んで形も大《おおき》さも左の図に示す通りに切り抜くのです。タイラアの人類学書（Anthropology.）にも圧紙で造つたブウメラングも弾けば飛び返るとは記してござりますが、形も、大さも、持ち方も、弾き方も書いてござりません。彼の文を読んだ丈《だけ》で其意を理解する人は少いでござりませう。夫《それ》は拐置き、今切抜いた厂《ガンダレ》形の厚紙の縦の枝の下端をば左の手の拇指と人差し指とで軽く摘まみ、前上りにして（名札か端書きでも読む時の様に）保ち、右の手の指で横の右端を、厚紙の傾き通りに、弾いて御覧なさい。左の指を放しては行けません。放さなくとも弾く力で充分に厂は飛出します。直には上手に出来ないかも知れませんが、度々試みる中《うち》には手心が付いて好く飛ぶ様に成ります。弾き方の強弱で一様には申されませんが、厂は弾き出されるとキリキリキリキリと自転して、一間半〔約二・七メートル〕か二間〔約三・六メートル〕位斜に上り行き、進む力は消えても尚ほキリキリ自転して、自転し乍《なが》ら丁度弾き出された本《もと》迄飛び返つて参ります。〔同誌、第百二十七号、一七八～一七九頁〕

◉飛去来器（原寸は天地左右約 49㎜）

新案玩具の募集があったとき、坪井の頭にこのときのブーメラン実験が思い浮かんだに違いない。燕の絵柄を工夫するなど、あとは玩具としての体裁を整えるまで、もうひと工夫を加えればよかったのである。

しかし坪井のアイデアはブーメランを改良した玩具を作っただけに留まらない。「新案玩具「燕がへし」」のなかで、この玩具は飛び上がって舞い戻る様は面白いし身体運動にもなるが、それだけでは何度も繰り返すと飽きてしまうとして、更なる遊びかたを提案している。一人で遊ぶ場合は、右手で投げた「燕がへし」を左手で受け取るようにし、何回続けられるかを試みる。二人以上なら落としたら次の人が替わるようにし、人数が多い場合は二組に分かれて落としたら相手チームに替わり、これを順番に行って回数を競う競技としても遊べる。上手くできた場合は「一羽取った」「二羽取った」とかけ声をかけるとよいなど、次々とアイデアを披露した後、次のように文章を結んでいる。

「燕がへし」は室内遊技品とも成り室外遊技品とも成り、一人で玩《もてあそ》ぶ事が出来、数人でも玩ぶ事が出来、子供と大人、男子と女子、誰にも用ゐられて、運動一方のものとする事も出来、競技の用に供する事も出来、危険が無くて携帯に便利で有ります。私は広く読者諸君の好意的取り次ぎに依頼して一層多くの人々に此遊技品を紹介し、之《これ》を用ゐる興味をば実地に付いて感得せられん事を希望して居るので有ります。〔『うしのよだれ』三〇九頁〕

その後三越呉服店の正式のブレーンとなってからも、坪井は多くの商品開発に携わっている。『三越』（第三巻第七号、大正二年七月）に掲載された坪井が亡くなったときの記事「坪井博士と当店」によれば、彼が考案した商品には次のようなものがあった。


（玩具《おもちや》）飛んで来い、ずぼんぼ、兎と亀、マーストヘンゲル、かはり扇、輪廓廻《りんくわくまは》し、バッタ、鳥笛、自働ボール、金魚鉢、活動熊、積上げ五重塔、ひよこ〱蛙、絵本ウミトヒト。

（日用品）名刺受、六角時計。

（文房具）七曜筒、絵葉書分類箱、ポツケットデスク、波形文鎮、七夕栞。

其他独逸《ドイツ》衛生博覧会へ出品せし日本玩具陳列図案、絵葉書、野外用歌がるた等。〔一〇頁〕

更に『みつこしタイムス』の記事「坪井博士の新案玩具」には「水中花」、「昨年の児童用品研究会」（第九巻第一号、明治四十四年一月）には「重い葛籠《つゞら》軽い葛籠」という玩具名、また『三越』（第一巻第八号、明治四十四年九月）の記事「児童用品研究会彙報　七月と八月」には「分類栞」という名称の文具も見られる（これは「七夕栞」と同じもの）。どういうものかいまでは判らなくなっている商品もあるが、このうち判っているものについて説明を加えておこう。

◉「ずぼんぼの持ゐ方」に添えられた少女たちがずぼんぼで遊ぶ風景

「ずぼんぼ」は、江戸時代からあった玩具で、紙製の動物を組立て、足の部分に貝などで錘をつける。お腹の部分に扇か団扇《うちわ》で煽いで風を入れ、動かして遊ぶ。坪井が「ずぼんぼの用ゐ方」（『みつこしタイムス』第八巻第五号、明治四十三年五月）で述べているところによれば、「一時は盛んに流行したもので子供が弄んだ計りで無く、大人も之《これ》を動かして打ち興じ、三味線を鳴らして調子を取る事さへも有つた」が「跡を絶つてから久しく成」〔『うしのよだれ』三一三頁〕っていたものを復興したという。坪井は「ずぼんぼ」で遊ぶときの昔の囃し歌が下品に聞こえるからと、新しい歌を考案している。「ずぼんぼの用ゐ方」にはこの歌の歌詞が掲載されている。

むかしはやつたズボンボは／獅子舞ひ姿の細工もの／紙のからだに貝の足／扇子であふげば飛び廻る／ふるきをたずねておもしろき／玩具をあらたに作らんと／これにもとづきさまざまの／四足の形を写し出し／たゝめば袋の中に入り／ひらけばからだをふくらめて／くびをあちこち振りながら／動く様にと仕立てたり。／張り子の犬も獅子舞ひも／張り子の虎も一様に／団扇や扇の風の為め／ひよこ〳〵動くおかしさよ／座敷か屛風の隅ならば／ふわ〳〵高く舞ひあがり／一つ据え置き周囲《まわり》から／一緒にあふげば躍り出す／二つを向ひ合はせつゝ／二人でだん〳〵あふぎ寄せ／頭突き付け倒し合ひ／勝負させるも面白い／紙のおもちやに魂が／はいつて動くと見えるまで／風をば送れパタ〳〵と／あふげやあふげパタ〳〵と〔同書、三一四〜三一五頁〕

幸田露伴の娘・文は、『こんなこと』のなかで子どものころ、露伴お手製の「ずぼんぼ」で遊んだことを記している。露伴も三越とは関係があったが、どうやら文は

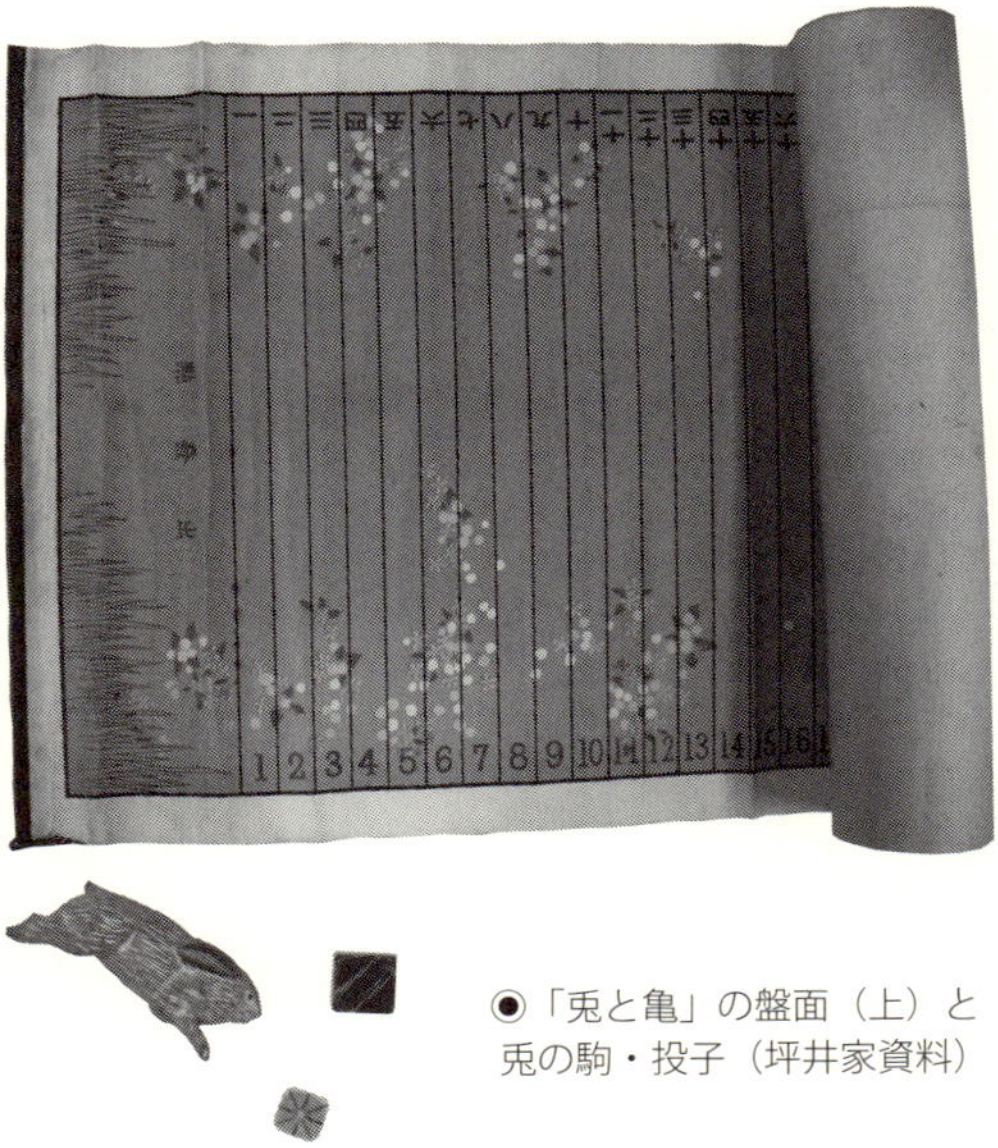

◉「兎と亀」の盤面（上）と兎の駒・投子（坪井家資料）

坪井のアレンジした「ずぼんぼ」では遊ばなかったようだ。

「亀と兎」で用いるのは、焼き物製の亀、兎、赤い投《さ》子《い》、白い投子および六十の目が盛ってある細長い盤である。盤上で亀と兎を競争させるゲームだが、坪井は「新案玩具「亀と兎」」（『みつこしタイムス』第八巻第五号、明治四十三年五月）で「三人でも四人でも五人でも六人でも出来るし、相手の無い時には一人でも出来るので有ります」（『うれしのよだれ』三二〇頁）と述べている。一人の場合は亀でも兎でも好きなほうを自分のものとして、他方と競争する。二人の場合は一人ずつ、三人の場合は二人と一人というふうに二手に分かれて亀と兎を競わせる。

遊びかたは、まず出発点に亀と兎を並べ、遊技者は盤の両側に向き合って座る。赤い投子は亀用、白い投子は兎用である。双方一二三で同時に投子を投げる。人数が多い場合は交代で投げ、一人の場合は赤と白の二つを一緒に握って投げる。出た目の数だけ亀と兎を進ませ、先に六十番を越えたほうが勝ち、同時に越えた場合はあいことなる。これだけだとほとんど普通のスゴロクと変わらないようにみえるが、坪井の奇想は投子に記された数にある。亀用の赤い投子は、六面中三面が2、三面が3なのである。一方、兎用の白い投子は、六面中一面が7、一面が8、残りの四面が0となっている。つまり誰もが知っている『イソップ寓話』にひっかけて、のろまな亀と速いが油断して居眠りしてしまう兎を投子の数字に見立てているのだ。更に坪井は「新案玩具「亀と兎」」で次のようなコメントも加えているが、これもいかにも坪井らしくて面白い。

亀と兎の位置は前足を投子の数に相当した間の中

に置いて定めるので有りますが、興を添へる為には唯算へるのよりも亀ならばノタ、ノタと云つて進め、兎ならば指を折りながらピヨン、ピヨン、ピヨンと云つて進めるのも一案で其場合兎の投子が零の時には眠つて居る形故グウーグウーと云ふが可いと思ひます。〔同書、三一二頁〕

「マーストヘンゲル」については、すでに本書の冒頭で触れた通りである。『みつこしタイムス』（第八巻第十一号、明治四十三年十月）掲載の広告「玩具マーストヘンゲル」を改めてここに記しておこう。

◉マーストヘンゲル、右は『日本玩具集』に、左は『みつこしタイムス』（第八巻第十一号）にそれぞれ掲載されたもの

理学博士坪井正五郎先生の新考案玩具、この他六つ切五つ切等珍妙な絵も沢山あります、この四つ切のをまはし廻せば二百五十六種、五つ切のをまはせば千二十四種の奇抜な滑稽な不思議な絵が出来ます坊ちやんやお嬢さんがたがいろ〳〵マースト、いろいろヘンゲル！〔一二頁〕

香川雅信氏（民俗学）は「坪井正五郎の玩具研究——趣味と人類学的知」（『比較日本文化研究』第五号、平成十年十二月）で、明治四十三年十一月十五日より三越主催の第二回万国玩具展覧会で陳列された「マーストヘンゲル」についての『読売新聞』の記事「是れは日本製で坪井博士の考案に成る有名な玩具でアイヌ風俗琉球風俗朝鮮風俗と現今の洋服姿との四つの人形が佇立してゐる様に描かれ頭から足迄の或部分を廻せば朝鮮人が洋服を着たり日本人がアイヌの服装に成つたり様々に変つて行く処は新日本の同胞が如何に親しみ合ふかを見せるので教育上有益なもの大は二十銭小は十六銭」を引用して、「マーストヘンゲル」は帝国版図内の民族の同化を視覚化し玩具化したものなのである」〔一四五頁〕と述べている。確かに香川氏の述べるように、そこで陳列された「マーストヘン

ゲル」についてはそう考えることができようが、先の広告には「珍妙な絵も沢山あります」とあって、「マーストヘンゲル」は一種ではなかったことが判る。そのなかには必ずしも政治的意図を含まない、単なる滑稽な玩具としての「マーストヘンゲル」もあったのではないだろうか。事実、先の『みつこしタイムス』の「玩具マーストヘンゲル」に掲載されているものは、香川氏が前掲論文で『日本玩具集』から引用している絵（前頁右図版参照）とは異なっている（前頁左図版参照）。また、香川氏自身この論文の註で「風俗測定」での「人を髪形・服装・履物などの部分に区切るという発想が「マーストヘンゲル」に通ずるもののように思えてならない」（一〇六頁）とも述べている。はっきりと断定はできないものの、「玩具マーストヘンゲル」掲載の図（前頁左図）は、香川氏が指摘する「風俗測定」での和風・洋風を各面に取り入れた「マーストヘンゲル」であるように見える。少なくとも見える部分から判断すると、四つ切りは、シルクハット（洋風）・顔・背広（洋風）・股引に草履（和風）になっている（顔はより面白くするために加えられたものではないだろうか）。そして「風俗測定」に政治的意図がないことは、すでに第四章で見てきたところである。

「かはり扇」は、扇の絵柄が変わる仕掛けが施された玩具である。「坪井博士の戯画」（『みつこしタイムス』第八巻第三号、明治四十三年三月）にはこの「かはり扇」の下絵

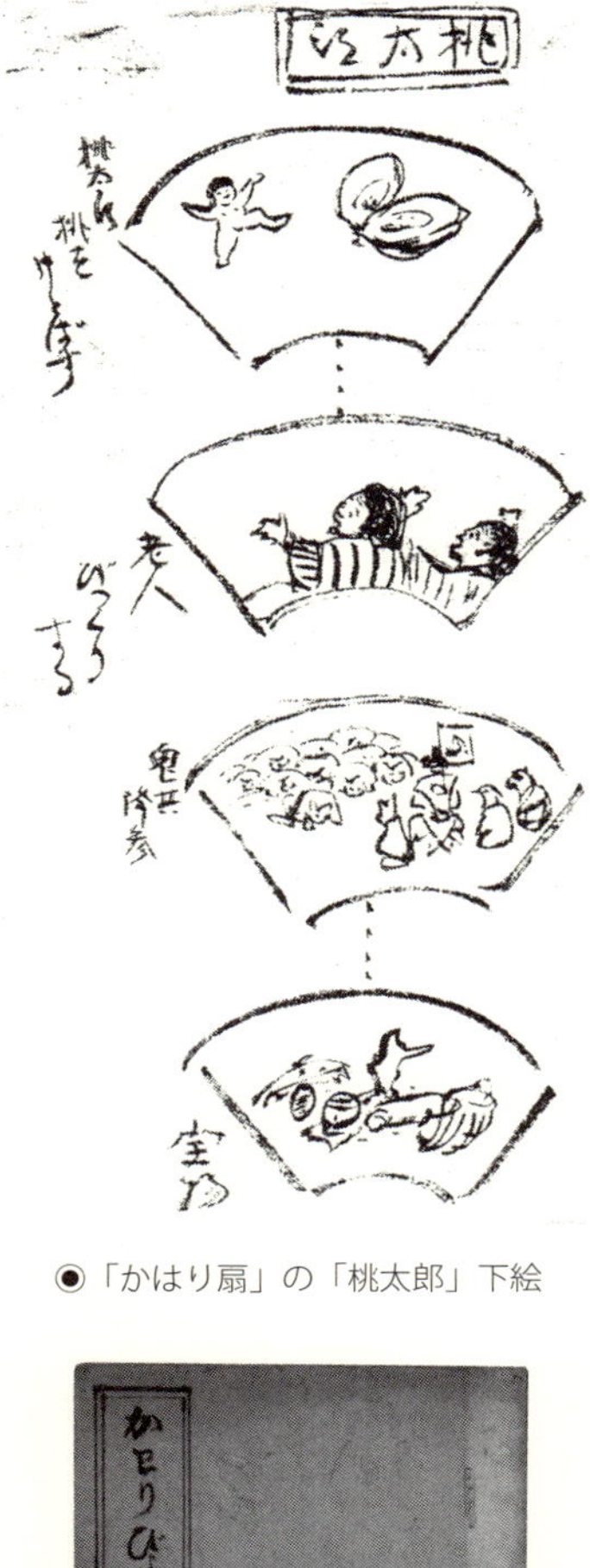

◉「かはり扇」の「桃太郎」下絵

◉『かはりびょーぶ』（坪井家資料）

が載っているが、それを見ると絵柄は「第一号　浦島太郎」「第二号桃太郎」「第三号　東京の今昔」「第四号一寸法師」「第五号　にはとり」の五つがある。このうち「桃太郎」は「桃をけとばす／老人びっくりする／鬼共降参／宝物」の四枚（前頁図版参照）、「東京の今昔」は、「むさしの」と「東京」に分かれ、「むさしの」が「野」と「月」の二枚、「東京」が「二重橋の雪」と「上野の花」の二枚、「一寸法師」は「お椀の舟」「鬼がにげ出す」「打ち出のこづち」「大男の足」の四枚、「にはとり」は「玉子のから／ひよっこ二羽／おんとり／めんとり」の四枚となっており、四つの絵柄が入れ替わるような仕掛けになっている。五種類全部が発売されたかどうかは不明である。

　この「かはり扇」のアイデアを、坪井はすでに明治十六（一八八三）年の大学時代に思いついている。坪井家資料のなかに、この年の七月二十九日に編集・執筆された『かわりびょーぶ』と題する手作りの小冊子（前頁参照）がある。「かわりびょーぶ」「かくしいた」「ふたえをりほん」など絵柄の変化する玩具の作り方を、図を交えて細かく解説しているのだが、そのなかに「かわりをーぎ」の名も見られる。

◉絵本『ウミトヒト』表紙

「絵本ウミトヒト」は、坪井が文章部分を担当した文字通りの絵本である。この絵本については坪井が「海と人の関係を示す児童用絵本について」（『三越』第一巻第八号、明治四十四年九月）で詳しく説明している。

　絵本の大きさは縦七寸横五寸〔約二十一・二×十五・二センチ〕、頁数は表紙共十六頁と云ふ規定。成る可くは、片仮名さへ知つて居れば読めると云ふ位の程度にとの事で有りましたから、総て其《その》心持ちで筆を執りました。絵はウードの人種誌其他に基き私が下絵を書いたのを専門家が直す事にしたので有ります。〔『うしのよだれ』三三三頁〕

坪井の下絵に基づいて絵の部分を担当した「専門家」とは、図案家＝グラフィック・デザイナーの杉浦非水で

◉杉浦非水による三越呉服店ポスター

ある。「重ね写真」や埃及《エジプト》研究会のところでも少し触れた非水は、明治九（一八七六）年、伊予国（現・愛媛県）松山に白石朝忠《ともただ》の子として生まれた。本名・朝武《つとむ》、十歳のとき杉浦祐明《すけあき》の養子に入った。画家を目指して上京し、川端玉章の天真画塾に入塾。その後、東京美術学校（現・東京芸術大学）に入学して日本画を学んだ。傍ら、洋画家の黒田清輝とも親しく接した。卒業後非水は、フランス留学から帰国した黒田が持ち帰った、アール・ヌーボー様式の図案をはじめとするパリ万国博覧会の数多くの資料に魅了され、グラフィック・デザインの道を歩むことになる。大阪の三和印刷、大阪商船の意匠図案嘱託、島根県第二中学教諭、中央新聞社等を経て、明治四十一（一九〇八）年二月、三越呉服店に嘱託として入店した。これには、美術学校時代に同期だった久保田米斎との関係か、もしくは黒田が流行会の会員であったことからその伝手によったという可能性もあるが、はっきりとしない。明治四十三年一月には図案部の主任となり、昭和九（一九三四）年八月に退社するまでの二十七年間、三越のポスターや『みつこしタイムス』『三越』の表紙などを多数描いている（杉浦非水著「自伝六十年」宇都宮美術館編『〈写生〉のイマジネーション　杉浦非水の眼と手』展図録）。

　絵本は明治四十四年三月二十五日～五月十五日の期間に開催された三越呉服店主催の児童《こども》博覧会のテーマ〝海〟に合わせて制作された（但し、絵本の発行日は七月十日となっているので、開催期間中には間に合わなかったようだ）。先にも触れたように三越では、小波を顧問として明治四十二年から毎年一回、児童博覧会を開いており、これが第三回目にあたっていた。統一テーマを海とした理由を坪井は「児童博覧会に於ける海の趣向」（『三越』第一巻第四号、明治四十四年六月）で次のように述べている。

　総べての趣向を海に採ると云ふのが此度の設計の大方針で有りました。其立案の元は会場敷地の土中深い所から古い貝殻が掘り出されたと云ふ縁と、本

店新築の準備として穿つた地下室を何かに用ゐようと云ふ考へとに在つたので有ります。〔『うしのよだれ』三四〇頁〕

第三回児童博覧会開催の前年、本店の建物を新しくするため地盤調査を行ったところ、地下二十二尺（約六・七メートル）地点で貝殻が出土し、三越呉服店が坪井に鑑定を依頼、坪井はこれを数万年前のものと判断した（「万年の地盤に万年の建物」『みつこしタイムス』第九巻第一号、明治四十四年一月）。

「海と人の関係を示す児童用絵本に付いて」に従って絵本の内容を紹介しよう。

表紙には水上生活の有様を写して置きました。これは「ニューギニー」土人の建てた海中の家に基いたので「海と人」と云ふ題の字を紅白の段ダラにしたのは此地方の彫刻物を模したので有ります。海と人の関係を示すには極めて適切であると考へたので此家の形を表紙絵に選んだので有ります。此図様は変へるかも知れません。〔これは変更になった。本書二六六頁掲載の表紙を参照〕

開巻第一の絵は「フイジー」土人が海中に飛び込んで戯れて居る体を二頁に亙つて示したので、一隅に太平洋の一部の地図を掲げ日本に対する「フイジー」の地理的位置を明かにする様にして置きました。

書き入れは左の通り。

但し原文は総て片仮名〔次頁の絵本を見ると、若干文章が変更されている〕

これは「フイジー」と云ふ所の女や子供が「リリキ」と云ふ事をして遊んで居る所です。斜掛《はすか》けに成つて居る丸太を駈け登ぼつて水の中へ中へドブンドブンと飛び込んでは岸に泳ぎ着き、又駈け上がつては飛び込むのですから中々賑かです。島国の人丈《だけ》有つて誰も皆此様に海に親んで遊んで居るのです。〔『うしのよだれ』三三四頁〕

以降、すべて見開きで「アンダマン」「マーキサス」「エスキモー」「ニユーギニー」「ニユージーランド」といった、いわゆる未開社会での海と人との関係を述べている。先に坪井の「絵はウードの人種誌其他に基き私が下絵を書いた」と述べている文章を引用したが、おそらくロンドンにいたころに買い集めた環太平洋地域を中心とする民族誌がこの描写に活用されたことであろう。

坪井は最後に「日本」を紹介しているが、その部分の説明は次の通りである。

前に書いたのは皆開けない国の事ですが、夫《そ》れでも海の有る所の人が海を恐れず、海の物を採り、舟で海の上を自由に行き来すると云ふ事は解かつ

コレハ
「フィジー」ト
イフトコロ
ヲンナヤ
コドモカ
「リリキ」ト
イフコトヲ
シテアソンデ
ヰルトコロ
デス。
ハスカケニ
ナッテヰル
マルタヲ
カケノボッテ
ハミヅノ
ナカヘ
トビコミキシ
ニオヨギツキ
マタ
カケアガッテハ
トビコム
ノデス。
シマグニノ
ヒトダケ
アッテダレモ
ミナ
コノヤウニ
ウミニ、
シタシンデ
アソンデ
ヰルノデス。
日本
フィジー
オーストラリヤ

マヘニカイク
ノハミナ
ヒラケナイク
ニノコトテス
ガ、ソレデモウ
ミヲイロイロ
ニツカフトイ
フコトハ
ワカッタデ
アリマセウ。
ヒラケタクニ
ノヒトガ
ウミヲヤク
ニタテルノハ
ナホサラノ
コト
デアリマス。
日本ガ
ダンダン
サカンニナッテ
キタノニハ
イロイロノ
ワケガ
アリマスガ
ウミデ
トリマカレテ
ヰルト
イフノモソノ
ヒトツデス。
コノクニヲ
マスマスヨク
シクイト
ネガフモノハイッソウウミニシタシミ
ウミノサンブツヲトリウミヲオモフ
ママニツカフトイフコトヲココロガケル
ノガカンジンデアリマス。
日本

たで有りませう。開けた国の人が海を役に立てるのは尚ほ更の事で有ります。日本が段々盛んに成つて来たのには色々の訳が有りますが海で取り巻かれて居ると云ふのも其一つです。此の国を益々好く仕度いと願ふ者は一層海に親み、海の産物を採り海を思ふ儘《まま》に使ふと云ふ事を心掛けるのが肝腎で有ります。〔同書、三三八頁〕

坪井は「海と人の関係を示す児童用絵本について」で『ウミトヒト』の内容を紹介したあとで次のように述べている。

舟を使ふ事が進歩すれば、交通、運送、漁業、戦争の上からも海を利用する事が出来、其結果人の開明の度が高まつて来る。広く人類全体を見ても海を用ゐる事の如何に有益で有るかゞ察せられるが、文明人に付いて其今日に至つた跡を探ねると海に負ふ所が中々多い。総体論の応用として日本の過去を考へ現在を見、将来を想ふ時は、是等数葉の絵も或は子供を教へ励ます具とする事が出来やうかと思ひます。〔同書、三三八頁〕

この『ウミトヒト』に、香川氏は先にも引用した「坪井正五郎の玩具研究」のなかで、坪井への社会進化論の影響を指摘している。坪井の社会進化論の影響については第十三章で検討したのでここで改めて繰り返すことはしないが、おそらくそれは当っているだろう。

「七曜筒」は筆入れのことである。形はその名の通り筒状になっていて、ふたを開けると中には筆が入れられるようになっているが、用途はそれだけではない。筒は七角形をしており、それぞれの面には「月」から「日」までの曜日が表示されている。そしてその隣の各面に「1／8／15／22／29」「2／9／16／23／30」「3／10／17／24／31」「4／11／18／25」「5／12／19／6」「6／13／20／27」「7／14／21／28」の日にちを表す数字が配してある。お判りのように、これは筒状のカレンダーでもあるわけだ。月が変わる毎にこの曜日の部分と日にちの部分を一面ずつ、ずらしていけば一年中、そして何年でも使うことができる仕組みになっている（坪井著「七曜を書いた筆筒」『みつこしタイムス』第八巻第五号、明治四十三年五月）。

この「七曜筒」の元になるアイデアを、坪井は十七歳のときに考案している。坪井が予備門時代につくっていた手づくり雑誌『毎週雑誌』第一号（明治十一年五月十三日）には「新工夫機械　干支曜早見」と題する文章があ

◉「七曜を書いた筆筒」に掲載の「七曜筒」

るのだが、そこには図入りで次のように書かれている。

コノ器ハ十二支十干ノ早見ニシテ一日ニ一転スレバ其日ノ支十干詳カニ顕ル其製ハ先ヅ五分〔約一・五センチ〕四方計リノ「ブリッキ」ノ小片二十九ヲ作リ之《これ》ニ干曜ノ各号ヲ記ルシ第一図ノ如クナシ紙片ニ付ケ第二図ノ如クナス又一小箱ヲ作リ之ニ細キ棒ヲ挿シ幅五分程ノ小板ヲ付ケ第二図ノ紙片ヲ第三図ノ如ク棒ヲ心トシ三ケノ環ヲ作ル箱ノ蓋ニハ幅一寸五分〔約四・五センチ〕程ノ穴ヲ明ケ支干曜ノ名号ノミヲ出スコト第四図ノ如クナルベシ然ル後㋑の棒を廻転セバ三環等シク廻リ其日ノ支干曜詳カニ顕ハルベシ

「ポツケットデスク」は、その名の通り携帯用として持ち歩ける紙の束が入ったお財布のようなものだったと思われる（「坪井理学博士の洋行」『三越』第一巻第六号、明治四十四年八月）。

「波形文鎮」は先に触れた「児童博覧会に於ける海の趣向」によれば、第三回児童博覧会のテーマ〝海〟にちなんだもので、波の形をした伸縮自在の文鎮だったようだ。

「七夕栞」は色違いの五種類のリボンがついた栞がセルロイドについているもので、幾箇所かに分けて同時に栞を挟むことができる。坪井は「分合自在の栞」（『教育

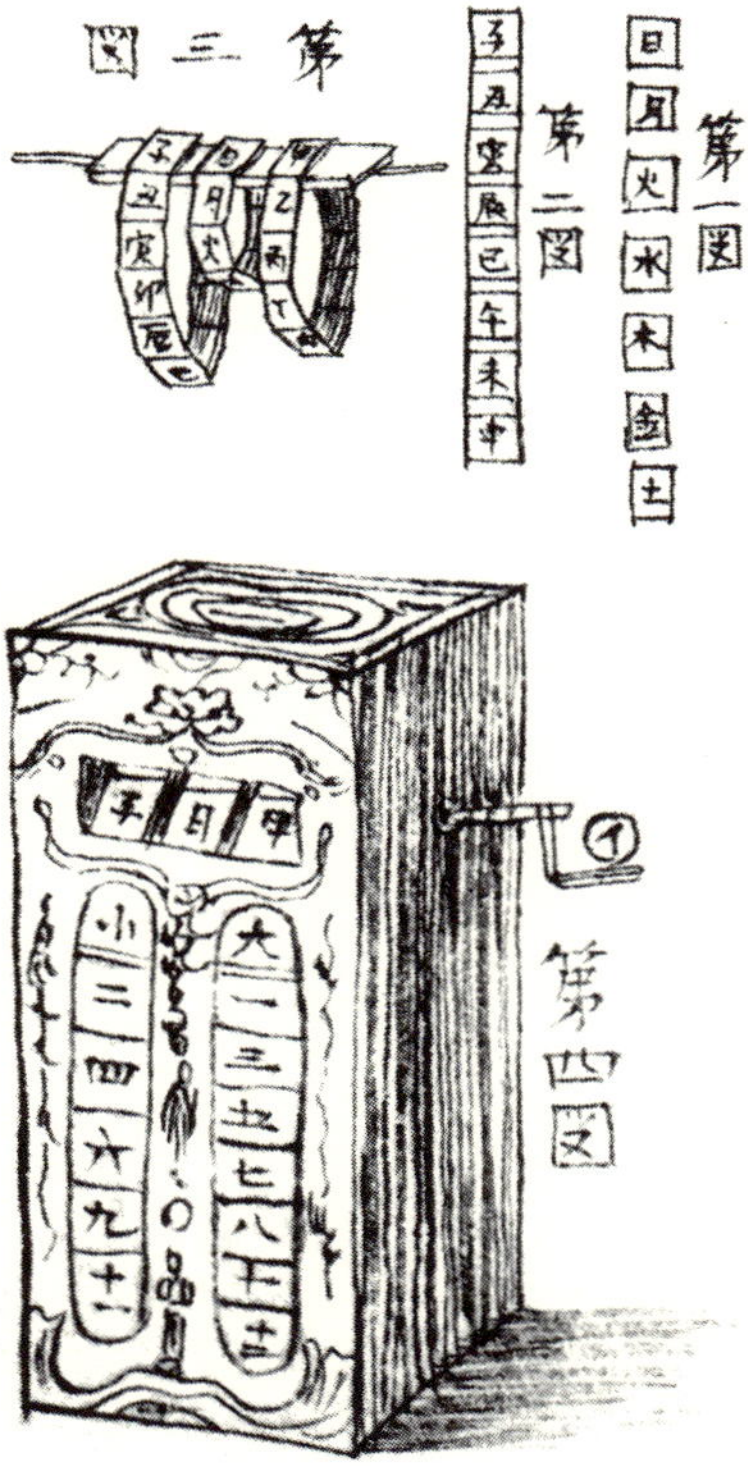

◉「新工夫機械　干支曜早見」
（『毎週雑誌』第一号に掲載されている図）

品研究』第一巻第一号、大正元年十月）で「リボンが五色の短冊の様で有るのと、初めて作つたのが七月で有つた為めに此の枝折りは七夕栞の名を得」（十六頁）たと、述べている。

　こうして見てくると人類学者であった坪井が、これほどたくさんの商品を考案していたということ、しかもそのアイデアのなかにはすでに学生時代にその原形を考えているものもあることに、驚かされる。

　さて、ここで改めて流行会、児童用品研究会に参加していたメンバーについて考えてみると、三越の店員以外はそれぞれ別に本業を抱えた専門家の集まりであったということである。しかも皆その道では一流の人たちが集まっていたのであれば、この二つの会に参加することは、他の領域の専門的な話を直に聞ける絶好の機会であっただろう。なおかつ学者であれば、専門の堅苦しい集まりというよりは、専門的立場での責任から一時的に解放される、気楽な集まりでもあった。また親交を深めるために、ときには流行会では会員がこぞって船遊びを楽しんだり（駿河町人著「画報玉川の雨」『三越』第二巻第七号、明治四十五年七月）、玉川に釣りに行ったり（駿河町人著「綾瀬の風」『三越』第二巻第十号、大正元年九月）したし、児童用品研究会会員が連れ立って三渓園を訪れる（駿河町人著「三渓雨記」『三越』第一巻第五号、明治四十四年七月）、ということもあった（駿河町人は、劇作家・松居松葉《しょうよう》の別号）。あるいは、日比はこの二つの会にそうした自由な雰囲気を持たせることで、自ずと豊かな発想のアイデアが生まれてくるだろうことを期待していたのかもしれない。

　そして坪井はといえば、まさしくそうした遊び的感覚の溢れる場が人一倍好きであった。『みつこしタイムス』『三越』には毎号、例会の出席者の名前が記されているが、それを見ていくと、坪井は月一回の流行会例会に、出張等のやむを得ぬ事情を除いて、ほぼ欠かさずに出席しているし、児童用品研究会のほうは毎週水曜日に頻繁に例会がもたれたのだが、こちらにも足繁く通っている。

　坪井の三越とのつき合いは、大正二（一九一三）年の彼の死まで変わることなく続いた。坪井の死後、三越が流行会・児童用品研究会主催で坪井正五郎追悼会を行い、更に『三越』でその追悼会の内容を全面的にドキュメントした追悼号（第三巻第八号、大正二年八月）を出すというPR誌としては異例の計らいがなされたのも、坪井の三越に対する多大な貢献への感謝からであったろう。

第十六章　湖底遺跡――諏訪にも杭上住居の跡の有る可き事

湖沼学者・田中阿歌麿の助手を務めていた橋本福松が、信州諏訪湖の湖底をさらってみると、石鏃等の古代遺物が出現した。橋本は太古の昔ここは陸地であり、陥没して湖になったのではと考えた。だが、報告を受けた坪井は、それこそ杭上住居があった痕跡ではないかと判断し、自ら確かめるべく信州へと向かう。

話は少し逸れるが、フランスで湖沼学を学んだ田中阿歌麿《あかまろ》子爵が長野県諏訪湖での調査を開始したのは、明治三十九（一九〇六）年二月のことであった。そのとき文字通り田中の手足となって助手を務めたのが、高島小学校教員・橋本福松（当時は平沢姓であったが、明治四十一年に橋本家の婿養子となった。本書では便宜上、橋本に統一した）である。橋本は講演「諏訪湖底のソネに就て」（『信濃博物学雑誌』第三十四号、明治四十二年十月）で、調査の一環として同年八月、諏訪湖において三百数十回の深度錘測を行った際に「湖中の東方なる大和下《おわした》の沖合に於て、漁夫の一般に「ソネ」又は「ジリヨウ」と呼んでゐる地盤の堅い場所の在ることを知つて聊《いささ》か疑問を起した」（一頁）と述べている。この疑問を解くため橋本は、明治四十一年十月二十四日、漁夫を指揮して湖底の泥を分析用に採取することになったとき、併せて蜆掻き鋤簾《じょれん》（シジミを掻きよせて取るための道具）によってソネ部分の土砂をも掻き上げてみた。採取後、土砂を調べてみると、粘土、砂、火山礫などが主で、通常の湖底にある土砂とは異なるこ

とが判明した。橋本は先の講演で次のように述べている。

　更に驚いたのは、此附近から出る筈のない鉄石英や燧石《ひうちいし》や黒曜石等の破片が沢山に出ることである。之等《これら》の破片は、孰《いず》れも長径五分〔約一・五センチ〕乃至《ないし》一寸五分〔約四・五センチ〕位であつて、而《し》かも揃ひも揃つて太古石器時代の人間が石器製造の材料とした岩石で、之等破片の非常に多数なるは、恰《あたか》も陸上に見るところの石器製造場の遺跡と云はるゝものと観を同うするもので、果然其破片中より数個の石鏃をも拾ひ得たのである。〔二頁〕

　諏訪湖底から石鏃が発見されたという事実に興味を覚えた田中は、さっそく坪井にこのことを伝えた。驚いた坪井はこの発見品を送ってくれるように田中を通して頼み、程なく橋本から坪井の許に件《くだん》の石鏃が送られてきた。その後、橋本はこの発見の経過と自己の推論を記した「諏訪湖底より石器を発見す」を執筆、論文は田中の手を経て坪井の許へと送り届けられた。坪井はそれを『東京人類学会雑誌』（第二百七十八号、明治四十二年五月）に、彼の見解を述べた「石器時代杭上住居の跡は我国に存在せざるか」と共に掲載した。橋本は論文のなかで発見の経過について記したのち、次のような考察を述べている。

　此処が曾ては水面に現はれて居た場所であつて矢張石鏃を製造した遺跡ではないかと思はれる、否確に石鏃製造の場所であつたのである、（中略）斯うなると此処は、どうしても人間の居たところでなければならない即ち曾ては水面上に現はれて居つた時代があつたのである即ち前に述べた所の黒曜石や鉄石英や燧石《ひうちいし》は之等《これら》石器を作るために他より運ばれたものである移されたものである、人間が居たとすれば此処は曾て陸地であつたのである〔二八二〜二八三頁〕

一方、坪井は「石器時代杭上住居の跡は我国に存在せざるか」のなかで、この橋本の主張を「夫《そ》れも一説では有りますが」と一応は認めながらも、橋本とは異なる考えを述べた。「私は島の陥没と云ふ想像説を立てる他にまだ諸外国に例の多い杭上住居では無からうかとの考へを此事実の解釈に向ける余地が有ると思ふので有ります」〔二八六頁〕――これが彼の主張であった。

　明治四十二年五月十七日、坪井は自分の眼で実際に現場を見るべく、松村瞭《あきら》と共に飯田橋停車場を午前中に発ち、夕刻上諏訪停車場へと降り立った。坪井からの知らせを受けていた橋本は、一つ手前の停車場茅野《ちの》から乗り込んできた。橋本の言によれば、坪井と橋本はこのときが初対面というわけではなかった。以前、帝国教育会主催の夏期講習会で坪井が人類学講義を行ったとき、橋本は聴講に来ていたのであった。この日、坪井は上諏訪の布半《ぬのはん》旅店に宿を取り、橋本から湖水や遺物の話を詳しく聞くことができた。

翌日、橋本の手配で三艘の小舟が湖上に用意され、それぞれに坪井、松村、橋本が乗り込んだ。あとから地元の両角《もろずみ》新治・小沢半堂（孝太郎）も別の舟で漕ぎつけ、これに加わった。調査は午前九時から開始された。橋本が以前に行ったと同じように、今回も蜆鋤簾で湖底の土砂を掬った。作業は正午少し過ぎまで行い、終了した。この調査では、未成品等も含め石鏃などの加工品と見られるもの二百三個、その他石器製造の屑と見られるものおよそ千三百九十個が採取された。その夜坪井は信濃上諏訪中学校からの依頼で、同校にて「湖底遺跡」を講演し、翌日に帰京した。

諏訪湖での調査結果を、坪井は「諏訪湖底石器時代遺跡の調査」と題して『東京人類学会雑誌』（第二百七十九号〜第二百八十五号、明治四十二年六月〜十二月）で四回にわたり詳しく報告した。そのなかで彼は、水中から石鏃が多数発見された理由を「水上生活を営んで居た者が抗《ママ》の上に作られた床の上で石器製造をして居る間に敷き物の外へ夫《そ》れ等が落ちたか、又は屑丈《だ》け捨てゝ出来上かり《ママ》の物を取つて置く筐のが急の事変に際し同じく水中に投げ入れられたか、火事に遇ふとか氷に押されるとかして床が焼けたり壊れたりして是等が水中に落ちたかしたので有らう」（『日本考古学選集　第二巻　坪井正五郎集　上巻』二一七〜二一八頁）と考えるのが最も誠《まこと》らしいとし、結論として「遺物存在の有様、遺物の種類及び諸外国に於ける古今の類例が、諏訪湖にも杭上住居の跡の有る可き事を告げると云ふ事に成るので有ります」（二二四頁）と述べているように、諏訪湖での調査は行く前の予想を裏づける結果となった。

坪井の見解に対しては、すぐに反論が現れた。『報知新聞』（明治四十二年七月九日）に掲載された「諏訪湖新研究――水上生活は疑はし狐渡の科学的説明」という記事のなかで、坪井の水上生活説を紹介したあとに、田中阿歌麿の見解として次のように書かれている。

田中氏は此坪井博士の推断に疑問を抱き夏は湖底を探究し、冬は氷上を研究し、苦心惨憺の末漸やく此先輩坪井博士の推断の早計にして信を置くに足らざる理由を発見して六日夜欣々然《きんぐぜん》として小石川の自邸

に帰宅したり、其理由の大略に曰く、（一）石器のみの発見に因りて水上生活の遺跡とは断ずるを得ず、何となれば若《もし》其石器を湖上運搬の際船舶等の顚覆して湖底中に沈没したるものと考ふる余地あり（二）諏訪湖は冬期に至れば一面に氷結す、されば水上の住居たる家屋に必要なる土台となるべき抗《ママ》等を打つ事叶はざるべし（三）地質学上、考古学上より論証すれば諏訪の湖底は島若しくは半島の地辷《じすべ》りの為めに陥没したるものなれば石器等も此の陥没したる地上に落ち散りたるものと判断するを得と、而《しか》して田中氏は一々以上の三理由を証拠立つる為めに精細なる研究事実を有し居りて不日発表すべしと往訪の記者に語れり

但しこれは田中を取材した記者の文章であり、明らかに大げさに書かれているところもあって、どこまで田中の説を正確に伝えているかははっきりとしない。また神保小虎《ことら》も『時事新報』（明治四十二年七月九日）に「古代諏訪湖上生活に就て」を「神保博士の談」として発表したほか、幾つかの新聞で反対論を唱えているが、これらも記者のバイアスがかかっている可能性がある。しかし神保の正確な考えについては、「諏訪湖底石器時代遺跡の調査」連載途中の『東京人類学会雑誌』（第二百八十二号、明治四十二年九月）に掲載した「諏訪湖底の石器と湖上生活論と土地の陥没？」があるので、これで確認することができる。人類学会を立ち上げた仲間の一人であった神保は、鉱物学者として田中阿歌麿と共に諏訪湖の実地調査にも携わっていた。神保は坪井の杭上住居論を「是れは誠に珍しい考へで兎に角「新問題を出した」といふ功は大きいのである」と評価はしたものの、「この仕事は、一日二日の短時日で為し遂げらるゝと云ふ簡単のものでもなく」〔四八〇頁〕、結論をくだすのは慎重な調査を必要とする問題であること、そして神保の知る最近においても諏訪湖付近は地変を起こしている、まして「過去の昔にも同様湖岸には、土地の陥落と云ふ事があつたかもしれぬと想像される」とした。更に諏訪湖は冬に凍って人馬が歩けるほどであるから、「湖上生活に必要な杭は氷の圧力で折られるか押し倒される」〔三八一頁〕とし、湖上生活があったとしても、春夏秋に限られたのではないかとの意見を述べた。

坪井の見解に異議を唱えのは、田中や神保だけではなかった。坪井の調査を知り、明治四十二年六月二日、小沢半堂を同道して自らも諏訪湖を漁ってみた地元の保科

五無斎（百助）もその一人である。

この保科五無斎という人物について少し述べておこう。彼は慶応四（一八六八）年、信濃国（現・長野県）佐久郡に生まれた。師範学校卒業後、小学校教師を経て武石小学校の校長となった。ここまでは出世コースとも呼べるものだったが、保護者向けに配布した『武石学校新聞』が新聞紙条例違反で処罰されたのを皮切りに、大豆島《まめじま》の学校へ校長として赴任すると、今度は被差別部落民の生徒だからといって本校の生徒と別々に学ぶのはおかしいとの考えから特殊学校を閉鎖、そこに通っていた児童を本校に移して問題となるなど、その後転勤させられる学校、学校で悉く問題を起こすことになる。考古学者の藤森栄一は、五無斎の伝記「考古学の鬼才・百助」で「短いった十年の教員生活のうち彼ほど転勤させられた先生も尠《すくな》い。最長が二年ほどである」〔『ドキュメント日本人　第六巻　アウトロウ』七六頁〕と述べている。明治三十四（一九〇一）年、辞職願いを提出していったんは教育者としての道に区切りをつけた五無斎だったが、明治三十六年からは、私立速成中学保科塾を作るなど彼の教育にかける情熱に再び火がつき、小学校～大学の授業料全廃、教科書学用品の公費支弁等を主張したりした。

五無斎はまた坪井に負けず劣らずの狂歌好きであった。五無斎を主人公にして小説『五無斎先生探偵帳――明治快人伝』を書いたこともある作家の横田順彌さんは『明治ふしぎ写真館』のなかで、明治三十九年に五無斎が自費出版した『よいかゝをほ志な百首け』から「其一　年取つて見れば無暗に思ふかな此世でどうかかゝをほしなと」「其十二　にはとりを見る度毎におもふかな早起きすきなかゝをほしなと」「其九十三　仏国史よむ度ごとにおもふ哉ジヤンダークをばかゝにほしなと」「其九十七　田子の浦漕ぎ出て見れば思ふかなお富士さんをばかゝにほしなと」などの狂歌を紹介している。五無斎は『読売新聞』（明治三十八年五月二十三日）で「奇人百種」の第一等に選ばれたほどの風変わりな人物だった。

さて、この五無斎のもう一つの側面に、地質学への関心があった。五無斎は研究生として神保小虎の許で学んだことがある。五無斎と同郷の作家・井出孫六氏は『保科五無斎――石の狩人』で次のように述べている。

〔五無斎は〕ついには東京帝大の地質学教室の研究生として、神保教授から地質学・結晶学の手ほどきを受けることになるが、神保教授の歯に衣きせぬ言葉のなかから、百助は高等数学など基本的な教養の欠如が研究者への厚いカベになっていることを悟らされた。在野の好事家の域をぬけでるためには、実物鑑定の目を養って、石の狩人になる以外にない、それが幾度かの上京で体得した教訓だった。明治二十九（一八九六）年七月日本地質学雑誌に「小県郡鉱物標本目録」を発表するなど、フィールド・ワーカーとしての百助の名は広く知られるところとなった。〔九〇〜九一頁〕

五無斎は橋本の講演「諏訪湖底のソネに就て」が掲載されたと同じ『信濃博物学雑誌』（第三十四号、明治四十二年十月）に「諏訪湖のソネに関する憶説」を発表し、そのなかで「坪井博士は、水上生活の遺跡地ならんかと言はれたる由なれども、甚だ不感服なり」として、坪井の考えを否定した。その理由を彼は次のように述べている。

一、水中に枠の如きものあればとは、唯一の理由なれども、島中生活なればとて枠をば打たぬとは限らず。且つ其の枠たる未だ確実なるものにては無し。

二、諏訪の地たる信州一の寒き所なり。寒天製造、製氷事業、氷滑開設地、等の十三字之《これ》を証明す。其昔、人煙稀少なる時に当つては、人の身体より発散する熱量等も、将《ま》た薪炭より放散する熱量も少きことゝて、現今よりは今一層寒気酷烈なりしならん。現今と雖も湖岸の旗亭は、冬期甚だ寂寞を感ずるを見る。夏期は兎も角も冬期の水上生活は如何のものにや。

三、水上生活の用は猛獣毒蛇やら敵人の襲来やらを防がん為めなり。本邦由来猛獣毒蛇少く、殊に諏訪を甚しとなす。湖岩附近、水上生活の遺跡、陸続発見せられて有力なる証拠物の出でなば兎に角も余りに断定を取り急ぐは稍考ふ可きことなり。〔二二頁〕

坪井のほうも杭上住居論のより強力な手がかりを得ようと明治四十二年七月二十一日、再び諏訪の地を訪れた。三泊四日諏訪に留まり、二十四日に帰京している。このときの調査は、曾根遺跡研究会編著『諏訪湖底曾根遺跡研究一〇〇年の記録』に収録されている三上徹也氏による「曾根遺跡調査の記録」によれば次のようであった（二十一日は、移動だけで調査は行っていない。なお引用文中の（　）内は、調査を報じた新聞名）。

7月22日。午前中、曾根の実地調査。「石鏃三十個、動物の骨及び歯十余個、土器の破片二十一余個、

坪井博士諏訪湖そね石器時代遺物調査の光景
Dr. Tsuboi investigating remains of the Sone stone age. by Lake Suwa.

◉諏訪湖上での坪井たち調査風景からつくられた絵はがき（坪井家資料）

其他の破片無数を採集」（『長野新聞』7月24日）。午後、木杭が埋没しているという上桑原地籍の田圃の調査。
7月23日。高島公園付近の発掘調査。
7月24日。上り一番にて帰京（『信濃毎日新聞』7月25日）。〔二六頁〕

諏訪湖の調査には前回同様、橋本福松、両角新治らが協力した。このときの調査結果も含め、坪井は「日本に於て始めて発見されたる湖底の石器時代遺跡」を『東洋学芸雑誌』（第三百三十七号、明治四十二年十月）に、そして「諏訪湖底石器時代遺物考追記」を『東京人類学会雑誌』（第二百八十七号～第二百九十一号、明治四十三年二月～六月）に四回に分けて掲載した。後者の論文では、再度の調査で見つかった石器に加え、凹み石（自然にできたのではなく、人の手によって凹んだ痕跡のみられる石のこと）、土器、骨器、石槍などについても細かい分析を行っている。また前者では主に坪井の杭上住居論の説明を繰り返したあと、それ対して加えられた論に反論を行った。反論は「諏訪湖底石器時代遺跡の調査」や「諏訪湖底石器時代遺物考追記」にもみられるが、これが一番まとまっているので、先に挙げた坪井への反対論に対して、彼がどう考えたのかを確認しておこう。

まず運搬船顚覆説については、船ができあがった石器を積んでいたとの考えは納得できるが、それ以外に屑も積み込んでいたとは考えられない、しかも一艘の船にしては遺物散在の面積が広過ぎるとした。次に土地崩れ落ち説については、可能性はあろうが「大《お》和《わ》の地に在つた石器時代の遺跡の一部が水中に崩れ込んだものならば、岸とソネとの間にも遺物が一様に有りさうなもので有るのに、遺物の散在する大和の丘を距る数丁にして始めて水底に遺物を得ると云ふのは」〔四八二頁〕おかしいと述べている。三番目は湖島陥没説についてだが、これも可能性としてはあり得べきこととしながらも、「遺物中に小さな骨の破片や植物性の物の存在するのは何と解釈すべきで有りませうか。陸続きの場所でも同様で有りますが、島の上に斯様な物が散在して居れば雨に打たれ風化作用も受け破壊腐蝕形を留める事はむつかしい訳で有ります。特に其土地が水中に沈み込めば僅かの残り物は浮き上がりもしませうから前述の様な物が場所を限つて存在すると云ふ事は余程考へにくいので有ります」〔四八二頁〕とした。

五無斎の名前は出していないが、彼の説も坪井は読んでいたのは間違いない。五無斎の説のうち枠の問題については、「従来知られたる杭上住居の構造には簡単に水底へ杭を打ち込んだのや、杭の下端に横木を付け框《わく》の形として水底に据えたのや、水中に捨て木をして之《これ》を積み重ね殆ど人造の島とも云ふべきものとし此所に杭を差し込んだのや色々有りますが、何れも上には横木を並べてプラットフォームを作り、其上に多くの小屋を作り設けたものらしいので有ります。杭なり横木なり小屋の部分なりが発見されゝば論は有りませんが、小さな木片の他未だ夫《そ》れと覚しい物が出ませんから、杭上住居の事は今尚ほ一つの想像たるに過ぎないので有ります。杭上住居の事は想像は想像で有りますが、有るまじき事として捨てねば成らぬ程不条理な想像では無いと思ひます」〔四八二〜四八三頁〕と応じている。次の氷害の問題については、田中・神保も同様に指摘していることだが、これに対して坪井は「ヨーロッパの湖水で杭上生活の証拠の発見された所でも氷害の有る所が有るので有ります。斯かる場所の杭が完全に遺つて居ないのは氷の盤が当つて之《これ》を打ち壊したと云ふ事にも由るので有らうと説いた人も有ります。氷害の有る湖水にも杭上住居の跡が有るとすれば、問題は未開種族が氷害の有る湖水に杭上住居を作るかどうかと云ふ点に在るのでは無く、未開種族が斯かる湖水中に杭上住居を作つたとしたならば、氷害を避けるに如何なる方法を用ゐたらうかと云ふ点に在ると云ふべきで有ります。住居を離れた或る場所に氷除けの杭を立てるとか、プラットフォームの下の杭に支への様に斜めな棒を副へるとかするのも役に立つ事で有りませう。尚ほ研究の余地は有ると思ひます」〔四八四頁〕と述べている。最後に猛獣の問題については「或る人は水上生活は猛獣を怖れて止むを得ず作るもので有るが日本には猛獣が居ない、従つて斯かるものを作る必要が無いと云ひました。現在の未開種族の行為に徴するに水上生活は他部落の者の襲来を防ぐ為めや、漁業の便を計る為めに好んで之を為し、又は他部落の者に圧迫されて余儀無く之を為すので有ります。猛獣が居らぬとて水上生活の必要が無いとは定められません」〔四八三～四八四頁〕と答えている。

坪井が諏訪湖を調査したのは、先に触れた二度だけであったが、この諏訪湖の杭上住居説を別の側面からアプローチできないだろうかと考え、翌年の明治四十三年五月、諏訪湖と同じ長野県内にあり、やはり天然湖である野尻湖の調査を行っている。このときの調査について坪井自身は記していないのだが、彼に同行した郷土史家の栗岩英治と五無斎が文章を残している。

栗岩英治の文章とは「五無斎氏の思出」（『信濃教育』第五百七号、昭和四年一月）のことである。このなかで彼は次のように述べている。

坪井正五郎博士が野尻湖の石器時代研究に来られた時私は其案内を承つたのであつたが、渡辺敏《はやし》老人と五無斎氏とは、二三日私と随行を共にした。当時の私は五無斎氏以上の大飲み助であつたのに、坪井博士は酒ぎらひで、殊に気むづかしい人であつたから、策戦《ママ》として、旅屋の宿泊の時は、何時も博士には渡辺老先生を配して置き、私等は遠く離れた室を占めて飲み上ぐることを例とした。併乍《しかしながら》、博士は非常に耳目の敏い人だから、五無氏に厳に、戒飭して、何程飲んでも大きな声を立てないといふ約束の下に飲んだものだ。

初めの二三本の中は、唯だ盃を甜める音位だけれど其中《そのうち》に五無氏の声が地声になつて来る。更に大きくなつて来る。之《これ》を詰ると、なに此野郎なんどゝ高まつて来る。そしては《ママ》、次の朝になると、私は博士にいや味を言はれ、五無氏は私に詫を言ふ。その言ふ時たるや全く閉口頓首の態らしいけれど、飲み初めると又駄目になる。二三日目には、流石の博士も可笑しさに吹き出されたやうな次第であつた。こん

なことも今は追懐の一つの種になつてしまつたのだ。〔七六〜七七頁〕

ここで栗岩が述べている坪井の相手をした渡辺敏老人というのもなかなか面白い人物だったようだ。藤森栄一は渡辺敏について、『かもしかみち以後』のなかで信濃教育会編『信濃功労者列伝』によりながら次のように述べている。

渡辺敏は、弘化四〔一八四七〕年の出生、奥州二本松藩士で、明治元年の、戊辰の役では、実弟浅岡一《はじめ》とともに従軍、白河城を守った。二二歳である。（中略）明治八年、東京師範学校の小学師範を出たかれは、さっそく筑摩県より三等訓導の辞令をもらって、その年開校した仁科学校（大町小学校）長としてやってきた。長野県とのはじめての結びつきである。

渡辺先生は、いねむり先生であった。教室の中では、ろくに物もいわず、眼はあいているのか閉じているのかわからないという変な先生であった。五寸六尺（一・八メートル）の肥満大兵、とくに顔が大きく、しかも茫洋、あだ名はゾウだったという。

ところが、みんなを引率して外へ出ると、うってかわった精彩を見せた。かれには、動植物、自然現象ほか、身のまわりをとりまく、いっさいの現象が、不思議で、そして研究の対象に見えた。〔五七〜五九頁〕

おそらく博物学的知識を豊富にもった人だったのだろう。藤森によれば、蒔田《まいだ》鎗次郎《そうじろう》が明治三十三年、長野市箱清水の長野高等女学校敷地で弥生式土器数百個発見されたことを翌年『東京人類学会雑誌』で報じたが、これを発掘・保存したのが当時、長野高女で校長を務めていた渡辺であった。坪井とは話が弾んだと想像される。渡辺は五無斎の信頼も得ており、五無斎が岩石標本を全県に無料頒布する目的で採集を行った際、渡辺のいた長野高女に岩石を次々と運び込み、そのあまりの数の多さに体操場が使えなくなってしまうほどだったという。

五無斎が野尻湖を訪れた坪井について書き残しているのは、「坪井博士に随行して野尻湖に遊ぶ」（『信濃公論』第八十一・八十二号、明治四十三年五月十八・二十五日）という日記風の文章においてである。

偖《さて》篠井停車場に至り見れば渡辺老先生は坪井理学博士と御同乗あり。（中略）打ち連れ立ちて長野市に至り更級乙種農学校より貰ひ来りたる独活《うど》の大木を同博士に致し午後二時より城山館に於ける同博士の土俗談を聴聞し博士の巾着男滸山《こざん》老猿〔栗山英治のこと〕と天口し酉卒《ゆうそつ》し且つ垂目す。是は五月七日の事なり。
五月八日　日　晴　今日は坪井博士一行に従ふて野尻湖に赴くの兼約ありたれども昨夜の○○と○○とが過度なりし為め○○も其度を過ごし一番の汽車に乗り後る渡辺老先生は二番にてとの事なりしも三番に乗り後れられたり。是は何時も有り勝ちの事なれば敢へて珍とするに足らず。野尻湖に至りたる比《ころお》ひ越後の人梅木寿三郎といふ老人来られたり。篤学翁と評す可し。博士並に史談会の一行は午食を取られつゝあるの間梅木翁と共に琵琶島に至り介類と石器類とをあさりたり。前者は標本製造の準備にして後者は其破片を多く得んとはするなり。破片を多く得んとするの理由果して如何。ソは諏訪湖のソ子は石鏃製造所なりとの五無等の説を確乎たらしめんが為めと博士が水上生活説を薄弱ならしめんが為めとなり。然れども天は五無等にも与《く》みせず又博士にも同せずして只《ただ》々僅少の破片と僅少の石器を産したるのみ。遺憾此上もなし。斯くして博士及史談会の一行は小舟二艘に棹して島の南面を通過せられたるに便乗して須川と杉の窪方面とを捜し廻りたれども只々石器の原料たる赤色硅岩やら粘土岩やら黒曜石の類を甚だ僅かに得たるに過ぎず。〔『五無斎保科百助全集』五一五頁〕

五無斎の文章には、五月十一日まで坪井と同行したことが綴られているが、それによれば野尻湖での調査については五月八日の一日だけであったことが判る。五無斎も述べているように、調査結果はあまり芳しいものではなかった。そのため、坪井もそれについて特に文章に残すことをしなかったのだろう。五無斎の文章には調査後、坪井が各所で講演を行ったことが記されている。十一日のところでは「此行四日間にして博士の講演を聴くもの前後四回。別に新しきことは無かりしも考古学人類学及土俗学等の総復習を為したり。書籍にて読みたらば一千五百頁位ならん」〔五一七頁〕とも述べている。

余談だが、この調査で坪井が信州を訪れていたとき、流行会では会員の一人で三越呉服店の常務取締役・藤村喜七の三越勤続五十年を祝う会が催されており、欠席した坪井は上田から祝電を打った。『みつこしタイムス』（第八巻第六号、明治四十三年六月）には「流行会の藤村氏招待会」の記事のなかに次のような文章が掲載されている。

巌谷《いわや》氏は今しも接手せる信州旅行中なる坪井理学博士の電文を朗読せり

東京を去る五十里〔約百九十六・四キロ〕のところから御よ

ろびを申上げます
藤　村　君　万　歳

信州上田にて

五月十日午後五時十分
坪　井　正　五　郎

電文総て五十字、打電の時刻も五時十分、而《そ》して唯此五十字の片仮名にして、かくばかり趣味あるかくばかり情味ある文字は、何人か作り得ん。扨も機慧《ウイッテー》なる博士よ。〔三頁〕

ここで、坪井が杭上住居論を主張した背景を想像してみよう。まず第一にはおそらく日本では彼ぐらいしか読んでいなかったであろう、ヨーロッパ各地で発見された湖上住居の研究書であるロバート・マンローの『ヨーロッパの湖上住居 The Lake-Dwellings of Europe』やモリッツ・ヘールネスの『太古人類 Primitive Man』（原書はドイツ語だが坪井の読んだのは英訳本）から古代の水上生活者について多くの知識を得ていたこと、そして二番目は欧州留学の途中、サイゴンとシンガポールで実際に杭上生活をしている人々を目のあたりにしたこと、この二つが大きく影響していたと考えられる。

諏訪湖から石鏃が出たという事実は、日本にも湖上生活をした人々がいたかもしれないとの可能性を示唆しており、事実を確認する以前から、すでにそうであって欲しいという希望のほうが、坪井のなかでは先走ってしまったのではなかろうか。コロボックル論争のときも吉見の穴居論争のときもそうであったが、坪井の思考方法はそのときの彼のもつ知識とひらめきからいち早く仮説を立て、それを立証していくというものであった。あり得べきあらゆる可能性を考えた上で、事実を地道に積み上げ、その一つひとつを検証し、最終的な結論を導き出すという方法ではない。それが坪井の利点でもあったが、同時に欠点でもあった。

諏訪湖の遺跡はその後も、鳥居龍蔵、伏見宮博英王、渋沢敬三といった多くの研究者の興味を惹きつけ（「曾根遺跡調査の記録」曾根遺跡研究会編著『諏訪湖底曾根遺跡研究一〇〇年の記録』）、藤森栄一が『旧石器の狩人』でその過程を詳しく記した執念の調査によって、諏訪湖から石鏃が発見された理由は、ここが遠い昔は陸地であり、しかもそこに住んでいたのは、縄文以前の旧石器時代の人々であったという結論を導き出すまで、長い長い歳月を要することになる。

第十七章 世界一周——印度洋を流れて欧洲に行き更に

坪井は欧米視察のために世界一周旅行へと旅立った。このときの旅行の記録が未発表の「洋行日記」に遺されていた。英国での、旧知の人類学者ハッドンとの再会、神話学者ジェーン・ハリソンや『金枝篇』の著者フレーザー卿との出会い、米国でのモースやスターとの再会など、この旅での坪井の足跡をたどる。

明治四十四（一九一一）年七月五日から翌年三月二十九日の帰国まで、坪井は約九か月間欧米視察旅行に出た。この旅行については、坪井家資料のなかに「洋行日記」と題する詳細な記録が残されている。また「日記」以外でも「世界一周雑記」（『人類学雑誌』第二十七巻第六号～第二十八巻第九号、明治四十四年九月～大正元年九月、未完）をはじめとして、坪井はこのときの旅行談をあちこちに執筆してもいるので、ここではこれらの資料を参照しながら、その足跡をたどってみたい（特に断りのない場合は「洋行日記」による）。旅行のなかで坪井はさまざまな人々との出会いを重ねており、彼の人脈を知る上からも興味深いものがある。

旅行では出発にあたって流行会・児童用品研究会と東京人類学会で、それぞれ送別会が持たれた。流行会・児童用品研究会のほうは『三越』（第一巻第五号、明治四十四年六月）に掲載された久保田米斎による「六月の流行会」という記事に詳しい。出席者は、巌谷《いわや》小波《さざなみ》、伊原青々園《せいせいえん》、井上剣花坊《けんかぼう》、石橋思案、東儀《とうぎ》鉄笛《てってき》、遅塚麗水、横山健堂、高島平三郎、坪井玄道、塚本靖、半井《なからい》桃水、黒田清輝、久保田米斎、邨田《むらた》丹稜、前田曙山、正木直彦、松居松葉《しょうよう》、斎藤隆三、柴田常恵《じょうけい》、斯波《しば》忠三郎、日比翁助《おうすけ》、森鷗外、菅原教造ほか三十七名が出席し、六月八日新橋花月楼で開かれた。この席で坪井は「流行会と児童用品研究会を合すれば流行児となる如く諸君は皆これ流行児なり但し我のみは印度洋を流れて欧洲に行き更に太西洋を流れアメリカに行き太平洋を流れ帰る意義に於ての流行児なり」〔一〇頁〕と、相変わらず笑いを誘うスピーチを行っている。

東京人類学会のほうでも、『人類学雑誌』（第二十七巻第三号、明治四十四年六月）記載の「雑報欄」にある「坪井理科大学教授海外旅行の送別会」によれば、石田収蔵、鳥居龍蔵、大野延太郎《えんたろう》、松村瞭《あきら》、柴田常恵が発起人となり、六月十日午後五時に大学構内にある山ノ上会議所で開催された。出席者は発起人五名を含む林若吉（若樹）、大野市平、和田千吉、高橋健自、高島多米治《ためじ》、野中完一、山田孝雄、八木奘三郎《そうざぶろう》、小金井良精《よしきよ》、江見水蔭、有坂鉊蔵、佐藤伝蔵、三宅米吉、水谷幻花、清水晴風、関保之助、鈴木券太郎ほか総勢六十二名が出席した。

七月五日午前七時少し前、家族と共に家を出た坪井は、新橋停車場へと向かった。停車場では見送りに来た浜尾新《あらた》総長、桜井錠二学長、田中館愛橘《たなかだてあいきつ》、小金井良精らが待ち受けており、午前八時十五分新橋発の汽車で同乗者十余名と共に横浜へと移動した。

大勢の人々が見送るなかを日本郵船の宮崎丸に乗り込んだ坪井は、正午に横浜港を出航し、翌日の午後二時に神戸に到着、船は二日ほど神戸港に碇泊した。このとき京都医科大学で解剖学を教えていた足立文太郎（軟部人類学の創始者）が船を訪れている。足立は、坪井のコロボックル説には異議を唱えていたが、あくまでもそれは学問上での論争で、坪井その人のことは尊敬しており、神戸まで見送りにやってきたのだった。余談だが、この前年（明治四十三年）に生まれた足立の長女・ふみは、のちに作家・井上靖と結婚することになる（井上ふみ著『やがて芽をふく』）。

八日正午に神戸を発った宮崎丸は、九日午前七時に門司着。ここでも二日間の余裕があったので、坪井は博多まで足を伸ばし、博多人形師・井上清助の許を訪ねた。「世界一周雑記」で坪井は次のように述べている。

午前に〔門司に〕上陸して停車場へ行き井上氏方へ電報

を打つて置いて十時過ぎの汽車に乗り、二時間程で博多停車場に着。井上氏の出迎へを受け、停車場の二階で少憩の後、先づ井上氏の住宅へ行く。〔『人類学雑誌』第二十七巻第六号、明治四十四年九月、三四四頁〕

世界の人種のモデルを人形によって作成したいという希望を抱いていた坪井は、そこに博多人形の技術を用いてはどうかと考えていた。そのため以前から井上と相談を重ねていた。このときも門司での碇泊を利用して井上の工場を見学し、打ち合わせをしようと考えたようだ。「世界一周雑記」には重ねて次のようにある。

自分が博多人形の真価の知られるのを望むと云ふのは唯在来の儘《まま》としての事では無い。是丈《これだけ》の物が出来るなら此技術を種々の模型製造に応用させる様に仕ようとの念を諸方面の人に抱いて貰ひ度いと云ふのが自分の希望である。製造者の為を謀つても手を延ばす場所を拡げるのは利益に違ひ無いが、自分は学術上の知識普及の側から考へて玩具や装飾品以外に土製品の領分を作る様に仕度《したい》と思《おもつ》て居る。人種に関する諸種の標本は松村瞭氏の助力に由り、古物に関する諸種の標本は柴田常恵氏の助力に由り遠からず出来して、自分の理想の一部は実現する筈に成つた。

他学科に於ての必要な標本も相継いで作られる事を望むが夫《そ》れは各科の適任者の考へに任せ自分は尚ほ多くの人類学的標本を作らせて見る積りで居るのである。幸にして博多に一泊する余暇が有つたので井上氏に十分意の在る所を告げて置いたが氏は総て喜んで聞き取られた。〔三四四～三四五頁〕

七月十日正午門司を出た宮崎丸は、十二日正午上海近くに碇泊。坪井は日本郵船の小蒸気船・龍華に乗り換えて上海に上陸すると、二十二年前に訪れたときと同じく、日本人が経営する東和洋行に宿を取った。「世界一周談」（『裁縫雑誌』第十巻第三号～第十一巻第七号、明治四十五年六月～大正二年十月、未完）のなかで坪井は「此処《ここ》は御承知でもありませうが金玉均と云ふ人が襲はれた所であつて、支那朝鮮の歴史には関係を有《も》つて居る宿屋であります」〔同誌、第十巻第十号、大正二年一月、一五頁〕と述べている。一八九四（明治二十七）年三月二十八日、金玉均《キムオクキュン》はこの東和洋行に宿を取り、部屋で寝ていたところを対立する明成皇后《ミョンソンファンフ》（一般的には閔妃《ミンビ》として知られる）の放った刺客・洪鐘宇《ホンジョンウ》によって射殺された——金玉均暗殺事件の舞台がここ、東和洋行であった。

上海では、総領事館官員に案内してもらい船中生活者や城内などをつぶさに観察した。翌十三日はあいにくの

◉坪井が妻・直子宛に出した宮崎丸の絵はがき、「一昨日上陸　上海見物　昨日は蘇州へ行き諸所を巡りたり精くは手紙にて　七月十四日　ホンコンへ向け出発　此はがきと同時にフィルム一筒送る　松村氏に現像をお頼みありたし」の文面が記されている

雨だったが、坪井は悪天候を押して汽車で蘇州へと向かっている。神戸から船で一緒になり、やはり東和洋行に一泊した宮古啓三郎も一緒であった。宮古は弁護士で衆議院議員も務めた政友会の政治家であり、このときはマルセーユへ向かう途中であった。蘇州では張継の詩「月落烏啼霜満天、江楓漁火対愁眠、姑蘇城外寒山寺、夜半鐘声到客船（月落ち烏啼いて　霜天に満つ、江楓　漁火　愁眠に対す、姑蘇　城外の　寒山寺、夜半の鐘声　客船に到る）」に登場する寒山寺を訪れている。寒山寺は李香蘭＝山口淑子氏が映画『支那の夜』で歌った「蘇州夜曲」（西条八十作詞・服部良一作曲）にも登場し、この歌はその後、時を経てもなお多くの歌手にカバーされ続けているので、寒山寺の名前はいまもよく知られていよう。だが実際の寒山寺は、情緒のかけらもないお寺だったようだ。「世界一周談」で、坪井は次のように述べている。

此の蘇州に行く者は、余り遠くない所に有名な寒山寺と云ふ寺がありますので其処に廻つて見るのでありますが、是は名は高いけれども、行つて見て非常に立派であると云ふやうな感じの起る処では無いのであります。啻《ただ》に立派であると思はない許りで無く、詰らない処がどうして名高くなつたのかと言ツて不思議に思ふのであります。（中略）私も詰らぬ処のやうに聞いて居りましたけれども、予想したよりはモウ一層詰らぬ処である、実は詰らないと云ふ話を聞いて居たから詰らなさ加減を見る積りで行きましたけれども、実際詰らなさ加減が甚しい、（同誌、第十巻第十二号、大正二年三月、一〇～一一頁）

坪井の評価はなかなか手厳しい。面白いことに、坪井の三年後に寒山寺を訪れた川喜田半泥子《はんでいし》（本名・川喜田久太夫政令《まさのり》、百五銀行頭取、陶芸家、集古会会員でもあった）も『随筆　泥仏堂日録』のなかで、「「夜半鐘声寒山寺ッ――」と肩をいからして吟じられると、どんな大きな詩趣のあるお寺かと思うが、実にツマラナイお寺で、壁にハメこんだ板石に例の「月落烏啼」がほってあるのが今頭に残っているだけである」〔二三四～二三五頁〕と、やはり坪井と同じような感想を漏らしている。

蘇州から戻った坪井は再び東和洋行に宿泊、七月十四日には上海で皇立アジア協会附属の博物院（博物館）を訪れた。大きな建物の二階の二室が陳列場で、「主たる物は動物標本で有るが土俗品と古物も置いて有る」と「世界一周雑記」〔『人類学雑誌』第二十七巻第七号、明治四十四年十月、四一二頁〕に記しているが、「世界一周談」のほうでは「唯だ上海にも小さいながら博物館があると云ふ位のこと」〔『裁縫雑誌』第十巻第十二号、大正二年三月、一一頁〕と述べていて、あまり感心はしなかったようだ。坪井はこの後も行く先々で博物館に立ち寄っており、その数は相当数に上っている。人類学者として坪井が各国の博物館に関心を持つのは何ら不自然ではないが、このときは単にそれだけではなかったように思われる。その理由について触れておこう。

明治三十七（一九〇四）年十二月二十六日に出版された山本利喜雄編輯『戦後経営』のなかに、坪井の「戦後事業の一としての人類学的博物館設立」という文章が収録されている。発行日から、ここでいう〝戦〟とは日露戦争のことで、その終戦後を見越しての発言であることが判る。坪井はこの文章を次のように始めている。

　戦後に為す可き事も沢山有りませう。戦後は造る可き物も沢山有りませう。必要の度合い、急を要する程度は彼此対照した上で無ければ云へもせず、対照した所で人々の意見の、全然一致すると云ふのは望み難い事で有りますから、私は固より是を以て最急務と主張するのでも無く、又人に向つて他事を措いても是非着手する様にと強ゐるのでも有りませんが、人類学的博物館の設計創立と云ふ事は、此際考究の価値が十分有ると云ふ事を、広く世人に告げ度いと思ふので有ります。〔一八七頁〕

当時すでに帝国博物館（現・東京国立博物館）は存在したが、坪井は「大帝国博物館は本来の性質として帝室御蔵品の或る物を陳列して置くと云ふのが主」〔一八七頁〕であるとして、新たな博物館をつくる必要があると述べる。坪井によれば「国立博物館創設の議も起こり、文部省に於ては調査委員を作り数回の会議さへ催し」〔一八八頁〕、彼も

その委員の一人として思うところを書いて提出したが、不幸にして調査は中止となってしまったという。だが坪井は、この文章で戦後新事業の一つとして博物館設立の再考を促している。その際、「第一に意を注ぐ可きものは、人類学的部分で有る」〔一〇九頁〕と述べ、その理由として次の六つを挙げる。

㈠世界の日本と云ふ事は好く人の云ふ所で、今日の日本は実に世界を相手とし、世界が此の日本を相手として居ると云ふ事は、世人の自覚して居る所で有るが、此時勢に応じて相当の働きを為やうとする者は、我が相手たる世界諸地方住民の事を知つて居らなければ成らぬ。此為には諸人種に関する物を集め置く必要が有る。

㈡他邦人に向つて我が国情の真相を知らしめんには、彼我の事物を対照するに便利な方法に従つた陳列所をば作るのが肝腎で有る。内外諸人種の生活状態を示す諸標本は斯かる場所に欠くべからざるもので有る。

㈢戦争の結果我々の知り度く思ふのは満洲地方の事情で有るが、殊に住民に関する知識を得る事は最も望ましい所で有る。支那本部及び韓国の住民に付いても、世人に示す可き事が多々有る。諸外国人中にも是等地方諸種族の事を知り度がつて居る者が沢山有るに違ひ無い。即ち我が邦人の為にも外国人の為にも彼等に関する物品を集め置くと云ふ事は極めて有益で有る。

㈣日本が東洋諸国人の開発を以て務めとする以上は、夫《そ》れ等の人々の為に世界の有様を示す設備を為す事を忘れては成らぬ。我が国の然る可き地に諸人種に関する物品を置く所を作つて、来遊東洋諸国人をして容易に世界人類の事を知らしめると云ふが如きも、我々の富に為すべき事と申して宜しい。

㈤我が国の地理上の位置は諸人種の物を集めるのに誠に都合が好く、北方には種々の北地住民が居り、西方には満洲、韓国支那本部の住民が居り、南方にはアンナン人、シャム人、マレイ諸島、フィリピン群島の土人、尚ほ先きへ行けば南洋諸島からヲーストラリヤの土人、西方《ママ》にはハワイ其他の土人、其先きにはアメリカ諸地方諸種の住民が居る。船で自由に往来が出来るから此辺の物を集めるのは容易で有る。開明国の物は遠方からでも取り寄せられるが未開地の物は集まり難い。日本が太平洋に位置を占めて居ると云ふのは物品蒐集の為実に好都合で有る。アフリカには縁が遠いが其他の地方の物は労が少くて集められる。

(六)日本人の人種的来歴を考へんには近傍種族の事を知らなければ成らぬ。日本人の人種的位置を考へんには世界人種の事を知らなければ成らぬ。而して日本人の自信を強くする為には其来歴其位置を明かにする必要が有るから、諸人種物品の蒐集陳列は精神上益する所が甚だ大で有る。〔一九一〜一九二頁〕

第七章でも触れたように、人類学博物館の設立は、坪井の若いころからの夢であった。第五回内国勧業博覧会の人類館や東京帝国大学での人類学標本展覧会の展示に携わったことで、その思いはますます強くなっていったとも考えられる。そこでこの海外視察の機会を利用して各国の博物館の実態を調査し、日本に人類学博物館をつくる際の参考にしようと考えていたのは間違いなかろう。

七月十四日十二時、上海近くの港を出た宮崎丸は、十七日午前八時、香港着。ここでも坪井はつぶさに風俗を観察している。特にアヘン戦争でイギリスの手に落ちた香港の町がいかに近代化を遂げたかを見る一方、裏通りには以前からの「支那人」の生活が残っていることを「世界一周雑記」で次のように記している。

面白いのは裏町。家は多く類を以て集まつて居る。鉄物屋は鉄物屋で並び、指し物屋は指し物屋と隣り合ひ、古道具屋の有る所へ行けば古道具屋ばかりと云ふ様に成つて居る。無論其間々には青物屋だとか干物屋だとか薬屋だとか云ふ様な店も挟まつては居る。大通りの店の前には此所彼所に賃仕事をする女が出て居る丈《だけ》で露店様のものは無いが裏町には色々な店が出て居る。〔『人類学雑誌』第二十七巻第八号、明治四十四年十一月、四八〇頁〕

表通りだけでなく、坪井は裏通りの雑多な生活の観察も怠っていない。香港でも博物館を訪れているが、上海と同様「列品の主たるものは動物」で「太古遺物は何も見当らず、土俗品には太平洋諸島のものが有るが説明札は未だ整つて居ない」など「今の所では人類学の上から云つてこれと指して注意すべきものも無い様である」と「世界一周雑記」〔同誌、四八三頁〕にある。

香港に二日間滞在したのち十九日未明、港を出た船は二十四日午前七時シンガポールに着いた。ここでは、三浦政太郎が坪井の到着を待っていた。「世界一周雑記」のなかに「自分は医学士三浦政太郎氏の案内に由つて総べてを廻る事が出来た。氏に向つて深く謝する所である」（『人類学雑誌』第二十七巻第八号、明治四十四年十一月、四八四頁）と述べている。三浦政太郎というのは、『蝶々夫人』を当り役とした国際的オペラ歌手・三浦環《たまき》の夫である。田辺久之著『考証　三浦環』によれば、環との恋愛スキャンダルのために、師の三浦謹之助から破門された政太郎は、三浦内科医局を辞職して「シンガポールで邦人の経営するゴム植林地（三五（みつい）公司ゴム園）の嘱託医として赴任」（一一六頁）していた。もっとも、三浦謹之助の破門は表面上だけのことであったようだ。何故なら坪井に三浦政太郎紹介の労を取ってくれたのは、三浦謹之助だったからである。坪井と三浦謹之助とは予備門以来の旧知の仲であった。つけ加えておくと、同じ三浦姓だが謹之助と政太郎に血縁関係はない。

坪井は三浦と共に領事館を訪ねた。坪井が来るとの連絡を受けていた館員は、気を利かしてジョホール王国の王宮拝観交渉をしてくれていたので、その足で坪井と三浦はジョホールへと向かった。「世界一周談」で坪井は次のように述べている。

シンガポールの港から一時間ばかり汽車で進みまして、北の端《はず》れの海岸に達する、それから小蒸気で対岸に越すのであります、此越した所がジヨホールと云ふ小さな国であります、其島の国王をサルタン、王と云ふのであります、一体マホメツト教を奉ずる者をサルタンと云ふのでありますが、其王宮の内部は容易に拝見は出来るものでありませぬ、私は前から頼んだから出来るやうになりましたが、それはこちらから願出で拝見するのでなしに、サルタンから立派な手紙が来て招かれて拝観すると云ふことになつたのであります、（『裁縫雑誌』第十一巻第一号、大正二年四月、一三頁）

ジョホールでは、あいにく外出していてサルタン本人には会えなかったものの、二人は王宮の諸所、宝庫、前王の墓、賭博場などを見学して、夕方再びシンガポールへと戻った。その夜、坪井は三浦共々領事の岩谷譲吉から日本食による晩餐の招待を受けた。岩谷は札幌農学校時代新渡戸稲造の下で学び、新渡戸が病床にあったとき『農業本論』の口実筆記を行い出版を手伝った人物である。なお外務省通商局編纂『通商彙纂　第一七二巻』によれば、明治四十五年一月十七日付での岩谷の肩書きは「在新嘉坡《シンガポール》帝国領事代理副領事」となっている。領事というのは坪井の勘違いかもしれない。この日坪井は三浦のゴム会社社員宿泊所に泊まった。

翌七月二十五日は、三浦の案内で水上住居のある田舎を訪れた。「世界一周雑記」のなかで坪井は「特に見に行く事を要するのはマレー人の水上住居である。他にも有らうがカンポンカラング（Campong Kalang）と云ふ村の如きは好例である電車の便が有るから時の有る人は是非行つて見るが宜しい」〔『人類学雑誌』第二十七巻第八号、明治四十四年十一月、四八四頁〕と記している。諏訪湖の湖底遺跡の調査を行い、これを水上生活者の遺物であると推測していた坪井にとっては、同時代に水上居住を営んでいる村は、大いに興味ある場所であったに違いない。

カンポンカラングからの帰途にも、坪井は博物館を訪れた。「世界一周雑記」には、「此所の博物館は好く整つて居る。動物標本が特に多いが土俗品もなかく沢山集まつて居る。但し太平洋諸島抔《など》の物も有つて此地方の物に限ると云ふ訳では無い。整理中で未だ公衆に見せない部分も有つたが館長の案内で其所までも見るを得たのは誠に幸《さいわい》で有つた」〔『人類学雑誌』第二十七巻第九号、明治四十四年十二月、五三四～五三五頁〕とあり、上海や香港の博物館と違って、シンガポール博物館に坪井は関心を示した。

同日夜七時シンガポール出港、二十七日ペナン着。「洋行日記」にはこのあたりを記述した部分が数枚紛失してしまっているが、「坪井理学博士より興学会員への書簡　興学会諸君へ」（『東洋学芸雑誌』第三百六十二・三百六十五号、明治四十四年十一月・明治四十五年二月、以下「書簡」と略）によれば、ペナンで「支那人の寺〔極楽寺〕」、印度人の寺を特に面白く感じ、更に小蒸気船で対岸に渡つてマレー人支那人印度人雑居の様子」〔第三百六十二号、明治四十四年十一月、五九二頁〕を観察したとある。

二十八日ペナン発、八月二日朝コロンボ着。ここではキャンディを訪れた。キャンディはセイロン（現・スリランカ）の古都である。「世界一周雑記」には次のようにある。

時の都合が好かつたらカンデー〔キャンディ〕へ行つて見ようと思つて居た所、クツク会社の男が船へ来て云ふにはカンデーでは一年一度仏教徒の大行列が有るのですが、それが丁度今夜から始まるのです、御見物なさつては如何と。それは幸《さいわい》、行く事にしようと云ふので、昼食を済ませると直《すぐ》に上陸、二時十五分発の汽車に乗る。何ケ所かの停車場を経て五時四十七分カンデーに着。〔『人類学雑誌』第二十七巻第九号、明治四十四年十二月、五三七頁〕

ここで坪井が述べているクック社というのは、イギリスの旅行代理店トマス・クック&サン社のことである。トマス・クックは一八四一（天保十二）年から労働者向

けの格安の団体旅行を組織して評判となり、次いで折からのロンドンやパリで開催された万国博覧会を見るためのツアーを組んで成功を収めた。ピアーズ・ブレンドン著、石井昭夫訳『トマス・クック物語――近代ツーリズムの創始者』によれば、クック自身一八七二（明治五）年に世界一周旅行を行っており、このとき「世界中のあちこちに自社のエージェントや代理人を指定してきた」〔二五六頁〕。坪井が旅行していたころ、すでに世界は観光の時代に入っていたのである。ちなみにブレンドンによれば、ジュール・ヴェルヌの『八十日間世界一周』もこのクックの世界一周旅行に啓発されて書かれたという。ヴェルヌの小説は日本でも川島忠之助訳『新説八十日間世界一周』として、前篇が明治十一（一八七八）年六月、後篇が同十三年六月に刊行されているが、坪井がこの本を読んでいたかどうかは判らない。キャンディで坪井は、このクック社指定のクインス・ホテルに宿泊している。

クインス・ホテルから数百メートル離れた場所に仏歯寺という寺院があり、釈迦の歯が祭ってある。これには伝説がある。かつてポルトガル人がキャンディを支配するようになったとき、古い信仰を排除しようと釈迦の歯を焼いて粉にし、吹き飛ばしてしまった。ところがその灰が蓮の葉の上に落ちると再び元の歯に返ったのだという。クック社の社員がいった仏教徒の大行列とは、この仏歯寺で毎年八月二日から行われるペラヘラ（糸のような細い月の謂）祭りのことで、この日寺の宝物である弓箭《ゆみや》を大象に載せた行列が、町中を練り歩く儀礼が行われる。坪井にとってこの祭りはたいへん印象深いものだった。「盛装したる大象の行列」（『大正婦人』第一巻第四号、大正二年四月）で、彼は祭りの様子を次のように描写している。

> 行列の動き始めたのは午後八時半、空は光々たる月に照され、地は灼々《しゃくしゃく》たる松火《たいまつ》に輝いてゐる中を、珍らしい服装をした奏楽者や金銀で装飾した沢山の大象が太鼓や喇叭《らっぱ》に足並を揃へて、静かに練つて行くのを見ては不可思議の感に打たれざるを得ませんでした。（中略）行列に列《つら》なる男のなかでも躍《おど》り子と奏楽者は上半身にも金や銀で鱗の様に飾つたものを着て居ますので、それが松火に映つて誠に美しくありました。
>
> 両側に立つて見て居るものが、また実に厳粛なもので、日本の祭りの時の様にがや〳〵致しませず誠に静かに宝物《ほうもつ》の行き過ぐるのを見送つて居りました。つまり敬虔なる念に打たれて居るので私も床しい事

に思ひました。而《そ》して象もよく馴れて居て扱ふものの自由自在になつて居りますのは、また一入《ひとしほ》可愛《かはゆ》らしいものでありました。（一四〜一五頁）

ペラヘラ祭りの初日を見てコロンボへと戻った坪井は、ここでも博物館を見に行った。「世界一周雑記」で次のような感想を漏らしている。

シンガポールの博物館には実大の風俗人形が一体有つたが、此所には数体有る。又此地方の種々の風俗を示した小さな土人形が幾つも有るが皆粗造で博多人形で作つたらモット好い物が出来るだらうとの感じが起こつた。（『人類学雑誌』第二十七巻第九号、明治四十四年十二月、五四二〜五四三頁）

もし坪井の博物館構想が実現していたなら、間違いなく諸所の展示に博多人形が用いられていたことであろう。

八月四日午前十一時コロンボ発、十七日未明ポートサイド着。ここで宮崎丸を下船した坪井は、午後一時発の汽車でカイロへ向かった。午後五時五分カイロ着、コンチネンタル・ホテルに宿を定めた。部屋が決まるとすぐに抜け目なくガイドが現れた。話し合いの末、坪井は見知らぬ土地を効率よく回るため、このガイドに三日間の案内を頼むことに決めた。

翌八月十八日午前六時ガイドと共にホテルを出て、電車でギゼへ。電車の終着駅からは、更に驢馬に乗り換えてピラミッドのあるところまでやってきた。このときのことを坪井は「エジプトの古物遺跡」（『中学世界』第十五巻第八号、明治四十五年六月）で次のように述べている。

此ギゼと云ふ所には、大きなピラミッドが三つある。其中《そのうち》一番大きいのは裾が二町（約二百十八・二メートル）四方あつて、高さが一町と二十間（約三十六・四メートル）、これは自然の山ではありませぬで、人間が石を以て積上げた

◉坪井が直子宛に出したギゼで撮影した写真入りのはがき、文面は「明治四十四年八月十八日午前途中から」以降は年月が経ってかすれているためよく読めない

物であります。随物《ずゐぶん》大きな物で、二町四方といふと、ザツト招魂社〔現・靖国神社〕の境内くらゐのものであります。積んで有る四角な石一ツ一ツも大きなもので、登らうとしても、一人ではむつかしい。私も上りましたが、後ろから腰を押す者があり、前から手を引張る者があり、どうにかかうにかして、持つて行つて貰つた様なもので有りました。ピラミツドの近所には、斯う云ふ事を業として居る者が多勢《おほぜい》居るのです。高い所から見渡すと、一方には砂漠があり一方には青々と草木《さうもく》の繁つた所が有つて、反対の方角の対照が実に面白い。〔六七頁〕

これだけを読むと坪井は頂上まで上ったようにみえるが、「洋行日記」には「登って見たが別段面白くもないから三分二位の所から下りた」とある。このあと、第二、第三のピラミッドやスフィンクスなどを見てホテルへと引き返した。

十九日は午前八時半、開館と同時にエジプト博物館（カイロ博物館）に入館して見学した。「世界一周雑記」に「此博物館は名はエジプト博物館と云つて古物と云ふ事は歌つて無いに関はらず全部が古物計り、動物標本も少しばかり有るには有るが、遺跡で発見された物に限られて居るので有る」〔『人類学雑誌』第二十八巻第一号、明治四十五年一月、二二頁〕と記されている。エジプト博物館は古物好きの坪井には願ってもない場所であったが、この日は午後一時閉館とあって瞥見が精一杯だった。午後はアラビアの町を見物し、モスク数箇所を訪れた。

二十日朝六時半にホテルを発ち、ガイドの案内でメンフィスのラムセス二世大石像二体を、そしてサッカラではエジプト最古のピラミッドである階段ピラミッドやエジプト博物館の創立者でフランス人のエジプト学者オーギュスト・F・マリエットの使用していた家などを見学している。

二十一日からは、当初予定してた南方のルクゾールからアスワン行きをキャンセルして二十八日まで、休館の二日間を除き毎日エジプト博物館に通いつめた。その理由を坪井は「世界一周雑記」で次のように述べている。

遺跡に関する概念は写真に由つて得る事も出来るが、古物は見る機会を失はずに見る様に仕ないと後に甚しい遺憾を感ずる場合が有るに違ひない。此考へからして自分は遺跡巡りはギゼとメンフィスとサッカラ丈《だけ》とし出来る丈多くの時を博物館総覧の方に向けたのである。〔同誌、第二十八巻第二号、明治四十五年二月、九二頁〕

二十二年前にパリのルーブル博物（美術）館で初めて見たエジプトの古物展示に魅了されて以来、ついにエジプト本国にまでたどり着き、発掘の地に設けられた博物館で厖大な数の古代の遺物と対面した坪井の感慨は、いかばかりであったろうか。彼が喜々として博物館に通いつめたのも無理はないように思われる。

「世界一周雑記」には「最後の日に博物館に於て或る品々を購求」〔同誌、第二十八巻第一号、明治四十五年一月、二三頁〕したとある。「埃及《エジプト》古墳発見の人形及家船等の模型」（『史学雑誌』第二十三編第九号、大正元年九月）によれば、ここで購求したなかには、木製の人形、浅黄色の焼物、家雛形、船雛形などがあった。また『人類学雑誌』（第二十八巻第六号、明治四十五年六月）に掲載された「エジプト太古の墓室発見の船雛形」には、次のようにある。

◉エジプト太古墓発見の船の雛形

私は昨年八月エジプトへ行きましたが、其折カイロの博物館に於て種々の遺物を譲り受けて来ました。此所に挿入した写真（口絵参照）〔本書では上段に掲載〕に現はれて居るは其中の一たる船の雛形で有ります。出所はナイルの西岸北緯二十七度十分辺に位するアシュット（Asyut. Assiût. Siût. Assout.）の墓所、時代は第十二朝、即ち今を距る四千数百年前に当たる。如何に乾燥した土地柄とは云へ夫《そ》れ丈《だけ》の古さの物が斯く迄に好く形を存して居たのは極めて貴い事と云はなければ成りません。〔三〇七頁〕

この記述だけ読むと坪井が日本の人類学者であったことから、博物館側の特別のはからいで古物が譲られたようにも読めるが、実はそうではなかったようだ。もう一度「世界一周雑記」に戻ると、エジプト博物館について述べた別の箇所に「階下の一隅に売品室と云ふ一室が有

つて此所には重複品で他に譲つて差支へ無い者が列べて有る」〔同誌、第二十八巻第二号、明治四十五年二月、九六頁〕とあるからである。「重複品」だからという理由で「他に譲つて差支へ無い」というのは、いまなら到底考えられないことだが、当時のエジプト博物館では出土品の実物を堂々と（？）販売していたことになる。

八月二十九日午前十一時十分カイロ発の急行に乗った坪井は、四時間十分後にポートサイドに着いた。この日はサヴォイ・ホテルに宿泊。翌日は市中を見物し、三十一日に日本郵船の北野丸に乗船、次の停泊地であるマルセイユへと向かった。この船には国語学者の保科孝一、海軍少佐・山本英輔も同乗していた。保科はこのとき文部省の命で国語国字問題を調査のために、そして山本はドイツ駐在武官として赴任するためにヨーロッパへ向かう途中だった。北野丸の事務長からエジプト旅行について何か一筆とキリンビールの配り扇を差し出された坪井は、エジプト文字で北野丸と綴り、その下に「御垣《みかき》もるエジプト文字に写すなり社《やしろ》にちなむ北野てふ名を」と書いたあと、傍らに安全を意味するお守りを描き添えた。更に山本からも書画帖を出されたので、こちらには「英輔と云へど独逸へ行く君よ山本にても海ではたらけ」と書くと、山本は「有り難う、有り難う、働きます、働きます」〔『うしのよだれ』二七五頁〕と答えた。

九月五日午前十時マルセイユ着。「書簡」から引用すると——。

検疫が済むと直に外出。博物館。ノートルダーム等へ行く。此夜保科氏はドイツ行きの汽車に乗る。翌日は公園海岸を巡る。マルセール〔マルセイユ〕を去つたのが九月の七日。〔『東洋学芸雑誌』第三百六十二号、明治四十四年十一月、五九四頁〕

また「海外旅行記」（『早稲田講演』第二巻第二号、明治四十五年六月）には、「ヨーロッパ大陸に行く人はマルセールから上陸するのであるが、自分は地中海を西に向ひ、ジブラルタルの海峡を過ぎ、ビスケー湾を渉つて、先づテームスの河口から倫敦《ロンドン》に入り、暫く倫敦に滞在して居た」〔『うしのよだれ』二八二〜二八三頁〕とある。

坪井がロンドンに着いたのは九月十四日未明のことであった。山本海軍少佐の勧めで、ガウアー・ストリート七十六番地のファミリーホテルに山本と共に宿を取ったことを、坪井は「洋行日記」のなかで次のように記している（適宜句読点を補った。以下同）。

76 Gower Street W.C. の宿へ行く。此所は今 Mrs. Williams が世話をして居るファミリーホテル（素人下宿）であるが、二代前の人の時から始めたので広瀬〔武夫〕軍神も此所に居たとの事。日本人の定宿の様に成つて居るので窮屈で無くて好し。一度誰か泊った時何かの事で無法な金を取ったと云ふので其評判が立って暫く誰も来なかったが、此頃は前非を悔ゐたらしいと云ふので、又日本人が泊る様に成ったとの話し。下女は日本人に慣れて居るところから家主が代変はりに成っても何時も居付きで、壁に掛けて有る本人の写真なども家の付き物としてそれからそれへと譲るのだとは面白し。途中から郵船会社の人が電話を掛けて置いて呉れたので、山本氏の部屋も自分の部屋もチャント用意がしてあった。荷物を運び込んだ丈《だけ》で何の掛け合ひも何も無く、モウロンドンの居所が極《きま》った。

一見何気ない記述だが、夏目漱石に関心を抱いている人にとっては、いささか気になる箇所かもしれない。というのも、坪井の十一年前、英国留学のためにロンドンにやってきた夏目漱石が最初に滞在したのが、このガウアー・ストリート七十六番地にあった宿だったからである。武田勝彦氏は『漱石　倫敦の宿』で次のように述べている。

一九〇〇年十月二十八日、日曜日の夜、夏目漱石は、パリからロンドンに到着した。この時、漱石は市内でも評判のよいブルームズベリー地区のガウアー・ストリート七十六番地の長期滞在者用アパートに旅装を解いた。下宿屋ともアパートとも呼べるこの旅宿は、エヴァ・スタンリーが取り仕切っていた。

（中略）

漱石研究者の間では、大塚保治がガウアー・ストリートのエヴァ・スタンリーの下宿を漱石に紹介したことが定説になっているが、大塚がロンドンに滞在した一八九六年晩春に、スタンリーが下宿屋を開いていたことを確認し得る資料が、今のところ提供されていない。漱石が妻に宛てた書簡に「日本人の下宿する所」と書いているところから判断すると、大倉組が取り仕切っていた旅宿の一つと見てよかろう。大倉組は以前から内外用達会社を設立し、ロンドン、パリなどで陸・海軍士官、諸官庁官吏の旅行、宿泊の便を図っていた。〔六～七頁〕

坪井が記している「Mrs Williams が世話をして居るファミリーホテル」の「世話をして居る」の意味がはっきりしないが、もし経営していたという意味であるなら、

◉『漱石のロンドン風景』に掲載されている
ガウアー・ストリート 76 番地にある建物

「エヴァ・スタンリーの下宿」という記述とは矛盾するが、先にも記したように坪井が泊まったのは漱石から十一年後のことであり、「二代前の人の時から始めた」とも坪井は記しており、経営者が変ったとも考えられる。また、武田氏による「海軍士官」の便を図っていた宿という点も、坪井が述べている内容と合致している。出口保夫／アンドリュー・ワット編著『漱石のロンドン風景』には、「最初の宿ガワー街（Gower Street）76番。この家は現在も立っているが、76番の玄関は閉じられ、75番と一緒になっている」〔一〇四頁〕のキャプションと共に建物の写真が掲載されている（上段写真参照）。更にもう一つ付け加えるなら、坪井が「一度誰か泊った時何かの事で無法な金を取ったと云ふので其評判が立って暫く誰も来なかった」とある「誰か」とは、あるいは漱石のことではなかったか、という想像も成り立つ。『漱石のロンドン風景』によれば「ここでの滞在費は、一日六円と比較的高かったので、漱石は当然長くいる気はなかった。一日六円の宿泊代は、ポンドに換算すると一週約四ポンドであるから、これはふつうの下宿代の約二倍である」〔一三頁〕とあるからである。

このあと坪井は当時ロンドンで開催されていた戴冠式記念博覧会（Coronation Exhibition）に足を運んだ。戴冠式記念博覧会は、ジョージ五世の戴冠を記念して開催されたものであった。「世界一周雑記」のなかで坪井は、最も関心のあった人類学部について、「陳列品が人類学全般に亘つて居ないのは已《や》むを得ぬ事では有るが、夫《そ》れにしてもロンドンに於ての企てとしては甚だ物足りぬ心もちがする」〔『人類学雑誌』第二十八巻第三号、明治四十五年三月、一五二頁〕と述べており、展示には不満を抱いた。

夕刻ホテルに戻った坪井は、メイドから留守中に人が訪ねてきたといって名刺と手紙を渡された。見ると山崎《やまさき》直方《なおまさ》からのものだった。山崎もロンドンに来ており、坪井とはローマで開かれる万国地理学会のシンポジウムへ同道して出席する予定になっていた。山崎は夜再びやってきて、二人はローマ行きのための打ち合わせをした。

翌日の午前中、今度は画家の荒井陸男《ろくお》が訪ねてきた。荒井陸男は母方の親戚に当る幕臣・荒井郁之助の末子で、当時絵の勉強のためにロンドンに滞在していたのである。坪井とは気心の知れた仲であった。荒井とハマースミスにあるアトリエ兼住まいを訪れたあと、市中見物をし、夜は絵の好きな山崎直方の宿泊しているホテルへ行って荒井を紹介した。絵の話で三人は盛り上がり、翌日山崎を連れて再び荒井のアトリエを訪問することとなった。

九月十六日八時半、山崎が坪井の許を訪れ、連れ立って荒井のアトリエに向かった。山崎はのちに彼の著書『西洋又南洋』のなかでこのときの訪問を回想して次のように述べている。

（前略）珍な家である。場末とは云へ兎に角倫敦《ロンドン》の市中のことであるから三階か四階の屋根裏に、其の屋根の半面が硝子張りにしてでもある申訳的のアトリヱへ引摺り上げられる位のことかと思ふてゐたら、これはしたり一軒平家建の独立家屋と来てゐる。（中略）戸を敲くと、応といつて直に請ぜられたのは客室兼画室兼居間である。固より玄関の石畳みもなければ階段もない、戸を排して之《これ》に続くホールらしいものなどは勿論ない、たゞ画室の隣に纔《わず》かにカーテンで遮られて、も一つ部屋があるやうだから無遠慮にのぞいて見ると、小さな寝台が唯一つ辛うじて納まつてゐる、其の傍にはバケツや瀬戸引きの小鍋など、それが渠《かれ》の台所道具一式と思はれるやうなものが雑然として取り散らされてある。それでも流石に画室の天井だけは、北からの軟かい光線を受けるやうに斜に磨りガラスで葺いてある。先づ凡てが、嘗て浅草奥山に軒をならべてゐた写真屋を想起させるやうなものであつた。〔九六〜九七頁〕

荒井は近くの市場で食料を仕入れてくると、洗っていない小鍋を引っ張り出してきて新聞紙でざっと拭くと、そこに食材を投げ込んで料理をしてくれた。

（前略）顧れば壁頭には幾幀のカンバスが懸つてゐる。渠は其の頃はまだ穏健なアカデミックの筆致を慕ふてゐた頃であつて、其の中に今描きあげたばかりの小品「後苑の午《ひる》過ぎ」といふのが如何にも面白いので奪ふが如く之《これ》を申受けた。此の一見如旧的の

会合が抑々《そもそも》僕と渠との往来の始めである。〔九七〜九八頁〕

荒井はのちに帰国すると山崎の許を訪ねている。「日比谷の横町あたりで箇《ママ》人展覧会を催したこともあった」〔九八頁〕と山崎は述べているが、これは日比谷美術館で、大正三（一九一四）年三月八日〜十二日に開催された「荒井陸男作品展覧会」のことであろう。日比谷美術館では同年十二月十七日〜二十日にも「荒井陸男個人展覧会」が行われている（五十殿《おむか》利治著『大正期新興美術運動の研究』）。なお五十殿氏の本には、日比谷美術館を解説した佐藤久二の回想が再録されているが、それによればこのとき民本主義で知られる吉野作造が見にきたという。吉野は、荒井が『特殊性情国』を出した際に序文（「へんな男のへんな本」）も寄せている（先の山崎の荒井に関する文章も、この本に寄せた序文の一部を変更したものである）。荒井は、のちには海軍従軍画家として戦争画を描くことになる。

アトリエを出たあと山崎と分かれた坪井と荒井は、午後一時五十分発の汽車でクリスタル・パレスで行われていた帝国博覧会（Imperial Exhibition）を訪れた。帝国博覧会には、本館（イギリス本国の展示）以外に当時のイギリス植民地であったカナダ、ニューファウンドランド、ニューージーランド、オーストラリア、南部アフリカ、そしてインドの様子をそれぞれ展示した六つの建物があった。「世界一周雑記」のなかで、坪井はこの博覧会について「作り物の間々には本統《ママ》の人間も居て所々に応じた挙動をして居るので有るが諸地方の土人も交ざつて入るので有るから、見様に由《よつ》ては一種の人種博覧会とも認めらるので有る」〔『人類学雑誌』第二十八巻第三号、明治四十五年三月、一五六頁〕と述べている。まさにその名の通り〝大英帝国〟の博覧会であった。

ロンドンに戻り、駅前で夕食を取っていると、荒井から長谷川天渓が坪井に会いたがっているので、明日同道して宿を訪ねるからと告げられた。文芸評論家で博文館社員だった天渓は、そのころロンドンに滞在中だった。天渓は『太陽』の編集を担当していたので、この雑誌に何度も寄稿していた坪井とは知らぬ仲ではなかった。柳田泉は「自然主義文学の先駆　長谷川天渓」（『新潟日報』昭和四十一年七月十二日〜十七日）で次のように述べている。

天渓の西洋漫遊は、明治四十三年六月で、博文館主大橋新太郎の特命であったという。大橋は天渓が文学以外の実務にもなかなか手腕のあることを見て、その方に重用しようとした。それで、このときそれまで編集の実務であった坪谷善四郎が第一線引退を申し出たのを機会に、天渓をその代わりに据えたのである。これは、立身出世の方からいえば、天渓としては飛躍的厚遇をうけたわけであったろうが、これでしかし今まで元気よく振るってきた文学批評の筆が一応打ち切られる必要に立ち至ったのであるから、必ずしも喜んだとは思えない。しかし、条件の西洋漫遊は、もちろん望んでも一度は行きたいと思っていたのだから、一も二もなく受けたろうし、それを受けた以上、文学批評の筆を控えて、総務の実務につくことも承知せざるを得なかった。こうして、四十三年六月、出版事業視察の名目で洋行し、翌々年の大正元年十月までいて帰朝すると、すぐ実務についた。〔『柳田泉の文学遺産第三巻』三二五頁〕

翌九月十七日の夕刻、坪井は荒井と共に天渓と会った（「洋行日記」には、このあとも二度天渓と会ったことが記されている）。天渓はロンドンの様子を「倫敦印象記」と題して『太陽』に連載したが、坪井と会ったことまでは記していない。ただ、その第六回（第十七巻第十号、明治四十四年十月）には、荒井が挿絵を三点添えている。荒井が当時どんな絵を描いていたを知る人は少ないだろうから、そのうちの一点を掲載しておこう（下段参照）。のちの戦争画からは想像もできないほどにモダンな絵である。

◉「倫敦印象記」に添えられた荒井陸男の挿絵、テームズ川で船遊びを楽しむ男女を描いたもの

話は前後するが、十七日の朝は、坪井が食堂にいるところへ、旧知の有坂鉊蔵がやってきた。東京帝国大学工科大学から軍人の道へ進んだ有坂は、当時海軍造兵大監の地位にあり、仕事でヨーロッパを巡っていたのである。二人はロンドンであちこちの博物館めぐりをしている。有坂の「故坪井博士の追懐」（『三越』第三巻第八号、大正二年八月）には次のようにある。

倫敦《ロンドン》で図らずも博士に御目に掛りました。同好の人間に逢つて愉快だといふので暇の有る毎に御一緒にブリチツシユミユージヤム、ケンシントンミユージヤム、其他総てア、云ふ人類学的の物の在るミユージヤムへ御供をしまして、方々見物いたしました。私は好きでありますが自分で歩くと順序などが旨く行きませぬ、先生に連立つて行きますれば非常に能く見て来られます。〔一八頁〕

九月二十五日、有坂、および有坂の連れの工学博士・吉田太郎と共に午後九時四十五分の汽車でウォータールー駅からロンドンを発った坪井は、サウサンプトンへ向かった。ここから船に乗り換え、翌朝七時にフランスのル・アーブルに到着した三人は、博物学博物館（Muséum d'histoire naturelle du Havre）を訪れた。「書簡」によれば、博物館には「諸人種の製作品や太古遺物が可なり多く集めて有」〔『東洋学芸雑誌』第三百六十五号、明治四十五年二月、九〇頁〕った。また、「世界一周雑記」には、彼らが見学していると「看守人でも知らせたものか館長が出て来られ、貴君等は日本人では無いかと云ふのが初めで種々話しが有り、親しく列品室を案内された計りで無く、館長室へ迄導かれ館の歴史や貴重な資料に付いて多くの有益な事項を語り聞かされた」〔『人類学雑誌』第二十八巻第九号、大正元年九月、五二二頁〕とある。この館長というのは、細菌学者として有名なルイ・パスツールの甥で、以前は彼の研究所にもいたことのある生物学者アドリアン・ロワである。ロワは一九一〇（明治四十三）年からこの博物館の館長を務めていた。

次に有坂らに従って大砲製造所を見たあと、三人はパリに向かった。パリ滞在中はサンジェルマン考古博物館を見学、二人と分かれてからも坪井はルーブル博物（美術）館、トロカデロ土俗博物館（現・人類博物館）などを巡って歩いた。

十月三日午後一時四十五分北駅からパリを発った坪井は、翌朝七時二十九分ベルリン、フリードリッヒ・シュトラーセ駅に着いた。事前に報せておいたため、駅ではポートサイドからマルセイユ行きの船で一緒だった保科孝一が出迎えた。いったんホテル（坪井は日本人向けの松下旅館と記している）に荷を解いた坪井だったが、保科と話しているうちにドレスデンまで三、四時間で行けることが判り、その日のうちに二人で出かけることになった。目的はドレスデンで開催中の万国衛生博覧会を見るためである。博覧会には三越の児童用品研究会選定になる日本玩具も出品されており、そのなかには坪井が考案した「飛んで来い」「亀と兎」「マーストヘンゲル」なども含まれていた（「昨年の児童用品研究会」『みつこしタイムス』第九巻第一号、明治四十四年一月）。保科と共に四時ごろドレスデンに着いた坪井は、すぐに宮島幹之《みきの》助《すけ》の許を訪ねた。宮島は寄生虫研究を専門とする学者であったが、このときは日本政府の依頼で万国衛生博覧会委員として同地に滞在していた。日本では、坪井とも出品の打ち合わせで顔を会わせている。坪井が「世界の名物」（『三越』第二巻第二号、明治四十五年二月）で記しているところによれば、宮島は「（三越の）竹の間で御相談した時には此所でお目に掛からうなどゝは夢にも思ひませんでしたなナア」（『うしのよだれ』二七六頁）と再会に驚いた。その宮島が著書『蛙の目玉』で伝えているところでは、「万国衛生博覧会は、製薬業で成功した（カール・アウグスト・）リングナーといふ一富豪の計画したもので、非常なる成功であつた。同博覧会の入場者は五百五十万人の多きに達し、入場料その他の収入も従つて巨額に上り、その純益は百万マークと註された」（二二五頁）という。また、「児童用品研究会出品は弥よ《いよい》好評なり」（『三越』第一巻第八号、明治四十四年九月）には、宮島が児童用品研究会に「当地博覧会の方も日本にて貴会初め其他各処の御尽力にて一般に評判宜しく殊に児童に関する出品物は人の注意を大に惹き毎日説明に口を酸くする程に御座候（中略）日本部は外国館中尤も人の多く集る中心と相成り居候間御安心被下度《くだされたく》候」（八〜九頁）との手紙を送ったことが記されている。

その日、坪井と保科は宮島の宿に泊めてもらうことになった。三人が宿に着くと、そこに日下部《くさかべ》弁二郎が訪ねてきた。日下部は、名字は異なるものの巌谷小波の兄である。日下部姓なのは、書家の日下部鳴鶴に子どもがなかったため、親しかった巌谷一六から養子として弁二郎を譲り受けたためである。ちなみに、一六と鳴鶴に中林悟竹を加えて、三人は〝明治の三筆〟と呼ばれた。弁二郎は工学畑に進み、内務省を経て東京市土木局に勤め

◉坪井が直子宛に出した衛生博覧会の絵はがき、「十月三日午後一時四十五分パリ発翌朝七時二十九分ベルリン着保科氏迎ひに来て居られ好都合ちょっと宿にて休み保科氏方へ行き同氏と再び宿まで同行昼食後ドレスデンへ向け出発（保科氏も）夕方着　当日と翌日と衛生博覧会縦覧六日ベルリンに帰る　正五郎」とある

ていたが、このときは「地下鉄道とか電話電信線を埋める事とかさう云ふ種類の事に関し参考となる事を調べ」（「洋行日記」）にきていた。日下部はちょうどこの年（明治四十四年）の四月に竣工した、現在も東京に残る石造りの日本橋の架橋にあたって技師長を務めている。その後食事に出たレストランで、坪井は店内のはがき売りからはがきを購入すると、「はる〴〵ドレスデンに来りてマーストヘンゲルに面会す」と書いて三越の日比翁助宛に送った。

　翌日も博覧会を見た坪井は「世界の名物」のなかで、「衛生博覧会とは世を忍ぶ、でもあるまいが、仮の名。実は人類学展覧会とも云ふべきもので、陳列品を見たり掛り員の説明を聞いたりで、目と耳の忙《せわ》しい事甚しく、胃袋杯《など》はそつちのけと云ふ様な場合さへ有つて、衛生どころの話しに非ず」（『うしのよだれ』二七六〜二七七頁）との感想を述べている。

　十月六日、ドレスデンを発ち再びベルリンへ。この地でも博物館巡りをしたのち、九日の夜十一時十分の汽車でベルリンを発ち、翌十日午後四時にパリ北駅に着いた。パリではペレ・ホテルで山崎直方と待ち合わせていた。先に触れたように、二人はローマで開かれる万国地理学会のシンポジウムへ同道して出席する予定だったからである。ところが九月にイタリア・トルコ間に戦争が勃発、会議は無期延期となった。「世界の名物」には、二人が「折角来たものだから何所か廻はらう。三大国の都も見た。風変りにスペイン行きはどうだ。夫《そ》れ宜からう」（同書、二七七頁）などと話し合っているホテルに、他国の兵器製造所を見るためにパリで別れた有坂鉊蔵がやってきたことが記されている。再び有坂の「故坪井博士の追懐」から――。

　丁度仏蘭西《ふらんす》へ着きまして巴里《ぱり》へ行きました時に、別段申合せを致したのではありませぬけれ共、宿屋に行きました処が丁度窓の処に坪井博士が見て居られました。其時は私も坪井さんが居られ様とは思ひもかけなかつたのでありましたが、丁度好い処で逢つたから、若し出来るならば又少し一緒に歩かうぢや無いかといふ事でありました。それから私は西《す》班牙《ぺいん》のオビエドーに大砲製造所がございます、其処へ行かねばならぬと申しますと、博士は其処へ行くならば自分もマドリッドまで行きたいといふ事でありました、それから御供しました、其時は山崎直方君が居りまして直様《すぐさま》三人で参りました。道々も色々な汽車の窓から古い国の遺跡などの話を承はりまして非常に愉快でありました。西班牙の或処では人民が今に穴居して居ります、さう云ふ処が実際眼前でレクチユーアを得て愉快でありました。それからマドリッドに着きまして、あの辺の博物館を一緒に見ました、それから玩具《おもちや》を大分御買ひになりまして、彼処《あちら》でも太鼓に鈴の附いた物を買ひまして私が持つて帰つたと思ひます。〔一八〜一九頁〕

日付を確認しておくと、三人がパリを発ったのが十月十四日、マドリッド着が翌日の夜。有坂と別れたのが十七日である。このあと坪井たちは、日帰りでトレドへ行き夕方にはマドリッドを発って、十九日にマルセイユに着いた。ここで一泊した二人は、翌朝七時三十五分の汽車で出発、午後一時二十五分モナコに着いた。モナコは入り海が多く、海に臨んだ山に犬の頭と呼ばれる岩があって、坪井は「世界の名物」で「名にしおふ犬の頭の岩の裾　あちらにも湾こちらにも湾」〔『うしのよだれ』二七八頁〕との狂歌を詠んだことを記している。ここでも二人は博物館を訪ねた。「書簡」に次のようにある。

　モナコは御承知の通り、小じんまりとした所ではありますが此所に立派な博物館が二つ有るのです。其一つは山崎氏の見るべき海洋学博物館、他の一つは私の見るべき人類学博物館だとは中々うまく出来て居る。山崎氏が「急いで両方を見ようとして虻蜂取らずになるといけないから銘々縁の深い方へ行く事にしよう」と云ふので夫《そ》れ〴〵の目的の方へ行きましたが、人類学博物館はまだ十分に出来上がつて居らず通覧に余り時を要せず、思つたより早く見終つたので、海洋学の方へ廻つた所、山崎氏はまだ頻りにノートを取りながら見て居られる。連れ立つて一巡したらモー閉館の時刻、人類学の方も同じく戸が締まる。此に於て山崎氏は虻だか蜂だかを取つた丈《だけ》であるに私は虻蜂を取つた勘定と成りました。〔『東洋学芸雑誌』第三百六十五号、明治四十五年二月、九〇〜九一頁〕

二十一日朝七時十三分の汽車でモナコを発ち、午後七時十五分トリノ着。トリノでは、ちょうど開催されていた万国博覧会を見学した。二十四日朝九時トリノを発ち、昼にミラノ着。午後博物館を見学。翌朝六時ミラノを発ち、午後七時ローマ着。フィッシャーズパーク・ホテルに宿を取ったあと、二人は日本大使館を訪ねた。坪井の「洋行日記」に次のようにある。

　両人名札を出して大使にお目にかゝり度と云った所、只《ただ》今外出中なれど直に帰られるでせうからしばらくお待ちなさいとの取次ぎの言葉にまかせ応接間で扣《ひか》へて居ると、間も無く大使林権助氏室に入り来る。入口の近くに居た山崎氏、先づ挨拶する。林大使ハヽア〱と軽く受け答へをして次にこちらを向き、「あなたはどなたですか」と云ふ。「坪井正五郎！」と云った所、「ヤア失敬〱」と云ひながら前からだき付く様に両手を肩に当て振り動かし、「こんなに白髪に成って、おまけに沙汰無しで出しぬけに来たんだもの、見忘れて居た、マア〱かけたまへ」と腰かけを進める。

林権助は大学予備門時代、坪井が井上円了らとやっていた夜話会のときの仲間だったのである。林も坪井同様、総長の渡辺洪基《こうき》から目をかけてもらった一人で、東京帝国大学卒業後、渡辺の推薦で外務省に入省している（林権助述『わが七十年を語る』）。この日の午後は、土俗先史考古博物館、トリノで行われていた万国博覧会の別会場の土俗部門などを見学した。

翌十月二十七日、二人は古代ローマ裁判所、サン・ピエトロ寺院、ヴァチカン美術館などを巡ったのち万国博覧会美術部へ行くと、日本館の石段を上がりかけたところで日本人から声をかけられた。この人物は京都大学地理学助教授の石橋五郎であった。「洋行日記」に次のようにある。

「私も先生の人類学の御講義を伺がったものでございます。其頃から見ると色が大さう黒くおなりです」と云ふ。毛が白くなったとか色が黒くなったとか色々の事を云はれるが、目を白黒する様な事さへなければ結構〱。

二十八日は、山崎に地理学協会に用事があったため別行動とし、坪井は再び土俗先史考古博物館を見学した。夜、ホテルで食事を共にした山崎は、昼間建築家の土屋純一に会ったことを報告し、土屋が明日ナポリへ行くので同行しないかと坪井を誘った。土屋は名古屋高等工業学校の教授で、留学のためにヨーロッパに来ていた。

二十九日、ローマを発った三人は、午後三時ごろナポリに着いた。ここを中心に、三十日にポンペイ、三十一日にはヴェスヴィオ火山に登っている。「書簡」に次のようにある。

ヴェスヴィアス登り抔《など》と云ふと大した事の様ですが、今は腰を掛けた儘《まま》で行けるので誠に楽なもの、山の上には登山記念として岩石の標本を売つて居る者がある。山崎氏其一つを買はうとして値切る。なかく負けず。そんなら入ないと威張つてズンく行き過ぎた所は宜かつたが、折角自分で採集した物を背中の袋から落として失はれたのは学術の為め大に惜しむべし。〔『東洋学芸雑誌』第三百六十五号、明治四十五年二月、九一頁〕

これが「うしのよだれ」で坪井が取り上げた話（本書一九七頁参照）である。坪井の乗ったヴェスヴィオ火山の登山電車《フニクラー》は、もともとハンガリー人の軌道鉄道プロモーターE・オブライトが一八八〇（明治十三）年に建設したものだが、一八八七（明治二十）年にトマス・クック&サン社の二代目社長ジョン・クックが買い取って路線を延ばし、観光の呼び物としていた〔『トマス・クック物語』三六八～三六九頁〕。

十一月一日はポズオリを観光、翌日ローマへと戻った。三日、大使館で行われたローマ滞在中の日本人パーティで、坪井は法学者の牧野英一と会った。牧野は明治四十三（一九一〇）年から留学のためにヨーロッパに滞在していた。四日、牧野を誘った坪井は乗り合い自動車で、日帰りのオスティア見物に出かけた。オスティアについては「海外旅行記」で「ポンペイの発掘場は人も知つて居るが、実際はオスチア〔オステイア〕の方が面白い。大きな建物の敷石などが掘り出され、見て居る間に綺麗に洗はれ、昔のまゝの生地《きじ》が出るなど面白い」〔『うしのよだれ』二八三頁〕と述べている。

五日の夜中に坪井と山崎は汽車でローマを発ち、翌朝六時フィレンツェに着いた。フィレンツェでは考古博物館を見学。七日の朝十時の汽車でフィレンツェを発ち、午後七時ヴェニス着。同じく「海外旅行記」に次のようにある。

ヴェニスでは有名なゴンドラといふ舟で、停車場から宿に着いたのであるが、其時恰《あたか》も夜にあたり、灯光水に映じてキラくとするもよいが、よく油絵などで見馴れて居る月夜のヴェニスはまことに得難きものである。雲間を透して鏡の様な月が水に映つた光景は、寔《まこと》に忘れられぬものである。〔同書、二八三～二八四頁〕

「世界の名物」のほうには、坪井がこのとき詠んだ歌として「絵の様とたとへて云ふもつきなみや　きらめく中を進むゴンドラ」〔同書、二七八頁〕と記されている。

イタリア滞在中どこからかは判らないが、坪井は流行会会員の一人であり、人物評論で知られたジャーナリスト横山健堂にはがきを出している。横山はのちに「趣味の会」（『中央公論』第三十二巻第二号、大正六年二月）という文章で次のように記している。

◉故坪井正五郎は、流行会創立以来、尽力せる人なりし。彼が欧行の時、博士山崎直方と共に、伊太利に游び、吾輩に寄せ来りし絵葉書に、『且つ流れ、且つ行きて、此に来る』とあり。彼が、つねに流行会を忘れざりしは、此の寄せ書の上に現はれたり。〔四九～五〇頁〕

　これが、出発前に流行会・児童用品研究会の送別会席上で坪井が行った演説を踏まえての文章であったのは、いうまでもないだろう。

　九日午後二時十五分の汽車でヴェニスを発った坪井と山崎は、翌朝十時十五分ブダペスト着。更に十一日にはブダペストを発ち、セルビア、ブルガリアを経て、十三日朝七時半コンスタンチノープルに着いた。ここで二人は中村栄一という人物を訪ねている。中村の許を訪れた理由について、坪井は「洋行日記」で次のように述べている。

　兼ねて保科孝一氏から、自分の知り合ひの中村栄一と云ふ者がコンスタンチノープルには久しい間居て土地の事に精しいから、彼地に行く様な事があったら同人をたづねる様にとの事を聞いて居たので、宿の者に案内して貰って、山崎氏とスタンブールの同氏の事務所へ行く。中村氏は日本雑貨も取り扱へど主な仕事は、日本米と台湾米とをトルコに入れる事とアヘンを台湾へウィスキーを内地へ送る事で土地の人の信用厚く、種々入場料を要する所は無料、船も近海は無賃と云ふ有様。

　中村栄一については中近東史を研究されている高橋忠久氏の「イスタンブルの日本人商い事始――中村商店小史」（『アナトリア・ニュース』第百二十・百二十七～百三十二号、平成十九年八月、平成二十二年四月～平成二十四年四月）に詳しいが、一九〇五（明治三十八）年にコンスタンチノープルに渡り、すでに商社として営業していた中村商店（中村とあるが栄一と縁戚関係はない）に入店し、支配人を務めていた。「イスタンブルの日本人商い事始」によれば、建築家の伊東忠太、作家の徳冨蘆花、博文館の坪谷善四郎らが、また画家の石井柏亭もコンスタンチノープルを訪ねた際に中村商店には世話になっており（これは『柏亭自伝』による）、当時ヨーロッパに行った日本人の間で中村商店は、比較的知られていたようだ。坪井たちは中村に考古博物館、モスク、古代の地下水槽、古代風俗人形陳列館、帝室墓所、市場などを案内してもらった。

　パリ以降二人で旅を続けてきた坪井と山崎だったが、山崎のほうは翌十一月十四日の午後、コンスタンチノープルから乗船し、アレキサンドリアを経て帰国の途についた。港で山崎を見送った坪井は、中村に紹介された当地に滞在中の陸軍大佐・森岡守成をホテルに訪ね、二人はガラタ塔に上った。ガラタ塔の壁は落書きで大分汚れていたが、そのなかに坪井は「阪谷《さかたに》芳郎」の名前を発見した。阪谷は第一次西園寺内閣では大蔵大臣を、明治四十五（一九一二）年には東京市長を務めた政治家である（なお「イスタンブルの日本人商い事始」によれば、阪谷も中村商店に世話になっている）。「世界の名物」に次のようにある。

◉坪井が直子宛に出したコンスタンチノープルの絵はがき、「昨日当地に着、今日山崎氏はアレキサンドリヤに向ひ出発　自分は二三日逗留の後ウィーンにへ行く予定　十一月十四日　正五郎」とある。左奥の塔が「ガラタ塔」

これは捨て置き難しと塔の絵はがきに次の一首を記して同氏に贈る。

谷にのぞむガラタの阪の塔の壁に
高くも仰ぐ君が芳名（『うしのよだれ』二七八頁）

十六日までコンスタンチノープルに逗留した坪井は、同夜八時二十三分発の汽車で出発し、十八日午後六時二十五分、ウィーンに着いた。ウィーンでは博物学博物館、工業博物館、オーストリア土俗博物館、美術史博物館などを見学。特に二十三日は美術史博物館のエジプト部門を一日かけて熟覧した。

二十五日午前十時にウィーンを発ち、同夜七時五十九分ミュンヘン着。翌二十六日、坪井はミュンヘンにその当時滞在中だった小児科医の岡田久男の許を訪ねている。岡田は坪井の叔父で陸軍軍医の足立寛の弟子にあたり、坪井とも古くからの知り合いであった。岡田は「故坪井博士の追懐」（『三越』第三巻第八号、大正二年八月）で次のように述べている。

或朝早く突然戸を叩く者がありました。私は唯矢張り在留の友人が尋ねたことゝ思つたから「御這入《はい》んなさい」と言つて澄して居りました。処が戸を明

けて這入つて来られたのは先生なので、オヤといふやうな訳で其意外に驚いた。実は昨夜遅く来たけれ共余り遅いからチヨッと近所のホテルへ泊つた。今日は少し君が閑なら、一緒に行つて貰つてもよいがと仰《おつ》しやつた。丁度私は閑でありましたから御供をしましたが、先生は兎に角一番大きな通り丈《だ》け引張つて呉れゝば、後《あ》とは自分で歩くから一日か二日大きな通り丈け引張つて呉れといふもので、一番大きな通りをお伴して二三の博物館へも御供をしました。

（中略）

翌日も御供をしましたが、其次は御自分でプランを作つてあるから自分で出るからといふ事で、御滞在になりましたが、終りの時に髪を刈らねばならぬから君の床屋へ案内をといふことで案内を致しました。其時も観工場など御供をして人形の頭に仮鬘《かつら》を附換へる様になつてるのが珍しいといふことで御買ひになりました。それから雲脂《ふけ》を綺麗に掃除するのが珍しいと言つて御買ひになりましたが、何処とかには珍しい画葉書《ゑはがき》があるからと帰途《かへり》に独りで買つて帰るといふことで御別れ致しました。〔一二〜一三頁〕

坪井はこのとき頼まれてミュンヘンの日本人会で旅行談の講演も行っている。こうして岡田ほか日本人三、四名に見送られ、十二月一日朝八時二十二分発の汽車でミュンヘンを発った坪井は、同日十二時十八分シュトゥットガルトに着いた。ここで見た土俗博物館を坪井は大そう気に入った様子で、「書簡」で次のように述べている。

ヴィエナ〔ウィーン〕へ行き、ミユニック〔ミュンヘン〕へ行き、スタットガルト〔シュトゥットガルト〕へ行きました。何処にも自分に直接関係ある博物館が数ケ所有りますが特に肝要なのはスタットガルトの土俗博物館で之《これ》は私立のものながら設備に於ては何所のよりも好い様に思はれました。今年の五月開館に成つたもので此所の事は最新版のベデカー〔ドイツの旅行案内書〕にもまだ載つて居りません。〔『東洋学芸雑誌』第三百六十五号、明治四十五年二月、九二頁〕

この博物館について坪井は「博物館のいろ〳〵」（『中央公論』第二十七年第五号、明治四十五年五月）でも取り上げている。

館内の区分の便利に出来て居るのはスタツトガルトの土俗博物館で、此所では下が何所、二階が何所、三階が何所と云う風に夫《そ》れ夫《ぞ》れ地方別けに成つて居て、普通階段に由つて上がり下りする様に出来ては居るが、昇降機の備へも有つて、是に由つて何所へでも行かうとするには何階へと云はずにアフリカとか太平洋諸島とか云ひさへすれば運転者が夫れ夫れの所へ送つて呉れるので有ります。〔一一九頁〕

シュトウットガルトの土俗博物館とは、ヴュルテンベルク商業地理学会会長だったカール・グラフ・フォン・リンデンのコレクションを元にして、一九一一（明治四十四）年に開館したリンデン博物館（Linden-Museum）のことである。リンデン博物館は現在でもヨーロッパ有数の民族学博物館の一つとされている。

三日シュトウットガルトを発ち、同日チューリッヒ着。五日チューリッヒ発、同日ルツェルン着。六日ルツェルン発、同日ベルン着。「書簡」には次のようにある。

スウィッツアーランドに入って、ツリヒ〔チューリッヒ〕、ルセルン〔ルツェルン〕、ベルンと見歩きました。ツリヒの博物館、ルセルンの氷河園〔氷河公園〕も有益でしたがベルンの歴史博物館は歴史とは云ふものの一部分は人類学の名を負はせても好い位なもので予期以上の益を得ました。〔『東洋学芸雑誌』第三百六十五号、明治四十五年二月、九二頁〕

七日夜ベルン発、八日朝パリ着。十日パリ発、カレーからドーヴァーを渡り、同日ロンドン着。このときはドーヴァー海峡が荒れ、午後一時に出航し午後二時半に着く予定だった船は波浪にもまれ、着いたのは夜の八時だった。「汽車の発車も順繰りに遅れてチャーリングクロスステーションへ着いたのが定刻に後れる六時間で午後十一時」〔同誌、九二頁〕であったと「書簡」に記している。坪井は再びガウアー・ストリート七十六の宿に宿泊した。

翌十二月十一日、海軍事務所で有坂とパリに向かったとき同行した吉田太郎と会って挨拶した坪井は、そののち横浜正金銀行ロンドン支店で支店長の巽孝之丞《こうのじょう》と会った。巽は紀州出身であったため、同州元藩主の徳川頼倫《よりみち》は坪井に、ロンドンに行った際に坪井の識見で好い本があれば、巽に相談して南葵文庫のために求めて欲しいと頼んでいたのである。余談だが、この巽孝之丞はＳＦ評論家・巽孝之氏の祖父にあたる。

以降、坪井は翌年の一九一二（明治四十五）年二月までほとんどロンドンに留まり、市内を歩き回っている。荒井陸男とも何度も会っているし、再び長谷川天渓と会ったのもこの間のことである。また、大英博物館をはじめ幾つかの博物館にも足繁く通っている。熱心に本屋回りもしているが、これは自分の資料を探すためだけでなく、南葵文庫用の本を選んだのであろう。ここではその辺の話は省略し、「洋行日記」の一月十六日の記述まで飛ぶことにしよう。そこに坪井はこう記している。

兼ねてケンブリヂ〔ケンブリッジ〕とオクスフォード〔オックスフォード〕へは行く積りで居た処、こちらから手紙を送らぬ先きにケンブリヂのハッドン教授が私の居場所を聞き知って招き状をよこされ、其後手紙をやりとりした結果いよ〳〵二十五日に彼の地へ行く事とし今日其趣《おむき》の書面を送る。ハッドン教授の手紙の中には宿をするから宅へ来い、妻も待って居る、着物を着替へる必要は無いから燕尾服を携帯すると云ふ様なをっくうな事は止めるが好い抔《など》と云ふ事まで書いてある。

第九章で触れたように、坪井は人類学者のアルフレッド・C・ハッドンとは英国留学のとき以来の友人であった。二十五日正午、リバプール・ストリート駅発の汽車でロンドンを発った坪井は、午後一時十八分ケンブリッジに着いた。ハッドンの家には二十七・八日の二日間泊めてもらう予定になっていたため、この日はホテルに泊まることとし、部屋を決めたあとで古物土器博物館とフィッツウィリアム博物（美術）館を訪れた。

ホテルに戻ってみると、ハッドンが訪ねてきたと、置いていった名刺を渡された。坪井は自分からハッドンの家へ行こうかとも考えたが、遠方のため行き違いになるといけないのでホテルに留まっていると、夕方ハッドンがやって来た。長い間会っていなかったハッドンの容貌は、前日ちょうど偶然に見た『タトラー』という雑誌に載っていた彼の肖像画にそっくりであった（右図版参照）。二人は話し込んだあと、七時少し前にホテルを出ると、ハッドンが籍を置いているクライスト・カレッジへと向かった。談話室で坪井は諸教授に紹介され、教授連と一緒に会食した。

二十六日午前十時過ぎ、ハッドンが迎えにきて、新築途中の太古及び土俗品博物館へ。坪井は太古土器の修復室など、普通は入れない所まで案内してもらっている。いったん宿に戻ったあと、午後四時今度は坪井一人でク

◉坪井が「洋行日記」に模写した『タトラー』誌掲載のハッドンの肖像画

レア・カレッジの寄宿舎を訪ねた。ハッドンから、ここにいるL・F・テーラーという学生は講義を熱心に聴きにくる有望な青年なので、一度会ってもらいたいと頼まれたからで、坪井は、では自分のほうから訪ねましょうとテーラーの許を訪れたのであった。「洋行日記」には次のようにある。

玄関番に室を聞いて行って見た所、テーラー氏もハッドン氏からの沙汰で待って居た様子で有ったが、其室に九条氏（東京の理科大学で天文学をやりかけ後、此地の此クレヤカレヂで経済学か何かを修めて居られる）も来て居られる。どうしてかと思ったら、テーラー氏が同じカレヂの日本人と云ふので相客に招いたのだとの事。三人にて茶菓を味ひながら談話。

坪井が「九条氏」と名字だけしか記していない日本人は、おそらく九条良致《よしむね》男爵のことである。良致の妻・九条武子は、西域探検を行ったことで有名な浄土真宗本願寺第二十二代宗主・大谷光瑞の妹であり、歌人として知られている。籠谷《かごたに》真智子著『九条武子――その生涯とあしあと』によれば、武子は明治四十二（一九〇九）年九月に良致と結婚、その半年後に良致はケンブリッジに留学した。但し、同書では良致の専攻は天文学だったとあって坪井の記述とは異なるが、小山騰《のぼる》氏（ケンブリッジ大学図書館アンダー・ライブラリアン）は『破天荒〈明治留学生〉列伝――大英帝国に学んだ人々』のなかで、ケンブリッジ大学の記録には「九条は政治・経済学関係で普通学位を取ることをめざしたと思われるが、そのためには一般試験と特別試験に合格する必要があった。そこで、彼は特別試験として一九一二年に政治・経済学（三等級）および翌年政治学（三等級）を受験し、合格している様子である」〔一〇七頁〕と述べている。留学時には武子も同行しているが、暫くして日本に戻り、留学期間を終えて良致が戻るのを待っていた。坪井と会ったのはその間のことであったと思われる。

二人と別れたあと、坪井はクライスト・カレッジでハッドンと待ち合わせていた。「洋行日記」には「他の教授もだん〳〵来り、マイエル（Myer）リッヂウェー（Ridgeway）両教授はハッドン氏からの知らせに従ひ態々《わざわざ》会合の為めに来らる。色々人類学上の話しあり」と記している。「マイエル（Myer）」とあるのは、トレス海峡の調査に参加した社会人類学者W・H・R・リヴァースの愛弟子で、同じく調査に同行した心理学者のチャールズ・S・マイアーズのこと、また「リッヂウェー

(Ridgeway)」は考古学教授ウィリアム・リッジウェイのことであろう。

二十七日は――。

ダックウヲース教授(Duckworth)から、標本を見せ度《たい》から午前中に来る様にとの事をハッドン氏を経て云越されたので、十時頃同教授の教室へ行く。同教授の受け持ちは解剖なれど、氏自身の研究事項は体質人類学で、それに関した標本なかく多し。マカリスター教授にも会ふ。ダックウヲース教授は授業時間になったから失礼するが何所でも自由にごらんなさい、道具も入用なら御つかひなさいと云って教場へ行かれる。後にのこって十分に見る。ダックウヲース氏の新案で、一昨日出来たばかりと云ふ頭骨模写器を見る。まだ誰も知らない。自分の次には君が見るのだ抔《など》云はる。昼食の為め一旦宿に帰り、午後動物地質標本陳列所へ行き、約に従ひリッヂウェー教授に出会ふ為めケーヤスカレヂへ行き、同教授、同校々長の両氏と共に茶菓。人類学上の談話。同所を出て市中歩き、本屋まはりをし、午後七時招きに従ひ九条氏方(18 Sidney St.)へ行き晩食のもてなしを受ける。食後暫く雑話、一旦宿に帰り払ひをすまし馬車を呼び、兼ねくの約束に従ひハッドン氏方へ行く。

坪井がA・マカリスターと記しているのは、おそらくW・L・H・ダックワースと同じく解剖学教授のアレクサンダー・マカリスターのことであろう。

クリスフェイル・ヒルズ・ロードにあるハッドン宅に着いたのは午後九時だった。馬車の音を聞いて出てきたハッドンは、坪井から鞄を奪い取るようにして家のなかへ招き入れた。彼は二階の一室を坪井のために用意しておいてくれた。

「此所を君の部屋と極《き》めて置いたからさう思って呉れ玉へ、持ち物は此所に置く。はしごだんのさきが湯殿、其さきが便所、それから此部屋の隣りが僕の書斎だ。マアくはいり玉へく」とて書斎に入る。まはりの本棚に本が沢山ある。机の上は本だの草稿だの紙切れだので、むちゃくちゃにちらかって居る。妻君はかげんが悪いとて早くやすまれた様子。むすこさんは陸軍か何かに関係があって、アフリカに行って居られるとの事。お嬢さんにはあふ。ハッドン氏との話しはなかく尽きなかったが、十一時過ぎに成ったのでグードナイトにする。寝床には湯たんぽが入れてあった。

この記述をA・ヒングストン・クイギンによるハッドンの伝記『ハッドン　ヘッド・ハンター』（A. Hingston Quiggin,"Haddon The Head Hunter"）で補っておくと、ハッドン夫人は難聴のために人と接するよりも家と庭の手入れに熱心だった。ここにあるように家は本に占領され、庭も狭かったので、坪井が訪れたあと間もなく、ハッドン一家はもっと大きな家と庭のあるクランマー・ストリートに引っ越している。息子のアーネストはウガンダで文官勤務に就いており、長女のメアリーは結婚して家を出ていた。このとき家にいたのは大学で動物学を学んでいた次女のキャスリーンである（二三八〜二三九頁）。キャスリーンは一九一四（大正三）年、助手兼写真家としてハッドンのパプア調査にも同行している（このときは予定していた船が座礁して乗れず、結果的にハッドンは以前の調査地であったトレス海峡の島々を訪れている）。

一月二十八日、この日も坪井は二人の興味深い人物に会っている。ハッドン、キャスリーンと坪井があやとりの話をしている（キャスリーンにはあやとりの著書もある）ときのことである。

ハッドン氏「今日の昼食にはハリソン夫人（Jane Ellen Harison）を招いて置いたから、今に来られるだらう」と云ふ。ハリソン夫人と云ふのは古代ギリシヤの事に精しく「ギリシヤ神話」と云ふ著述さへある人なのである。暫く話しをして居ると、ドン〱〱〱〱と妙な太鼓の音がする。ハッドン氏「あれはアフリカのウガンダから持って来た太鼓だが、食事の知らせにはあの通りに打たせる事にしてある」と云ひ、「サア行かう」とてはしごを下りる。下の応接室にはハリソン夫人が来て、ハッドン夫人と話しをして居らる。行き会はせられあいさつし、つれ立ち食堂へ行く（ハッドン氏及び夫人、お嬢さん、ハリソン夫人、自分の五人）食後雑話。

「ハリソン夫人」即ちジェーン・E・ハリソンの名前は、戦前に佐々木理《ただし》訳の『古代芸術と祭式』が創元社から出ているので、彼女の名前は日本でも比較的知られている。この本は現在もちくま学芸文庫で読むことができるし、同文庫にはもう一冊、船木裕訳『ギリシアの神々——神話学入門』も入っている。後者の解説「複眼で読む」で『古事記』解釈に社会人類学的な考え方を応用した国文学者の西郷信綱は、『古事記の世界』を執筆した際、「季節祭りであるとともに王の即位式——それは成人式《イニシエイション》の特種形態にほかならぬ――でもある大嘗祭と神代の物語の主要部分とが微妙に綯《な》いあわされているとの見地に立って新たな解釈を試みようとしたのも、ハリソンを中心とする二十世紀初頭のギリシャ古典学といささか付きあったことが一つの媒介になっているような気もする」〔三三頁〕と、その影響下にあったことを記している。ハリソンについては同書に載っている船木氏の「ジェーン・E・ハリソンについて（あとがきを兼ねて）」から引用しておこう。

かの女は英国ケンブリッジ［チェルトナム・カレッジおよびニューナム・カレッジ］出身の、ギリシアを中心とした古典、美術、信仰、芸術の研究家で、大英博物館［British Museum］やサウス・ケンシントン博物館で講義し、のちに母校ニューナムの古典考古学の講師になりました。代表著作としては、デュルケーム風の社会学的解釈の影響を受けながら、主として古代における社会と宗教の関係をとり扱った重厚な『ギリシア宗教序説［Prolegomena to the Study of Greek Religion］』（一九〇三年）『テミス：ギリシア宗教の社会的起源［Themis ギリシアの〈掟〉の女神］』（一九一二年）が有名であり、ことに前者はギリシア宗教研究に画期的な成果をもたらしたと評価されています。〔二一七頁〕

このあと、坪井は「時間の都合がありますから御免を蒙ります」といって出かけ、再びフィッツウィリアム博物（美術）館に寄ったあと、『金枝篇』で知られるJ・G・フレイザーの許を訪問している。坪井がハリソンやフレイザーと会ったことは、おそらく「洋行日記」以外どこにも触れられていないのではないだろうか。

フレザア教授（G. J. Frazer. St Keyne Erange Road）を訪問する。折り好く居合はせられ、いろ〳〵話しあり。茶の時刻になったので茶菓の饗を受ける。フレザア教授は諸人種のトテム〔トーテム〕に付いて精しい調べをして居られ、大著述がある。同教授の蔵書は大したもの、ハッドン氏のを多いと思つたが迚《とて》も比べにならず。上には上があるものなり。トテムと云ふのは一種の社会組織で其調べはなか〳〵面白いもの。此事に関していろ〳〵話しをする。モットゆっくりして行けとて引き留められたれど、「今日は茶の後で娘のあやとりをお目にかける事にしよう」とのハッドン氏の言葉があったので、五時に強ゐて暇を告げて帰る。

坪井は記していないが、フレイザーを訪ねるよう示唆したのはおそらくハッドンであろう。ハッドンはフレイザーと親しい間柄にあった。よく知られるようにフレイザーはフィールドに赴かないアームチェア型の人類学者だったが、ハッドンはフィールドワークと文献による研究の両面を兼ね備えたタイプの人類学者だった。ロバート・アッカーマンの『[評伝]J・G・フレイザー——その生涯と業績』(小松和彦監修・玉井暲監訳)のなかの次の記述は、坪井の蔵書観察と符合している。

> (前略)ハッドンは生まれつき行動好きで、手に入るだけの本を読み漁っただけでなく、すでに少年時代に家の周りを探検したり、簡単な生物実験を試みたりしている。彼にとって何よりも大事なのは、科学と事実であった。洗練された文体だとか巧い文章といったものは、どこか作り物めいていて、彼が大事にする科学や事実とは根本的に合わないと考えていた。フレイザーの方はというと、陽気に大声を出したり、落ち着きなく動き回ることはなかったようだ。(中略)
>
> フレイザーは内気だったために、主に本を読んだり書いたりする研究生活に没頭しがちだったのに対して、社交的なハッドンは、文献を調べることと同じ程度かそれ以上に、調査に出かけては、いろんな人と会うことにいつも喜びを感じていた。(二四〜二五頁)

このときには『金枝篇』の第二版までは出版されていた筈だが、坪井はそれには全く触れていない。「諸人種のトテムに付いて精しい調べをして居られ大著述」とあるのは、一九一〇年に二千頁を超す全四巻の形で出版した『トーテミズムと外婚制』のことである。

フレイザーの許を辞した坪井はハッドンの家の茶会であやとりを楽しんだのち、クライスト・カレッジで諸教授と歓談し十時に家に戻った。

翌二十九日午前九時二十分頃、ハッドン宅を後にした坪井は、オックスフォード大学に向かい、この日と翌日をかけてピット・リヴァースのコレクションを見学、大晦日の午後四時三十分ロンドンに戻った。

一九一二(明治四十五)年二月七日九時四十五分、ロンドンのウォータールー駅をホワイトスター線船客用特別列車で発った坪井は、サウサンプトンへと向かった。この港からオリンピック号に乗船、船は正午にニューヨークに向けて出港した。このときは、前日に日本人会で

◉直子宛のオリンピック号の絵はがき、「船客中日本人は自分ともたった二人　今日正午サウサンプトン発の此船に乗ってアメリカに向ふ。これは食堂。万事大ぎゃうなのはこれ丈でも推して知れやうと思ふ。二月七日船中にて　正五郎」とある。タイタニック号と共用の絵はがきのため、「タイタニック」の文字に消線を引いてある

会った日本銀行の水野という行員が同じ船でニューヨークに行くことを知り、同行している。オリンピック号は四万五千三百トンの巨船で、坪井は「あまりに大き過ぎて乗心地は極良いとは言はれぬ。食堂でも談話室でもあまりに立派過ぎて、遠慮気も起り窮窟気でもあつた」と「海外旅行記」〔『うしのよだれ』二八五頁〕で述べている。オリンピック号の姉妹船として建造されたのが、氷山に衝突して沈んだあのタイタニック号である。タイタニック号の事故は、一九一二（明治四十五）年四月十四日に起こった。坪井が大西洋を横断した二か月後のことである。タイタニック号の沈没については坪井も「世界一周談」で、「私の帰ツてから後の出来事でありますが、此頃新聞を見ると、タイタニツクと云ふ船が氷と打《ぶ》つかツて沈んだと云ふことである」〔『裁縫雑誌』第十巻第三号、明治四十五年六月、一〇頁〕と語っている。

船がニューヨークに着いたのは二月十四日午前九時ごろのことであった。坪井はここに二十一日まで滞在した。ニューヨークでも何人かの滞米日本人に会っているが、総領事・太田為吉に招かれた晩餐会では、高峰譲吉と会い、自宅に招かれている。飯沼和正／菅野富夫著『高峰譲吉の生涯――アドレナリン発見の真実』によれば、高峰は妻キャロラインの「母親の援けをかりて、今でいうベンチャービジネス」〔三頁〕をボストンで成功させた。これは漱石の『吾輩は猫である』にも登場する苦沙味《くしゃみ》先生御愛用の胃腸薬「タカジヤスターゼ」（名前の「タカ」はギリシア語の“強い”という意味と高峰の名前の両方がかけてある）の開発と特許取得のことである。その後、ニューヨークに移ってからは世界初のアドレナリンの精製・結晶化にも成功した。高峰は日本を紹介するための英文雑誌『東洋経済評論（Oriental Economic Review）』の発刊も援け

ており、同誌の編集長だった本田増次郎（坪井は「本多増二郎」と誤記している）とも坪井は会っている。本田はこのあと坪井の行く先々に連絡の労を執ってくれた。

ニューヨークでは美術博物館（メトロポリタン美術館）、ブルックリン・インスティテュート・ミュージアムも見ているが、特に博物学博物館（アメリカ自然史博物館）には熱心に通った。なお、十九日夜にはカレジェート教会会堂で日本青年修道会の大堀篤牧師に頼まれ「人種の優劣」という講演を行った。

二月二十一日にニューヨークを発った坪井は、フィラデルフィア、ワシントンの博物館を巡り、二十六日午前七時半にボストンに着いた。「洋行日記」に次のようにある。

ホテルソルンダイク（Hotel Thorndike, Boylston Street）に入り室を定む（九十二番）朝食を終り美術博物館（ボストン美術館）へ行く。館内にて昼食閉館の時迄居る。モールス（モース）氏の蒐集した日本陶器類は此所に陳列してある。同氏に会ひ度《たい》ものと思ひ玄関番に尋ねた所、午前中は来て居られたに惜しい事であったと云ふ。何時又来られるかと聞けば、多分次の月曜との事。それではセレム（モールス氏の居住地）へ行つて会ふ事と仕ようとて博物館を去る。夜雪。

モースといえば、坪井が以前「東京人類学会満二十年紀念演説」のなかで、あえて日本人類学の「間接の恩人」と述べた人物である。しかしアメリカには日本人類学草創期の話を持ち出して云々する人もいなかったろうし、坪井のなかでは懐かしさのほうが勝っていたのだろう。モースは一八九〇（明治二十三）年、蒐集した日本陶器類をボストン美術館に売却、自身は同館の日本陶器管理者になっていた（ドロシー・G・ウェイマン著、蛯川親正訳『エドワード・シルベスター・モース　下巻』）。

翌二月二十七日も坪井は午前中ボストン美術館へ行き、午後は市内を歩き回った。そして二十八日の「洋行日記」にこう記している。

朝食を終った所へ富田幸次郎氏来訪。（本多（正しくは本田）氏から知らせがあったとの事）何所へでも案内しようとて種々話しの末モールス氏の管理されるピーボデーミューゼアムへ行き同氏の事を聞けば、今朝ボストンの美術博物館へ行かれたとの事。長距離電話で打ち合はせの結果、モールス氏が帰って来ると云ふ事に成る。待ち合はせかた〴〵此博物館を通覧する。太古遺物も有るには有るが土俗品に富んで居る。あ

らかた見終った所へモールス氏帰って来る。陳列品を見たかとの事故《ゆえ》、見た趣《おもむ》きを答へた所、それではこれから昼食をしに行かうと云はる。何所へ行くのかと思ったら、ボストンのボストンクラブだとの事。今引き返して来たばかりだのに又直にボストンへ行くとはせはしない話だ。富田氏と三人づれでボストンへ戻ってクラブへ行く。此所でワーナー氏（Warner）に出会ふ。（モールス氏が電話をかけて招いたのである）四人にて食事。食後同道、ケンブリヂのハーヴアード大学の博物館を見に行く予定であった所、モールス氏は、今日セレムの或る所へ招かれて居たのを今迄全く忘れ忘れて居たが、是非行かなければ成らぬ所だから、自分は大学へ同行する事が出来ぬとて此所で別れる。モールス氏は又も大急ぎでセラムへ帰へられたのであるが、行ったり来たり御苦労千万の事である。同氏の元気は実に盛んなもので、真面目の話しやらじゃうだんやら、ごたまぜのしゃべりつゞけ。にげて行くといけないとて腕を捕へて放さず。宅へ来てクリスマスまで泊って行けなどと大変な事を云ふ。ハーヴァード大学には博物館がいくつも所属して居るのであるが、人類学関係のものだけ見る。五階の大きな建て物で陳列品が中々多い。係かりの人々に会ふ。クラブに寄って茶を飲み夕方宿に帰る。ワーナー、富田の二氏送って来る。宿で一緒に食事をしようと思って勧めたが、用事があるとて二氏とも辞して帰られる。

当時ボストン美術館は岡倉天心が東洋部長を務めていたが、このときには一時帰国しておりボストンにいなかった。堀田謹吾著『名品流転——ボストン美術館の「日本」』によれば、富田幸次郎はもともと漆工芸作家で、一九〇六（明治三十九）年九月農商務省の海外研修生の一人としてボストンにやってきた。仕事の内容は「日本の漆工芸品の販売拡大の可能性をさぐること、欧米の塗料の市場調査、一般の消費動向の調査」（二〇五頁）であったが、ボストンで天心と出会い、彼に魅せられた富田は、助手として美術館で働くようになった。のちに富田は、天心の二代あとのボストン美術館東洋部長を務めている。セーラム・ピーボディ博物館は一八八〇（明治十三）年からモースが館長を務めていた博物館で、セーラムはボストンから二十六キロ離れた地点にある。また「ワーナー」というのは、ハーバード大学のフォッグ美術館で東洋美術部長を務めていたラングドン・ウォーナーのことであろう。ウォーナーは美術研究のために五浦《いづら》にいた天心の許を訪れたことがあり、その後も何度か日本にやってきた。ウォーナーは第二次世界大戦の際、奈良・京都の空襲を避けるよう尽力したことでも知られている（矢代幸雄著「ウォーナーのことども」ラングドン・ウォーナァー著、寿岳文章訳『不滅の日本芸術』）。日本通だったモースがウォーナーに声を掛けたのだろう。余談だが、作家・島村利正に、このウォーナーが奈良を訪れた話を繊細な筆致で描いた「奈良登大路町」という好短篇がある。

先のウェイマン著『エドワード・シルベスター・モース』には、この前年モースは妻を亡くしており、「ピーボディ博物館の理事会は、妻の死による心の痛手に対して、愛情ある心遣いから、一九一二年の例会において一年間の休暇を与えるということを、満場一致で決定した」〔下巻、二〇五頁〕とあるが、坪井の描写からは、そうした辛さは微塵も感じられないほどのモースの精力ぶりが伝わってくる。

二月二十九日再びニューヨークへ戻った坪井は、高峰が会長を務める日本人クラブで数十人を前に「人類学大意」を講演した。講演を聴きに来たなかには、横浜正金銀行支店長一宮鈴太郎《いちのみやりんたろう》とその妻・操子（旧姓・河原《かはら》）もいたことが「洋行日記」に記されている。操子は結婚前モンゴルでカラチン王府女学堂（女学校）の教師をしていたことがある。彼女が帰国してから代わりにその役割を務めたのが鳥居龍蔵の妻・きみ子であった（鳥居龍蔵著『ある老学徒の手記』）。

三月一日午前中、博物学博物館に寄ってから、坪井は午後六時発の汽車でシカゴへ向かった。その途中ではナイアガラにも立ち寄っている。「海外旅行記」に次のようにある。

（前略）それは三月二日のこと、其日も雪が降つては居たが、前々からの降り積んだ雪で、往来には人影も見えぬ。自分は一人二頭引の馬車を雇つて瀑布を見に行つた。

瀑は大部分氷結し、一部から水が噴出する状は、恰《あたか》も綿繰から綿を繰り出す様、飛沫はあたりの木や石にかゝつて凍るので全体がまるで綿細工の如き奇観を呈した。〔『うしのよだれ』二八六頁〕

二日、予定より大幅に遅れた汽車は、午前十時シカゴ駅に着いた。「洋行日記」の三月二日の記述——。

本多〔本田〕氏からの知らせが有ったとて、山内繁雄氏迎ひに来て居らる。スタール〔スター〕氏も山内氏から聞いたとて来て居らる。荷物はシアトルステーション留め置きで送って仕舞ひ、ホンの手さげカバン一つ故両氏の案内に従ひ電車にて宿に向ふ。車中に逗留中のプログラムを極《き》める。スタール氏は途中で下車。山内氏はホテル・デルプラド（Hotel del Prado）迄同行。室は三〇四番。此ホテルは大学にも近く博物館にも近く、誠に都合好し。山内氏の案内にてフィールド・ミュージアム（Field Museum）へ行き、途中にて昼食を食し、美術博物館へ行き、諸所見物して一旦宿に帰り、六時頃シカゴ大学の食堂へ行く。在留日本学生の招待で晩餐の饗を受ける。来会者十余人。食後某氏の宿所へ行き、望に応じ「旅中見聞談」を述べる。十時頃に帰る。凍った雪の上すべってあぶなし。

千原光雄（元・千葉県中央博物館館長）著「アメリカの学者達が選んだ今世紀を代表する藻学者山内繁雄博士」（『藻類』第四十七巻第一号、平成十一年三月）によれば、山内繁雄は明治九（一八七六）年、山形県酒田市生まれ、東京高等師範学校（現・筑波大学）卒業後同校助教授を経て、一九〇五（明治三十八）年、アメリカ・コロンビア大学に留学、その後シカゴ大学に移り植物学を学んだ。坪井が訪れた当時山内はシカゴ大学で研究員をしており、おそらくはこのときフレデリック・スターと知り合ったのであろう。のちにスターが日本各地を旅した紀行文集『御札行脚』を金尾文淵堂から刊行した際に山内は編輯を担当した。この本には訳者名がないが、山内は翻訳も担当していたと思われる（この点について、筆者は『御札行脚』と『山陽行脚』を併せて新たに〝知の自由人叢書〟の一冊として『お札行脚』を編んだとき「解説」のなかで触れておいた）。

翌三月四日の「洋行日記」——。

午前フィールド・ミュージアムへ行く。一時頃宿に帰り昼食。二時頃スタール氏来訪。同行フィールド・ミュージアムへ行き、ラウフェル（Laufer）、コール（Cole）両氏に紹介さる。ラウフェル氏は支那の古物に明《あか》い人、コール氏はフィリピン土俗に精しい人。此所を去って大学へ行き、スタール氏の蒐集品を見る。夕方宿に帰る。六時頃山内氏来訪、同行クヲードラングル・クラブ（大学教官のクラブ）へ行く。スタール氏の催しで、自分を正客としての晩餐会が開かれる。来会者四五人。十時頃宿に帰る。此日時々雪降る。

「ラウフェル」というのは、一八七四（明治七）年ケルン生まれの人類学者ベルトルト・ラウファーのことである。石田幹之助著「ベルトールド・ラウファー博士の訃を聞きて」（『欧米に於ける支那研究』）によれば、ベルリン大学東洋語学研究所、ライプツィヒ大学に学び、カラフト、中国などでフィールドワークを行い、コロンビア大学を経て、一九〇八（明治四十一）年からはフィールド・ミュージアムに所属していた。ラウファーの本は『キリン伝来考』（福屋正修訳）、『サイと一角獣』（武田雅哉訳）、『飛行の古代史』（杉本剛訳）、『鵜飼――中国と日本』（小林清市訳）その他邦訳も多い。もう一人の「コール」とは、フェイ＝クーパー・コールのことである。フレッド・エッガン Fred Eggan 著「フェイ＝クーパー・コール Fay-Cooper Clle」によれば、コールは一八八一年ミシガン生まれ。ノースウエスタン大学卒業後、シカゴ大学を経たのちフィールド・ミュージアムに移り、フィリッピン北部で人類学のフィールドワークを行った。スターがシカゴ大学での講義を引退した後、コールは同大学に招かれ社会学・人類学部門助教授に任命されている。

三月五日、坪井は終日フィールド・ミュージアムを見ることに費やした。

六日――。

午前山内氏来訪。同行クヮードラングル・クラブへ行く。クラブの客として扱はれる事と成ったので、宿の払ひをすませ引き移ったのである。山内氏の案内でユニヲンスタッフ（牛豚羊を殺して其肉や血や皮を色々に製する所）へ行って見る。途中で昼食。食後諸商店を見歩き、晩食後芝居（イリノイス・セアター）を見る。十一時頃クラブに帰り宿泊。

スターが二度目に来日したとき、本郷三丁目の一軒家を借りられるように世話をしたのが坪井であった（山内繁雄著「お札博士に就て」、フレデリック・スタール著『お札行脚』）から、クォードラングル・クラブへの滞在許可には、スターの日本での便宜を図ってくれた坪井へのお返しという意味があったのであろう。

七日――。

午前フィールド・ミュージアムへ行く。約に従ひ正午クラブに帰り、山内氏と出会い昼食。食後同行大学総長の所へ挨拶に行く。不在。夫人も不在。名札を二枚置いて来る。夫《それ》よりスタール氏を訪問。三人同行にて図書館へ行き、ラウフェル氏蒐集の東洋書籍を見る。此所にてスタール氏に別れ、山内氏と本屋まはりをし、途中にて晩食。食後は活動写真を見、

十時頃ステーションへ行く（手荷物は前以て預けて置いたのである）シアトルに向つて出発。

このあとシアトルの港から坪井は、日本への帰途についた。「海外旅行記」に次のようにある。

帰りは郵船会社の阿波丸に搭乗した。噸《トン》数は六千でオリンピックよりは遙に小さいが乗心地は却つてよい。殊に一等船客十一人、殆ど日本人で、まるで日本に居ると異ならぬ。一体此頃の季節には太平洋の北の方は海が穏かでなく、私の乗つた前の船は日米間に三日の延着を来したが、幸ひに阿波丸は暴風の後々となつて、其禍を免れた。〔『うしのよだれ』二八六頁〕

こうして三月二十九日、阿波丸は無事横浜港に入港し、坪井の欧米視察旅行は終わった。

坪井の旅行の大きな目的の一つが、各国の博物館の視察にあり、いずれは日本に人類学博物館を作るときの参考にしようとしていたであろうことはすでに触れた。この章の最後に、「人類学と博物館」という文章から、そんな坪井の夢を語っている箇所を引用しておこう。

サウスケンシントン博物学博物館とコレヂ、ヲフ、サアジヨンス博物場にかの人獣の異同を示す標本を持つて来、コレヂ、ヲフ、サアジヨンス博物場とパリス博物学博物館とから諸人種の頭骨を持つて来、ケンブリヂ大学から他《た》の部分の骨を持つて来、ワシントンから諸人種の実物大人形をニユーヨークから諸人種の着色写真を持つて来、諸所の博物館から土俗品を持つて来、ワシントンから諸人種生活状況の模型を持つて来、サウスケンシントン博物学博物館から太古人類遺骨と原始石器を、ブリチン、ミユーゼアムとサンジヤルマンから其後の時代の石器及び他の遺物を、カイロとブリチシミユーゼアムからエジプト古物を持つて来、不足の分は諸博物館の陳列品で補ひ是等をドレスデン風にヲクスフヲード風を加味した方法で陳列したら好い人類学博物館が出来るで有らう。斯んな事は固より実行の出来る話しでは無いが、人類学博物館設立の理想は此辺に有つても差支へ無いが、理想の附け加へとして言ひ度いのは我が国にも一つは有つて欲しいと云ふ事で有る。〔『新公論』第二十七巻第十号、大正元年十月、四五〜四六頁〕

もしもう少し長く生きていたならば、行動派の坪井のことである、あるいは彼の望んだ人類学博物館は、その一部なりと実現できていたかもしれない。しかし、坪井にはもうわずかな時間しか残されてはいなかった。

第十八章 客死——終焉の時分には痛みも無し、眠るが如く

城山古墳の調査、拓殖博覧会の準備と多忙な日々を送っていた坪井は、ロシアで開催される万国学士会への出席を依頼される。坪井はペテルブルグへと向かうが、曾遊の地で病魔に襲われ、息を引き取る。突然の坪井の死に周りの人々は驚き、悲しみに沈んだ。やがて遺骨となった坪井を載せた汽車が東京に着く。

大阪時事新報社の社員から、大阪府下南河内郡小山村で発見された大石棺の調査依頼が坪井の許にもたらされたのは、長い海外視察から戻った翌々日のことであった。帰国早々ではあったが、すでに遺跡には手を着けているとの知らせで、勝手に遺跡を掻き回されることを怖れた坪井は、大学で出張の手続きを済ますと、すぐに柴田常恵《じょうけい》を伴って四月三日の夜に大阪へと向かった。翌朝大阪着、そのまま目的地の小川村へ行き調べを開始した。調査は翌日いっぱいも行い、明くる六日には東京へ戻るという慌ただしいスケジュールであった。八日には、新橋花月楼で流行会・児童用品研究会合同の帰朝歓迎会が待っていた（久保田米斎著「四月の流行会」『三越』第二巻第五号、明治四十五年五月）。

坪井は『人類学雑誌』（第二十八巻第七・九号、明治四十五年七月、大正元年九月）に「河内小山村城山古墳の調査」（未完）と題して遺跡調査に関する詳しい報告を行っている。それによれば、石棺の発見場所は「大阪から行くとすると柏原停車場から西南一里〔約四キロ〕位、大和川の岸に在つ

て遠方からでも夫《そ》れと認められる長径三丁（三町の誤りか？その場合には、約三百二十七・三メートル）も有るべき丘」（『日本考古学選集 第三巻 坪井正五郎集 下巻』一八六頁）で、ここが前方後円墳であった。村には享保五（一七二〇）年に八幡神社が建立されていたが、神社合祀令によってこれを取りのけることとなり、村人たちはその跡に記念の標を建てようと相応しい石を探していた。ちょうど古墳の丸い部分に大石の一部が露出しているのを発見し、これを記念標に使えないかと掘り出してみると、その下に件《くだん》の石の棺が眠っていた。

　坪井たちが駆けつけたときには、「既に石棺を覆つて居た石は取り去られて石棺全部が露れて居たばかりで無く、蓋も開けられ、内部の物も取り出され、石棺周囲の大部分も探られた後」であった。そこで彼らにできることといえば、いったん閉じた石棺の蓋を開けて内部を調べ、石棺外部の掘り残し部分を掘ってみるくらいで、坪井は「最初から立ち合ふ事の出来なかつたのは誠に遺憾の至り。研究資料を得るに付いての責任を有する監督者無しに、遺跡を発掘する事は断じて不可で有ると云はなければ成りません」（同書、一八八頁）といかにも残念そうに述べている。発掘された遺物は地主の許に運び込まれていたので、坪井たちは一通り石棺を調べたあとで訪ね、実見した。先の論文で坪井は、石棺が収められていた穴の構造、壁面等の彩色、墳内の白石、石棺の形状や位置などについて詳しい報告を行っている。論文は未完に終わっているが、坪井は別に「南河内の古墳」（『歴史及地理』第一巻第一号、明治四十五年五月）も発表しており、こちらによれば「人間の遺骨らしい者は殆ど一片だも発見する事が出来なかつた」（三〇〜三一頁）という。

　この遺跡は現在、津堂城山古墳と呼ばれ、四世紀後半に作られた墳墓と推定されている。「南河内の古墳」で坪井は、「埴輪も何処へ何う散乱したか今日では判明しませぬが、彼《か》の外濠の田圃を今後充分に注意せば必ずや埴輪の大破片或は殆ど全形を具へた動物や家形の類を発見する事であろう」（二七頁）と述べている。新開義夫著「津堂城山古墳の発掘調査」（藤井寺市教育委員会事務局編『津堂城山古墳――巨大な古墳の謎にせまる』）によれば、津堂城山古墳はその後も何度か発掘が行われ、昭和五十五（一九八〇）年には幅一・三メートルの衝立《ついたて》形埴輪が、昭和五十八年には高さ一メートルの水鳥形埴輪が発掘された。水鳥形埴輪は現在発見されているなかでは最も古いものとされている。また平成二十（二〇〇八）年にも調査が行われ、このときは墳丘斜面から握りこぶし大の葺《ふ》き石が大量に発掘されるなど、未だに判明していないことが多い遺跡の一つである。

津堂城山古墳調査の次に坪井が注力したのは〝拓殖博覧会〟であった。山路勝彦氏（社会人類学）は『近代日本の植民地博覧会』で、拓殖博覧会について次のように述べている。

日清・日露の戦争で植民地を獲得し帝国の領域を拡大した日本は、国威を発揚し、国力を誇示するために各種の博覧会を開催している。多くの異民族を包摂することになった帝国の成立は、領域内の諸民族についての関心を人々に植え付ける結果を生み出した。（中略）

こうして、植民地についての国民の知見を高めるために、植民地の物産紹介を目的とし、かつ新たに帝国内に包摂された異民族の存在を国民に知らせるために、「拓殖博覧会」が開催されるに至った。大正元（一九一二）年に東京の上野公園で行われた拓殖博覧会は、植民地からの出品を中心に植民地を直接の対象とした展示の最初の試みであった。〔五〇〜五一頁〕

拓殖博覧会は大正元年十月一日〜十一月二十九日の期間（当初の計画では明治四十五年九月二十日〜十一月二十八日に開かれる予定だったが、明治天皇の崩御により変更された）に開催された。片平茂市郎編『拓殖博覧会事務報告』には、関係者の名前が数多く列挙されているが、坪井もそのなかに評議員の一人として名を連ねており、「諸人種招徠《しょうらい》」の章には「拓殖博覧会ハ新領土及勢力圏内ニ於ケル天産物、加工品ノ蒐集ノミニ満足セス《ママ》理学博士坪井正五郎ヲ顧問トシ帝国版図内ノ各人種ヲ招徠シテ親シク彼等ノ性格及生活状態ヲ観覧シ今後如何ニ彼等ヲ訓導スヘ《ママ》キカヲ研究スルノ機会ヲ内地人ニ寄与スルノ計画ヲ立テ」〔六三頁〕とも記されている。

坪井自身は大正元年十月五日、博覧会会場の一つである観光館において行われた東京人類学会第二十八年会講演「明治年代と日本版図内の人種」（『人類学雑誌』第二十九巻第一号、大正三年一月）で、拓殖博覧会について次のように述べている。

此頃〔すでに触れたように、坪井は明治三十九年七月十日、明治天皇に対して「帝国版図内の人種」と題する御前講を行っており、此頃とはその辺りの時期を指している〕からして何かの折りに帝国版図内の諸人種を一ケ所に集める事が出来たら宜からうと思つて居たのでありますが、今回開かれた拓殖博覧会は斯かる催しに対し絶好の機会を与へたもので有ります。

博覧会幹部の人からして帝国版図内諸人種招集の相談の有つた時私は賛成の意を表したのみならず、話しの進むに従つて喜んで此事に関する設計を引き受けた次第であります。〔二頁〕

この話があったとき、大学は夏期休暇に入ったため、それを利用して坪井は人類学教室の石田収蔵を北海道、樺太《カラフト》へ、また大野延太郎《えんたろう》には台湾、朝鮮への出張を依頼した。これは拓殖博覧会での「人種の展示」を行う交渉のためであった。すでに述べたように「人種の展示」は第五回勧業博覧会でも行われており、国威発揚のための博覧会には欠かせないものとなっていたようだ。『拓殖博覧会事務報告』には先の文章に続けて次のようにある。

土人家屋構造ノ調査及建築材料ノ蒐集、土人家族ノ招聘等各般ノ準備事務ヲ理学士石田収蔵、理科大学助手大野延太郎ニ嘱託シ石田ハ七月廿三日北海道、樺太ニ大野ハ同月廿四日台湾、朝鮮ニ向ツテ出発シ九月初旬ニ及ヒ《ママ》テ帰着スルヤ其調査研究ニ依リテ得タル資料ヲ基礎トシテ直ニ家屋ノ建築ニ着手シタルニ秋雨頻リニ来リ工程遅々トシテ進捗セス《ママ》ニ招聘ノ土人来着シタルモ容ルヽニ家ナク数日間外泊セシムルノ止ムナキ窮状ニ陥リタルモ開会後二日即チ十月二日ニ至リ全部新ニ設ケタル土人部落ニ収容スルヲ得タリ〔六三〜六四頁〕

石田と大野によって、博覧会には台湾、樺太、北海道等から計十八名の人々が集められた。

ところで山路氏も前掲書のなかで記しているように、拓殖博覧会は「予期せぬ副産物」を生むこととなった。この博覧会は、のちにアイヌ語の研究者として知られるようになる金田一京助に、思わぬ研究の助け舟を提供することになったからである。金田一の『私の歩いて来た道――金田一京助自伝』によれば、彼は当時三省堂編集部で校正係を務める傍らアイヌ語の研究を行っていた。ところが、「三省堂が百科事典の第六巻を出しかけて破産し、編集所解散、私の生活費がフイになって私が無収入の身に落ち」〔『金田一京助全集 第一五巻 文芸II』三九七頁〕ていたところに開催されたのが、拓殖博覧会であった。

これは、私にとっては、またとない好機会でした。アイヌに会えさえすれば、いくらでも聞きたいことがいっぱいあったからです。学生時代に筆記してきた、アイヌの叙事詩ユーカラを、三省堂へ通いながら、家に帰れば、なんとか読み解こうとしている時など、夢にまでみるんです。(中略)

さいわいなことに、博覧会の坪井正五郎博士から、『日本内地における諸人種の言語』という小冊子を作るについて、これから『諸人種の言語の比較対照語彙并《ならび》に会話篇』を私に委嘱されました。博覧会を見にきたお客がそれを読んで、アイヌあるいは生蕃人に、「こんにちは」とか、「ありがとう」とか、「さようなら」とか、ことばをかけることができて楽しみだろうという意図からでした。そのために、私に門鑑をくれて、夜でも中へはいらせてくれました。〔同書、三九八〜三九九頁〕

金田一が触れている「『日本内地における諸人種の言語』という小冊子」は、正確なタイトルを『日本国内 諸人種の言語』といい、この小冊子の「序」で坪井は「編者金田一文学士の骨折りに由つて予期以上の精しいものが出来ました」〔頁数の記載なし〕（河野本道選『アイヌ史資料集　第四巻　言語・風俗編』）と彼にねぎらいの言葉を述べている。

坪井が明治四十（一九〇七）年七月〜十月、石田収蔵、野中完一らと共に樺太調査に赴いた際、当時東京帝国大学文科大学を卒業したばかりだった金田一もアイヌ語研究のために同地を訪れていた（石田収蔵著「樺太紀行」『東京人類学会雑誌』第二百六十五号〜第二百六十七号、明治四十一年四月〜六月）。そのときから坪井も金田一がアイヌ語を研究していることを知っており、彼への小冊子制作依頼へとつながったと考えられる。東北出身の金田一は「東北弁」（『おりおりの記』）という随筆のなかで、同じく東北生まれの石田が「恩師の坪井正五郎博士へ、「じぇ！じぇ！」と呼びかけられる時など、そばで冷汗をかいた」〔『金田一京助全集　第一五巻　文芸II』一三二頁〕と述べているが、これは樺太調査の際のことではなかったろうか。

金田一は博覧会に来ていた日高アイヌのコポアヌという老婆から、アイヌの叙事詩であるユーカラを口承する名人ワカルパのことを聞きおよび、のちに彼を北海道から呼び寄せ熱心にユーカラを学んだ。それがやがて、金

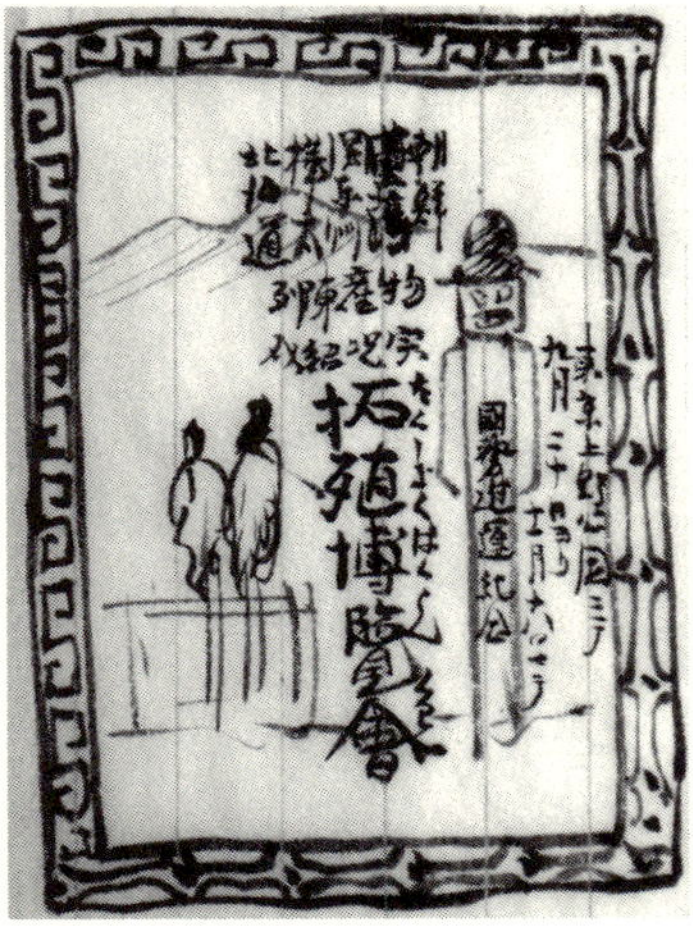

◉日記にある拓殖博覧会絵ビラ意匠

田一のユーカラ研究大成へとつながっていくことになる（金田一著「ユーカラ」とともに――アイヌ研究のあとをたどって」『芸能』第六号～第十号、昭和三十四年七月～十一月）。

坪井はこのとき広告用の絵ビラ（ポスター）の原案も考えている。坪井家資料にある『坪井正五郎家庭共同日記　八』の明治四十五年七月二十六日のところに、坪井は「拓殖博覧会のビラの意匠説明及び注意書を作り送る。現物は新聞紙二頁大とする筈。画は岡田氏が執筆との事」と記して絵柄（前頁図版参照）が添えてある。ここで述べられている「岡田氏」とは洋画家の岡田三郎助のことである。岡田は三越のポスターなども手がけていたから坪井も直接知っていたかもしれない。坪井の追悼号である『人類学雑誌』（第二十八巻第十二号、大正二年十二月）に掲載されている「拓殖博覧会用の絵ビラ図案」（七一三頁）が、坪井が送ったと記している実物のほうであろう（右上図版参照）。完成した絵ビラは「日本の博覧会　寺下勍《つよし》コレクション」を特集した『別冊太陽　日本のこころ』（第百十三号、平成十七年二月）に掲載されている（六〇頁）（右下図版参照）。『拓殖博覧会事務報告』によれば、この絵ビラは「五万枚ヲ印刷ニ付シテ」（四三頁）全国の駅や東京・横浜の湯屋、理髪店、飲食店等々に貼られたとある。

博覧会終了後も坪井には相変わらず忙しい日々が続いていたと考えられるが、そんな折、大正二（一九一三）

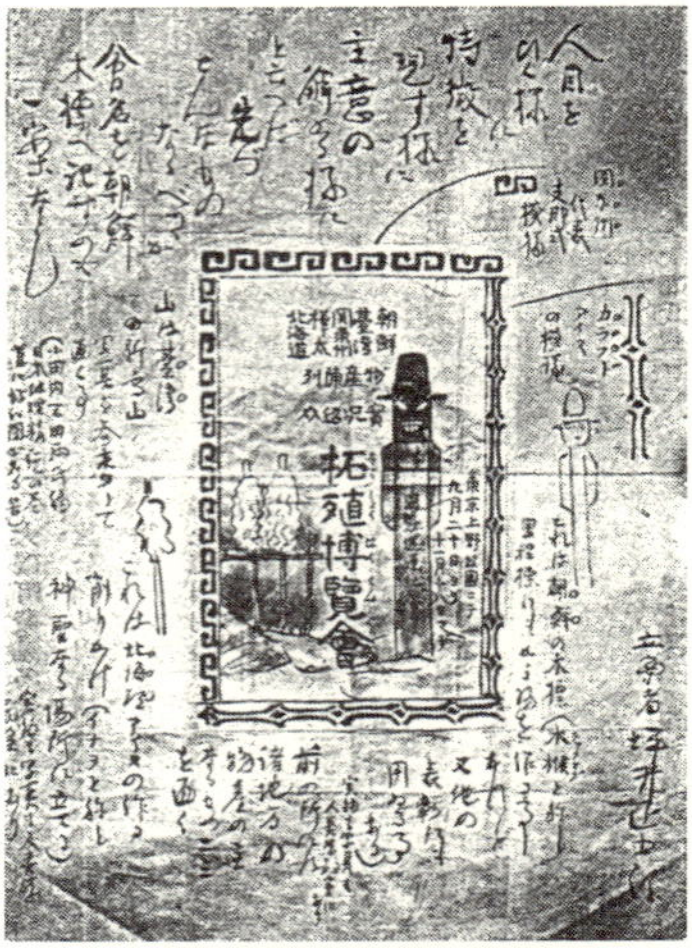

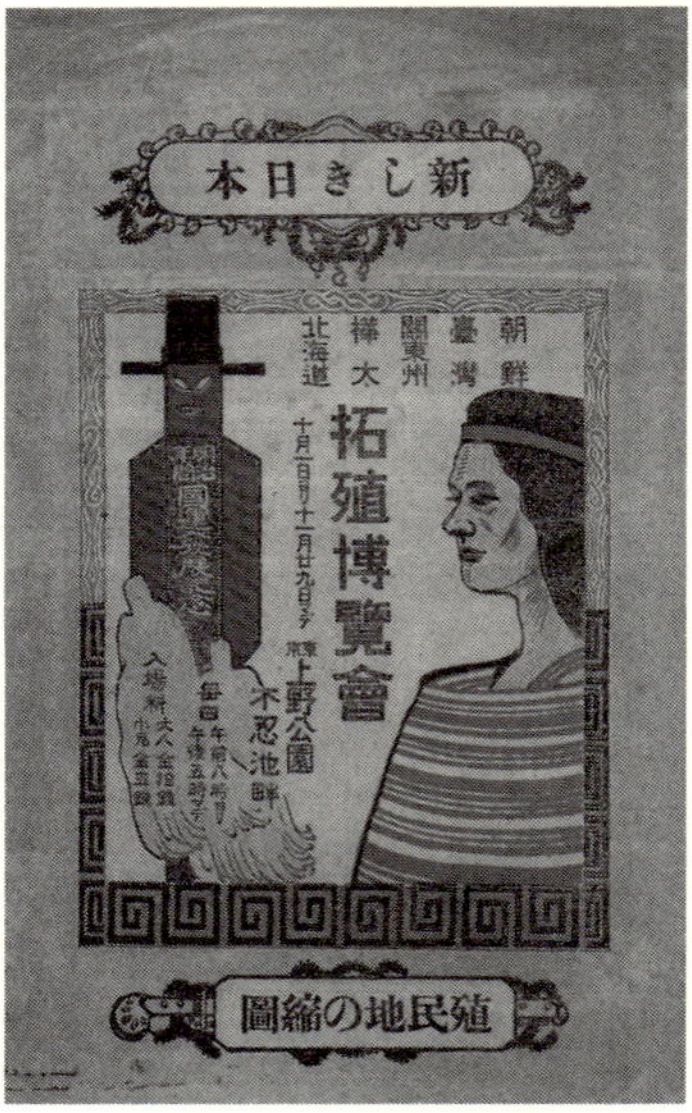

◉坪井正五郎による「拓殖博覧会用絵ビラ図案」（上）と同博覧会の絵ビラ（岡田三郎助・画）

年五月十一日〜十八日、ロシア・ペテルブルクにおいて第五回万国学士院連合大会が開催されることになり、坪井は大会出席を依頼された。

　坪井家資料のなかに、このとき妻・直子に宛てて旅先から坪井が出した手紙が三通、絵はがきが二通が確認できた。手紙は三通共日記ふうに書かれており、ここからペテルブルクまでの坪井の行動をほぼ知ることができる。手紙の最初には次のようにある。

　大正二年四月二十日いよ〳〵出発すべき時となる。菊子の事心がゝり故、常ならば二三日延ばすべきなれど旅行都合上さうもならず。

出発時、次女の菊子が病気だったようで、手紙からはそれを気遣っている様子が窺われる。夜九時、菊池大麓《だいろく》以下大勢の人々に見送られた坪井は、寝台車で新橋駅を出発した。このときは、誰もがいつものように元気な姿で帰国すると思い込んでいたことだろう。汽車は名古屋、岐阜を過ぎ、翌日八時二十二分に米原着、ここから敦賀線に入り、敦賀に着いたのが十時三十八分だった。山崎《やまさき》直方《なおまさ》から連絡が行っていた敦賀の高等学校長と落ち合った坪井は、午後に市中を案内してもらった。ここまでが第一信である。第二信によれば、その後の露国義勇艦隊の船ペンザに乗船、午後六時ころに出港した。四月二十三日午前九時、ウラジオストック港着。港では三越の豊泉益三から連絡を受けた三井物産の飯田愿《すなお》が出迎えた。飯田の案内で市中を見物、坪井は特にロシアの玩具や土地の製品を売る店への案内を頼んだ。

　このあと、坪井は同日シベリア鉄道でウラジオストックを発ち、二十六日にバイカル湖に着いたことが、二十九日に出されたバイカル湖の絵はがきに記されている。また、シベリア鉄道では、二十四日にハルピン駅で日本人が三人乗車してきたと記してあり、「中一人は御木本店員池田嘉吉氏」とある。御木本店とは、御木本幸吉が創業した御木本真珠店（現・ミキモト）のことである。池田嘉吉は御木本幸吉の娘婿で、店の大番頭を務めていた。坪井が御木本幸吉と会ったことがあるかどうかは判らないが、縁がない訳ではない。御木本の真珠養殖にあたって相談役になっていたのが、箕作《みつくり》佳吉《かきち》だったからである（源氏鶏太著『真珠誕生——御木本幸吉伝』）。

　三通目の手紙は「五月三日午前十時二十五分。ペテルスブルグに着。荷担ぎに荷物を渡し車外に出ようとする時、松岡氏迎ひに来る」とペテルスブルクに着いた報告から始まっている。この間はシベリア鉄道で移動したのであろう。坪井が「松岡氏」と名字しか記していないこの人物は、のちに日独伊三国軍事同盟・日ソ中立条約を締結した外務大臣として知られる松岡洋右《ようすけ》である。松岡洋右伝記刊行会編『松岡洋右――その人と生涯』によれば、松岡は二等書記官として前年の十二月二日にペテルブルクの日本大使館に赴任し、大正二年十二月にはワシントンの日本大使館に移っている。このあとで触れるように、松岡はその短いペテルブルクでの赴任期間中に坪井の死を看取ったことになる。松岡の勧めでホテル・レギナに宿を取った坪井は、そのあとロシア全国手工芸展覧会を見にいった。四日は冬宮を見学。五日「午前中市中をあるき午後上田（通訳官）氏来訪。同行東洋学者イワノフ氏を訪ふ。（前からの知り合ひ）博物館巡り等の事に付き相談する」とある。この「イワノフ氏」というのは東洋学者とあるから、おそらく西夏文字（現在の中国西北部にあった西夏王朝で使用されていた文字）を研究していたアレクセイ・イワノフのことであろう。余談だが、加藤九祚著『天の蛇――ニコライ・ネフスキーの生涯』によれば、日本に滞在し、小樽高等商業学校や大阪外国語学校でロシア語を教えながら、柳田国男や折口信夫と共に日本民俗学を研究したニコライ・ネフスキーは、ペテルブルク大学時代このイワノフの下で学び、後年ネフスキーが西夏文字の研究を始めたときには深いつながりをもつようになった。なお、西夏文字について坪井との関連でもう一つ付け加えておくと、坪井がシカゴで会ったベルトルト・ラウファーもまたこの文字の解読に一役買っている。西夏文字の解読に多大な貢献をした西田龍雄は、その著書『西夏文字』で、「今では事実と合わないことがかなりある」としながらも「ラウフェルの功績は高く評価されてよい」（四七頁）と述べている。

六日はネヴァ川の河岸にあるエジプトから運んできたスフィンクスを見学、再び手工芸展覧会を訪れた。七日「午後イワノフ氏来訪、同行人類学関係の諸博物館教室等へ行く。夜松岡氏来訪、同行テアトルソレーユ（太陽座）へ活動写真を見に行く。書くべき事多けれど色々の事ありて其暇を得ず」と書かれており、手紙はここで終っている。

残り一枚の絵はがきは、表に「菊子病気快方の報二通共同時に受け取り木下氏より信書も落手。同氏へは早速礼状を出し置けり。記し度《たき》事多けれど忙がしくて執筆して居れず何にしても安心したと云事丈《だけ》を一筆」とあり、裏面に「五月十四日　学士院のレセプションへ出かける時此はがきを投函す　正五郎」（左図版参照）と記されている（但し、消印は何故か五月十三日になっている）。

このほか確認できたものに、モスクワからペテルブルクに向かう途中で書いた絵はがき（斎藤忠《ただし》氏蔵）が『日本考古学選集　第二巻　坪井正五郎集　上巻』（二一頁）にあり、「五月二日モスコーに着き諸処を一通り見終って夜汽車にてペテルブルグに向ふ」とある。もう一枚『東洋学芸雑誌』（第三百八十二号、大正二年六月）に、五月十八日ペテルブルクから出した絵はがきが掲載されている。そこには「今日で会議無事終りましたから見遺しの所を見　二十二日に当地を出発北の方を少し訪問し六月十一日モスコー発の万国寝台車により朝鮮経由帰朝」の文面が記されている。

◉ペテルブルクから直子宛に出した絵はがき

坪井の死亡に至る経過については『学士会月報』（第三百六号、大正二年八月）に三浦謹之助訳の「露国ペーテルスブルグ独逸アレキサンデル病院ヨリ送付セル坪井正五郎博士ノ病歴」（以下「坪井正五郎博士ノ病歴」と略記）が掲載されていて、その病状の詳しい経過を知ることができる。この文章に執筆者の名前はないが、ドイツ・アレクサンドル病院の坪井の担当医であると想像される。

「坪井正五郎博士ノ病歴」よれば、病気の最初の徴候は腹痛下痢であった。それでも初めの四日間は歩行可能であったが、症状は次第に重くなり、五月十九日には「身体　甚敷《はなはだしく》衰弱セルヲ以テ医診ヲ受ケ」た。十八日の絵はがきでは家族に心配させまいという配慮からだろう、病気にはいっさい触れていないが、その時点ですでに相当病状は悪化していたことになる。診断は腸胃カタルであった。二十二日になると「有形軟便ヲ排泄スル迄ニ恢復シタ」が、その日の午後十時に「突然嘔吐ヲ催シ同時ニ臍部《せいぶ》ニ於テ劇烈ナル疼痛ヲ感シ《ママ》其疼痛ハ腹部全面ニ波及シ脱力甚シク自ラ呼鈴ヲ鳴スコト能ハス《ママ》」嘔吐も頻発し疼痛も続いた。二十三日、「全腹部ニ劇《はげ》シキ疼痛ヲ訴ヘ時々胆汁様ノ液ヲ吐出シ一回蛔虫一尾吐出セリ腹部ハ一般ニ膨満緊張シ圧痛」〔二一頁〕があった。坪井はホテルから救急車でドイツ・アレキサンドル病院に搬送された。入院後はあれこれと治療が施されたことが「坪井正五郎博士ノ病歴」にある。そして二十六日のくだりにこう記されている。

容体少シク良シ瓦斯《ガス》ノ漏泄アリ脈八十四乃至《ないし》九十六呼吸困難ナリ左肺ノ側面及後部濁音撚髪音ヲ聴ク午後五時ニ至リ急ニ虚脱ニ陥リ脈ヲ触レズ人事不省トナリ不安ナリ肺水腫ノ症状ヲ呈シ種々ノ興奮剤（ストロファンチンノ静脈内注射「カンフル」「コッフエン」「アドレナリン」食塩等）ヲ用フルモ効ナク八時遂ニ死ス〔二二頁〕

享年五十歳であった。その後解剖が行われ、「解剖的診断」の箇所には「壊疽性虫様突起炎化膿性腹膜炎化側慢性繊維性肋膜癒着左肺下葉肺炎肺水腫」〔二三頁〕と記されている。

坪井の遺体を引き取りにペテルブルクに向かったのは、当時ドイツのボン大学に留学していた東京帝国大学法科大学助教授の鳩山秀夫であった。鳩山は明治四十三（一九一〇）年に菊池大麓の次女・千代子と結婚しており（鳩山春子著『我が自叙伝』鳩山一郎、昭和四年十月）、坪井とは叔父・甥の間柄となる。ちなみに鳩山秀夫の兄は、元首相の鳩山一郎（元首相・鳩山由紀夫氏の祖父）である。

鳩山が坪井の遺体と伴にベルリンに到着すると、駅では岡田久男が出迎えた。岡田は先に坪井が欧米視察旅行でミュンヘンを訪れたところでも触れた、旧知の医師である。岡田は坪井が万国学士院連合大会のためにロシアに行くことを耳にし、もしかすると前回のように連絡もなくひょっこりと訪ねてくるのではないかと気にしていた。というのも、岡田は六月七日の帰国が決まっており、坪井との行き違いを心配したからである。そのころ岡田は短期間、近くに旅行に出ていた。途中、岡田は出会った友人から電報を受け取ったかと聞かれた。友人によれば、ミュンヘンにいる岡田と同姓同名の人が電報を受け取ったが、それは自分ではないのでもう一人の岡田だろうと、郵便で君のところへ送ったという話を聞いたというのである。慌てて夜汽車で下宿に戻ってみると、届いていたのは、坪井の死の知らせであった。電報には帰国の近い岡田に遺骨の搬送を頼むとの依頼も記されていた。岡田と同じ下宿には陸軍軍医正の下瀬謙太郎もいたが、彼も坪井が大病に罹っているとの電報を受け取り、ロシアへ向かおうとしたが、もう間に合わないというので行くのをあきらめたのだという。それ以上事情が判らないため大使館へ行ってみると、鳩山が坪井の遺骨を伴ってその晩にベルリン駅に着くとのことであった。そこで岡田は急ぎベルリン駅へと向かい、鳩山を出迎えたわけである。以上は、岡田の「故坪井博士の追懐」（『三越』第三巻第八号、大正二年八月）のなかに書かれた内容だが、ここには鳩山から聞いた話として、坪井の最後を次のように伝えている。

> 先生は十二日頃に多少腹痛を訴へられたさうでありますが、アヽ云ふ御気象《ママ》の方でありますから、少し位の疼痛は意に介せず、殊にアヽ云ふ使命を帯びて来て居つて、唯一人日本から来て居るのだから、成る丈《た》けモウ二三日の事だから欠席しまいといふやうな御考へでそれを押して御出でになつたらしい。会議は無事終つて皇帝の謁見も無理に押してなさつて、帰つてから初めて床に就かれたさうであります。併し丁度大使館書記官の松岡といふ人が始終附いて居られた。中頃非常に気分が良くなられた、熱も取れ痛みも取れて大層快《よ》かつたさうであります。それが為に御本人は是なら起きられるだらう、器械体操くらゐは出来るといふやうな事を云はれて居りましたさうであります。併しそれは実際の事では無くて、詰り病気の最も重い潜行をした為に一時熱も大抵軽快したやうに感じたのでござりませうが、其晩から非常に熱を発して、遂に二十六日に御永眠せられたのでありまして、その重くなつた時分に、松岡さんが枕元で何かアチラに申してやる事がございますかと伺つた時に、己《おれ》は総て満足して居るからして何も言つてやることは無いといふて、別に何も仰《おつ》しやらなかつたさうです。さうして其終焉の時分には痛みも無し、眠るが如く此世を去られたさうでございます。〔一六頁〕

坪井の遺体は、ハンブルグで荼毘《だび》に付すこととなった。火葬にはやはり鳩山がつき添い、岡田は帰国の準備を整えた。六月五日、鳩山が遺骨を携えてベルリンに戻ってきた。学界に功労のあった坪井に敬意を払いたいと在留の日本人が大勢集まったが、表面上は遺骨としてでは

なく小荷物扱いであったため、駅では不審に思われてまずかろうということで、いったん大使館に遺骨を安置し、そこで一同は敬意を表した。

六月七日、岡田は坪井の遺骨と伴に予定通りモスクワへと向かった。このときのことを岡田は次のように語っている。

莫斯科《もすこう》〔モスクワ〕へ参つて二晩泊《とまつ》て十一日に発車して帰つて来ることになりました。其事が帰つてから伺ひますと矢張り不思議に思ふ事があります。といふのは坪井博士が御宅へ御書送りになつた中《うち》に、莫斯科を十一日に立つて朝鮮を経由して帰るといふ予定であつたさうであります。それが図らずも、私が一ケ月前に定めた旅程と一致して矢張り十一日に先生の御供をして帰るといふことになつた次第でございます。〔同誌、一一六頁〕

坪井の遺骨が東京へと向かう途中、京都駅を通過したが、このとき駅に出迎えた足立文太郎は追悼文「故坪井博士の研究法」（『人類学雑誌』第二十八巻第十一号、大正二年十二月）で「御遺骨が深夜京都駅を通過の際、御迎へ申した時はドーシテモ頭が上りませんでした」〔六八五頁〕と記している。坪井の遺骨が岡田の手に抱かれて東京に到着したのは、二十四日のことであった。

葬儀は二十七日正午より小石川伝通院で営まれた。『早稲田学報』（第二百二十一号、大正二年七月）に掲載されている「故坪井博士の葬儀」から引こう。

導師衆僧を随へて読経の後ち、山川〔健次郎〕帝大総長、桜井〔錠二〕理科大学長、及び帝国学士院、人類学会、地学協会、考古学会等の弔辞朗読あり。本大学よりは霊前に花環を供へ、高田〔早苗〕学長、市島〔謙吉〕理事其他教職員の人々会葬したり。会葬者の重《おも》なる者は奥田〔義人〕文相、二条〔基弘〕公、徳川頼倫《よりみち》侯、徳川達孝《さとたか》伯、岡部〔長職〕子、末松〔謙澄〕子、阪谷《さかたに》〔芳郎〕東京市長等其他朝野の名士学者四百余名なりき。〔八頁〕

葬儀ののち坪井正五郎は、染井墓地にある坪井家の墓に葬られた。「故坪井正五郎君小伝」（『人類学雑誌』第二十八巻第十一号、大正二年十二月）には、法諡《ほうし》は「温故院殿観智正悟居士」〔六六二頁〕とされたことが記されている。

すでに見てきたように、坪井は日本の地に新しい学問として人類学を根づかせるために生涯を捧げた人であった。彼の影響を強く受けて人類学や考古学に興味を抱くようになった人たちは、これまで本書で言及した人たち以外にも大勢いたことが知られている。たとえば、坪井の葬儀にも出席した、明治三十五（一九〇二）年から初代早稲田大学図書館長を務めた市島春城（謙吉）もその一人だ。「学園物故師友録」のなかで、春城は坪井について次のように述べている。

> 早大の教授中忘れ難い人は坪井正五郎氏である。氏は当時人類学のオーソリテーで、帝大に此学科を教へる傍ら早稲田にも同じ講座を担当された。氏は蒲柳の質で、頗《すこぶ》る謹厚の人であつたが、往々諧謔を弄して人を笑はせた。氏は勤勉の人で、教へるには懇切で学徒をして理解せしめねば已《や》まなかつた。自分などの人類学に聊か趣味を感ずるやうになつたのは、全く氏のお蔭に因るのである。嘗ては帝大で氏が熱心に蒐集された標本を見たこともあるが、氏は一々に就て丁寧に説明されたが、氏の説明には一種の味があつて長く記憶に存する。自分も一時骨董に耽つたことがあつて、神代土器や発掘品などを幾許《いくばく》手に入れたが、往々其用途其他に就て解し兼ねるものがあると、必らず氏の説明を請うて釈然たることを得た。〔『春城師友録』二一六頁〕（傍点引用者）

なかには、影響を受けたが故に悲惨な人生を歩むことになった者もいたことを、藤森栄一は『旧石器の狩人』のなかで伝えている。曾根遺跡の調査のところで少し触れた小沢半堂である。

> 彼は坪井博士の講演で、はじめて学問というものの持つ、得もいわれぬ雰囲気にふれ、激しい感動につき上げられた。よし、おれの手で、その杭上住居というのをつきとめてやる。悲願に近かった。元来、坪井博士は、多くのアマチュアを育成した人だったので、半堂にも、調査上のいろいろなサジェスチョンを与えたろうことは想像に難くない。あるいは、遺物に執着するな、収集家になってはいけない、記録発表することをのぞけば、もう学問はないのだ、というようなことを、博士一流の美しいことばにのせ、長身痩軀、きれいな八字髭の下から、流麗なジェスチァで語ったとしたら、半堂でなくても、強い感銘にうたれたにちがいない。とにかく、半堂は、先生、現地の資料収集は、ワシにまかせてくれ、というような気持ちだったろうと思われる。

明治四十二年七月の坪井博士の『曾根追記』には、小沢孝太郎君から、人類学教室へ莫大な量の標本寄贈を受けたと明記してある。これを読んだ半堂は、深く満足して、湖底採集に馬力をかけた。
　ところが、坪井博士は、それっきり、諏訪湖へは来なかった。むろん、曾根ばかりやっているわけにはいかない。だいいち、一半堂のお相手ではなかったのである。四十五年には、ヨーロッパへ出張、大正二年には、露都ペテルブルグで、客死されてしまった。〔五三〜五四頁〕

「坪井先生がやらぬなら、それはそれでいい。おれがかわりにやるまでだ」と半堂は一人、仕事を放り出し、家族そっちのけで湖をさらっては、遺物をスケッチする日々を送った。そして、酒に溺れ、ついには脳卒中で倒れてその生涯を閉じた。

　坪井の死後も、彼が育てた鳥居龍蔵をはじめとする若き学者たちは、坪井の後を継いで人類学の、あるいは考古学の発展に寄与した。しかし、彼らのなかには坪井ほどに人の心を捉えて離さないほどのカリスマ性を備えた者はなく、学外にまでその人類学研究の面白さを伝え、広い意味での日本の人類学を一つに束ねて、牽引していく力を備えた者もいなかった。学問に縁のなかった半堂に遺跡発掘という情熱の火をつけたのも、おそらくは坪井でなければあり得なかったであろうし、また二条公にしても徳川頼倫にしても、坪井の死後は人類学への興味を急速に失ってしまった（佐々木利和著「隠れたる先達石田収蔵先生」板橋区郷土資料館編『石田収蔵——謎の人類学者の生涯と板橋』展図録）のは、それを示す典型的な例であるといえないだろうか。そうした坪井正五郎の人間としての魅力は、本人がいなくなったことで急速に忘れ去られていった。

　本書を執筆する過程は、ちょうど遺跡のなかから過去の遺物を掘り出すように、古い資料に書かれた記録から、坪井正五郎という、この魅力溢れる人の生涯を掘り起こしていく作業であった。正直なところ、発掘作業はそう容易いものではなかった。ときに坪井の姿を見失って途方に暮れ、右往左往した果てにようやくその足跡を見出すということもあった。だが同時にその作業一つひとつは、さあ次にはどんな事実が出てくるのだろうか、という楽しみも伴ってもいたというのが本音である。そう、それはまさしく「心は石器《せっき》、胸は土器土器」という、あの坪井が詠んだ歌そのままの気持ちであった。いまその作業を一通り終えたあとで、筆者ははっきりと、そして再び、確信をもってこういうことができる。

　坪井正五郎はやっぱり面白い、と。

あとがき

今年、平成二十五（二〇一三）年は、坪井正五郎がペテルブルクで客死してから百年目にあたる。本書執筆のために過去の資料にあたっていて、しばしば坪井正五郎のことを「名士」と表現されている記述と出会った。さまざまな場所に顔を出していた坪井のことだから、多くの人にその名前を知られていたであろうし、その活躍ぶりから「名士」と呼ばれたのも当然といえば当然かもしれない。しかし、時の流れとはなんと残酷であろう。本文でも触れたように、生前多くの人に名前を知られた坪井も、今では一般にはほとんど忘れられた存在となってしまった。幾つかの出版社に本書の刊行を提案したが、坪井正五郎という人があまりにも知られていないという理由で断られた。

かつて、森銑三は「伝記に就いての雑感」（『文学建設』第五巻第一号、昭和十八年一月）という文章のなかで次のように述べている。

出版業者は算盤と離れることが出来ない。だから伝記書類もなるべく著名な、一般の人気に投ずる人物を扱つたものばかり出さうとする。勢ひ各所の企画と企画とが差し合ひ、今までに既に何部も伝記の出来てゐる人の伝記がまたしても作られることになり、執筆者は受動的に出版社の註問に応じて、感激

もないものを書くことになる。（中略）
一方著作者としては書きたい人物があるにしても、それがあまり聞えない人物では、出版者側では引受けてくれぬ。況《ま》して無名の士が、過去の無名の人物をいかに骨を折つて書いてみたところで、書肆を通じてそれを世に問ふことなどは、まづ絶望に近いといつてよからう。〔一頁〕
「過去の無名の人物」を「過去の忘れられた人物」といい換えるなら、すでに本書の運命は予言されていたことになる。読書離れが進んでいる昨今、情況はより深刻であるともいえよう――そう思って、一時は出版をあきらめかけていたとき、弘文堂の三徳洋一さんに原稿をお読みいただく機会に恵まれ、三徳さんと弘文堂のかたがたのご助力で、どうにか出版にまでに漕ぎ着けることができた。
歿後百年を期に、より多くの人に日本に人類学という学問を根づかせたこの坪井正五郎という人の面白さを知っていただければと思う。詩人にして演劇、映画などの分野でも多彩な才能を発揮した寺山修司は、遺作となった映画監督作品『さらば箱舟』のラストにこんな台詞を残している。「百年たったら帰っておいで　百年たてばその意味わかる」――。
本書の執筆にあたっては、さまざまなかたのお世話になった。
まず第一に、人類学史のなかで埃を被っていた坪井正五郎の魅力を教えていただいた山口昌男さん、どうもありがとうございました。四年半もの長い闘病の末、今年三月に亡くなられた山口さんに本書をお読みいただけなかったのは誠に残念である。そういえば山口さんから、自分が人類学を志す最初のきっかけとなったのは、高校時代に弘文堂のアテネ文庫の一冊として出た石田英一郎著『一寸法師』を読んだことであったとお聞きしたことがある。その弘文堂から本書を出版できるようになったことには、めぐりめぐっての不思議な縁《えにし》を感じる（なお、本書奥付に添えた筆者の顔のエッチングは、以前に山口さんに描いていただいたものを使わせていただいた）。
次に本書執筆のきっかけとなった〝知の自由人叢書〟刊行の際にお世話になった元・国書刊行会編集部の島田和俊氏（現・河出書房新社）と営業部長・岸本健治氏（現・藝華書院社主）にお礼を申し上げたい。〝知の自由人叢書〟のなかの一冊として『うしのよだれ』を刊行し、そこで

「解題」を書かなければ、おそらく本書を執筆することはなかったであろう。

二年前の夏、猛暑のなかを東京大学情報学環社会情報研究資料センターに何度も通っては、貴重な坪井家資料を拝見させていただいた。その閲覧の際に労をとっていただいた、同センターの研谷《とぎや》紀夫助教授（現・関西大学准教授）、そして同センター特任研究員の福重旨乃さん（現・東京大学大学院情報学環学術支援専門職員）、玉井建也さん（同）にもお世話になった。ありがとうございました。実は、筆者が出版をあきらめかけていたとき、弘文堂にご紹介いただいたのも研谷准教授であった。この点でも研谷さんにはたいへん感謝している。

また、岩谷譲吉に関する問い合わせに応じていただいた新渡戸記念館学芸員・角田三恵子さんおよび新渡戸稲造研究家の大阪市立大学名誉教授・佐藤全弘さん、柴田常恵《じょうけい》の読み方についてご教示いただいたご息女の樋口恵子さん、「巖谷《いわや》小波《さざなみ》日記」が掲載されている研究論文集をお送りいただいた白百合女子大学児童文化研究センター・福地愛さんにお礼を申し上げます。そのほか資料の面では、国立国会図書館、都立中央図書館、早稲田大学図書館、東京大学情報学環・学際情報学府図書館、同明治新聞雑誌文庫、ゆたか図書館をはじめとする品川区内の各図書館、香川県立図書館の皆さんのお手を煩わせた。ありがとうございました。

本書の本文レイアウトは筆者が行ったが、装幀は畏友・大森裕二さんにお願いした。素敵な装幀をありがとう。

最後に、本書の執筆を蔭で支えてくれた妻・伊代美《いよみ》、娘・丹野穂《にのほ》に感謝したい。

平成二十五年七月　川村伸秀

＊追記：本書の校正中、坪井研究の先達である斎藤忠《ただし》氏の訃報を知った。執筆中には、氏のご研究を何度も参照させていただいた。謹んでご冥福をお祈り致します。

参考文献一覧

あ

饗庭篁村著「南新二君」（『太陽』博文館、第二巻第五号、明治二十九年三月）

青野豊作著『『三越小僧読本』の智恵』（講談社、昭和六十三年六月）

秋乃舎色穂著「坪井氏ノ穴居説ヲ駁シ併セテ横穴ハ最初ヨリ墓穴ナルコトヲ述ブ」（『東京人類学会雑誌』東京人類学会事務所、第三十二号、明治二十一年十月）

朝日新聞社編『朝日日本歴史人物事典』（朝日新聞社、平成六年十一月）

足立寛著「故坪井博士の追懐」（『三越』三越呉服店、第三巻第八号、大正二年八月）

足立文太郎著「故坪井博士の研究法」（『人類学雑誌』東京人類学会事務所、第二十八巻第十一号、大正二年十二月）

アッカーマン、ロバート著、小松和彦監修、玉井暲監訳『［評伝］J・G・フレイザー――その生涯と業績』（法藏館、平成二十一年二月）

荒井陸男著『特殊性情国』（文化生活研究会、大正十二年七月）▼同（大空社、平成八年六月）

荒俣宏著『増補版　図鑑の博物誌（荒俣宏コレクション）』（集英社文庫、平成六年六月）

有坂鉊蔵著「故坪井博士の追懐」（『三越』三越呉服店、第三巻第八号、大正二年八月）

有坂鉊蔵著「日本考古学懐旧談」（『人類学雑誌』東京人類学会事務所、第三十八巻第五号、大正十二年五月）

有坂鉊蔵著「弥生式土器発見の頃の思出」（『ドルメン』岡書院、第四巻第六号、昭和十年六月）

い

飯倉照平編『柳田国男 南方熊楠 往復書簡集』（平凡社、昭和五十一年三月）

飯沼和正／菅野富夫著『高峰譲吉の生涯――アドレナリン発見の真実』（朝日選書、平成十二年十二月）

池田作次郎／福家梅太郎ほか著「婚姻風俗集　第三」（『東京人類学会報告』東京人類学会、第一巻第五号、明治十九年六月）

池田次郎／大野晋編『論集　日本文化の起源　第五巻　日本人種論・言語学』（平凡社、昭和四十八年十一月）

伊坂梅雪著「故坪井博士と僕」（『三越』三越呉服店、第三巻第八号、大正二年八月）

石井研堂著『明治事物起原（全八冊）』（ちくま学芸文庫、平成九年五月～十二月）

石井柏亭著『柏亭自伝』（中央公論美術出版、昭和四十六年七月）

石田英一郎著『一寸法師』（弘文堂アテネ文庫、昭和二十三年十一月）

石田収蔵著「樺太紀行」（『東京人類学会雑誌』東京人類学会事務所、第二百六十五号～第二百六十七号、明治四十一年四月～六月）

石田幹之助著『欧米に於ける支那研究』（創元社、昭和十七年六月）

泉鏡花著「貴婦人」（『三越』三越呉服店、第一巻第八号、明治四十四年十月）

板橋区郷土資料館編『石田収蔵――謎の人類学者の生涯と板橋』展図録（板橋区郷土資料館、平成十二年二月）

市島春城著、山口昌男監修『春城師友録（知の自由人叢書）』（国書刊行会、平成十八年四月）

磯崎康彦／吉田千鶴子著『東京美術学校の歴史』（日本文教出版、昭和五十二年七月）

磯野直秀著「エドワード・S・モース」▼国立民族学博物館編『モース・コレクション』

井出孫六著『保科五無斎――石の狩人（シリーズ民間日本学者）』（リブロ

ポート、昭和六十三年七月)
伊藤喜久男編『晴風と印譜』(旅の趣味会　伊藤喜久男、昭和十七年七月)
稲垣達郎編『明治文学全集　第二十六巻　根岸派文学集』(筑摩書房、昭和五十六年四月)
井上円了著『妖怪玄談』(哲学書院、明治二十年五月)
井上円了著『星界想遊記』(哲学書院、明治二十三年二月)
井上ふみ著『やがて芽をふく』(潮出版社、平成八年一月)
井上通泰著「浪人大原左金吾の話」(『三越』三越呉服店、第一巻第十号、明治四十四年十一月)
巖谷小波著「趣味で交つた坪井博士」(『現代』現代社、第四巻第七号、大正二年七月)
巖谷小波著「日比さんと私」▼豊泉益三編『日比翁の憶ひ出』
巖谷小波著、小波日記研究会編「巖谷小波日記　翻刻と注釈―明治三十二年―」(『白百合女子大学児童文化研究センター研究論文集』白百合女子大学児童文化研究センター、第Ⅷ集、平成十七年三月)
巖谷大四著『随筆父と子』(三月書房、昭和四十四年九月)
巖谷大四著『波の跫音――巖谷小波伝』(文春文庫、平成五年十二月)

う

ウェイマン、ドロシー・G著、蜷川親正訳『エドワード・シルベスター・モース　下』(中央公論美術出版、昭和五十一年十一月)
上田三平著、三浦三郎編『改訂増補 日本薬園史の研究』(渡辺書店、昭和四十七年四月)
ウォーナア、ラングドン著、寿岳文章訳『不滅の日本芸術』(朝日新聞社、昭和二十九年二月)
内山温載著「埼玉県横見郡吉見村ノ石窟」(『民間雑誌』慶応義塾出版社、第百七十五号、明治十一年五月二日)
宇都宮美術館編『〈写生〉のイマジネーション　杉浦非水の眼と手』展図録(宇都宮美術館、平成二十一年十一月)
梅棹忠夫著「考現学と世相史(上)――現代史研究への人類学的アプローチ」(『季刊人類学』京都大学人類学研究会、第二巻第一号、昭和四十六年一月)

え

江戸川乱歩著『江戸川乱歩全集　第四巻　猟奇の果』(講談社、昭和四十四年七月)
江見水蔭著『地底探検記』(博文館、明治四十年八月)▼斎藤忠監修『江見水蔭「地底探検記」の世界』
江見水蔭著『探検実記 地中の秘密』(博文館、明治四十二年五月)
演劇「人類館」上演を実現させたい会編『人類館――封印された扉』(アットワークス、平成十七年五月)

お

鶯亭金升著『明治のおもかげ』(岩波文庫、平成十二年六月)
大川三雄著「工匠・柏木貨一郎の経歴とその史的評価について」(『日本建築学会計画系論文集』日本建築学会、第四百五十九号、平成六年五月)
大久保利謙編『明治文学全集　第三十五巻　山路愛山集』(筑摩書房、昭和四十年十月)
太田愛人著『明治キリスト教の流域――静岡バンドの幕臣たち』(築地書館、昭和五十四年三月)
大塚初重/戸坂充則/佐原眞編『日本考古学を学ぶ(1)』(有斐閣、昭和五十三年十一月)
大槻如電著「新撰東京名所図会　第八編　公園之部(下)●台徳廟記事」(『風俗画報』東陽堂、第百四十九号、明治三十年九月)
大野延太郎/八木奘三郎/和田千吉著、斎藤忠編『日本考古学選集　第四巻　大野延太郎＋八木奘三郎＋和田千吉』(築地書館、昭和五十一年一月)
大矢透著「削掛と御幣」(『東京人類学会雑誌』東京人類学会事務所、第二十

六号、明治二十一年四月）
緒方富雄著『緒方洪庵伝』（岩波書店、昭和十七年六月）
岡田久男著「故坪井博士の追懐」（『三越』三越呉服店、第三巻第八号、大正二年八月）
岡本春一著『フランシス・ゴールトンの研究』（ナカニシヤ出版、昭和六十二年五月）
小熊英二著『単一民族神話の起源――〈日本人〉の自画像の系譜』（新曜社、平成七年七月）
尾崎紅葉著「故紅葉山人遺墨」（『時好』三越呉服店、第三号、明治三十七年三月）
尾崎紅葉著「むさう裏」▼日比翁助編『花ごろも』
尾崎紅葉著「去年の夢」▼日比翁助編『氷面鏡』
尾崎紅葉著『紅葉全集　第十二巻』（岩波書店、平成七年九月）
小野田亮正著『現代名士の演説振』（博文館、明治四十一年八月）
五十殿利治著『大正期新興美術運動の研究』（スカイドア、平成七年三月）

か

海保洋子著『近代北方史――アイヌ民族と女性と』（三一書房、平成四年六月）
外務省通商局編纂『通商彙纂　第百七十二巻』（不二出版、平成八年十一月）
香川雅信著「坪井正五郎の玩具研究――趣味と人類学的知」（『比較日本文化研究』風響社、第五号、平成十年十二月）
籠谷真智子著『九条武子――その生涯あしあと』（同朋舎出版、昭和六十三年三月）
笠井清著『南方熊楠――親しき人々』（吉川弘文館、昭和五十七年一月）
柏木貨一郎著「黒岩村穴居の記」（『東京日々新聞』毎日新聞東京本社、明治十一年四月十・十一日）
片平茂市郎編『拓殖博覧会事務報告』（拓殖博覧会残務取扱所、大正二年二月）
加藤九祚著『天の蛇――ニコライ・ネフスキーの生涯』（河出書房新社、昭和五十一年四月）
金井塚良一著『吉見の百穴――北武蔵の横穴墓と古代氏族』（教育社、昭和六十一年五月）
川喜田半泥子著『随筆　泥仏堂日録』（講談社文芸文庫、平成十九年三月）
唐沢光徳著「故坪井理学博士の追懐」（『三越』三越呉服店、第三巻第八号、大正二年八月）
川村伸秀著「解題」▼坪井正五郎著、山口昌男監修『うしのよだれ（知の自由人叢書）』
川村伸秀著「解説」▼フレデリック・スタール著、山口昌男監修『お札行脚（知の自由人叢書）』
川村伸秀著「解説　幻花探訪」▼水谷乙次郎著『幻花繚乱（好古叢書　一）』

き

木々康子著『林忠正――浮世絵を越えて日本美術のすべてを（日本評伝選）』（ミネルヴァ書房、平成二十一年四月）
菊池大麓著「人身測定ノ話」（『人類学会報告』東京人類学会、第四号、明治十九年五月）
木下直之編『博士の肖像――人はなぜ肖像を残すのか（東京大学コレクション8）』（東京大学総合研究博物館、平成十年十一月）
木村毅著『丸善外史』（丸善社史編纂委員会、昭和四十四年二月）
木村陽二郎著「白井光太郎伝」▼白井光太郎著『白井光太郎著作集　第Ⅵ巻　本草百家伝・その他』
金城勇著「学術人類館事件と沖縄――差別と同化の歴史」▼演劇「人類館」上演を実現させたい会編『人類館――封印された扉』
金田一京助著「「ユーカラ」とともに――アイヌ研究のあとをたどって」（『芸能』芸能発行所、第六号～第十号、昭和三十四年七月～十一月）▼金田一京助著『金田一京助全集　第十五巻　文芸Ⅱ』

金田一京助著「東北弁」『金田一京助随筆選集　第三巻　おりおりの記』（三省堂、昭和三十九年十二月）▼金田一京助著『金田一京助全集　第十五巻　文芸Ⅱ』

金田一京助著『私の歩いて来た道――金田一京助自伝』（三省堂新書、昭和四十三年九月）▼金田一京助著『金田一京助全集　第十五巻　文芸Ⅱ』

金田一京助著『金田一京助全集　第十五巻　文芸Ⅱ』（三省堂、平成五年十月）

く

久保田米斎著「四月の流行会」（『三越』三越呉服店、第二巻第五号、明治四十五年五月）

久保田米斎著「六月の流行会」（『三越』三越呉服店、第一巻第五号、明治四十四年六月）

工藤雅樹著『研究史　日本人種論』（吉川弘文館、昭和五十四年十二月）

久保田米斎（満明）著「家厳米僊の事ども」（『中央美術』中央美術刊行会、復興第一年第二号、昭和八年九月）

久保田米僊述、石川景蔵編輯『米僊画談』（松邑三松堂、明治三十五年一月）

久米邦武著「神道ハ祭天ノ古俗」（『史学会雑誌』大成館、第二編第二十三号～第二十五号、明治二十四年十月～十二月、『史海』経済雑誌社、第八巻、明治二十四年一月に転載）

倉田喜弘著『近代劇のあけぼの――川上音二郎とその周辺』（毎日新聞社、昭和五十六年五月）

栗岩英治著「五無斎氏の思出」（『信濃教育』信濃教育会、第五百七号、昭和四年一月）

久留島浩著「水木要太郎と集古会――水木コレクションの「歴史的背景」をさぐるために」▼久留島浩／高木博志／高橋一樹編『文人世界の光芒と古都奈良――大和の生き字引・水木要太郎』

久留島浩／高木博志／高橋一樹編『文人世界の光芒と古都奈良――大和の生き字引・水木要太郎』（思文閣出版、平成二十一年十一月）

桑村常之助著『財界の実力』（金桜堂、明治四十四年十月）

け

ケヴルズ、ダニエル・J著、西俣総平訳『優生学の名のもとに――「人類改良」の悪夢の百年』（朝日新聞社、平成五年九月）

源氏鶏太著『真珠誕生――御木本幸吉伝』（講談社、昭和五十五年六月）

こ

幸田文著『こんなこと』（創元社、昭和二十五年八月）▼幸田文著『幸田文全集　第一巻』

幸田文著『幸田文全集　第一巻』（岩波書店、平成六年十二月）

幸田露伴ほか著『草鞋記程』（高橋省三、明治二十五年十二月）▼福田清人編『明治文学全集　第九十四巻　明治紀行文学集』

幸田露伴著「紋の事」（『三越』三越呉服店、第一巻第十号、明治四十四年十一月）

ゴーランド、ウィリアム著、上田宏範校注、稲本忠雄訳『日本古墳文化論――ゴーランド考古論集』（創元社、昭和五十六年一月）

小金井喜美子著「紅入友禅」（『三越』三越呉服店、第二巻第四号、明治四十五年四月）

小金井喜美子著『鷗外の系族』（岩波文庫、平成十三年四月）

小金井良精著「北海道石器時代ノ遺跡ニ就テ」（『東京人類学会雑誌』東京人類学会事務所、第四十四・四十五号、明治二十二年十・十一月）

小金井良精著「日本石器時代の住民」（『東洋学芸雑誌』東洋学芸社、第二百五十九・二百六十号、明治三十六年四・五月）

小金井良精著「故坪井会長を悼む」（『人類学雑誌』東京人類学会事務所、第二十八巻第十一号、大正二年十二月）

小金井良精著「アイノの人類学的調査の思ひ出――四十八年前の思ひ出」（『ドルメン』岡書院、第四巻第七号、昭和十年七月）

国立民族学博物館編『モース・コレクション』（千里文化財団、平成二年九月）
小林すみ江著「新刊紹介　山口昌男監修・知の自由人叢書より　坪井正五郎『うしのよだれ』」（『人形玩具研究――かたち・あそび』日本人形玩具学会事務局、第十七号、平成十九年三月）
小山騰著『破天荒〈明治留学生〉列伝――大英帝国に学んだ人々』（講談社選書メチエ、平成十一年十月）
近藤富枝著『矢ノ倉は水の匂いにつつまれて――追憶の下町』（都市出版、平成七年三月）
今和次郎／吉田謙吉編『モデルノロヂオ――考現学』（春陽堂、昭和五年七月）
今和次郎／吉田謙吉編『考現学採集――モデルノロヂオ』（建設社、昭和六年十二月）

さ

サイード、エドワード・W著、板垣雄三／杉田英明監修、今沢紀子訳『オリエンタリズム　上・下』（平凡社ライブラリー、平成五年六月）
西郷信綱著「複眼で読む」▼ジェーン・E・ハリソン著、船木裕訳『ギリシアの神々――神話学入門』
斎藤昌三著『変態蒐癖志』（文芸資料研究会、昭和三年一月）
斎藤忠著『日本の発掘』（東大新書、昭和三十八年三月）
斎藤忠著『日本考古学史辞典』（東京堂出版、昭和五十九年九月）
斎藤忠著『考古学史の人びと』（第一書房、昭和六十年十一月）
斎藤忠編著『書簡等からみた史学・考古学の先覚』（雄山閣出版、平成十年一月）
斎藤忠監修『江見水蔭「地底探検記」の世界』（雄山閣出版、平成十三年八月）
斎藤良輔編『日本人形玩具辞典』（東京堂出版、昭和四十三年六月）
斎藤良輔編『郷土玩具辞典』（東京堂出版、昭和四十六年八月）
坂詰秀一著『日本の古代遺跡32　東京23区』（保育社、昭和六十二年五月）
坂野徹著『帝国日本と人類学者――一八八四－一九五二年』（勁草書房、平成十七年四月）
坂野徹著「坪井正五郎の人類学――明治期日本における人類学の射程」（『年報　科学・技術・社会』弘学出版株式会社、第八巻、平成十一年七月）
坂本道夫著「小説家「江見水蔭」」（『品川歴史館紀要』品川区立品川歴史館、第五号～第九号、平成二年三月～平成六年三月）▼斎藤忠監修『江見水蔭「地底探検記」の世界』
佐久教育会編『五無斎保科百助全集』（信濃教育会出版部、昭和三十九年二月）
佐々木孝次著「訳者あとがき」▼マリー・ボナパルト著、佐々木孝次訳『女性と性』
佐々木利和著「隠れたる先達石田収蔵先生」▼板橋区郷土資料館編『石田収蔵――謎の人類学者の生涯と板橋』展図録
佐藤蔀著「アイヌノ口碑ヲ駁シ幷セテ本邦石器時代ノ遺物遺跡ハアイヌノ物ナルヲ論ス」（『東京人類学会雑誌』東京人類学会事務所、第四十七号、明治二十三年二月）
佐藤伝蔵著「故坪井会長を悼む」（『人類学雑誌』東京人類学会事務所、第二十八巻第一号、大正二年十二月）
佐渡山豊著「人類館事件の歌」▼演劇「人類館」上演を実現させたい会編『人類館――封印された扉』

し

塩田良平著『樋口一葉研究　増補改訂版』（中央公論社、昭和四十三年十一月）
シクロフスキー、ヴィクトル著、水野忠夫訳『散文の理論』（せりか書房、昭和四十一年六月）
柴田常恵著「武蔵の古墳」（『東京人類学会雑誌』東京人類学会事務所、第二百七号、明治三十六年六月）
島村利正著「奈良登大路町」『奈良登大路町』（新潮社、昭和四十七年五月）
清水晴風著「玩具研究の動機及び蒐集苦心談」（『書画骨董雑誌』書画骨董雑誌社、第四十二号、明治四十四年十一月）

清水晴風著「会員談叢　三」（『集古会誌』集古会、壬子巻弍、大正二年九月）

書誌研究懇話会編『書物関係雑誌細目集覧　一』（日本古書通信社、昭和四十九年九月）

白井光太郎著「中里村介塚」（『人類学会報告』東京人類学会、第四号、明治十九年五月）

白井光太郎（M・S）著「コロボックル果シテ北海道ニ住ミシヤ」（『東京人類学会報告』東京人類学会、第十一号、明治二十年一月、のち『史海』第二十一号、明治二十六年三月に再録）

白井光太郎（神風山人）著「コロポッグル果シテ内地ニ住ミシヤ」（『東京人類学会報告』東京人類学会、第十三号、明治二十年三月、のち『史海』経済雑誌社、第二十二号、明治二十六年四月に再録）

白井光太郎著「伊豆七島巡航日記」（『東京地学協会報告』東京地学協会、第九年第四号〜第八号、明治二十年七月〜十一月）▼白井光太郎著『白井光太郎著作集　第Ⅴ巻　植物採集・雑記』

白井光太郎（神風山人）著「北吉見村横穴ヲ以テ穴居遺跡ト為スノ説ニ敵ス」（『東京人類学会雑誌』東京人類学会事務所、第二十五号、明治二十一年三月）

白井光太郎著「故坪井会長を悼む」（『人類学雑誌』東京人類学会事務所、第二十八巻第十一号、大正二年十二月）

白井光太郎著「人類学会創立当時における回顧」（『中央史壇』国史講習会、第九巻第四号、大正十三年十月）▼白井光太郎著『白井光太郎著作集　第Ⅳ巻　自然保護・考古学・人類学』

白井光太郎著「明治十八年中埼玉県黒岩吉見両村における百穴を探るの記」（『史蹟名勝天然記念物』史蹟名勝天然記念物保存協会、第二集第七号、昭和三年七月）▼白井光太郎著『白井光太郎著作集　第Ⅳ巻　自然保護・考古学・人類学』

白井光太郎著「松平春嶽公を偲び奉る」（『福井評論』横井評論社、第六巻第十号、昭和五年十月）▼白井光太郎著『白井光太郎著作集　第Ⅴ巻　植物採集・雑記』

白井光太郎著『白井光太郎著作集　第Ⅳ巻　自然保護・考古学・人類学』（科学書院、昭和六十二年七月）

白井光太郎著『白井光太郎著作集　第Ⅴ巻　植物採集・雑記』（科学書院、昭和六十三年十一月）

白井光太郎著『白井光太郎著作集　第Ⅵ巻　本草百家伝・その他』（科学書院、平成二年三月）

市立静岡病院編輯『静岡病院の沿革』（市立静岡病院、昭和十四年四月）

新開義夫著「津堂城山古墳の発掘調査」▼藤井寺市教育委員会事務局『津堂城山古墳——巨大な古墳の謎にせまる（藤井寺の遺跡ガイドブック№12）』

神野由紀著『趣味の誕生——百貨店がつくったテイスト』（勁草書房、平成六年四月）

神保小虎談「古代諏訪湖上生活に就て」（『時事新報』時事新報社、明治四十二年七月九日）▼曾根遺跡研究会編著『諏訪湖底曾根遺跡研究一〇〇年の記録』

神保小虎著「諏訪湖底の石器と湖上生活論と土地の陥没？」（『東京人類学会雑誌』東京人類学会事務所、第二百八十二号、明治四十二年九月）

す

杉浦非水著「自伝六十年」（『広告界』誠文堂、第十二巻第一号〜第十二巻第十二号、昭和十年一月〜十二月）▼宇都宮美術館編『〈写生〉のイマジネーション　杉浦非水の眼と手』展図録

杉本つとむ著『江戸の博物学者たち』（青土社、昭和六十年二月）

杉本つとむ著『西洋人の日本語発見——外国人の日本語研究史』（講談社学術文庫、平成二十年一月）

杉山博久著『魔道に魅入られた男たち——揺籃期の考古学界』（雄山閣出版、平成十一年七月）

鈴木経勲著「マジュロ島人の鳥猟器械」（『東京経済雑誌』東京経済雑誌社、第五百九十四号、明治二十四年十月）

鈴木棠三編『新版ことば遊び辞典』（東京堂出版、昭和五十六年十一月）

スタール、フレデリック著、山口昌男監修『お札行脚（知の自由人叢書）』（国書刊行会、平成十九年三月）
スミス、ヘンリー著『泰山荘――松浦武四郎の一畳敷の世界』（国際基督教大学博物館湯浅記念館、平成五年三月）
駿河町人（松居松葉）著「三渓雨記」（『三越』三越呉服店、第一巻第五号、明治四十四年七月）
駿河町人（松居松葉）著「画報 玉川の雨」（『三越』三越呉服店、第二巻第七号、明治四十五年七月）
駿河町人（松居松葉）著「綾瀬の風」（『三越』三越呉服店、第二巻第十号、大正元年九月）

せ

関秀夫著『博物館の誕生――町田久成と東京帝室博物館』（岩波新書、平成十七年六月）

そ

薗田稔／橋本政宣編『神道史大辞典』（吉川弘文館、平成十六年七月）
曾根遺跡研究会編著『諏訪湖底曾根遺跡研究一〇〇年の記録』（長野日報社、平成二十一年三月）

た

ターナー、ヴィクター著、梶原景昭訳『象徴と社会（文化人類学叢書）』（紀伊国屋書店、昭和五十六年二月）
高島平三郎著「故坪井博士の追懐」（『三越』三越呉服店、第三巻第八号、大正二年八月）
高橋忠久著「イスタンブルの日本人商い事始め――中村商店・小史」（『アナトリア・ニュース』日本・トルコ協会、第百二十・百二十七〜百三十二号、平成十九年八月、平成二十二年年四月〜平成二十四年年四月）＊連載中
高山宏著「正しい顔――脳局在論のイデオロギー」（『imago』青土社、第一巻第十一号、平成二年十一月）▼高山宏著『ブック・カーニヴァル』
高山宏著『ブック・カーニヴァル』（自由国民社、平成七年一月）
高山優著「『芝円山古墳調査略記』について」（『学習院大学史料館紀要』学習院大学史料館、第十七号、平成二十三年三月）
竹内久一著「元禄会と明治骨董史」（『書画骨董雑誌』書画骨董雑誌社、第四十五号、明治四十五年二月）
竹内久一著「玩具博士清水晴風翁の事ども」（『書画骨董雑誌』書画骨董雑誌社、第八十八号、大正四年十月）
田口親著『田口卯吉（人物叢書）』（吉川弘文館、平成十二年十一月）
田辺悟著「モース研究の民具学的視点」▼守屋毅編『共同研究 モースと日本』
田辺久之著『考証 三浦環』（近代文芸社、平成七年七月）
谷川健一ほか編『ドキュメント日本人 第六巻 アウトロウ』（学藝書林、昭和四十三年十月）
玉木存著『動物学者 箕作佳吉とその時代――明治人は何を考えたか』（三一書房、平成十年十月）

ち

淡厓迂夫（神田孝平）著「柏原学而氏所蔵銅鐸の来歴」（『東京人類学会雑誌』東京人類学会事務所、第二巻第十八号、明治二十年八月）
遅塚麗水・江見水蔭・長井金風・登張竹風・太田孝之著『金剛杖』（春陽堂、明治四十年九月）
千原光雄著「アメリカの学者達が選んだ今世紀を代表する藻学者山内繁雄博士」（『藻類』日本藻類学会、第四十七巻第一号、平成十一年三月）

つ

塚本巳之吉著「大阪に於ける風俗測定及欧化の波動」（『東京人類学会雑誌』

東京人類学会事務所、第四十一号、明治二十二年七月）
槌田満文著「石版画名作選」（『東京人』都市出版、第十一巻第十号、平成八年十月）
坪井正五郎／福家梅太郎著「土器塚考」（『東洋学芸雑誌』東洋学芸社、第十九号、明治十六年四月）
坪井正五郎著「鳥の羽の組立」（『東洋学芸雑誌』東洋学芸社、第四十号、明治十八年一月）
坪井正五郎著「本邦に行はるゝ当て物の種類及び起原」（『東京人類学会報告』東京人類学会、第七号、明治十九年九月）▼坪井正五郎著『婦人と小児（人類学的攻究叢書）』
坪井正五郎著「足利近傍の古墳」（『東京人類学会報告』東京人類学会、第八号、明治十九年十月）
坪井正五郎著「組立写真（Composite photograph）の話」（『東京人類学会報告』東京人類学会、第十号、明治十九年十二月）
坪井正五郎著「足利古墳より掘《ママ》出せし人骨、附り数人合葬の事」（『理学協会雑誌』理学協会、第三十四号、明治二十年二月、のち『東京人類学会報告』東京人類学会、第十五号、明治二十年五月に再録）
坪井正五郎著「コロボックル北海道に住みしなるべし」（『東京人類学会報告』東京人類学会、第十二号、明治二十年二月、のち『史海』経済雑誌社、第二十一号、明治二十六年三月に再録）▼坪井正五郎著、斎藤忠編『日本考古学選集　第二巻　坪井正五郎集　上巻』
坪井正五郎著「人類学上の事実物品採集の為静岡県下を旅行せし事の畧報」（『東京人類学会報告』東京人類学会、第十三号、明治二十年三月）
坪井正五郎著「削り掛けの種類及び沿革」（『東京人類学会報告』東京人類学会、第十三号、明治二十年三月）
坪井正五郎著「コロポックグル内地に住みしなる可し」（『東京人類学会報告』東京人類学会、第十四号、明治二十年四月、のち『史海』経済雑誌社、第二十二号、明治二十六年四月に再録）
坪井正五郎著「風俗漸化を計る簡単法」（『東京人類学会報告』東京人類学会、第十四号、明治二十年四月）▼坪井正五郎著、山口昌男監修『うしのよだれ（知の自由人叢書）』
坪井正五郎著「遠江国京丸、小俣京丸二村の口碑風俗」（『東京人類学会報告』東京人類学会、第十五号、明治二十年五月）
坪井正五郎著「伊豆諸島にて行ひたる人身測定成績の一つ」（『東京人類学会報告』東京人類学会、第十六号、明治二十年六月）
坪井正五郎著「削り掛け再考」（『東京人類学会報告』東京人類学会、第十六号、明治二十年六月）
坪井正五郎著「中等以上の者九百人の風俗を調べたる成績」（『東京人類学会報告』東京人類学会、第十六号、明治二十年六月）▼坪井正五郎著、山口昌男監修『うしのよだれ（知の自由人叢書）』
坪井正五郎著「足利古墳発掘報告」（『理学協会雑誌』理学協会、第四十号〜第四十四号、明治二十年六月〜十月、『東京人類学会雑誌』東京人類学会事務所、第三十号、明治二十一年八月に再録）▼坪井正五郎著、斎藤忠編『日本考古学選集　第三巻　坪井正五郎集　下巻』
坪井正五郎著「削り掛け考材料」（『東京人類学会報告』東京人類学会事務所、第十七号、明治二十年七月）
坪井正五郎著「八丈島の婦人頭髪の長き理由」（『東京人類学会報告』東京人類学会事務所、第十七号、のち明治二十年七月、『以良都女』成美社、第二号、明治二十年八月、『女学雑誌』女学雑誌社、第七十二号、明治二十年八月二十日に再録）
坪井正五郎著「東京中三ケ所及び相三崎にて行ひたる風俗測定」（『東京人類学会雑誌』東京人類学会事務所、第十八号、明治二十年八月）▼坪井正五郎著、山口昌男監修『うしのよだれ（知の自由人叢書）』
坪井正五郎著「埼玉県横見郡黒岩村及び北吉見村横穴探究記」（『東京人類学会雑誌』東京人類学会事務所、第十九・二十二号、明治二十年九・十二月）▼坪井正五郎著、斎藤忠編『日本考古学選集　第二巻　坪井正五郎集　下巻』

坪井正五郎著「本邦諸地方に在る横穴は穴居の跡にして又人を葬るに用ゐし事も有る説」（『東京地学協会報告』東京地学協会、第九巻第五号、明治二十年九月）▼坪井正五郎著、斎藤忠編『日本考古学選集　第三巻　坪井正五郎集下巻』

坪井正五郎著『工商技芸看板考』（哲学書院、明治二十年十月）▼坪井正五郎著、斎藤忠編『日本考古学選集　第三巻　坪井正五郎集　下巻』

坪井正五郎著「伊豆諸島に於ける人類学上の取調、大島の部」（『東京人類学会雑誌』東京人類学会事務所、第二十三号、明治二十一年一月）

坪井正五郎著「神風山人君の説を読み再び黒岩北吉見両村の横穴は穴居の為に作りしものならんとの考を述ぶ」（『東京人類学会雑誌』東京人類学会事務所、第二十七号、明治二十一年五月）

坪井正五郎著「三十国巡回日記」（『東京人類学会雑誌』東京人類学会事務所、第二十七・二十八号、明治二十一年五・六月）

坪井正五郎著「風俗測定成績及び新案」（『東京人類学会雑誌』東京人類学会事務所、第二十八号、明治二十一年六月）▼坪井正五郎著、山口昌男監修『うしのよだれ（知の自由人叢書）』

坪井正五郎著「石器時代の遺物遺蹟は何者の手に成たか、」（『東京人類学会雑誌』東京人類学会事務所、第三十一号、明治二十一年九月）

坪井正五郎著「東京、西京及び高松に於ける風俗測定成績」（『東京人類学会雑誌』東京人類学会事務所、第三十五号、明治二十二年一月）▼坪井正五郎著、山口昌男監修『うしのよだれ（知の自由人叢書）』

坪井正五郎著「筑後国日の岡にて古代紋様の発見」（『東洋学芸雑誌』東洋学芸社、第八十八号、明治二十二年一月）▼坪井正五郎著、斎藤忠編『日本考古学選集　第三巻　坪井正五郎集　下巻』

坪井正五郎著「伊豆国新島の盆躍《ママ》」（『東洋学芸雑誌』東洋学芸社、第九十号、明治二十二年三月）

坪井正五郎著「帝国大学の隣地に貝塚の跟跡《ママ》有り」（『東洋学芸雑誌』東洋学芸社、第九十一号、明治二十二年四月）▼坪井正五郎著、斎藤忠編『日本考古学選集　第三巻　坪井正五郎集　上巻』

坪井正五郎著「東京に於ける髪服履欧化の波動」（『東京人類学会雑誌』東京人類学会事務所、第三十八号、明治二十二年四月）▼坪井正五郎著、山口昌男監修『うしのよだれ（知の自由人叢書）』

坪井正五郎著「パリー通信」（『東京人類学会雑誌』東京人類学会事務所、第四十三号〜第四十八号、明治二十二年九月〜明治二十三年二月）

坪井正五郎著「太古エヂプトにて行はれたる眼の形の御護り」（『東洋学芸雑誌』東洋学芸社、第九十八号、明治二十二年十一月）

坪井正五郎著「眼形の御護り追考」（『東洋学芸雑誌』東洋学芸社、第九十九号、明治二十二年十二月）

坪井正五郎著「古代の絵画彫刻に在る左右の手の混乱」（『東洋学芸雑誌』東洋学芸社、第百一号、明治二十三年二月）

坪井正五郎著「ロンドン通信」（『東京人類学会雑誌』東京人類学会事務所、第四十八号〜第六十九号、明治二十三年三月〜明治二十四年十二月）

坪井正五郎著「北海道石器時代の遺跡に関する小金井良精氏の説を読む」（『東京人類学会雑誌』東京人類学会事務所、第四十九号、明治二十三年四月）

坪井正五郎著「ロンドン市中男女立ち止りの勘定」（『東洋学芸雑誌』東洋学芸社、第百四号、明治二十三年五月）▼坪井正五郎著、山口昌男監修『うしのよだれ（知の自由人叢書）』

坪井正五郎著「響き言葉」（『東洋学芸雑誌』東洋学芸社、第百五号、明治二十三年六月）▼坪井正五郎著、山口昌男監修『うしのよだれ（知の自由人叢書）』

坪井正五郎著「縄文土器に関する山中笑氏の説を読む」（『東京人類学会雑誌』東京人類学会事務所、第五十四号、明治二十三年九月）

坪井正五郎著「ロンドン人鉄跡を珍重する事の考」（『東洋学芸雑誌』東洋学芸社、第百八・百九号、明治二十三年九・十月）▼坪井正五郎著、山口昌男監修『うしのよだれ（知の自由人叢書）』

坪井正五郎著「「コロボツクグル」といふ矮人の事を言ひて人類学者坪井正五

郎大人に戯ふる、と題する文を読む、」（『東京人類学会雑誌』東京人類学会事務所、第五十七・五十八号、明治二十三年十二月・明治二十四年一月）
坪井正五郎著「我が書棚」（『東京人類学会雑誌』東京人類学会事務所、第六十二号〜第七十四号、明治二十四年五月〜明治二十五年五月）
坪井正五郎著「第九回万国東洋学会。」（『東京人類学会雑誌』東京人類学会事務所、第六十八号、明治二十四年十一月）
坪井正五郎著「飛去来器（即、空中にて廻転して投げ手の許に戻り来る道具）」（『東洋学芸雑誌』東洋学芸社、第百二十六・百二十七号、明治二十五年三・四月）
坪井正五郎著「地理学上智識の拡張が人類学上研究の進歩に及ぼせる影響」（『東京人類学会雑誌』東京人類学会事務所、第八十号、明治二十五年十一月）
坪井正五郎著「刑事人類学万国会議報告。」（『東京人類学会雑誌』東京人類学会事務所、第八十一号、明治二十五年十二月）
坪井正五郎著「通俗講話人類学大意。」（『東京人類学会雑誌』東京人類学会事務所、第八十二号〜第八十九号、明治二十六年一月〜八月）
坪井正五郎著「日本全国に散在する古物遺跡を木曾としてコロボックル人種の風俗を追想す」（『史学雑誌』史学会、第四十・四十一号、明治二十六年三・四月）
坪井正五郎著「西ケ原貝塚探究報告」（『東京人類学会雑誌』東京人類学会事務所、第八十五号〜第百六号、明治二十六年四月〜明治二十七年一月）▼坪井正五郎著、斎藤忠編『日本考古学選集　第二巻　坪井正五郎集　上巻』
坪井正五郎著「人類学研究の趣意」（『東洋学芸雑誌』東洋学芸社、第百四十号、明治二十六年五月、『東京人類学会雑誌』東京人類学会事務所、第八十六号、明治二十六年五月に再録）
坪井正五郎著「石器時代の遺跡に関する落後生、三渓居士、柏木貨一郎、久米邦武、四氏の論説に付きて数言を述ぶ」（『史学雑誌』史学会、第四十二号、明治二十六年五月）
坪井正五郎著「コロボックル所製器具図解」（『史学雑誌』史学会、第四十四号、明治二十六年七月）
坪井正五郎著「本会創立第九年会演説。」（『東京人類学会雑誌』東京人類学会事務所、第九十二号、明治二十六年十一月）
坪井正五郎著「「重ね撮り写真」の術を利用したる観相法」（『東洋学芸雑誌』東洋学芸社、第百五十七号、明治二十七年十月）
坪井正五郎著「人種問題研究の準備」（『東京人類学会雑誌』東京人類学会事務所、第百八号、明治二十八年三月）
坪井正五郎著「コロボックル風俗考」（『風俗画報』東陽堂、第九十号〜百八号、明治二十八年四月〜明治二十九年一月）▼坪井正五郎著、斎藤忠編『日本考古学選集　第二巻　坪井正五郎集　上巻』
坪井正五郎著「古代エジプト人の人類学的思想」（『東京人類学会雑誌』東京人類学会事務所、第百十一号、明治二十八年六月）
坪井正五郎著「伊豆新島の土俗」（『東京人類学会雑誌』東京人類学会事務所、第百十三号、明治二十八年八月）
坪井正五郎著「七年前の三十国巡回日記」（『東京人類学会雑誌』東京人類学会事務所、第百十三号、明治二十八年八月）
坪井正五郎著「人類学の定義に関する意見」（『東京人類学会雑誌』東京人類学会事務所、第百十七号、明治二十八年十二月）
坪井正五郎著「人類学の範囲」（『東京人類学会雑誌』東京人類学会事務所、第百二十一号、明治二十九年四月）
坪井正五郎著「人類学の効用」（『東京人類学会雑誌』東京人類学会事務所、第百二十二号、明治二十九年五月）
坪井正五郎著「四国人類学発会式に際してドクトル、ハントの畧伝を述ぶ」（『東京人類学会雑誌』東京人類学会事務所、第百二十四号、明治二十九年七月）
坪井正五郎著「東京人類学会創立第十二年会に於ての演説」（『東京人類学会雑誌』東京人類学会事務所、第百二十七号、明治二十九年十月）

坪井正五郎著「貝塚土偶の孔」（『集古会誌』集古会、第一輯、明治二十九年十一月）

坪井正五郎著「佐久間象山旧蔵の磨製石器」（『集古会誌』集古会、第二輯、明治三十一年四月）

坪井正五郎著「弔辞」（『東京人類学会雑誌』東京人類学会事務所、第百四十八号、明治三十一年七月）

坪井正五郎著「ロンドンの博物館に存する日本古代土偶の由来」（『反省雑誌』反省雑誌社、第十三年八号、明治三十一年八月）

坪井正五郎／野中完一著「常陸国新治郡瓦会村の古墳」（『東京人類学会雑誌』東京人類学会事務所、第百五十三号、明治三十一年十二月）

坪井正五郎著「うしのよだれ」（『学士会月報』報行社、第百三十一号～第三百二号、明治三十二年一月～大正二年四月）▼坪井正五郎著、山口昌男監修『うしのよだれ（知の自由人叢書）』

坪井正五郎著「占守島土人と石器時代問題」（『東京人類学会雑誌』東京人類学会事務所、第百五十四号、明治三十二年一月）

坪井正五郎著「日向高千穂の石器」（『集古会誌』集古会、第三輯、明治三十二年六月）

坪井正五郎著「坪井正五郎小伝」（『日本之小学教師』国民教育社、第一巻第六号、明治三十二年九月）▼坪井正五郎著、山口昌男監修『うしのよだれ（知の自由人叢書）』

坪井正五郎著「埼玉吉見の百穴」（『歴史地理』日本歴史地理研究会、第二巻第一号、明治三十三年四月）

坪井正五郎著「動物形の玩具」（『みつこしタイムス』三越呉服店、第八巻第五号、明治三十三年五月一日）▼坪井正五郎著、山口昌男監修『うしのよだれ（知の自由人叢書）』

坪井正五郎著『はにわ考』（東洋社、明治三十四年七月八日）

坪井正五郎著『洋行雑話ふる日記』（『中学世界』博文館、第五巻第一号～第六巻第二号、明治三十五年一月～明治三十六年二月、但し最後の回のみタイトルは「洋行雑話」）

坪井正五郎著「洋書談」（『学燈』丸善、第五十六号～第七年第一号、明治三十五年一月～明治三十六年一月）

坪井正五郎著「武蔵国大里郡本郷村古墳調査略記」（『東京人類学会雑誌』東京人類学会事務所、第百九十三号、明治三十五年四月）

坪井正五郎著「書籍の成立ち」（『図書月報』東京書籍商組合事務所、第一巻第一号、明治三十五年九月）

坪井正五郎著『学芸叢談人類談』（開成館、明治三十五年十月二十日）

坪井正五郎著『人類学講義』（小松甲子太郎、明治三十五年十二月十七日）

坪井正五郎著「新刊図書目録コラム」（『図書月報』東京書籍商組合事務所、第一巻第五号～第四巻第二号、明治三十六年一月～明治三十八年十一月）

坪井正五郎著「芝公園丸山大古墳及び其近傍に在る数ケ所の小古墳に付いて」（『古蹟』帝国古蹟取調会、第二巻第一号、明治三十六年二月）▼坪井正五郎著、斎藤忠編『日本考古学選集　第三巻　坪井正五郎集　下巻』

坪井正五郎著「石器時代土器の上に在る破れ止めならざる揉み孔」（『集古会誌』集古会、癸卯巻之一、明治三十六年三月）

坪井正五郎著「人類館と人種地図」（『東洋学芸雑誌』東洋学芸社、第二百五十九号、明治三十六年四月）

坪井正五郎著「古代文字の復活」（『学燈』丸善、第七年第六号、明治三十六年五月臨時増刊号）

坪井正五郎著「日本石器時代人民論」（『東洋学芸雑誌』東洋学芸社、第二百六十一号～二百六十五号、明治三十六年六月～十月）

坪井正五郎著「「重ね写真」の人類学上の応用」（『写真界』桑田商会、第一号、明治三十六年十二月、のち『東京人類学会雑誌』東京人類学会事務所、第二百二十二号、明治三十七年九月に再録）

坪井正五郎著「根岸武香氏紀念号の巻首に」（『東京人類学会雑誌』東京人類学会事務所、第二百七号、明治三十六年六月）

坪井正五郎著「牛涎十滴」（『中央公論』反省雑誌社、第十八巻第十一号、明

治三十六年十一月)

坪井正五郎著「古物遺跡発見奇談」(『集古会誌』集古会、癸卯巻之四、明治三十六年十一月)

坪井正五郎著「日本石器時代人民の紋様とアイヌの紋様との異同」(『東京人類学会雑誌』東京人類学会事務所、第二百十三号〜二百十六号、明治三十六年十二月〜明治三十七年三月)

坪井正五郎著「自製索引」(『学燈』丸善、第八年第一号、明治三十七年一月)▼坪井正五郎著、山口昌男監修『うしのよだれ(知の自由人叢書)』

坪井正五郎著「曲玉製造法」(『集古会誌』集古会、甲辰巻之三、明治三十七年五月)

坪井正五郎著「人類学標本展覧会開催趣旨設計及び効果」(『東京人類学会雑誌』東京人類学会事務所、第二百十九号、明治三十七年六月)

坪井正五郎著「蛙の舌」(『学士会月報』報行社、第百九十九号、明治三十七年九月)▼坪井正五郎著、山口昌男監修『うしのよだれ(知の自由人叢書)』

坪井正五郎著「東京人類学会満二十年紀念演説」(『東京人類学会雑誌』東京人類学会事務所、第二百十三号、明治三十七年十月)▼坪井正五郎著、山口昌男監修『うしのよだれ(知の自由人叢書)』

坪井正五郎著「エジプト発見甲虫形の護り」(『集古会誌』集古会、甲辰巻之五、明治三十七年十一月)

坪井正五郎著「重ね写真」の術を観相其他に応用する考案」(『青年界』金港堂書籍、第三巻第十二号、明治三十七年十一月)▼坪井正五郎著、山口昌男監修『うしのよだれ(知の自由人叢書)』

坪井正五郎著「戦後事業の一としての人類学的博物館設立」▼山本利喜雄編輯『戦後経営』

坪井正五郎著「外国の大道芸人」(『少年世界』博文館、第十一巻第四号、明治三十八年三月)

坪井正五郎著「動物学雑誌発刊事情」(『動物学雑誌』東京動物学会、第二百号、明治三十八年六月)

坪井正五郎著「「人」と題する書」(『学燈』丸善、第九年第八号、明治三十八年八月)

坪井正五郎/松村瞭/柴田常恵/坪井誠太郎/三好勇著「銚子紀行——貝塚堀りと海岸巡り」(『東京人類学会雑誌』東京人類学会事務所、第二百三十三号、明治三十八年八月)▼坪井正五郎著、山口昌男監修『うしのよだれ(知の自由人叢書)』

坪井正五郎著「「提げ台」に縁故有る土器」(『集古会誌』集古会、乙巳巻之四、明治三十八年九月)

坪井正五郎著『人類学講義』(国光社、明治三十八年九月二十八日)

坪井正五郎著「北海道旧土人救育事業」(『東京人類学会雑誌』東京人類学会事務所、第二百四十五号、明治三十九年八月)

坪井正五郎著「常陸飯出貝塚発見の所謂有髯土偶と其類品」(『東京人類学会雑誌』東京人類学会事務所、第二百四十六号、明治三十九年九月)

坪井正五郎著「帝国版図内の人種」(『太陽』博文館、第十二巻第十三号、明治三十九年十月)

坪井正五郎著『人類学叢話』(博文館、明治四十年二月二十八日)

坪井正五郎著『婦人と小児(人類学的攻究叢書)』(隆文館、明治四十年四月)

坪井正五郎著『人類学講話』(早稲田大学出版部、明治四十年六月八日)

坪井正五郎著「笑い語り」(『笑』光村出版部、第二巻第一・二十一号、明治四十一年一月五日・十月五日)▼坪井正五郎著、山口昌男監修『うしのよだれ(知の自由人叢書)』

坪井正五郎著「下総余山発見の有髯土偶」(『東京人類学会雑誌』東京人類学会事務所、第二百六十二号、明治四十一年一月)

坪井正五郎著「日本人種の起源」(『東亜之光』冨山房、第三巻第六号〜第八号、明治四十一年六月〜八月)

坪井正五郎著「新案玩具「燕がへし」」(『みつこしタイムス』三越呉服店、第三・五号、明治四十一年六月二十・七月十日)▼坪井正五郎著、山口昌男監修『うしのよだれ（知の自由人叢書）』

坪井正五郎著「雑婚問題」（『衛生新報』衛生新報社、第八十六号、明治四十一年十月、のち「日本に於ける雑婚問題」と改題して『東京人類学会雑誌』東京人類学会事務所、第二百七十二号、明治四十一年十一月に再録）

坪井正五郎著「樺太の美術」（『みつこしタイムス』三越呉服店、第七巻第三号、明治四十二年三月）

坪井正五郎著「石器時代杭上住居の跡は我国に存在せざるか」（『東京人類学会雑誌』東京人類学会事務所、第二百七十八号、明治四十二年五月）

坪井正五郎著「諏訪湖底石器時代遺跡の調査」（『東京人類学会雑誌』東京人類学会事務所、第二百七十九号～第二百八十五号、明治四十二年六月～十二月）▼坪井正五郎著、斎藤忠編『日本考古学選集　第二巻　坪井正五郎集　上巻』

坪井正五郎著「名士の小学時代（一）　坪井正五郎君」（『読売新聞』日就社、明治四十二年六月二十日）

坪井正五郎著「日本に於て始めて発見されたる湖底の石器時代遺跡」（『東洋学芸雑誌』東洋学芸社、第三百三十七号、明治四十二年十月）

坪井正五郎著『自然滑稽うしのよだれ』（三教書院、明治四十二年十一月）

坪井正五郎著「「はいたゝき」を「はいはたき」と」（『手紙雑誌』手紙雑誌社、第九巻第一号、明治四十三年二月）

坪井正五郎著「諏訪湖底石器時代遺物考追記」（『東京人類学会雑誌』東京人類学会事務所、第二百八十七号～第二百九十一号、明治四十三年二月～六月）▼坪井正五郎著、斎藤忠編『日本考古学選集　第二巻　坪井正五郎集　上巻』

坪井正五郎著「重ね写真の話」（『みつこしタイムス』三越呉服店、第八巻第五号、明治四十三年五月）

坪井正五郎著「七曜を書いた筆筒」（『みつこしタイムス』三越呉服店、第八巻第五号、明治四十三年五月）▼坪井正五郎著、山口昌男監修『うしのよだれ（知の自由人叢書）』

坪井正五郎著「新案玩具「亀と兎」」（『みつこしタイムス』三越呉服店、第八巻第五号、明治四十三年五月）▼坪井正五郎著、山口昌男監修『うしのよだれ（知の自由人叢書）』

坪井正五郎著「ずぼんぼの用ゐ方」（『みつこしタイムス』三越呉服店、第八巻第五号、明治四十三年五月）▼坪井正五郎著、山口昌男監修『うしのよだれ（知の自由人叢書）』

坪井正五郎著「ピクとツー」（『みつこしタイムス』三越呉服店、第八巻第十号、明治四十三年九月、のち「風俗漸化の測定」と改題して『東京人類学会雑誌』東京人類学会事務所、第二百九十五号、明治四十三年十月に抄録）▼坪井正五郎著、山口昌男監修『うしのよだれ（知の自由人叢書）』

坪井正五郎著「児童博覧会に於ける海の趣向」（『三越』三越呉服店、第一巻第四号、明治四十四年六月）▼坪井正五郎著、山口昌男監修『うしのよだれ（知の自由人叢書）』

坪井正五郎著、杉浦非水画『ウミトヒト』（三越呉服店、明治四十四年七月十日）

坪井正五郎著「海と人との関係を示す児童用絵本に付いて」（『三越』三越呉服店、第一巻第八号、明治四十四年九月）▼坪井正五郎著、山口昌男監修『うしのよだれ（知の自由人叢書）』

坪井正五郎著「世界一周雑記」（『人類学雑誌』東京人類学会事務所、第二十七巻第六号～第二十八巻第九号、明治四十四年九月～大正元年九月）

坪井正五郎著「西欧の海上より」（『三越』三越呉服店、第一巻第十号、明治四十四年十一月）▼坪井正五郎著、山口昌男監修『うしのよだれ（知の自由人叢書）』

坪井正五郎著「序」▼寺田四郎著『ひげ』

坪井正五郎／織戸正満編『世界昔噺集第一編 西蔵の昔噺』（積文社／柳原書店、明治四十四年十二月二十日）

坪井正五郎著「坪井理学博士より興学会員への書簡　興学会諸君へ」（『東洋学芸雑誌』東洋学芸社、第三百六十二・三百六十五号、明治四十四年十一

月・明治四十五年二月）

坪井正五郎著「世界の名物」（『三越』三越呉服店、第二巻第二号、明治四十五年二月）▼坪井正五郎著、山口昌男監修『うしのよだれ（知の自由人叢書）』

坪井正五郎著「博物館のいろ〳〵」（『中央公論』反省雑誌社、第二十七年第五号、明治四十五年五月）

坪井正五郎著「エジプト太古の墓室発見の船雛形」（『人類学雑誌』東京人類学会事務所、第二十八巻第六号、明治四十五年六月）

坪井正五郎著「エジプトの古物遺跡」（『中学世界』博文館、第十五巻第八号、明治四十五年六月）

坪井正五郎著「海外旅行記」（『早稲田講演』早稲田大学出版部、第二巻第二号、明治四十五年六月）▼坪井正五郎著、山口昌男監修『うしのよだれ（知の自由人叢書）』

坪井正五郎著「海外旅行みやげ――五月の流行会に於ける演説」（『三越』三越呉服店、第二巻第六号、明治四十五年六月）▼坪井正五郎著、山口昌男監修『うしのよだれ（知の自由人叢書）』

坪井正五郎著「世界一周談」（『裁縫雑誌』東京裁縫女学校出版部、第十巻第三号～第十一巻第七号、明治四十五年六月～大正二年十月）

坪井正五郎著「河内小山村城山古墳の調査」（『人類学雑誌』東京人類学会事務所、第二十八巻第七・九号、明治四十五年七月、大正元年九月）▼坪井正五郎著、斎藤忠編『日本考古学選集　第三巻　坪井正五郎集　下巻』

坪井正五郎著「埃及古墳発見の人形及家船等の模型」（『史学雑誌』史学会、第二十三編第九号、大正元年九月）

坪井正五郎著「名士の学生時代――大学在学中の事」（『新公論』新公論社、第二十七巻第九号、大正元年九月）▼坪井正五郎著、山口昌男監修『うしのよだれ（知の自由人叢書）』

坪井正五郎著「人類学と博物館」（『新公論』新公論社、第二十七巻第十号、大正元年十月）

坪井正五郎著「分合自在の栞」（『教育品研究』発行元不明、第一巻第一号、大正元年十月）

坪井正五郎著「序」（金田一京助編『日本国内書人種の言語』東京人類学会、大正元年十一月）▼河野本道選『アイヌ史資料集　第一期第四巻　言語・風俗編』（北海道出版企画センター、昭和五十五年七月）

坪井正五郎著「盛装したる大象の行列」（『大正婦人』大正婦人社、第一巻第四号、大正二年四月）

坪井正五郎画「拓殖博覧会用の絵ビラ図案」（『人類学雑誌』東京人類学会事務所、第二十八巻第十一号、大正二年十二月）

坪井正五郎著「明治年代と日本版図内の人種」（『人類学雑誌』東京人類学会事務所、第二十九巻第一号、大正三年一月）

坪井正五郎編著『じんるいがくのとも じんるいがくくわい よりあひのかきとめ』（東京人類学会、昭和十五年五月）

坪井正五郎著、斎藤忠編『日本考古学選集　第二巻　坪井正五郎集　上巻』（築地書館、昭和四十六年七月）

坪井正五郎著、斎藤忠編『日本考古学選集　第三巻　坪井正五郎集　下巻』（築地書館、昭和四十七年一月）

坪井正五郎著、山口昌男監修『うしのよだれ（知の自由人叢書）』（国書刊行会、平成十七年九月）

坪田茉莉子著『南葵文庫――目学問・耳学問』（東京都教職員互助会、平成十三年十月）

て

T、R．（鳥居龍蔵？）著「東京人類学会挙行遠足会の記」（『東京人類学会雑誌』東京人類学会事務所、第二百二十四号、明治三十七年十一月）

出口保夫／アンドリュー・ワット編著『漱石のロンドン風景』（研究社出版、昭和六十年八月）

勅使河原彰著「坪井正五郎と人類学会の誕生」▼明治大学考古学博物館編

『市民の考古学2　考古学者——その人と学問』
手塚治虫著『手塚治虫漫画全集　MT330　陽だまりの記⑤』（講談社、平成六年三月）
寺田和夫著『日本の人類学』（角川文庫、昭和五十六年一月）
寺田四郎著『ひげ』（聚精堂、明治四十四年十一月）
寺沢鎮著『神戸の異彩——人物論』（神戸新聞通信社、大正九年二月）

と

戸板康二著『演芸画報・人物誌』（青蛙書房、昭和四十五年一月）
戸沢充則著「日本考古学史とその背景」▼大塚初重／戸坂充則／佐原眞編『日本考古学を学ぶ(1)』
富山太佳夫著『シャーロック・ホームズの世紀末』（青土社、平成五年十一月）
豊泉益三編『日比翁の憶ひ出』（三越営業部、昭和七年二月）
豊泉益三著『越後屋より三越』（川瀬五節堂、昭和十一年四月）
鳥居邦太郎著「東京に於ける風俗測定成績」（『東京人類学会雑誌』東京人類学会事務所、第四十三号、明治二十二年九月）
鳥居邦太郎著「横浜に於ける風俗測定成績」（『東京人類学会雑誌』東京人類学会事務所、第四十四号、明治二十二年十月）
鳥居博士顕彰会編『図説鳥居龍蔵伝』（鳥居博士顕彰会、昭和四十年九月）
鳥居龍蔵著「人類学材料取調仲間広告」（『文』金港堂、第一巻第十六号、明治二十一年十月）
鳥居龍蔵著「人類学材料取調仲間広告」（『東京人類学会雑誌』東京人類学会事務所、第三十二号、明治二十一年十月）
鳥居龍蔵著「人類学材料取調仲間広告」（『東京人類学会雑誌』東京人類学会事務所、第三十三号、明治二十一年十一月）
鳥居龍蔵著「阿波の削り掛」（『東京人類学会雑誌』東京人類学会事務所、第六十号、明治二十四年三月）
鳥居龍蔵著「北千島に存在する石器時代遺跡遺物は抑も何種族の残せしもの歟」（『地学雑誌』敬業社、第十三巻第百五十一・百五十二号、明治三十四年七・八月、『東京人類学会雑誌』東京人類学会事務所、第百八十七号、明治三十四年十月に転載）
鳥居龍蔵著「日本人類学の発達」（『科学画報』新光社、第九巻第六号、昭和二年六月）
鳥居龍蔵著「三十五年以前先輩友人の写真」（『武蔵野』武蔵野会、第十七巻第一号、昭和六年六月）
鳥居龍蔵著「江戸人としての恩師坪井正五郎先生」（『武蔵野』武蔵野会、第十七巻第二号、昭和六年十一月）
鳥居龍蔵著「坪井先生と五代目菊五郎」（『ドルメン』岡書院、第一巻第四号、昭和七年七月）
鳥居龍蔵著「学界生活五十年の回顧」（『ミネルヴァ』翰林書房、第一巻第八号・第二巻第一号、昭和十一年十二月・昭和十二年一月）
鳥居龍蔵／中沢澄男／長谷部言人／八木奘三郎／下村三四吉／白鳥庫吉／長谷部言人／八幡一郎／甲野勇／須田昭義／岡茂雄談「座談会　日本人類学界創期の回想」（『ドルメン』岡書院、再刊第一・二号、昭和十三年十一・十二月）
鳥居龍蔵著『ある老学徒の手記——考古学とともに六十年』（朝日新聞社、昭和二十八年一月）
鳥居龍蔵著『鳥居龍蔵全集』全十二巻・別巻一（朝日新聞社、昭和五十年十月～昭和五十二年四月）
呑仏生著「奇癖会」（『考古界』考古学会、第三篇第九号、明治三十七年二月）

な

永井保著『高木兼寛伝』（東京慈恵会医科大学創立八十五年記念事業委員会、昭和四十年十月）
中沢新一著『アースダイバー』（講談社、平成十七年五月）
中薗英助著『鳥居龍蔵伝——アジアを走破した人類学者』（岩波現代文庫、平

成十七年九月）

仲田定之助著『明治商売往来』（青蛙房、昭和四十四年一月）

に

西沢仙湖著『仙湖随筆（芋蔓草紙第三編）』（坂本書店、昭和二年四月）

西田龍雄著『西夏文字』（紀伊國屋新書、昭和四十二年三月）

二宮一郎著「人類館発起人・西田正俊」▼演劇「人類館」上演を実現させたい会編『人類館――封印された扉』

ぬ

沼波瓊音著「意匠ひろひ」（『三越』三越呉服店、第二巻第十三号、大正元年十二月）▼沼波瓊音著『意匠ひろひ（知の自由人叢書）』

沼波瓊音著『鮮満風物記』（大阪屋号書店、大正九年十一月）

沼波瓊音著、山口昌男監修『意匠ひろひ（知の自由人叢書）』（国書刊行会、平成十八年九月）

ね

根岸武香著「正月十五日武蔵国四郡にて歳神へ奉る種々の物」（『東京人類学会報告』東京人類学会、第十五号、明治二十年五月）

の

能海寛著『能海寛著作集　第十一巻　上』（USS出版、平成二十年十一月）

野口勝一著「論説」（『風俗画報』臨時増刊「第五回内国勧業博覧会図会　上篇」東陽堂、第二百六十九号、明治三十六年六月十日）

は

萩原正倫著「削り掛け二種」（『東京人類学会報告』東京人類学会、第十五号、明治二十年五月）

橋本福松著「諏訪湖底より石器を発見す」（『東京人類学会雑誌』東京人類学会事務所、第二百七十八号、明治四十二年五月）

橋本福松著「諏訪湖底のソネに就て」（『信濃博物学雑誌』信濃博物学会、第三十四号、明治四十二年十月）

長谷川如是閑著『ある心の自叙伝』（朝日新聞社、昭和二十五年六月）

蜂須賀正氏著『南の探検』（千歳書房、昭和十八年五月）▼同（平凡社ライブラリー、平成十八年三月）

蜂須賀正氏著『密林の神秘――熱帯に奇鳥珍獣を求めて』（法政大学出版局、昭和二十九年三月）

ハックスリ、ジュリアン／ハッドン、アルフレッド・C著、小泉丹訳『人種の問題』（岩波新書、昭和十五年七月）

ハッドン、アルフレッド・C著、植木謙英訳『呪法と呪物崇拝』（岡書院、昭和二年四月）

ハッドン、アルフレッド・C著、小山栄三訳『民族移動史』（改造文庫、昭和八年九月）

ハッドン、アルフレッド・C著、宮本馨太郎訳『首狩種族の生活』（彰考書院、昭和十九年十一月）

ハッドン、アルフレッド・C著、石川栄吉訳『ボルネオ奥地探検』（大陸書房、昭和四十四年六月）＊宮本訳『首狩種族の生活』Head Hunters: Black, White, and Brown の新訳

鳩山春子著『我が自叙伝』（鳩山一郎、昭和四年十月）

浜田耕作（青稜）著「日本石器時代人民の紋様とアイヌの紋様に就いて」（『東京人類学会雑誌』東京人類学会事務所、第二百十三号、明治三十六年十二月）

林権助述『わが七十年を語る』（第一書房、昭和十三年三月）

原田朗著『荒井郁之助（人物叢書）』（吉川弘文館、平成六年七月）

ハリス、ヴィクター／後藤和雄責任編集『ガウランド――日本考古学の父』（朝日新聞社、平成十五年八月）

ハリソン、ジェーン・E著、佐々木理訳『古代芸術と祭式』（創元社、昭和十六年九月）▼同（ちくま学芸文庫、平成九年九月）
ハリソン、ジェーン・E著、船木裕訳『ギリシアの神々——神話学入門』（ちくま学芸文庫、平成六年七月）
春成秀爾著『考古学者はどう生きたか』（学生社、平成十五年十一月）
晩声社編『最近調査 東京医療案内』（晩声社、明治四十三年十二月）

ひ

土方定一著「坪内逍遥の『当世書生気質』と長原孝太郎」『近代日本の画家たち』（美術出版社、昭和三十四年一月）
日比翁助編『花ごろも』（三越呉服店、明治三十二年一月）
日比翁助編『氷面鏡』（三越呉服店、明治三十四年一月）
日比翁助著「新たに『三越』を発刊するについて」（『三越』三越呉服店、第一巻第一号、明治四十四年三月）

ふ

福田清人編『明治文学全集　第九十四巻　明治紀行文学集』（筑摩書房、昭和四十九年一月）
福家豊著「父福家梅太郎の追憶断片」（『農業香川』香川県農業改良普及会、第五巻第四号、昭和二十八年四月）
藤井寺市教育委員会事務局『津堂城山古墳——巨大な古墳の謎にせまる（藤井寺の遺跡ガイドブック№12）』（藤井寺市教育委員会、平成十四年三月）
藤森栄一著『旧石器の狩人』（学生社、昭和四十年十一月）
藤森栄一著『かもしかみち以後』（学生社、昭和四十二年七月）
藤森栄一著「考古学の鬼才・百助」▼谷川健一ほか編『ドキュメント日本人　第六巻　アウトロウ』
船木裕著「ジェーン・E・ハリソンについて（あとがきを兼ねて）」▼ジェーン・E・ハリソン著、船木裕訳『ギリシアの神々——神話学入門』
ブレンドン、ピアーズ著、石井昭夫訳『トマス・クック物語——近代ツーリズムの創始者』（中央公論社、平成七年九月）

へ

ヘディン、スウェン著、山口四郎訳『ヘディン探検紀行全集　第十五巻　探検家としてのわが生涯』（白水社、昭和五十四年十一月）

ほ

保科五無斎著「諏訪湖のソネに関する憶説」（『信濃博物学雑誌』信濃博物学会、第三十四号、明治四十二年十月）
保科五無斎著「坪井博士に随行して野尻湖に遊ぶ」（『信濃公論』信濃公論社、第八十一・八十二号、明治四十三年五月十八・二十五日）▼佐久教育会編『五無斎保科百助全集』
星野小次郎著『三越創始者　日比翁助』（日比翁助伝記刊行会、昭和二十六年五月）
星亮一著『明治を生きた会津人　山川健次郎の生涯——白虎隊士から帝大総長へ』（ちくま文庫、平成十九年十一月）
細馬宏通著『浅草十二階——塔の眺めと〈近代〉のまなざし』（増補新版、青土社、平成二十四年九月）
堀田謹吾著『名品流出——ボストン美術館の「日本」』（日本放送出版協会、平成十三年二月）
ボナパルト、マリー著、佐々木孝次訳『女性と性』（弘文堂、昭和四十九年七月）

ま

蒔田鎗次郎著「弥生式土器（貝塚土器ニ似テ薄手ノモノ）発見ニ付テ」（『東京人類学会雑誌』東京人類学会事務所、第百二十二号、明治二十九年五月）
マイフェルト、アンヌマリ・デ・ワール著、湯本和子訳『人間観の歴史』（思

索社、昭和六十一年六月）

前島康彦著『哲学堂公園（東京公園文庫）』（郷学舎、昭和五十五年六月）

松居竜五／月川和雄／中瀬喜陽／桐本東太編『南方熊楠を知る事典』（講談社現代新書、平成五年四月）

松浦武四郎著『木片勧進』（南葵文庫、明治四十一年）▼ヘンリー・スミス著『泰山荘──松浦武四郎の一畳敷の世界』

松岡洋右伝記刊行会編『松岡洋右──その人と生涯』（講談社、昭和四十九年十月）

松田京子著『帝国の視線──博覧会と異文化現象』（吉川弘文館、平成十五年十一月）

松村瞭編『人種名彙』（丸善、明治四十一年三月）

松本清張著『岡倉天心──その内なる敵』（新潮社、昭和五十九年一月）

丸山健夫著『ナイチンゲールは統計学者だった！──統計の人物と歴史の物語』（日科技連出版社、平成二十年六月）

丸山鶴吉編『高島先生教育報国六十年』（高島先生教育報国六十年記念会、昭和十五年十一月）

丸山美季著「阿部正功の生涯と学問─人類学・土俗学・考古学─」（『学習院大学史料館紀要』学習院大学史料館、第十七号、平成二十三年三月）

丸山美季著「『芝円山古墳調査略記』翻刻」（『学習院大学史料館紀要』学習院大学史料館、第十七号、平成二十三年三月）

み

三浦謹之助訳「露国ペーテルスブルグ独逸アレキサンデル病院ヨリ送付セル坪井正五郎博士ノ病歴」（『学士会月報』報行社、第三百六号、大正二年八月）

三上徹也著「曾根遺跡調査の記録」▼曾根遺跡研究会編著『諏訪湖底曾根遺跡研究一〇〇年の記録』

水越正義著「伊豆新島婦人ノ現況」（『東京人類学会雑誌』東京人類学会事務所、第九十八号、明治二十七年五月）

水谷乙次郎著「埼玉の旅」（『東京朝日新聞』村山合名東京朝日新聞会社、明治三十五年三月十八日・二十日・二十三日・二十八日、のち『東京人類学会雑誌』東京人類学会事務所、第百九十三号、明治三十五年四月に抄録）▼水谷乙次郎著『幻花繚乱（好古叢書一）』

水谷乙次郎著『幻花繚乱（好古叢書一）』（川村オフィス、平成二十四年十二月）＊CD-ROM

水谷幻花（乙次郎）著「燐票と千社札」（『新小説』同好会、第十八年第三巻、大正二年三月）▼水谷乙次郎著『幻花繚乱（好古叢書一）』

三田商業研究会編纂『慶応義塾出身名流列伝』（実業之世界社、明治四十二年六月）

三谷敏一著『神都名家集』（三谷敏一、明治三十四年十二月）

箕作元八著「身長遺伝ノ話」（『人類学会報告』東京人類学会、第三号、明治十九年四月）

南方熊楠著「英国滞在中の徳川頼倫侯」（『南葵育英会会報』南葵育英会、第三十号、大正十四年九月）▼南方熊楠著『南方熊楠全集　別巻二』

南方熊楠著『南方熊楠全集　別巻二』（平凡社、昭和五十年八月）

宮川寅雄著『岡倉天心』（東京大学出版会、昭和三十一年十二月）

三村清三郎著「序文」『千里相識』（集古会、昭和十年九月）▼書誌研究懇話会編『書物関係雑誌細目集覧　一』

三村清三郎（竹清）著「林君の蔵書印」（『集古』集古会、戊寅第五号、昭和十三年十一月）

三宅花圃著「三越見物」『その日その日』（東京社、大正三年一月）

三宅米吉著「故坪井会長を悼む」（『人類学雑誌』東京人類学会事務所、第二十八巻第十一号、大正二年十二月）

宮島幹之助著『蛙の目玉』（双雅房、昭和十一年三月）

宮地正人編『幕末維新風雲通信──蘭医坪井信良家兄宛書翰集』（東京大学出版会、昭和五十三年十二月）

む

村松梢風著「富岡鉄斎」『本朝画人伝　巻六』（中公文庫、昭和五十二年一月）

め

明治大学考古学博物館編『市民の考古学2　考古学者――その人と学問』（名著出版、平成七年八月）

も

モース、エドワード・S著、石川欣一訳『日本その日その日（全三巻）』（東洋文庫／平凡社、昭和四十五年九月〜昭和四十六年一月）

モース、エドワード・S著、上田篤／加藤晃規／柳美代子訳『日本のすまい――内と外』（鹿島出版会、昭和五十四年七月）

モース、エドワード・S著、近藤義郎／佐原真訳『大森貝塚』（岩波文庫、昭和五十八年一月）

森鷗外著「「コロボックグル」といふ矮人の事を言ひて人類学者坪井正五郎大人に戯ふる」（『医事新論』医事新論社、第八号、明治二十三年七月）▼森鷗外著『鷗外全集　第二十九巻』

森鷗外著「流行」（『三越』三越呉服店、第一巻第五号、明治四十四年七月）

森鷗外著『鷗外全集　第二十九巻』（岩波書店、昭和四十九年四月）

森銑三著「伝記に就いての雑感」（『文学建設』文学建設社、第五巻第一号、昭和十八年一月）

森銑三著「坪井信道」『学芸史上の人々』（二見書房、昭和十八年二月）▼『森銑三著作集　第五巻　人物篇五』

森銑三著「辛苦の末に西洋医学の大家となつた坪井信道」『おらんだ正月――日本の科学者たち』（角川文庫、昭和二十八年四月）▼森銑三著『森銑三著作集　第五巻　人物篇五』

森銑三著『森銑三著作集　第五巻　人物篇五』（中央公論社、昭和四十六年三月）

森銑三著「三田村鳶魚の思出」『新編明治人物夜話』（岩波文庫、平成十三年八月）

守屋毅編『共同研究　モースと日本』（小学館、昭和六十三年七月）

守屋毅著「モース・コレクション」▼国立民族学博物館編『モース・コレクション』

文殊谷康之著『渡辺洪基伝――明治国家のプランナー』（ルネッサンスブックス、平成十八年十月）

や

八木奘三郎／林若吉著「下総香取郡白井及貝塚村貝塚探求報告」（『東京人類学会雑誌』東京人類学会事務所、第百二十七号、明治二十九年十月）

八木奘三郎／和田千吉／原田正彦著「武蔵国大里郡本郷村古墳調査報告」（『東京人類学会雑誌』東京人類学会事務所、第百九十三号、明治三十五年四月）

八木奘三郎著「坪井博士の美点と欠点」（『人類学雑誌』東京人類学会事務所、第二十八巻第十一号、大正二年十二月）

八木奘三郎（静山）著「明治考古学史」（『ドルメン』岡書院、第四巻第六号、昭和十年六月）

矢代幸雄著「ウォーナーのことども」▼ラングドン・ウォーナァ著、寿岳文章訳『不滅の日本芸術』

柳田泉著『続随筆明治文学』（春秋社、昭和十三年八月）

柳田泉著『幸田露伴』（中央公論社、昭和十七年二月）

柳田泉著「若き不知庵の恋」（『現代日本文学全集　第五十三巻』、「月報　第五号」筑摩書房、昭和三十二年十月）▼『柳田泉の文学遺産　第三巻』

柳田泉著「自然主義文学の先駆　長谷川天渓」（『新潟日報』昭和四十一年七月十二日〜十七日）▼『柳田泉の文学遺産　第三巻』

柳田泉著『柳田泉の文学遺産　第三巻』（右文書院、平成二十一年六月）

柳田国男著『故郷七十年』（のじぎく文庫、昭和三十四年十一月）▼柳田国男著『柳田国男全集　第二十一巻』

柳田国男著『柳田国男全集　第二十一巻』（筑摩書房、平成九年十一月）

山口昌男著『「敗者」の精神史』（岩波書店、平成七年七月）

山口昌男著『知の自由人たち――近代日本・市井のアカデミー発掘』（日本放送出版協会、平成九年十月）

山口昌男著『内田魯庵山脈――〈失われた日本人〉発掘』（晶文社、平成十三年一月）

山崎直方著「河内国高安郡横穴遺跡実見記事」（『東京人類学会雑誌』東京人類学会事務所、第二十八号、明治二十一年六月）

山崎直方著「故坪井会長を悼む」（『人類学雑誌』東京人類学会事務所、第二十八巻第十一号、大正二年十二月）

山崎直方著「序文」（但し、「序文」の表記はない）▼荒井陸男著『特殊性情国』

山崎直方著『西洋又南洋』（古今書院、大正十五年二月）

山路愛山著「日本人史の第一頁」（『信濃毎日新聞』信濃日報社、明治三十一年十一月三日）▼大久保利謙編『明治文学全集　第三十五巻　山路愛山集』

山路勝彦著『近代日本の植民地博覧会』（風響社、平成二十年一月）

山下重民著『風俗画報・山下重民文集』（青蛙書房、平成二年十二月）

山下恒夫著『石井研堂――庶民派エンサイクロペディストの小伝（シリーズ民間日本学者）』（リブロポート、昭和六十一年十一月）

山田万作著『岳陽名士伝』（山田万作、明治二十四年十月）

山中笑著「粥杖の起り」（『東京人類学会報告』東京人類学会、第十五号、明治二十年五月）

山中笑著「御幣及び削掛の起り」（『東京人類学会雑誌』東京人類学会事務所、第二十一号、明治二十年十一月）

山中笑著「縄文土器はアイヌの遺物ならん」（『東京人類学会雑誌』東京人類学会事務所、第五十号、明治二十三年五月）

山中笑著『甲斐の落葉』（郷土研究社、大正十五年十一月）▼同、復刻版（有峰書店、昭和五十年九月）

山本駿次朗著『報道画家　山本松谷の生涯』（青蛙書房、平成三年六月）

山本利喜雄編輯『戦後経営』（早稲田学会、明治三十七年十二月）

八幡一郎ほか著『日本民俗文化大系第九巻　白鳥庫吉／鳥居龍蔵』（講談社、昭和五十三年十一月）

よ

横田順彌著『雑本展覧会――古書の森を散歩する』（日本経済新聞社、平成十二年三月）

横田順彌著『明治ふしぎ写真館』（東京書籍、平成十二年五月）

横田順彌著『五無斎先生探偵帖――明治快人伝』（インターメディア出版、平成十二年十二月）

横田順彌著『古書ワンダーランド②』（平凡社、平成十六年六月）

横田順彌著『近代日本奇想小説史――明治篇』（ピラールプレス、平成二十三年一月）

横山健堂著「趣味の会」（『中央公論』中央公論社、第三十二巻第二号、大正六年二月）

吉野作造著「へんな男のへんな本」▼荒井陸男著『特殊性情国』

吉見俊哉著『博覧会の政治学――まなざしの近代』（中公新書、平成四年九月）

與那覇潤著「「人種」観念の変容――坪井正五郎の「人類学」との関わりを中心に」（『民族学研究』日本民族学会、第六十八巻第一号、平成十年六月）

ら

ラウファー、ベルトルト著、福屋正修訳『キリン伝来考』（博品社、平成四年二月）

ラウファー、ベルトルト著、武田雅哉訳『サイと一角獣』（博品社、平成四年八月）

ラウファー、ベルトルト著、杉本剛訳『飛行の古代史』（博品社、平成六年七月）
ラウファー、ベルトルト著、小林清市訳『鵜飼――中国と日本』（博品社、平成八年八月）

わ

早稲田大学大学史編集編集所編『早稲田大学百年史　第一・二巻』（早稲田大学、昭和五十三年三月・昭和五十六年九月）
渡瀬庄三郎著「札幌近傍ピット其他古跡ノコト」（『人類学会報告』東京人類学会、第一号、明治十九年二月）
渡瀬庄三郎著「さっぽろ　きんばう　ぴっと（Pit）の　こと」▼坪井正五郎編著『じんるいがくのとも じんるいがくくわい よりあひのかきとめ』

英　文

Eggan, Fred."Fay-Cooper Clle"(American Anthropologist, Vol.65, Issue 3, 1963)
Kyburz, Josef A. "Omocha : Things to Play (or not to play) With" (Asian Folklore Studies, Vol.53, No.1 1994)
Quiggin, A. Hingston. "Haddon The Head Hunter"(Cambridge University Press 1942, First paperback editon 2010)
Starr, Frederick. "Japanese Collectors and What They Collect" (Chicago, The Bookfellows, 1921)
Tsubo Shogoro."Notes on The Discovery of More Than Two Hundred Ancient Artificial Caves near Tokyo" (The Imperial and Asiatic Quarterly Review, and Oriental and Colonial Record; April 1892)

新聞雑誌記事

「明治十九年十一月　東京地学協会録事」（『東京地学協会報告』東京地学協会、第八巻第五号、明治十九年）
「記事」（『東京人類学会雑誌』東京人類学会事務所、第三十四号、明治二十一年十二月）
「雑報」（『東京人類学会雑誌』東京人類学会事務所、第三十五号、明治二十二年一月）
「江戸会生る」（『郵便報知新聞』報知社、明治二十二年四月十九日）
「坪井正五郎有頂天魂天に昇るとは此事」（『朝野新聞』朝野新聞社、明治二十五年十一月二十三日）
「千数百年前の大古墳を発見す」（『読売新聞』日就社、明治二十六年九月十四日）
「会告」（『東京人類学会雑誌』東京人類学会事務所、第九十号、明治二十六年九月）
「雑報」（『東京人類学会雑誌』東京人類学会事務所、第百十八号、明治二十九年一月、のち『集古会誌』集古会、創刊号、明治二十九年十一月に再録）
「雑報」（『東京人類学会雑誌』東京人類学会事務所、第百二十一号、明治二十九年四月、のち『集古会誌』集古会、創刊号、明治二十九年十一月に再録）
「雑報」（『東京人類学会雑誌』東京人類学会事務所、第百二十七号、明治二十九年十月、のち『集古会誌』集古会、創刊号、明治二十九年十一月に再録）
「雑報」（『東京人類学会雑誌』東京人類学会事務所、第百三十号、明治三十年一月、のち『集古会誌』集古会、創刊号、明治二十九年十一月に再録）
「坪井正五郎氏のコ字付歌」（『読売新聞』日就社、明治三十一年十月二十日）
「雑報」（『東京人類学会雑誌』東京人類学会事務所、第二百三号、明治三十六年二月）
「雑報」（『東京人類学会雑誌』東京人類学会事務所、第二百四号、明治三十六年三月）
「学術人類館と改称」（『大阪朝日新聞』村山合名大阪朝日新聞会社、明治三十六年三月九日）▼演劇「人類館」上演を実現させたい会編『人類館――封印された扉』
「鳥居氏送別会の卓上演説」（『学燈』丸善、第十年第五号、明治三十九年五月）

「雑報」（『東京人類学会雑誌』東京人類学会事務所、第二百五十一号、明治四十年二月）

「懸賞新案玩具審査」（『みつこしタイムス』三越呉服店、第一号、明治四十一年六月一日）

「運動具としての「飛んで来い」＝大崎村に於ける第一回試験」（『みつこしタイムス』三越呉服店、第十二号、明治四十一年九月二十日）

「流行会の発展」（『みつこしタイムス』三越呉服店、第六巻第十一号、明治四十一年十一月）

「瑞典探検家スエン、ヘヂン氏御来店」（『みつこしタイムス』三越呉服店、第六巻第十一号、明治四十一年十一月）

「流行会の新年発会」（『みつこしタイムス』三越呉服店、第七巻第二号、明治四十二年二月）

「児童需要品研究会」（『みつこしタイムス』三越呉服店、第七巻第七号、明治四十二年六月）

「諏訪湖新研究——水上生活は疑はし狐渡の科学的説明」（『報知新聞』報知社、明治四十二年七月九日）▼曾根遺跡研究会編著『諏訪湖底曾根遺跡研究一〇〇年の記録』

「坪井博士の戯画」（『みつこしタイムス』三越呉服店、第八巻第三号、明治四十三年三月）

「坪井博士の新案玩具——飛んで来い以上の妙趣向」（『みつこしタイムス』三越呉服店、第八巻第三号、明治四十三年三月）

「流行会の藤村氏招待会」（『みつこしタイムス』三越呉服店、第八巻第六号、明治四十三年六月）

「玩具マーストヘンゲル」（『みつこしタイムス』三越呉服店、第八巻第十一号、明治四十三年十月）

「昨年の児童用品研究会」（『みつこしタイムス』三越呉服店、第九巻第一号、明治四十四年一月）

「万年の地盤に万年の建物」（『みつこしタイムス』三越呉服店、第九巻第一号、明治四十四年一月）

「坪井理科大学教授海外旅行の送別会」（『人類学雑誌』東京人類学会事務所、第二十七巻第三号、明治四十四年六月）

「坪井理学博士の洋行」（『三越』三越呉服店、第一巻第六号、明治四十四年八月）

「児童用品研究会出品は弥よ好評なり」（『三越』三越呉服店、第一巻第八号、明治四十四年九月）

「児童用品研究会彙報　七月と八月」（『三越』三越呉服店、第一巻第八号、明治四十四年九月）

「故坪井博士の葬儀」（『早稲田学報』早稲田学会、第二百二十一号、大正二年七月）

「坪井博士と当店」（『三越』三越呉服店、第三巻第七号、大正二年七月）

「故坪井正五郎君小伝」（『人類学雑誌』東京人類学会事務所、第二十八巻第十一号、大正二年十二月）

その他

『風俗画報』臨時増刊「浅草公園之部　中編」（東陽堂、第百三十九号、明治三十年四月）

『風俗画報』臨時増刊「第五回内国勧業博覧会図絵　下編」（東陽堂、第二百七十五号、明治三十六年九月）

『第五回内国勧業博覧会報告書』（大阪市役所商工課、明治三十七年五月）

『南葵文庫報告』（南葵文庫、第二、明治四十三年十月）

『東京帝国大学学術大観　理学部・東京天文台・地震研究所』（東京帝国大学、昭和十七年八月）

「日本の博覧会　寺下勍コレクション」（『別冊太陽　日本のこころ』平凡社、第百十三号、平成十七年二月）

坪井正五郎年譜

文久三（一八六三）年　〇歳　正月五日（旧暦）、江戸両国矢ノ倉（浜町）に、坪井信良・牧の子として生まれる。三月、霊岸島、越前公邸内に転居。

元治元（一八六四）年　一歳　九月十四日（旧暦）、牧歿。十二月、信良は荒井よのと再婚。

慶応元（一八六五）年　二歳　九月、浅草新堀端に転居。

明治元（一八六八）年　五歳　八月、徳川慶喜に同行し坪井家は駿府初江川町に移る。その後、一家は四ツ足、駿府病院（のち静岡病院）構内に転居。

明治五（一八七二）年　九歳　静岡深草町に転居。

明治六（一八七三）年　十歳　前年静岡病院閉局のため、二月、坪井家は東京に移る。五月に下谷仲徒士町二丁目に居を定めるまで、叔父・足立寛に預けられる。

明治七（一八七四）年　十一歳　三月、湯島麟祥院内湯島小学校入学。

明治八（一八七五）年　十二歳　三月、神田淡路町共立学校入学、九月、塾舎生活となる。実家は芝区城山町に転居。

明治九（一八七六）年　十三歳　九月、東京英語学校入学、十月一日、入塾。白井光太郎と知り合う。

明治十（一八七七）年　十四歳　九月、東京大学予備門入学。このころから手づくりの回覧雑誌『月曜雑誌』（のち『毎週雑誌』『小梧雑誌』と改題）を編集、明治十八年二月まで継続刊行した。

明治十二（一八七九）年　十六歳　井上円了、渡辺環らと共に夜話会を組織し演説会を行う。十一月八日、大学内の演説会で佐々木忠次（二）郎の陸平貝塚発掘の演説を聞き大いに興味を覚える。

明治十四（一八八一）年　十八歳　七月、予備門卒業、九月東京大学理学部に入学。

明治十五（一八八二）年　十九歳　四月二日、谷村宅の黄表紙会に出席。七月、勉強に身が入らず図書閲覧室で人類に関する和洋の書を読み、休日には遺跡探りに熱中していたため大学を落第。反省のため『三省雑記』をつくる。十一月、福家梅太郎と荏原郡上目黒村土器塚にて石器時代遺跡を発掘。

明治十六（一八八三）年　二十歳　四月、福家梅太郎と連名で「土器塚考」を『東洋学芸雑誌』に掲載。七月、生物学科に進む。信良が還暦を迎え、家督を相続する。

明治十七（一八八四）年　二十一歳　三月一日、石川千代松から予備門の有坂鉊蔵を紹介され、翌日有坂、白井と三人で東京市本郷弥生町で発掘を行う。このとき有坂がのちに弥生式土器と命名される土器を発見し、坪井に預けた。同月二十九日～四月八日、箕作佳吉、石川、岡田信利、菊地松太郎、白井らと共に沼津、江の浦に動物採集旅行を行う。七月八日～八月二十八日、生物学科の修学旅行で岡田、菊地、白井らと共に越後、越中、能登など十国を巡って動物を採集、併せて人類学調査も行う。十月、坪井の発案で白井、佐藤勇太郎ら十名が発起人となり「じんるいがくのとも」を創立。十二月、「人類学会」が正式に大学に認められる。

明治十八（一八八五）年　二十二歳　五月三日、白井、神保小虎と共に埼玉県横見郡吉見村・黒岩村を訪れ、初めて吉見百穴を見る。九月、動物学科に進む。

明治十九（一八八六）年　二十三歳　二月、『人類学会報告』を創刊。七月、帝国大学理科大学理学部（現・東京大学理学部）動物学科を卒業。七月～九月、足利古墳を発掘。九月、人類学研究の目的をもって大学院に進む。同月、「本邦に行はるゝ当て物の種類及び起原」を『東京人類学会報告』に掲載。十月十日、東京人類学会にて「第二年会演説」を行う。十二月十四日～翌年一月十五日、静岡県下で調査を行う。

明治二十（一八八七）年　二十四歳　二月、「コロボックル北海道に住みしなるべし」を『東京人類学会報告』に掲載。三月十三日、「削り掛けの種類及び沿革」を東京人類学会にて報告。同月二十六日、上野公園にて最初の風俗測定を行う。四月十日、東京人類学会にて「風俗漸化を計る簡単法」を報告。同月十四日～五月十六日、東京府伊豆諸島巡回調査に参加。八月、埼玉県吉見百穴を調査し、新たに二百二十余を発見。九月九日、東京人類学会にて「第三紀年会演説」を行う。十月『工商技芸 看板考』（哲学書院）を出版。

明治二十一（一八八八）年　二十五歳　一月二十八日～四月二十四日、予備調査のため三十国巡回、五月二十九日、昭憲皇太后が帝国大学行啓の際、古器物等を天覧、説明役を務める。七月五日～九月六日、小金井良精と共に北海道でアイヌを調査。九月、理科大学助手に就任。十月十四日、東京人類学会にて「第四年会演説」を行う。十一月十三日～十二月十九日、九州出張。この間筑後国生葉郡若宮村若宮八幡社内で前方後円墳・日岡古墳を発掘。帰路に徳島の鳥居龍蔵を訪問（推定）。

明治二十二（一八八九）年　二十六歳　四月、「帝国大学の隣地に貝塚の跟《ママ》跡有り」を『東洋学芸雑誌』に掲載。六月九日、人類学研究のため三年間イギリス・フランス留学を命ぜられ横浜から出発。七月二十四日、パリ着。パリ万国博覧会を見学。八月二十二日、ロラン・ボナパルト公爵の夜会に招待される。九月、「パリー通信」を『東京人類学会雑誌』に連載（～翌年三月）。十月三日、人類学及び先史考古学万国公会にて「日本に於ける石器時代人民の躡跡」を演説。十月十七日、大統領の夜会に招待される。十一月八日、ロンドン着。十一月九日、クラパム・ロード、リッチモンド・テラス十四番地に下宿していた予備門時代の友人・瀬脇寿雄を訪ね、同下宿に居を定める。

明治二十三（一八九〇）年　二十七歳　二月～三月、ロンドンで風俗測定を行う。三月、「ロンドン通信」を『東京人類学会雑誌』に連載（～翌年十二月）。四月、「北海道石器時代の遺跡に関する小金井良精氏の説を読む」を『東京人類学会雑誌』に掲載。

明治二十四（一八九一）年　二十八歳　五月、「我が書棚」を『東京人類学会雑誌』に連載（～翌年五月）。七月八日、G・B・ハウエスの家にてアルフレッド・C・ハッドンと会う。九月四日、ロンドンにおける第九回万国東洋学会日本部会で「東京近傍における横穴二〇〇余の発見について」を発表、名誉金牌を受ける。九月二十一日、ハッドン、C・H・リード、A・W・フランクスと会う。十月五日、万国フォークロア会に出席、E・B・タイラーと初めて会う。

明治二十五（一八九二）年　二十九歳　八月、ベルギー、ブリュッセルで開催された刑事人類学万国会に出席。十月十四日、帰国。帝国大学理科大学教授に就任。箕作直子と結婚。十二月二十三日〜二十五日、東京市西ヶ原貝塚を発掘調査。

明治二十六（一八九三）年　三十歳　一月十二日・十九日、二月二日の三日間、哲学館で「人類学大意」を講義。三月二十九日〜四月六日、埼玉、茨城、千葉三県旅行。九月、帝国大学理科大学にて人類学講座を担当。同月八日、長男・誠太郎誕生。十月八日、東京人類学会にて「創立第九年会演説」を行う。

明治二十七（一八九四）年　三十一歳　十月七日、東京人類学会にて「創立第十年会演説」を行う。

明治二十八（一八九五）年　三十二歳　三月、「人種問題研究の準備」を『東京人類学会雑誌』に掲載。四月、「コロボックル風俗考」を『風俗画報』（〜翌年一月）に連載。十月、東京人類学会にて「創立第十一年会演説」を行う。

明治二十九（一八九六）年　三十三歳　一月五日、上野韻松亭にて行われた第一回集古懇話会（のちの集古会）に出席。十月四日、東京人類学会にて「創立第十二年会演説」を行う。同月、人類学会会長に就任。

明治三十（一八九七）年　三十四歳　二月、長女・春子誕生。十一月七日、東京人類学会にて「創立第十三年会演説」を行う。十二月二十七日〜翌四月二十八日、東京市の委託で芝丸山古墳を発掘調査。

明治三十一（一八九七）年　三十五歳　八月、「ロンドンの博物館に存する日本古代土偶の由来」を『反省雑誌』に掲載。九月より東京専門学校（現・早稲田大学）にて考古学・人類学の講義を担当。十一月六日、東京人類学会にて「創立第十四年会演説」を行う。

明治三十二（一八九九）年　三十六歳　一月、「うしのよだれ」を『学士会月報』に連載開始（〜大正二年四月）。三月二十七日、理学博士の学位授与。六月二十四日〜六日、下総国東葛木郡手賀沼近傍の古物遺跡調査。十月、東京人類学会にて「創立第十五年会演説」を行う。同月二十三日、王子西ヶ原貝塚を調査。十一月、次女・菊子誕生。

明治三十三（一九〇〇）年　三十七歳　八月五日〜十九日、信州松本町中学校の人類学夏期講習会にて講義。十二月、国立博物館創設計画委員を委託される。同月、民間により帝国古蹟取調会が設けられ、学事顧問を委託される。十一月四日、東京人類学会にて「創立第十六回紀念会演説」を行う。

明治三十四（一九〇一）年　三十八歳　七月八日、『はにわ考』（東洋社）を出版。十月六日、東京人類学会にて「創立第十七回紀念会演説」を行う。

明治三十五（一九〇二）年　三十九歳　一月、「洋書談」を『学燈』に連載（〜翌年一月）。七月十一日、明治天皇大学臨校の際「日本太古の住民」と題して進講。九月九日、次男・忠二誕生。十月五日、東京人類学会にて「創立第十八回紀念会演説」を行う。同月二十日、『学芸叢談 人類談』（開成館）を出版。十二月七日、『人類学講義』（小松甲子太郎）を出版。

明治三十六（一九〇三）年　四十歳　一月、海外の本の紹介を『図書月報』に連載（〜明治三十八年十一月）。三月一日〜七月三十一日、大阪で開催された第五回内国勧業博覧会の学術人類館に人類学教室と共に協力。六月十九日、商工同志会の名誉会員に推薦される。十月四日、東京人類学会にて「創立第十九回紀念会演説」を行う。

明治三十七（一九〇四）年　四十一歳　二月二十日、ベルリン人類学会通信員に推薦される。六月三日〜五日、東京帝国大学法科第三十二番教室で行われた「人類標本展覧会」の企画を担当。七月十一日、天皇陛下に御前講「ロシアの人種」を行う。十月二日、東京帝国大学附属植物園内集会所で行われた東京人類学会創立満二十年紀念祝賀会に出席し、「東京人類学会満二十年紀念演説」を行う。同月十六日、下総国東葛飾郡国分村堀内貝塚で行われた東京人類学会創立満二十年紀念遠足に参加。十一月九日、信良死去。

明治三十八（一九〇五）年　四十二歳　七月二十四日〜二十八日、柴田常恵、松村瞭、三好勇、誠太郎と貝塚発掘のため銚子旅行。九月二十八日、『人類学講義』（国光社）を出版。十月七日、東京人類学会にて「創立第二十一年事業報告」を行う。

明治三十九（一九〇六）年　四十三歳　一月九日、イギリス人類学会の名誉会員に推薦される。六月、日本弘道会協賛会員に推薦される。七月八日、帝国学士院会員に推薦される。同月十日、明治天皇に対し御前講「帝国版図内の人種」を行う。九月、帝国学士会員となる。十月六日、東京人類学会にて「創立第二十二年事業報告」を行う。十一月十一日、下総国千葉郡都賀村園生貝塚で行われた東京人類学会第二回遠足に参加。

明治四十（一九〇七）年　四十四歳　二月二十八日、『人類学叢話』（博文館）を出版。四月十三日、『婦人と小児』（隆文館）を出版。六月八日、『人類学講話』（早稲田大学出版部）を出版。七月六日〜九月二日、石田収蔵、野中完一と共に樺太を調査。十月六日、東京人類学会にて「創立第二十三年事業報告」を行う。十月二十日、下総国千葉郡都村大字加曾利貝塚で行われた東京人類学会第三回遠足に参加。

明治四十一（一九〇八）年　四十五歳　三月五日、時事新報社主催の「全国美人写真審査」（日本初の一般公募による美人コンテスト）の審査員を務める。四月一日〜五日、陸前名取郡高館村地方を調査。五月三十一日、三越児童大会で新案玩具募集結果を発表、「燕がへし」が一等に選ばれるも、審査員の作が選ばれるのは潔くないと辞退、番外優等となる。十月三日、東京人類学会にて「創立第二十四年事業報告」を行う。

明治四十二（一九〇九）年　四十六歳　一月二十一日、三越の流行会例会に参加し会員となる。二月二十三日、流行会にて「樺太の美術」を講演。三月六日、南葵文庫にて「人類思想の伝承」を講話。四月四日、南葵文庫にて「南洋土人の話」を講話。五月十七日〜十九日、長野県諏訪湖の曾根遺跡を調査。「石器時代杭上住居の跡は我国に存在せざるか」を『東京人類学会雑誌』に掲載。六月十一日、三越の児童需要品研究会（のちに児童用品研究会）の発足に伴い参加。七月二十一日〜二十四日、曾根遺跡再調査。十月九日、東京人類学会にて「創立第二十五年事業報告」を行う。十一月二十日〜二十二日、南葵文庫で行われた参考児童玩具展覧会に企画協力。展示に併せ同二十日は南葵文庫で「人種と玩具」を講話。同二十二日、フレデリック・スターと南葵文庫を訪れる。同月二十五日、『自然滑稽 うしのよだれ』（三教書院）

出版。

明治四十三（一九一〇）年　四十七歳　五月、野尻湖調査。六月、風俗測定を行う。七月九日、流行会で「ピクとツー」を講演。九月、東京大学文学部史学科にて考古学の講義を担当。十月一日、東京人類学会にて「創立第二十六年事業報告」を行う。同月十日、流行会公開講演会で「諸人種の服飾」を講演。

明治四十四（一九一一）年　四十八歳　二月十五日～十九日、児童用品研究会の京阪旅行に参加（十六日は三越大阪支店で「諸人種の人形」、十七日は「諸人種の子供」を講演、十八日は三越京都支店で「諸人種の衣服」を講演）。七月五日、世界一周旅行に出発。同月十日、絵本『ウミトヒト』（三越呉服店）を出版。同月二十四日、シンガポール着。三浦政太郎とジョホール王国を訪問。同月二十五日、水上住居生活を行っているカンポンカラングを訪れる。八月四日、パリ人類学会外国通信会員に推薦される。九月、「世界一周雑記」を『人類学雑誌』に連載（～大正元年九月）。同月十四日、ロンドン・ガウアー・ストリート七十六番地のホテルに滞在、夜、山崎直方の訪問を受ける。同月十五日、荒井陸男の訪問を受ける。十月四日、ドレスデンで開催中の万国衛生博覧会を見る。十二月二十日、織戸正満との共編で『世界昔噺集 第一編 西蔵の昔噺』（積文社／柳原書店）を出版。

明治四十五／大正元（一九一二）年　四十九歳　一月二十五日、A・ハッドンと再会。同月二十八日、ハッドン宅にてジェーン・E・ハリソンと会い、その後J・G・フレイザー宅を訪ねる。二月十四日、ニューヨーク着。同月十五日、総領事の晩餐会で高峰譲吉と会う。同月二十七日、富田幸次郎と会い、その後セーラム・ピーボディ博物館でE・S・モースと再会。ラングドン・ウォーナーとも会う。三月二日、シカゴ駅にてF・スターと再会。三月二十九日、世界一周旅行より帰国。四月三日～六日、柴田常恵と大阪府城山古墳を調査。五月八日、流行会で「海外旅行みやげ」を講演。六月、「世界一周談」を『裁縫雑誌』に連載（～大正二年十月）。十月一日～十一月二十九日、拓殖博覧会で評議員を務める。十月五日、博覧会会場内観光館にて東京人類学会第二十八年会講演「明治年代と日本版図内の人種」を行う。

大正二（一九一三）年　五十歳　四月二十日、東京を出立、五月三日、ペテルブルク着。五月十一日～十八日、第五回万国学士院連合大会に出席。五月二十三日、ドイツ・アレクサンドル病院に入院。五月二十六日、死去。六月二十七日、小石川伝通院において葬儀、染井墓地に葬られた。法諡は「温故院殿観智正悟居士」。七月五日、日本橋倶楽部にて流行会・児童用品研究会主催の追悼会が催された。十月五日、東京帝国大学会議所西の間にて人類学会主催の追悼会が催された。

＊年譜の作成にあたり、坪井家資料の「自筆年譜」、斎藤忠制作「坪井正五郎―略年譜」（『日本考古学選集　第三巻坪井正五郎集　上巻』）等を参照しました。

人名索引

＊坪井正五郎の名前は、全篇にわたるため収録していない。

う

え

お

か

き

く

け

こ

さ

し

す

せ

て

と

な

に

ぬ

ね

の

は

ひ

ふ

へ

ほ

ま

み

む

め

も

や

ゆ

よ

ら

り

れ

ろ

わ

Portrait of
Nobuhide Kawamura
by
Masao Yamaguchi

著者：**川村伸秀**（かわむら・のぶひで）

1953年東京生まれ。早稲田大学第二文学部卒。編集プロダクション等を経て、2001年よりフリーの編集者に。これまでに編集した本は、山口昌男著『敗者学のすすめ』（平凡社）・『山口昌男ラビリンス』（国書刊行会）・『本の狩人 読書年代記』（右文書院）、横田順彌著『明治時代は謎だらけ』『古書ワンダーランド①②』（平凡社）・『近代日本奇想小説史 明治篇』（ピラールプレス）、『知の自由人叢書（全五巻）』（国書刊行会）、『柳田泉の文学遺産（全三巻）』（右文書院）ほか、また、CD-ROMに水谷乙次郎著『好古叢書一 幻花繚乱』（川村オフィス）がある。本書は著者の初めての著作である。

Kawamura Office ▶ http://riveroffice.web.fc2.com

坪井正五郎——日本で最初の人類学者

2013（平成25）年9月30日　初版1刷発行
2014（平成26）年2月28日　同 2刷発行

著　者　川村伸秀
発行者　鯉渕友南
発行所　株式会社 弘文堂　〒101-0062 東京都千代田区神田駿河台1の7
TEL.03-3294-4801　振替 00120-6-53909
http://www.koubundou.co.jp

装　幀　大森裕二
組　版　川村伸秀
印　刷　大盛印刷
製　本　牧製本印刷

ISBN978-4-335-56120-7